HF341349

ESSOYES

pendant la Révolution

ET PENDANT

les Invasions de 1814 et de 1815

PAR

M. l'Abbé Auguste PÉTEL

Membre associé de la Société Académique de l'Aube

Curé de Ville-sur-Arce

Ma conscience ne falsifie pas un iota;
Mon inscience, je ne sais.
MONTAIGNE.

TROYES

GUSTAVE FRÉMONT, IMPRIMEUR-ÉDITEUR
85, rue Urbain IV, 85

1895

ESSOYES

Lk⁷
29776

Troyes. — *Imprimerie Gustave Frémont, rue Urbain IV, 85.*

ESSOYES

pendant la Révolution

ET PENDANT

les Invasions de 1814 et de 1815

PAR

M. l'Abbé Auguste PÉTEL

Membre associé de la Société Académique de l'Aube

Curé de Ville-sur-Arce

Ma conscience ne falsifie pas un iota ;
Mon inscience, je ne sais.
MONTAIGNE.

TROYES

GUSTAVE FRÉMONT, IMPRIMEUR-ÉDITEUR
85, rue Urbain IV, 85
—
1895

AVANT-PROPOS

L'histoire de la Révolution n'est pas connue dans ses détails autant qu'elle mérite de l'être.

Jusqu'à présent, les travaux des historiens, les observations des publicistes, souvent même les recherches des érudits, se sont concentrés sur les faits saillants de cette sombre et redoutable époque. On a minutieusement décrit ce qui se passait à Paris, à la frontière, en Vendée et dans quelques grandes villes de France ; mais on a trop négligé d'étudier le contre-coup des événements généraux dans les campagnes, et l'on ne s'est pas assez rendu compte de la mesure dans laquelle les paysans s'associèrent aux réformes et aux excès de la période révolutionnaire.

Dans le département de l'Aube, en particulier, il n'est pas une seule localité, à notre connaissance, en dehors de la ville de Troyes, dont l'histoire pendant la Révolution ait été racontée avec quelque détail.

Et cependant la décentralisation importe à la vérité historique non moins qu'à la liberté.

Il convient donc de descendre des hauteurs où d'illustres écrivains nous ont entraînés. Si nous voulons que la leçon du présent jaillisse pour le peuple de l'histoire du passé, il est temps, sans laisser de côté les premiers rôles du terrible drame, grandes victimes ou grands scélérats, de ne plus arrêter nos regards seulement sur les cités populeuses, mais de les reporter sur les campagnes et de donner une pensée sympathique, un souvenir ému, aux sacrifiés de la veille et du lendemain, les humbles travailleurs des champs.

Telle est l'idée qui a inspiré notre travail.

Nous voulons simplement redire, sans idée préconçue, sans parti pris, avec de minutieux détails et d'abondantes citations, les espérances, l'enthousiasme, le désenchantement, les craintes, les souffrances, la lassitude et le dégoût qui, tour à tour, ont fait battre le cœur des habitants d'Essoyes, dans les temps orageux compris entre ces deux dates 1789-1815.

Suite naturelle, livre IV et dernier de la monographie récemment publiée sous ce titre : ESSOYES, HISTOIRE ET STATISTIQUE, *le volume que nous offrons aujourd'hui à nos souscripteurs en est encore le complément, par trois appendices, sur lesquels un mot d'explication ne sera pas inutile.*

On peut dire de l'histoire, même de l'histoire locale, qu'elle est et qu'elle restera longtemps encore un continuel devenir, car, même après de longues et laborieuses recherches, nul ne peut se flatter d'avoir découvert et épuisé toutes les sources.

Cette considération nous donnait droit à une certaine indulgence pour les nombreuses lacunes laissées dans l'histoire d'Essoyes au point de vue féodal, mais elle ne nous consolait que très imparfaitement.

De nouveaux documents nous permettant de combler quelques-unes de ces lacunes, nous nous empressons de le faire ; de là un premier appendice.

Hâtons-nous de dire que nous devons, en grande partie, notre bonne fortune à l'obligeance de M. Charles Soccard, un chercheur infatigable, qui, depuis bon nombre d'années, s'efforce, non sans succès, d'arracher aux Archives et à la Bibliothèque nationales, les secrets historiques qu'elles renferment sur plusieurs villages des cantons de Bar-sur-Seine et d'Essoyes.

Loin de garder pour lui ses découvertes, comme l'avare garde son trésor, M. Soccard les met avec une bonne grâce charmante à la disposition des travailleurs, fussent-ils pour lui des inconnus, comme l'était hier encore l'auteur de la monographie d'Essoyes. Nous ne saurions trop l'en féliciter et surtout l'en remercier.

D'autre part, la Société académique de l'Aube, par l'organe d'un rapporteur trop bienveillant, M. Charles Savetiez, nous a demandé une table alphabétique des noms de personnes et des noms de lieux cités dans les trois premiers livres de notre travail : un second appendice donne pleine satisfaction à ce desideratum.

Enfin, un érudit prématurément enlevé à l'Eglise et à la science, M. l'abbé Garnier, a bien voulu nous honorer de sa collaboration, en consacrant quelques pages à Essoyes préhistorique, d'après les noms des lieux-dits du cadastre.

Nous publions cette savante étude d'onomastique dans un troisième appendice, avec le regret de n'avoir pu soumettre à notre savant confrère certaines observations, qu'il avait lui-même demandées, et qui, sur un point ou deux, l'auraient probablement amené à modifier ses conclusions.

Inutile de souligner l'importance des études de ce genre.

Il est évident que les dénominations d'un cadastre n'ont pas été créées toutes à la même époque. Elles ne furent attachées que successivement, dans le cours des siècles, aux diverses parties du territoire; et, comme elles sont l'œuvre des hommes qui occupèrent ce territoire, elles ont dû garder quelque empreinte de leur langage, de leurs mœurs, et elles peuvent, encore aujourd'hui, témoigner de leur civilisation.

Si donc, par une étude spéciale des lieux-dits, on réussit à fixer leur chronologie, ces dénominations viendront, chacune à sa date, attester quelque fait intéressant l'histoire des temps reculés pour lesquels nous n'avons rien d'écrit.

La tradition locale et la linguistique aideront ainsi, en même temps que les découvertes archéologiques, à refaire nos vieilles annales.

En résumé, ce volume donne beaucoup plus que son titre ne promet.

Si c'est un défaut, nous prions nos souscripteurs anciens et nouveaux de nous le pardonner, et nous leur offrons en même temps nos remerciements bien sincères pour les sympathiques encouragements qu'ils nous ont prodigués.

Ville-sur-Arce, le 2 mai 1895.

ESSOYES

PENDANT LA RÉVOLUTION

et pendant les Invasions de 1814 et de 1815

Chapitre Ier.

I. Convocation des États-Généraux. Cahier des Vœux. Député de la Communauté à l'Assemblée des trois ordres. — II. Panique qui suivit la prise de la Bastille. Garde provisoire et milice bourgeoise. Dégâts dans les bois. — III. Contribution patriotique. — IV. Essoyes chef-lieu de canton. Adresse de la municipalité à l'Assemblée nationale. Assemblée primaire pour la nomination des Électeurs. — V. Confédération des municipalités et des gardes nationales du département. Garde nationale d'Essoyes. — VI. Fête de la Fédération. — VII. Vente des biens ecclésiastiques. — VIII. Constitution civile du Clergé. Prestation du serment par le curé et par le vicaire d'Essoyes.

I. — Des réformes dans les institutions de la France étaient devenues nécessaires au XVIIIe siècle, nul ne saurait sérieusement le contester. Les idées de liberté, de justice et d'égalité se vulgarisant, les abus de l'ancien régime frappaient tous les esprits, et les vieux privilèges féodaux, qui avaient pu avoir leur raison d'être au moyen-âge, paraissaient d'autant plus insupportables que les charges qui pesaient sur le peuple se faisaient chaque jour plus lourdes.

Pour établir un nouvel ordre de choses, plus conforme à l'équité et à la morale sociale de l'Évangile, Louis XVI, personnellement animé des meilleures intentions, fit appel en 1787 et en 1788, à deux Assemblées de Notables. Mais, loin de répondre aux vues humanitaires de leur souverain, les notables, par un souci fort exagéré de leurs propres intérêts, s'opposèrent à tout projet de réformes.

Le roi en appela alors au peuple par la convocation des États-Généraux. Cette mesure, tout à la fois sage et hardie, était depuis longtemps désirée ; aussi elle causa une joie universelle et fit naître les plus magnifiques espérances.

Tous les Français âgés de 25 ans et soumis à la capitation furent donc appelés à élire librement leurs députés et à rédiger, sans la moindre pression, le cahier de leurs doléances et de leurs vœux. Seuls les domestiques attachés à la personne étaient exclus des comices électoraux.

La plupart de ces immortels cahiers de 1789 ont été conservés ; beaucoup même ont été publiés *in extenso*, ou analysés. Nous aurions voulu retrouver celui d'Essoyes, certain qu'il ne jetterait pas une note discordante dans le concert unanime des Communautés, qui, sans songer à un bouleversement général, et moins encore à la chute d'une monarchie restée populaire, demandaient simplement la diminution de leurs charges et la substitution au privilège et à l'arbitraire, d'un régime basé sur l'égalité de tous les Français devant l'impôt et devant la loi. Ce cahier, nous l'avons en vain cherché dans les divers dépôts publics.

Le procès-verbal de l'élection a également échappé à nos investigations. Tout ce que nous savons, c'est que le député de la Communauté d'Essoyes à l'Assemblée des trois ordres du bailliage de Chaumont, fut Antoine Nodot, et nous le savons uniquement par une réclamation, sinon mesquine, au moins très tardive, de l'élu, qui, en 1802, c'est-à-dire treize ans après l'élection, se fit payer par la commune une indemnité de 27 francs, pour son voyage et ses frais de séjour à Chaumont [1].

II. — De la convocation des États-Généraux jusqu'à la prise de la Bastille nous n'avons rien à signaler.

Ceux-là se trompent étrangement, qui croient que ce dernier événement causa dans le peuple une joie délirante et un indescriptible enthousiasme. Ce que nous constatons, au contraire, c'est la crainte que produit l'incertitude du lendemain, le sentiment d'angoisse qu'on éprouve au moment d'un saut dans l'inconnu.

Bientôt à cette crainte et à cette angoisse succède une véritable panique. Des bruits sinistres se répandent sur tous les

1. Archives communales.

points de la France et particulièrement dans nos contrées. On dit que des bandes de brigands, sortis des grandes villes, infestent les campagnes, brûlant les maisons et les récoltes.

Le 29 juillet, vers sept heures du soir, l'alarme, à Essoyes, fut plus vive que jamais.

Le chirurgien Brotel et le greffier de la prévôté, Legris, racontaient que Châtillon-sur-Seine était en feu, qu'on avait « sonné l'effroi, » une partie de la nuit précédente, à Mussy, à Grancey, à Autricourt et autres pays voisins. Le syndic, Joseph Josselin, qui déjà avait envoyé un exprès au chef-lieu du bailliage pour se faire autoriser à établir à Essoyes une milice bourgeoise [1], ne crut pas devoir attendre le retour de cet exprès, tant le péril semblait imminent. Le soir même, à huit heures, il assembla la Communauté, et les habitants, « reconnaissant la nécessité de veiller à leur salut et à la conservation de leur fortune », chargèrent vingt-cinq d'entre eux de passer la nuit sous les armes.

Le lendemain, voulant se rendre compte par lui-même de l'état des esprits dans les pays voisins et des mesures qu'on y prenait, le syndic se rendit à Mussy. Les portes de la ville étaient fermées et soigneusement gardées ; on y interrogeait tous les passants ; on arrêtait tous les gens suspects, et la milice bourgeoise, composée de quatre compagnies, de quatre-vingts hommes chacune, faisait jour et nuit des patrouilles. Dans la nuit du 28 au 29, la panique avait même été si grande, que les objets précieux avaient été cachés et que la majeure partie de la population avait fui dans les bois.

La croyance à l'existence de ces bandes de brigands était donc unanime, il n'y avait divergence que lorsqu'il s'agissait d'en évaluer le nombre.

De retour à Essoyes, Josselin convoqua l'Assemblée municipale, lui rendit compte de son voyage et l'invita à délibérer. « Considérant que, lorsque la force et la surveillance ordinaire de l'Administration ne suffisent plus, chaque individu a le droit incontestable de veiller à sa propre conservation, l'Assemblée

---

1. Ces milices, chargées de veiller jour et nuit à la sécurité publique, étaient déjà en pleine activité à Gyé, à Neuville, à Courteron, à Plaines, à Loches et à Landreville.

applaudit unanimement aux soins et à la sollicitude du Syndic »
et nomma sur-le-champ vingt-cinq habitants pour veiller,
pendant la nuit du 30 au 31 juillet, sous l'inspection de Nicolas
Leseure.

Quelques-uns de ces vingt-cinq braves étaient peut-être fort
peu recommandables, car lorsqu'il s'agit de signer la délibération, Cinget, l'un des membres de la municipalité, refusa, sous
prétexte qu'en sa qualité de commissaire de police, il pourrait
avoir à constater quelques malversations ou désordres de la part
de ces soldats improvisés. Traduction très fidèle du *Quis
custodiet custodes ?* de l'Écriture.

Cette garde n'était que provisoire ; elle devait être, à bref
délai, remplacée par la milice bourgeoise. L'exprès envoyé pour
en solliciter l'établissement était impatiemment attendu : il revint
le lendemain, porteur de l'autorisation demandée.

Le 2 août, les habitants d'Essoyes, réunis en assemblée
générale, décidèrent que cette milice serait composée de quatre
compagnies, de quarante hommes chacune, non compris les
chefs. Il y aurait un commandant général, un major, un aide-
major, puis, pour chaque compagnie, un capitaine, un lieutenant,
un sous-lieutenant et un sergent.

On procéda de suite à l'élection et les cadres se trouvèrent
ainsi constitués :

Commandant général : Josselin, l'aîné ;

Major : Legry, l'aîné ;

Aide-major : Cinget, le jeune.

Capitaines : Toussaint Darras, prévôt royal ; Josselin, puîné ;
Hemin et Bacquias ;

Lieutenants : Voulquin, greffier ; Brotel, chirurgien ; Pâris,
huissier et Legry, greffier ;

Sous-lieutenants : J.-B. Barré, Joseph Pétel, Henri Rouvre et
Éloi Girardin ;

Porte-enseigne : Claude Barré ;

Sergents : Edme Égeley, Claude Pétel, Louis Hériot et Jean
Defert, fils de Nicolas.

Un Comité permanent, composé des membres de la municipalité, du commandant et des chefs de chaque compagnie, fut
chargé de procéder à l'enrôlement des hommes de bonne

volonté, et de régler par la suite tout ce qui pourrait intéresser la discipline.

Par les soins de ce Comité, un drapeau fut acheté, des cocardes aux couleurs nationales furent distribuées aux compagnies, et des armes, en quantité suffisante pour une garde entière, déposées au corps de garde.

La milice, ainsi organisée, se réunit pour la première fois le jour de l'Assomption. Le commandant la passa en revue, puis, quinze jours après, le 30 août, elle prêta solennellement, entre ses mains, le serment ordonné par le décret de l'Assemblée nationale et par la déclaration du roi.

Josselin attachait beaucoup d'importance à ce serment, estimant qu'il pourrait être « un moyen de contenir et de gouverner les milices indisciplinées. »

Chaque nuit, douze miliciens montaient la garde. Il était à prévoir que leur ardeur ne tarderait pas à se refroidir ; aussi, dès le 27 août, le commandant Josselin écrivant au Bureau intermédiaire de Bar-Aube, émet le vœu « que la Communauté assemblée puisse arrêter que les habitants seront contraints, par emprisonnement, ou détention au corps de garde, à veiller à leur tour, moyen qui a été employé et a réussi pleinement dans le comté de Bar-sur-Seine. »

Et en effet, le 30 août, après la prestation du serment, il fut arrêté, en assemblée générale de la Communauté, « que, le service devenant trop pénible s'il n'était fait que par la milice, les gardes et patrouilles de nuit seraient montées par tous ceux, sans distinction, qui figuraient aux rôles des impositions, sauf aux veuves et aux incapables à se faire remplacer à leurs frais[1]. »

Cette mesure rencontra de la résistance. Pour en triompher, l'Assemblée municipale décida qu'en cas de refus, le commandant de la milice dresserait procès-verbal, qu'il ferait monter la garde par d'autres, aux frais des refusants, qu'il serait payé, pour chaque garde de nuit, huit sols, et que le refusant serait exécuté militairement dans ses meubles pour les frais de sa garde.

Outre la garde de nuit, la milice avait un service de jour, et les fautes commises pendant ce service pouvaient être punies de la prison, comme le prouve le fait suivant :

_____
1. Archives municipales. — Archives de l'Aube : C. 569.

Le 8 octobre, vers une heure après midi, les patrouilles ayant arrêté une voiture de fagots et de bois essoucheté, rapport en fut fait au juge gruyer, qui saisit la voiture et la laissa à la garde du sergent Louis Hériot. Vers les deux heures, des particuliers coupant la corde qui serrait les fagots, en dérobèrent trois ou quatre. Claude Billan, tambour, Edme Voulquin, Joseph Bertrand et Claude Dudey, sentinelles en faction, furent témoins du vol et ne firent rien pour l'empêcher. Le lendemain, ils furent condamnés par le Comité de discipline, les trois premiers à trente-six heures de prison et le dernier à vingt-quatre heures.

Veiller à la conservation des emblaves, faciliter l'approvisionnement des marchés, y maintenir l'ordre et la sûreté, telles étaient les fonctions ordinaires de la milice qui n'eut jamais à exercer sa vaillance contre les brigands.

Elle fut aussi chargée, provisoirement du moins, de la surveillance des bois.

Ce rôle de garde forestier déplut sans doute au capitaine Darras, qui, le 21 et le 25 octobre, ne jugea pas à propos de commander sa compagnie pour protéger la forêt contre les maraudeurs. L'Assemblée municipale s'émut de cette interruption du service et chargea le commandant « de dresser procès-verbal du refus des officiers, s'il s'en présentait de nouveau, se réservant de prendre un parti en conséquence ».

La répression était urgente.

Certains habitants, par trop imbus de l'esprit nouveau, considéraient les bois communaux comme leur bien propre. Ils se permettaient non seulement de les mettre en coupe plus ou moins déréglée, mais encore de les arracher. *Uti et abuti.*

« Les délits qui se commettent dans les forêts sont incalculables, disait le Syndic dans l'Assemblée municipale du 26 octobre. Les troubles actuels et le bouleversement général augmentent graduellement le désordre. Autrefois on faisait les délits par besoin, maintenant on s'y croit autorisé... Les délinquants ont prétendu avoir le droit d'arracher les bois communs, parce que, disent-ils, les seigneurs ont aujourd'hui celui d'arracher leurs garennes. Un pareil raisonnement, tout ridicule et absurde qu'il soit, prouve les progrès alarmants de l'insubordination. Il est de la dernière importance pour nous d'arrêter de pareils excès. Et quelles seront les ressources de nos enfants et de nos neveux, si la génération présente détruit le peu d'avoir qui nous reste[1] ? »

Tel était l'état des esprits à Essoyes, trois mois après la prise de la Bastille. A peine née, la liberté dégénérait en licence.

Et ce qui se passait à Essoyes se passait également ailleurs. Sur tous les points de la France, l'effervescence des passions se manifestait dans les forêts par de nombreux désordres et des scènes de dévastation, contre lesquels une proclamation du roi[2] et deux décrets de la Constituante[3] demeurèrent impuissants.

III. — La convocation des États-Généraux n'avait pas amélioré la situation financière de la France. Au contraire, par suite de la rentrée plus lente, plus difficile des impôts, les revenus publics allaient chaque jour décroissant.

Deux fois, pendant le mois d'août, le Ministre des Finances, Necker, se vit contraint de recourir à l'emprunt. La première tentative échoua ; la seconde rapporta quelques millions au trésor, mais à des conditions très onéreuses pour l'État.

De l'avis de tous, la banqueroute était imminente.

Pour la conjurer, Necker proposa à l'Assemblée de demander aux citoyens le quart de leurs revenus, au delà de 400 livres[4], en laissant à la conscience de chacun le soin d'en établir le montant. On prélèverait en outre deux et demi pour cent sur l'argenterie, les bijoux, l'or et l'argent monnayé que chacun avait en réserve.

Daté du 6 octobre 1789, le décret relatif à cette contribution beaucoup plus patriotique que volontaire, fut froidement accueilli à Essoyes.

Une assemblée générale de la Communauté avait été fixée au dimanche 22 novembre pour sa publication ; il ne s'y présenta pas quinze habitants.

---

1. Archives communales.
2. 3 novembre 1789.
3. 11 décembre 1789 et 26 mars 1790.
4. Le montant des revenus devait être établi, déduction faite des charges foncières, des impositions, etc. (Art. ii).

Tous ceux dont le revenu n'était que de 400 livres et au-dessous n'étaient assujettis à aucune proportion : ils demeuraient libres de fixer eux-mêmes cette proportion (Art. xiii).

Les ouvriers et journaliers sans propriétés n'étaient obligés à aucune contribution (Art. xiv).

Le syndic fit dresser procès-verbal constatant ses diligences, et remit l'assemblée au 29. En même temps il demandait au Bureau intermédiaire s'il n'y aurait pas un moyen de contraindre les habitants à se réunir, et quel parti il devrait prendre dans le cas où ils persévéreraient dans leur abstention.

Le 29, l'appel du Syndic fut un peu mieux entendu. On décida qu'il serait affiché à l'entrée de l'église une liste de toutes les personnes ayant leur domicile principal à Essoyes, et que les déclarations des contribuants seraient reçues le 6 décembre.

Malgré une lettre pressante du Bureau intermédiaire et un avertissement personnel adressé à chacun des retardataires, ce fut seulement le 27 que la souscription fut close et le Registre des déclarations signé.

Trois jours après, le syndic en envoyait le double à l'Assemblée nationale en y joignant la lettre suivante :

« J'ai l'honneur de vous adresser le double du Registre des déclarations qui ont été faites par les habitants d'Essoye, concernant la contribution patriotique, avec la liste de tous les domiciliés.

« Malgré le tourment et la peine que je me suis donnés pour échauffer le zèle et la générosité, vous verrez bien qu'on ne s'en est pas beaucoup piqué.

« Les offres de certains particuliers ont même paru si indécemment disproportionnées à leurs facultés que plusieurs ont retiré les premières paroles qu'ils avaient données.

« Cinquante-deux habitants ou domiciliés n'ont fait aucune déclaration ; beaucoup de ceux-ci sont notoirement hors d'état de contribuer, mais vous en remarquerez quelques-uns, que leurs qualités mettraient notoirement aussi dans le cas de faire une déclaration, et qui n'ont point paru.

« Il est au reste d'une impossibilité physique qu'ils aient méconnu l'obligation qui leur est imposée, car, outre affiche, j'ai fait deux fois prévenir nommément et individuellement chaque habitant.

« Notre Fabrique a arrêté dernièrement de faire le don d'un vieux calice ; cet objet sera peu conséquent, mais vous n'en aurez, Messieurs, la note qu'en janvier. »

« J'ai l'honneur, etc. »

Le registre s'ouvre par la souscription de Toussaint Darras, avocat en Parlement, conseiller du roi, prévôt, commissaire enquêteur et examinateur, juge civil et criminel de la prévôté royale d'Essoyes.

Par acte passé devant les notaires de Bar-sur-Seine, « il fait don, abandon et remise entière, au profit de la nation et du roy de la France, de l'office de prévôt royal dont il est revêtu, laquelle charge est évaluée, aux parties casuelles, la somme de 2750 livres, et sur le pied de laquelle évaluation il a acquitté tous droits relatifs aux provisions du susdit office, qu'il a obtenu en la grande chancellerie le 31 décembre 1778. Cet abandon tiendra lieu de don patriotique et contribution du quart du revenu... tant pour lui que pour messieurs et demoiselles Edme-François Darras, Joseph-Simon Darras, Jeanne-Elisabeth Darras et Marguerite Darras, ses frères et sœurs ».

La seconde déclaration est celle du curé. Elle est faite en ces termes :

« Je soussigné, Michel Girardot, curé, déclare avec vérité que la somme de 120 livres, dont je contribuerai au besoin de l'Etat, est conforme aux fixations établies par le décret de l'Assemblée nationale du 6 octobre 1789, et je m'engage à acquitter la dite somme de 120 livres en deux paiements, avant l'expiration des deux premiers termes fixés par l'art. 9 du décret de l'Assemblée nationale ».

Moins riche, mais non moins patriote que le curé, le vicaire Claude Cheurlin souscrivit pour 12 livres.

Plusieurs habitants, que le décret n'obligeait pas, tinrent à honneur de faire leur offrande à la patrie et demandèrent spontanément à être inscrits sur la liste des contribuants.

Le nombre des souscripteurs fut de 297 et le chiffre de la souscription atteignit 2051 livres.

Si nous ajoutons foi aux déclarations, un seul habitant d'Essoyes avait un revenu supérieur à 400 livres. C'était Claude Cinget, procureur du roi en la gruerie. Il souscrivit pour 300 livres, et désigna son homonyme, Claude Cinget, fils d'Edme-Didier Cinget, bourgeois, pour être à ses droits le jour où le remboursement de la contribution pourrait s'effectuer suivant l'art. xvi du décret.

En dehors de celles que nous venons de relater les souscriptions se répartissent ainsi :

Une de 300 livres : la Communauté ;

Une de 100 livres : la Fabrique ;

Une de 72 livres : Jacques-Louis Auger de Bondoire ;

Une de 48 livres : Joseph Josselin, syndic ;

Trois de 36 livres : Germaine Josselin, bourgeoise, Charles Malgras, juge gruyer, et Philippe-Joseph Josselin, avocat ;

Cinq de 24 livres : Pierre Duchesne, marchand, Antoine Nodot, laboureur, Charles Brotel, chirurgien, Nicolas-Noël Voulquin, boulanger, et J.-B. Voulquin, greffier en la gruerie ;

Huit de 12 livres : Claude Bacquias, notaire royal, Pierre Simon, marchand, Nicolas Josselin, marchand, J.-B. Barré, marchand, Joseph Vaillant, amodiateur des dîmes, Antoine Vaillant, procureur en la prévôté, François Vincent, meunier, et Nicolas Bourgin, boulanger ;

Trois de 10 livres : Edme-Didier Cinget, bourgeois, Joseph Pétel, marchand, Jacques Caillery, marchand ;

Sept de 9 livres : Charles Hériot, marchand, Claude Barré, boucher, François-Nicolas Protte, ancien meunier, François Legris, Edme-Didier Girardin, receveur, J.-B. Plivard, maréchal, et François-Nicolas Hemin, buraliste des aides ;

Vingt-sept de 6 livres, et le reste variant de 4 livres à 24 sols.

Parmi les 52 habitants n'ayant pas pris part à la souscription nous remarquons : Louis-Nicolas Le Lieur, écuyer, seigneur de Chaast [1], Edme-Didier Bertrand, François Darras, négociant, François Fèvre, laboureur à Servigny, Jean Decesse, laboureur, Louis Darras, ancien prévôt, Pierre Maillet, laboureur, et Toussaint Darras, prévôt royal [2].

Comme on le voit, le syndic ne considérait pas comme une souscription réelle, l'abandon que Toussaint Darras avait fait de sa charge de prévôt, estimée 2750 livres, et il le signale, lui et les siens, parmi les réfractaires. Pour être impartial, nous rappellerons qu'une rivalité, ou plutôt une inimitié profonde, existait depuis plusieurs années entre le prévôt et le syndic.

La souscription ne fut pas définitivement close par l'envoi de

---

1. Fief sur la commune de Buccy-en-Othe.
2. Archives de l'Aube, C 570. — Archives communales.

ce premier rôle ; la municipalité eut soin de déclarer qu'elle restait ouverte. Elle caressait même l'espérance de la voir monter à 2,400 livres. Nous ne saurions dire si cet espoir se réalisa.

A ceux qui, en raison de la lenteur des souscripteurs et de la modicité du chiffre obtenu, douteraient du patriotisme de nos pères, nous rappellerons que, neuf mois après le décret touchant la contribution patriotique, « vingt-huit mille municipalités n'avaient encore envoyé à l'Assemblée ni rôles ni aperçus, et que, le 1er février 1793, sur les 40,000 rôles communaux, 7,000 n'étaient pas encore faits [1].

IV. — Par décret du 29 janvier 1790, le département de l'Aube, à peine créé, fut divisé en six districts : Troyes, Bar-sur-Aube, Bar-sur-Seine, Nogent-sur-Seine, Arcis et Ervy.

Le district de Bar-sur-Seine se subdivisa en six cantons. Essoyes fut le chef-lieu d'un de ces cantons [2] et il eut dans sa circonscription les treize communes suivantes : Verpillières, Cunfin, Fontette, Saint-Usage, Vitry-le-Croisé, Eguilly, Bertignolles, Chacenay, Noé-les-Mallets, Chervey, Loches, Landreville et Viviers.

Conformément à la loi du 14 décembre 1789, la municipalité d'Essoyes fut reconstituée le 31 janvier 1790. Nous avons, en son lieu, rendu compte de l'élection et des modifications apportées par la nouvelle loi dans l'organisation municipale. Nous ne reviendrons pas sur ce point.

De tous côtés les nouvelles municipalités envoyaient à la Constituante des adresses admiratives, ou des lettres de doléances, qui étaient lues publiquement, au début de chaque séance.

Le maire et les officiers municipaux d'Essoyes suivirent le mouvement. Le 2 mars, l'adresse suivante portait à l'Assemblée, en même temps que leurs félicitations et leur reconnaissance, l'impatience avec laquelle ils attendaient la suppression des aides :

« Les habitants d'Essoies, en Champagne, ont reçu avec les

1. Discours de M. Lecoulteux, rapporteur, dans la séance du 18 juillet 1790 : Moniteur V. 163. — Taine : *Histoire de la Révolution*, t. I., p. 259 et 360.

2. Les autres chefs-lieux étaient Bar-sur-Seine, les Riceys, Mussy-l'Evêque, Chappes et Marolles-les-Bailly.

sentiments de la plus vive reconnaissance les décrets que vous avez rendus, dans votre sagesse, pour la régénération de. la France. Il fallait un zèle bien pur pour tenter une pareille réforme, un grand courage pour la poursuivre au milieu des traverses et des dangers ; mais il fallait encore l'abondance de génie, la suffisance des lumières qui brillent dans l'assemblée actuelle de la nation, pour créer ces remplacements avantageux, qui nous feront jouir enfin d'un meilleur ordre d'administration.

« Nous avons, Messeigneurs, exécuté vos décrets, sanctionnés ou acceptés par le roi, en tout ce qui pouvait nous concerner.

« L'excessive misère de ce pays, produite par des causes dont vous ne pouvez écouter tous les détails, n'a pas permis de grands sacrifices ; la contribution patriotique monte à 2,050 livres déjà ; nous estimons par aperçu qu'elle pourra s'élever à 2,400.

« Notre municipalité nouvelle est organisée ; impatiente au milieu d'une foule d'abus, elle est dans une attente pénible du détail des objets qui lui seront confiés, et d'un règlement sur les formes de la surveillance et de l'administration qui vont l'occuper. Les officiers municipaux actuels auraient un grand désavantage, et ils devraient regretter d'avoir les premiers obtenu les suffrages de leurs concitoyens, si le tems de leur gestion s'écoulait avant qu'ils fussent à même d'opérer le bien qu'on attend d'eux.

« Nous n'avons eu parmi nous, jusqu'à cette heure, aucuns excès, nous ne voyons aucune insurrection à craindre, mais nous croyons devoir, Messeigneurs, vous présenter avec respect le vœu général de ces contrées, et du bourg d'Essoies en particulier.

« Les malheureux habitants, accablés du fardeau insupportable des droits d'aides de toute sorte, aigris de longue main par les abus indestructibles de cette partie, découragés, désespérés de ne pouvoir obtenir aucune satisfaction, aucuns éclaircissemens sur l'application et l'observation des lois de perception, qu'ils regardent comme un grimoire impénétrable, les habitants de ces contrées attendent de votre bienfaisance, l'abolissement ou la conversion de cet impôt ; et, tel est à cet égard l'espoir, tel est le besoin de tous, que lors de la lecture et de la publication, que nous faisons journellement, des décrets qui nous parviennent, au milieu de la satisfaction universelle, le cri de suppression des aides perce toujours et domine sur les applaudissements.

« Il faut le dire, Messeigneurs, car nous n'avons pas le droit de vous céler le vœu de nos concitoyens ; vous seuls, d'ailleurs, pouvez juger s'il n'est point en opposition avec ce qu'exigent l'avantage, l'utilité, le bonheur du royaume, but unique et connu de vos sublimes travaux.

« Ne doutez point, Messeigneurs, de la soumission, du respect, de la confiance et du zèle des officiers municipaux du bourg d'Essoies, et permettez-nous de vous en donner pour garant le serment que nous répétons, entre vos mains, de maintenir de tout notre pouvoir la constitution du royaume, d'être fidèles à la nation, à la loi et au Roi, et de bien remplir nos fonctions ».

Cette adresse, rédigée par le maire Josselin et lue dans la séance de l'Assemblée municipale du 2 mars 1790, fut approuvée et signée par Duchesne, Bourgin, Poinsot, Girardot et Bacquias, officiers municipaux [1].

Les administrateurs du département et des districts n'étaient pas nommés par le pouvoir central, mais, comme les conseillers municipaux, ils devaient tenir leurs pouvoirs du libre choix de leurs concitoyens.

Le suffrage cependant était à deux degrés, de même que pour l'élection des représentants à l'Assemblée nationale.

Les citoyens actifs d'un canton réunis en assemblée primaire nommaient un électeur du second degré pour cent électeurs du premier.

« Les électeurs nommés se réunissaient dans un des chefs-lieux de district, désigné à tour de rôle, et après avoir élu, lors-qu'il y avait lieu, les représentants à l'Assemblée nationale, ils choisissaient, au scrutin de liste double, les membres qui, au nombre de trente-six, devaient composer l'administration du département. Ces derniers pouvaient être pris parmi les citoyens éligibles du département, de manière cependant qu'il y eût toujours deux membres au moins de chaque district. Ils étaient nommés pour quatre ans, mais la moitié d'entre eux devait être renouvelée tous les deux ans.

« Les électeurs se réunissaient ensuite au chef-lieu de leur

1. Archives communales.

district et nommaient les membres qui, au nombre de douze, devaient en composer l'administration. Le procureur-général syndic du département et les procureurs syndics des districts étaient également élus par ces assemblées [1] ».

La première assemblée primaire pour la nomination des électeurs eut lieu le 5 mai 1790 et les jours suivants.

· Le canton d'Essoyes qui comptait 1,758 citoyens actifs fut partagé en trois sections : celle d'*Essoyes* comprenant Essoyes, Fontette, Cunfin, Verpillières et Noé avec 717 citoyens actifs ; celle de *Vitry-le-Croisé* comprenant Vitry, Éguilly, Bertignolles, Loches et Saint-Usage avec 562 citoyens actifs ; celle de *Landreville* comprenant Landreville, Viviers, Chacenay et Chervey avec 479 citoyens actifs.

La troisième section se réunit à Landreville ; les deux autres à Essoyes, dans l'église [2].

Pour la section d'Essoyes, les opérations électorales durèrent quatre jours et donnèrent les résultats suivants :

Votants : 671.

Elus : Joseph Josselin, par 650 voix ; Pierre Duchesne, par 454 ; Baudouin, maire de Fontette, par 397 ; Goyard, maire de Verpillières, par 372 ; Claude Bacquias, notaire, par 360 ; et Gabriel Brévot, marchand à Cunfin, par 339.

Les électeurs, nommés dans les deux autres sections, furent, pour la section de Vitry-le-Croisé : Bertrand Gabiot, procureur de la commune de Vitry ; Edme Lobry, secrétaire de la Municipalité de Vitry ; Jean Brunet, secrétaire de la Municipalité d'Eguilly ; Nicolas Simonnot, procureur de la commune de Bertignolles ; Antoine Cocqusse, officier municipal de Loches ; et, pour la section de Landreville : Nicolas Valence, procureur de la commune de Chervéy (250 voix) ; François Arnoult, maire de Viviers (250) ; Jean Lutrat, officier municipal de Landreville (200); Nicolas Maréchaux, de Landreville (153) et Pierre Daniel le jeune, officier municipal de Landreville (143) [3].

---

1. Albert Babeau : *Histoire de Troyes pendant la Révolution*, t. I, p. 314, 315. — Cf. Décret de janvier 1790.

2. On avait emprunté à Nicolas Hériot une certaine quantité de planches pour former des séparations dans l'église. Après la démolition on constata qu'il en manquait 36 toises et, le 31 octobre 1791, l'assemblée municipale dut allouer à Hériot 18 livres d'indemnité. (Archives communales : *Délibérations*.)

3. Archives de l'Aube, L M 2ª.

Dans la section de Vitry, l'élection donna lieu à de graves désordres. « L'assemblée fut très tumultueuse et faillit se changer en une scène de sang et d'horreur. » Voici à quelle occasion.

On venait de voter pour l'élection du Président.

Lorsqu'il s'agit de procéder au dépouillement du scrutin, les électeurs de Vitry et d'Éguilly exigèrent que toute la section se retirât, afin de laisser les scrutateurs opérer seuls, sans bruit, sans trouble, mais aussi sans contrôle. Cette mesure illégale cachait probablement quelque manœuvre qu'il importait de déjouer. Le maire de Saint-Usage, Maillet, le comprit et refusa de sortir. Alors « sur des bruits injurieux semés sur son compte, le Comité de Vitry se souleva, et, par ce soulèvement, occasionna celui des autres paroisses, qui, sans savoir ce dont il s'agissait, se jetèrent *tumultueusement* et *impérieusement* sur Maillet. Plusieurs sabres nus furent lancés pour lui, fendre la tête ; sans la vigilance de quelques gardes nationales d'Essoyes, qui n'eurent que le temps de passer leurs fusils au-dessus de sa tête pour le garantir, il serait demeuré victime d'un peuple furieux sans en savoir la raison.

« Ce ne fut qu'avec la plus grande peine, que des habitants honnêtes parvinrent à le soustraire à la fureur du peuple et à l'enfermer dans une maison, qu'on fut obligé de faire garder toute la journée, et dont Maillet ne put s'évader qu'à la faveur de la nuit ».

Il résulta naturellement de cet incident une vive inimitié entre les paroisses de Vitry et de Saint-Usage.

Cette dernière, pour ne pas s'exposer à de nouvelles violences, demanda à être détachée de la deuxième section et à faire partie de la troisième. La requête *ad hoc* des officiers municipaux, où nous avons puisé ces détails, fut appuyée d'un avis favorable du district [1] et le Département, la prenant en considération, rattacha Saint-Usage à la section d'Essoyes.

V. — La municipalité et l'état-major de la garde nationale de Troyes, voulant organiser une manifestation imposante contre les ennemis de la Révolution, écrivirent, le 9 avril, à toutes les municipalités et à toutes les gardes nationales du département,

---

1. Archives de l'Aube, L M 7.

pour leur proposer « une réunion de lumières et de forces, et les engager à former une confédération générale entre elles ».

La réunion pour l'organisation de cette confédération devait avoir lieu à Troyes, le 25 avril suivant. Chaque commune et chaque garde nationale était invitée à s'y faire représenter.

Essoyes délégua son maire, Joseph Josselin, qui, comme nous l'avons vu, était en outre commandant général de la milice[1].

Afin de mettre de l'ordre dans les délibérations, il fut arrêté que tous les députés se retireraient dans des chambres séparées, assignées à chaque district ; que là ils se formeraient en bureaux et nommeraient un commissaire par canton, à l'effet de dresser un plan de confédération, qui serait ensuite communiqué à l'assemblée générale.

L'honneur de représenter le canton d'Essoyes échut à Tacheron, procureur de la commune de Landreville.

De retour à Essoyes, Josselin, dans une assemblée générale de la Communauté, tenue le 2 mai, rendit compte de son voyage et donna lecture du plan d'affiliation. L'assemblée arrêta « qu'il convenait d'accéder au traité et de nommer des députés pour signer l'acte d'affiliation, avec pouvoir de voter pour l'élection d'un général provisoire des troupes du département, et d'un commandant de celles du district ».

Si les députés furent nommés, ils ne se rendirent pas à Troyes pour l'assemblée du 8 mai. Essoyes figure en effet, avec Fontette et Noé, parmi les paroisses du district de Bar-sur-Seine qui n'envoyèrent pas de représentants[2].

1. Les autres délégués du canton furent : pour Cunfin, Robert, officier municipal ; pour Fontette, Baudoin, maire ; pour Saint-Usage, Maillet, maire ; pour Vitry, Bertrand-Gabiot, procureur de la commune ; pour Eguilly, Ambelard, officier de la garde nationale ; pour Bertignolles, Lobry, officier de la garde nationale ; pour Noé, Simonnot, procureur de la commune ; pour Chacenay, de Goy, officier de la garde nationale ; pour Chervey, Valence, procureur de la commune ; pour Viviers, Robert, officier de la garde nationale ; pour Loches, Cottenet, maire ; pour Landreville, Lutrat, officier municipal et Tacheron, procureur de la commune ; pour Verpillières, Goyard. (Procès-verbal des séances des députés des municipalités et gardes nationales du département de l'Aube : Bibliothèque de Troyes, anciens cartons locaux, n° 1209).

2. Archives communales. — Bibliothèque de Troyes : anciens *Cartons locaux*, n° 1209, p. 4 et 58, n° 1210, p. 111 et 112.

Les représentants des autres communes du canton furent : pour Cunfin, Gabriel Brévot ; pour Vitry, Pierre Picardat ; pour Saint-Usage, J.-B. Renard et Nicolas Tapprest ; pour Eguilly, Pierre Prignet ; pour Bertignolles, Jean Lobry ; pour Chacenay, Charles Ribaut ; pour Chervey, Charles Ducrot et Pierre Avit ; pour Viviers, Jean Robert et François Arnoult ; pour Loches, Varroquier, Bernard et Vézien ; pour Landreville, Lutrat, Tacheron, Debret et Perrin ; pour Verpillières, Claude Munier.

Dans cette même séance du 2 mai, on décida en outre que la garde nationale d'Essoyes serait reconstituée, renouvelée en entier, et qu'il serait formé un corps ou compagnie de garçons, sous la dénomination de *volontaires*, le tout provisoirement, et jusqu'à l'organisation des milices, promise par l'Assemblée nationale.

Les officiers de cette compagnie de volontaires seraient choisis parmi les hommes mariés.

L'organisation de la nouvelle milice dut avoir lieu séance tenante, car le lendemain, 3 mai, dans une assemblée générale de la Communauté, tenue à l'église comme la précédente, les officiers de la compagnie de volontaires prêtaient serment entre les mains du maire et des officiers municipaux.

Comme la milice bourgeoise, la garde nationale dut protéger non seulement les personnes, mais encore les propriétés, et nous la voyons faire des patrouilles à cet effet, du 7 août 1790 jusqu'à la fin des vendanges.

Aux fêtes solennelles, elle assistait en armes aux offices religieux. Les allées de l'église étant étroites, il en résultait une grande gêne, et « l'incontenance de plusieurs » était trop souvent un sujet de scandale.

Pour couper court à cet abus, l'Assemblée municipale, dans sa séance du 30 septembre, stipula que, pour la fête patronale (1er octobre) et pour les autres solennités, une seule compagnie de la garde se présenterait à l'église sous les armes[1].

VI. — Afin d'entretenir l'enthousiasme et « de favoriser la concorde, » l'Assemblée nationale avait voulu qu'une fête, dite *fête de la fédération*, fut célébrée à Paris, au Champ de Mars, le 14 juillet 1790, premier anniversaire de la prise de la Bastille.

La France entière devait y être représentée par des députés de chaque district, élus à raison d'un député par deux cents gardes nationaux.

L'élection des délégués du district de Bar-sur-Seine eut lieu au chef-lieu, sur la place de la vieille halle, le 25 juin 1790.

Essoyes était représenté par vingt-quatre électeurs. Après la vérification des pouvoirs, le nombre des gardes nationaux du

---

1. Archives communales.

district fut arrêté à 7,612. Il y avait donc trente-huit députés à élire, « à la pluralité des suffrages donnés par acclamation ».

Deux de nos compatriotes, Jacques-Nicolas Paris et Nicolas Duchesne, figurent parmi les trente-huit élus [1].

Ils devaient se rendre à Paris pour le 12 juillet « habillés en uniforme et armés à leurs frais.

L'administration du district fixa à 3 livres par jour l'indemnité qui leur serait allouée.

D'après un arrêté du département du 27 mai 1791, la dépense totale, à répartir entre toutes les communes du district, et au marc la livre des impositions mobilières, fut évaluée à 3,591 livres, soit un peu plus de 94 livres par député, supposé que tous aient été fidèles au rendez-vous.

En septembre 1792 ce premier chiffre fut majoré, nous ne saurions dire dans quelle mesure, ni pour quelle raison [2].

Essoyes fut imposé de ce chef de 105 livres 17 sols.

Estimant sans doute, avec raison, que l'honneur et le plaisir d'assister à une pareille fête constituaient un salaire plus que suffisant, nos pères négligèrent la répartition.

Le percepteur communal, Simon Clair, n'ayant pas reçu d'ordre, ne versa rien dans la caisse départementale.

1. Les trente-six autres furent : Cappron fils, Lutrat fils, Durand fils, Delacroix-Michelin, Duchêne, Blanchot fils, Nicolas Maladière le jeune, Denis Jobard, Edme Gervais Briden, de Bar-sur-Seine ;

Pierre Aubertin fils, de Buxeuil ;

César-Alexandre Regnault et Edme Gobin, de Lantages ;

Bernard de Grune, de Chappes ;

J.-B. Douge et J.-B. Guyot Cinget, de Gyé-sur-Seine ;

Théophile Guyot, de Neuville-sur-Seine ;

Pierre Munier et Jean Dominique Tridon, de Mussy-l'Evêque ;

Louis Prunot, de Magnant ;

Louis-Auguste de Zeddes, de Beurey ;

Charles Delange et Edme Thévenot, de Villy-en-Trodes ;

Pierre Delaunay, de Cunfin ;

Louis Bonnard, de Loches ;

Edme-Nicolas Perny, de Landreville ;

Jean-François Goyard, de Verpillières ;

Louis Gabiot, de Chacenay ;

Victor Roger, de Viviers ;

Pierre Picardat, de Vitry-le-Croisé ;

Gerdy fils, de Bagneux ;

Cotteret, de Riccy-Haut ;

Voisin, d'Avirey ;

Marion Lejeune et Millet Hérard, de Riccy-Bas ;

André Margot, de Riccy-Haute-Rive ;

Edme Josselin, de Balnot-le-Châtel.

2. Archives de l'Aube, LM 3 d2.

L'administration le rendit responsable ; une contrainte fut lancée contre lui, et, le 6 mars 1793, le porteur de contraintes était à Essoyes pour l'exécuter. Le conseil général de la Commune autorisa alors son trésorier à payer sur le champ [1].

Si les délégués d'Essoyes à la fête de la Fédération firent partie de la députation de l'Aube reçue par le roi, ils entendirent tomber des lèvres de Louis XVI ces paroles si touchantes, rapportées par Regnault du Beaucaron :

« Descendez dans la chaumière du pauvre, où j'ai le regret de ne pouvoir vous suivre. Redites à vos concitoyens que je suis leur père, leur frère, leur ami ; que je suis attaché à la Constitution, et que les plus beaux de mes jours seront ceux où je pourrai, avec ma famille, parcourir les différentes contrées de mon royaume [2] ».

A l'instar de la capitale, la plupart des communes de France voulurent avoir leur Champ de Mars et leur fête de la Fédération.

A Essoyes, le programme de cette fête fut ainsi arrêté, dès le 4 juillet, par la municipalité : à onze heures une messe solennelle serait célébrée *Entre les deux Forêts*, sur un autel élevé à cet effet, par les soins du procureur de la Commune. Immédiatement après la messe, tous les citoyens, adhérant au pacte fédératif du royaume, jureraient « de vivre et mourir libres, de faire respecter les lois de l'empire et l'autorité légitime du monarque, de prêter secours à toute réquisition pour le maintien de la Constitution, et de demeurer unis à tous les Français par les liens indissolubles de la fraternité ».

L'abbé Girardot, qui assistait à la séance, dispensa l'Assemblée de l'inviter officiellement à la célébration de la messe, heureux de l'occasion qui lui était offerte de manifester son patriotisme.

Mais le ciel serait-il aussi bien disposé, et favoriserait-il la fête par une de ces belles et chaudes journées dont Juillet se montre ordinairement prodigue ?

On se posait cette question avec anxiété, en raison de « l'inconstance du temps » ; aussi, pour parer à toute éventualité, l'Assemblée municipale, de nouveau réunie le 11, chargea

1. Archives communales.
2. Albert Babeau : *Histoire de Troyes pendant la Révolution*, t. I., p. 340.

le procureur de la Commune d'abriter l'autel de la patrie sous des tentes pouvant couvrir un espace de vingt-quatre pieds carrés, puis elle décida que le lieu dit *Entre les deux Forêts* serait désormais appelé le *Champ de Mars*.

Nous n'avons pas trouvé de compte-rendu de la fête. Tout cependant nous porte à croire qu'elle fut brillante, car on était encore à l'heure des beaux rêves, des généreux enthousiasmes et des patriotiques illusions.

Une somme de 40 livres fut allouée, le 10 août, aux ouvriers qui avaient travaillé à l'autel de la fédération [1]. Les officiers municipaux se réservaient « de statuer par la suite sur les journées des scieurs de long ».

VII. — Sous prétexte d'éviter la banqueroute, et en réalité, pour substituer à une église indépendante un clergé salarié, c'est-à-dire asservi, l'Assemblée nationale, sur la motion de Mirabeau, vota, le 2 novembre 1789, la déclaration suivante : « qu'il soit déclaré 1° que tous les biens ecclésiastiques sont à la disposition de la nation, à la charge de pourvoir d'une manière convenable aux frais du culte, à l'entretien de ses ministres et au soulagement des pauvres, sous la surveillance et d'après les instructions des provinces ; 2° que, selon les dispositions à faire pour les ministres de la religion, il ne puisse être affecté à la dotation des curés moins de 1,200 livres, non compris le logement et jardin en dépendant ».

Etant donnés le déchaînement des passions révolutionnaires et les haines des jansénistes et des philosophes contre le clergé gallican, cette déclaration ne devait pas rester purement platonique. Et de fait, entre la mise à la disposition de la nation et la vente des biens ecclésiastiques quelques semaines seulement s'écoulèrent. Dès le 20 décembre on décréta l'aliénation immédiate de 400 millions de ces biens, en garantie des assignats qu'on allait émettre, mais il ne se trouva pas d'acheteurs.

Une seconde tentative eut lieu au mois de mars, avec le concours de la Commune de Paris ; elle réussit. Il ne restait plus qu'à généraliser la mesure et on s'empressa de le faire.

---

1. Ces ouvriers étaient : Pierre Renard, Joseph Remy, Jean Dupont, Jacques Prigniel, Nicolas Protte et Edme-Didier Brotel.

Des commissaires, chargés de dresser l'état des biens du clergé, sillonnèrent bientôt le département de l'Aube. A Essoyes, leur travail fut terminé et approuvé par les officiers municipaux et les notables le 1ᵉʳ août 1790. Nous croyons devoir le reproduire textuellement :

ÉTAT DES BIENS NATIONAUX SITUÉS AU FINAGE D'ESSOYES, DRESSÉ PAR DES COMMISSAIRES NOMMÉS A CET EFFET, ET APPROUVÉ PAR LES OFFICIERS MUNICIPAUX ET LES NOTABLES, LE 1ᵉʳ AOUT 1790.

Art. 1ᵉʳ. — *Biens provenans des Religieux de Molesme.*

La Grange dîmeresse, composée d'un seul corps de bâtiments, place au devant d'icelle, chenevière derrière, consistant 23 cordes et demie de surface, scitués dans l'enceinte d'Essoies, lieu dit la *Rue Basse.*

Un grand Pressoir, scitués au même bourg, lieu dit la *Rue haute* proche l'Eglise.

Une pièce de terre, seise au finage d'Essoies, lieu dit le *Closet,* consistante en 107 cordes 10 pieds, tant en terre que prey.

Une autre pièce, seise au même finage, lieu dit la *Lande,* consistante en 95 cordes, savoir 76 cordes en terres labourables et 19 cordes en prey.

Une autre pièce de terre labourable, appellée le *Champ du Poteau,* seise au même finage et consistante en 140 cordes.

Une autre pièce de terre, seise au même finage, lieu dit la *Commelle-Lion,* contenant 212 cordes 15 pieds.

Droit de champart sur 36 journaux, ou environ, de terre, aux *Courbennes.*

PREYS. — 14 cordes 17 pieds, seise au même finage lieu dit la *Mèze,* tenante du midi à J.-B. Plivard ;

16 cordes 8 pieds de prey, en la même contrée de la *Mèze,* tenante du levant à Henry Rouvre ;

La moitié de 136 cordes 17 pieds de prey, appellé le prey *Saint Remy,* tenante du septentrion, du levant et du couchant à la rivière ;

74 cordes 14 pieds de prey, seise au même finage, lieu dit la *Noue Sichard* partagable avec M. Deneuilly et tenante du levant au sieur Lemoine ;

37 cordes 10 pieds de prey, seise au même finage, lieu dit le *Bas de la Pissoire,* tenante d'une part aux sieurs Josselin, Barré et Bourgin ;

19 cordes 10 pieds de prey, seises au même finage, lieu dit le *Prey Jean Desal,* tenante du midy au sieur Cinget ;

12 cordes 10 pieds de prey, seises au même finage, lieu dit la *Meize,* tenante du levant au sieur Eloy Girardin.

(Suit la désignation de 738 cordes de prés situés au finage de Verpillières.)

« Ces biens confusément affermés avec les dîmes.

Art. 2. — *Biens dépendant du Prieuré de Viviers.*

Un moulin appellé la *Papeterie*, ou le Moulin *Saint Père*, siz au dessus d'Essoies et sur la rivière d'Ourse ;

75 cordes de prey proche le moulin, tenant d'une part et d'autre à la rivière, d'un bout au sieur Josselin ;

25 cordes de prey, de l'autre côté de la rivière, tenante du levant à la fausse rivière ;

Et une autre petite pièce de prey, proche et au bas du moulin, enfermée par la rivière.

Ces biens amodiés 159 livres, par bail passé devant Josselin, notaire royal à Essoies, le 15 mai 1779.

Art. 3. — *Biens dépendants de la Chapelle Saint Nicolas.*

TERRES. — Un arpent, sies au finage d'Essoies, lieu dit *Paviotte*, tenant d'une part à M. Darras ;

Un arpent de terre, sies au même finage, proche le Petit Mallet, tenant d'une part à Jean Doussot.

PREY. — 50 cordes, sies au même finage, lieu dit *Place*, tenant d'une part à la fabrique d'Essoies ;

Un double Endain sies au même finage, lieu dit la *Grosse Saule*, tenante d'une part aux héritiers Girardin ;

50 cordes, sies au même finage, lieu dit la *Meize*, tenante d'une part à la Maladrerie ;

100 cordes de prey, sies au finage de Verpillières, lieu dit la *Fontaine Sarment*, tenantes d'une part aux héritiers de la veuve Gentelot de Verpillières.

Ces biens amodiés 72 livres, par bail passé devant Blanchot, notaire à Autricourt, le 19 juin 1786. » [1]

Instruite par l'expérience d'un premier échec, et sachant qu'elle trouverait difficilement des acheteurs chez les simples particuliers, l'Assemblée nationale avait, par deux décrets datés du 14 et du 31 mai, préconisé l'achat direct par les municipalités, de lots considérables, qu'elles revendraient ensuite en détail [2] avoc de gros bénéfices.

La Municipalité d'Essoyes, entrant dans les vues de l'Assem-

---

1. Archives communales.
2. Rapport lu à la séance du 9 mai 1790, par De Delley d'Agier, député de l'Isère.

blée, renouvela le 1ᵉʳ août la soumission qu'elle avait faite dès le 1ᵉʳ juillet, pour l'acquisition des immeubles nationaux détaillés dans l'état ci-dessus.

Par décret du 24 décembre 1790, ces biens, sauf le moulin de la Papeterie, furent adjugés à la Communauté, pour la somme de 7569 livres 10 sols 6 deniers, se décomposant ainsi :

Grange dimeresse... 1028 l. 11 s. 6 d.

Pressoir... 871 8 8

24 arpents 1/2 terres, près, chenevières et droit

    de terrage sur 36 journaux 4148 11 5

Prés du prieur de Viviers 163 14 5

5 arpents de terre de la chapelle Saint-Nicolas.. 1357 13 6 [1]

Les ventes de ce genre, ne dépassant jamais la mise à prix, c'est-à-dire l'estimation faite par des experts, n'étaient pour ainsi-dire que provisoires.

Le Directoire devait mettre en adjudication les biens ainsi acquis par les communes, dès qu'un particulier faisait une offre égale au prix de l'estimation.

On espérait que les scrupules des premiers jours, qui avaient éloigné les acquéreurs, iraient vite s'affaiblissant, que peu à peu la convoitise l'emporterait, et que, bientôt, la vente deviendrait non seulement possible, mais facile.

Ces prévisions se réalisèrent de tout point.

Les biens provenant de l'abbaye de Molême, divisés en 20 lots, furent les premiers mis en vente par le Directoire, en vertu de la déclaration de Philippe-Joseph Josselin. La première enchère eut lieu le 1ᵉʳ juin 1891 ; la seconde le 15 [2].

Claude Blanchard, marchand à Verpillières, offrit de la totalité de ces biens, 10,100 livres ; Jean-Philippe Guenet, huissier à Loches, 10,200 (1ᵉʳ feu); Sébastien Goyard, marchand à Ver- pillières, 10,300 (2ᵉ feu), et Didier Lutrat, marchand à Bar-sur- Seine, 12,100 (3ᵉ feu). Le quatrième et dernier feu s'étant éteint sans nouvelle enchère, la victoire resta à Lutrat.

Cette victoire cependant n'était pas définitive. On lisait, en

1. Archives communales. — Archives de l'Aube, N O 142.

2. L'adjudication définitive ne pouvant avoir lieu qu'à la seconde enchère, personne ne se présentait à la première. L'article XIII du cahier des charges portait: les enchères seront uniformes et ne seront admises qu'à raison de 5 livres lorsque l'objet sera de plus de 100 livres, de 25 livres au-dessus de 1000 livres, et enfin de 100 livres lorsque l'objet excédera 10,000 livres.

effet, dans le cahier des charges, art. IX : « Les enchères seront ouvertes sur l'ensemble et sur partie des objets compris en la soumission, et si, au moment de l'adjudication définitive, la somme des enchères partielles égale l'enchère faite sur la masse, les biens seront de préférence adjugés divisément, à la charge cependant de la solidarité entre les adjudicataires partiaires. »

Conformément à ces prescriptions, on procéda aux enchères partielles, c'est-à-dire que chacun des lots fut mis en vente séparément. La somme de ces enchères monta à 19,570 livres ; elle excédait de 7,470 livres l'enchère totale et cette dernière fut annulée [1].

1. Archives de l'Aube, Q n° 162 : commune d'Essoyes. — En jetant un coup d'œil sur le tableau suivant, nos lecteurs connaîtront par le détail les vingt lots qui firent l'objet de la vente, et sauront à qui et à quel prix ils ont été adjugés :

1° 11 arpents 17 cordes, finage de Verpillières, lieu dit le Valdry, vendus 8,200 livres à Sébastien Goyard, bourgeois de Verpillières ;

2° 2 arpents 25 cordes, même finage, lieu dit le Petit-Breuil, vendus 1525 livres à Georges Vaillot, laboureur à Verpillières ;

3° 99 cordes de pré, même finage, lieu dit le Pré-du-Pertuis. Vendues 610 livres à Jacques Pleutret, marchand à Verpillières ;

4° 2 arpents de pré, même finage, lieu dit Entre-deux-Eaux. Vendus 600 livres à Claude Bacquias ;

5° 46 cordes 1/2 de pré, même contrée. Vendues 360 livres à Claude Blanchard, marchand à Verpillières ;

6° 51 cordes de pré, même finage, lieu dit la Ronde. Vendues 300 livres à Claude Blanchard ;

7° Demi-journal de pré, finage d'Essoyes, lieu dit Au-bas-de-la-Pissoire. Vendu 380 livres à Jacques Caillery, marchand à Essoyes ;

8° 19 cordes 10 pieds de pré, lieu dit Pré-Jean-de-Salle. Vendus 145 livres à Edme-Joseph Simon, boulanger à Essoyes ;

9° 74 cordes 14 pieds de pré, lieu dit la Noue-Sichard, indivis et à partager avec Mᵐᵉ de Neuilly. Vendus 255 livres à Joseph Bertrand, ci-devant boucher à Essoyes ;

10° 12 cordes 1/2 de pré en la Mèze. Vendues 100 livres à Edme-Didier-Eloi Girardin, secrétaire de la municipalité d'Essoyes ;

11° Les 2/5 de 136 cordes 17 pieds de pré (le reste appartenant à Mᵐᵉ de Neuilly), au Pré Saint-Remi. Vendus 420 livres à Joseph Defert, le jeune, vigneron à Essoyes ;

12° 16 cordes 8 pieds de pré, en la Mèze. Vendus 105 livres à Edme Egeley, laboureur à Essoyes ;

13° 14 cordes 17 pieds de pré, même contrée. Vendus à Joseph Bertrand, ci-devant boucher ;

14° 2 arpents 12 cordes 15 pieds de terres labourables, en la Commelle-Lyon. Vendus 465 livres à Jean-Philippe Guenet, huissier à Loches ;

15° 140 cordes au Poteau. Vendues 235 livres à Philippe-Joseph Josselin ;

16° 107 cordes 10 pieds, tant terres que pré, au Clozet. Vendus 305 livres à Claude Barré, boucher ;

17° 23 cordes 1/2 de chenevière, en la Cour-aux-Moines. Vendues 730 livres à Claude-Louis Legris, huissier ;

18° 95 cordes, tant terres que pré, lieu dit les Landes. Vendues 715 livres à Jean-Philippe Guenet, huissier à Loches ;

19° Un bâtiment avec pressoir, rue du Tartre. Vendu 2,100 livres à Jacques Caillery, marchand tixier en toile. Le même jour, par acte de Bacquias. Caillery en céda les 11/12 à onze amis avec lesquels il s'était évidemment entendu avant l'adjudication. (Minutes de Bacquias) ;

20° Une grange, rue du Lait. Vendue 1,900 livres à J.-B. Garnier, laboureur.

Du fait de cette première vente, la commune dut réaliser un bénéfice de 13,522 livres.

Le même jour, eut lieu à Bar-sur-Seine, également par les soins du Directoire et sur la déclaration de Philippe-Joseph Josselin, la seconde enchère et l'adjudication définitive des prés dépendant du prieuré de Viviers [1]. Pierre Simon, marchand à Essoyes, les mit à 500 livres, Jacques Caillery à 520, et Louis Protte, meunier à Verpillières, à 760. Ils furent adjugés au dernier enchérisseur, personne ne s'étant présenté pour les enchères partielles [2]. C'était pour la commune un nouveau bénéfice de 596 livres.

Joseph Vaillant et Jacques Caillery convoitaient un arpent de pré dépendant de la cure, lieu dit l'*Inviolata* ou *Cul des Landes*, et six hommes de vignes provenant de l'ermitage du Val-des-Dames. Dans une déclaration collective adressée au Directoire, ils demandèrent à s'en rendre acquéreurs, offrant de payer, Vaillant 500 livres pour le pré, et Caillery 120 livres pour la vigne. Le 21 juin, Adrien-Augustin-François Lefebvre, bourgeois de Bar-sur-Seine, envoyé à Essoyes, pour faire l'estimation des biens, évalua le pré à 600 livres et la vigne à 140, soit, après déduction du septième pour les impositions foncières, un total de 634 livres 8 sols 6 deniers.

La vente suivit de près (1re enchère, 26 juillet, 2e 13 août 1791) et produisit plus du triple. Pré et vigne furent en effet payés 2,025 livres par Edme-Didier Cinget, bourgeois d'Essoyes [3].

Les biens de la Fabrique consistaient en 16 arpents et un demi-quartier de terres labourables, en 47 pièces, finages d'Essoyes et de Servigny ; 8 arpents 3/4 de pré, en 18 pièces, finage d'Essoyes; 1/4 d'arpent de chenevière, en 3 pièces, même finage.

En vertu de la déclaration de Philippe-Joseph Josselin, datée du 15 novembre 1792, le Directoire les mit à prix, d'après le bail, à 5,844 livres, déduction faite du septième pour les impositions foncières.

La première enchère fut fixée au 1er mai 1793, l'adjudication définitive au 21.

1. Un journal, près du moulin de la Papeterie, 25 cordes de l'autre côté de la rivière et l'îlot en bas du moulin.
2. Archives de l'Aube, Q n° 162 : commune d'Essoyes.
3. Archives de l'Aube, Q n° 206 : commune d'Essoyes.

Edme-Didier Cinget, marchand épicier droguiste à Paris, mit ces biens à 13,000 livres ; Claude Barré, marchand à Essoyes, à 13,100 (1ᵉʳ feu); Etienne Prigniel, propriétaire, à 13,200 (2ᵉ feu); Jean-Philippe Guenet, propriétaire à Loches, à 14,400 livres (3ᵉ feu). Le 4ᵉ feu s'éteignit sans enchères, mais les adjudications partielles, portant sur 64 lots, montèrent à 23,345 livres et l'adjudication totale fut annulée [1].

Restaient les biens de la chapelle Saint-Nicolas (5 arpents de terres labourables), aliénés à la Municipalité, par décret du 24 décembre 1790. Ils furent mis en vente immédiatement après ceux de la Fabrique, toujours en vertu de la déclaration de Philippe-Joseph Josselin, et adjugés à Joseph Bertrand, moyennant 4,000 livres.

[1]. Archives de l'Aube, Q nᵒ 315 : commune d'Essoyes. — Voici dans l'ordre alphabétique les noms des acquéreurs, avec indication du nombre de lots qui leur ont été adjugés et de la somme totale qu'ils eurent à payer pour leurs acquisitions :

Acquéreurs.	Nombre de lots.	Sommes à payer.
Barré Claude, marchand	5	870 livres.
Barré Jean, boucher	2	475 —
Barré J.-B., marchand	4	1565 —
Bertrand Joseph, aubergiste	2	900 —
— — marchand	1	1550 —
Boissot Joseph, vigneron	1	155 —
Caillery Jacques, marchand	4	2215 —
Caillery Jean, aubergiste	2	1840 —
Cinget Edme-Didier	4	435 —
Cottenet Claude, de Loches	1	350 —
Duchesne Nicolas, marchand	2	395 —
Garnier Claude, officier municipal	1	260 —
Garnier J.-B., cabaretier	2	420 —
— — laboureur	1	785 —
Gentelot Edme, laboureur	1	315 —
Girardin Nicolas, laboureur	1	60 —
Hériot, Claude, vigneron	6	2275 —
Josselin Nicolas	1	150 —
Laligant Philibert, marchand	1	1225 —
Legry Claude-Louis	2	1220 —
Naudot Antoine	2	230 —
Plivard J.-B.	1	100 —
Quinot Edme, charron	2	400 —
Rebouchet Edme, bourrelier	2	855 —
Renard Louis, vigneron	1	205 —
Simon Edme-Joseph, boulanger	2	315 —
Simonnot J.-B., de Loches	1	355 —
Vaillant Antoine	4	910 —
Vaillant Joseph	2	1985 —
Voulquin J.-B., menuisier	1	100 —
Voulquin Nicolas-Noël, laboureur	2	430 —

Les enchères partielles, qui eurent lieu ensuite, furent inférieures de 110 livres à l'enchère totale, qui, par là même, devint définitive [1].

Nous avons vu que la commune avait payé ces biens 1,357 livres 13 sols 6 deniers, elle réalisa donc sur la vente un bénéfice de 2,642 livres 7 sols 6 deniers.

En résumé, la vente des biens ecclésiastiques, dits biens nationaux, produisit à Essoyes 49,700 livres, dont 32,942 à l'Etat et 16,758 à la commune. C'est, il faut en convenir, un assez joli denier, et le traitement servi annuellement au curé d'Essoyes n'en représente que très imparfaitement la rente. Que penser, après cela, de l'*honnêteté* de ceux qui demandent aujourd'hui la suppression pure et simple de ce traitement ?

Si maintenant nous passons à un autre ordre d'idées, tout observateur sérieux et impartial conviendra avec nous que la vente des biens du Clergé n'a pas eu, à Essoyes, l'influence qu'on lui prête, en général, sur le développement de la richesse publique et sur l'augmentation du nombre des propriétaires.

D'abord ces biens représentaient à peine la cent vingt-et-unième partie de la superficie du finage, 24 hectares sur 2,904 [2]. Puis, ils furent achetés non par des manouvriers, mais par des gens qui déjà étaient propriétaires et jouissaient d'une certaine aisance.

A cette époque, comme aujourd'hui, ce qui manquait au manouvrier pour devenir propriétaire, ce n'était pas l'occasion d'acheter, mais les fonds, les avances nécessaires pour payer. Or, ces avances, nous ne voyons pas que la loi relative à la vente des biens du Clergé, les lui ait fournies.

VIII. — Après la loi relative à la confiscation des biens du clergé, les députés jansénistes qui, par suite de l'abstention ou

1. Archives de l'Aube, Q n° 316 : commune d'Essoyes.

2. Dans son rapport au Comité des finances de l'Assemblée constituante, Chasset attribue au Clergé *un cinquième du territoire*. De nos jours, Paul Boiteau (Etat de la France en 1789, p. 42), renchérit encore sur Chasset et prétend que c'est au moins *le tiers du sol* qu'il faudrait dire. On a fait bonne justice de ces exagérations : il est maintenant établi que les biens enlevés au Clergé constituaient à peine la centième partie du sol cultivable, soit environ 500,000 hectares.— Cf. Denys d'Aussy : *Les lois révolutionnaires et le revenu foncier* : Revue des questions historiques, avril 1887, p. 517.

de la retraite de plusieurs membres de la droite, avaient acquis une prépondérance incontestable dans le Comité ecclésiastique, rédigèrent et firent voter par l'Assemblée le projet de Constitution civile du clergé. (17 juillet 1790.)

Si, comme on l'a prétendu, cette constitution ne touchait point au dogme et faisait disparaître de graves abus, tout en respectant les droits réels de l'orthodoxie catholique, il est de toute évidence qu'elle modifiait profondément la discipline ecclésiastique. Or, l'Assemblée n'avait pas la compétence nécessaire pour régler seule de pareilles questions. Elle avait donc mis le pied sur un domaine qui n'était pas le sien, et commis la plus audacieuse usurpation de pouvoirs.

Aussi, même revêtu de la sanction royale, le décret souleva d'énergiques protestations et jeta le trouble dans les consciences.

Espérant réprimer par un acte énergique l'agitation religieuse qui se manifestait dans le pays, l'Assemblée décréta, le 27 novembre 1790, que tous les titulaires ecclésiastiques devraient, sous peine de destitution, prêter le serment exigé par les articles 21 et 38 de la Constitution civile du clergé[1].

Ceux qui, ayant refusé le serment, continueraient d'exercer leurs fonctions, seraient poursuivis comme perturbateurs de l'ordre, condamnés comme rebelles à la loi, privés de tous leurs droits de citoyens actifs et déclarés incapables de toute fonction publique.

« Faire porter le serment directement sur la Constitution civile du clergé, c'est-à-dire sur une mesure qui blessait profondément la conscience d'un nombre considérable de prêtres, c'était transformer la résistance en un devoir sacré; c'était provoquer un schisme, qui devait ajouter aux divisions politiques, des dissentiments religieux les plus graves; c'était jeter un défi à des convictions respectables, et entrer dans

---

1. Article 21 du titre II : Avant que la cérémonie de la consécration commence, l'élu prêtera, en présence des officiers municipaux, du peuple et du clergé, le serment solennel de veiller avec soin sur les fidèles du diocèse qui lui est confié, *d'être fidèle à la nation, à la loi et au roi, et de maintenir de tout son pouvoir la Constitution décrétée par l'Assemblée nationale et acceptée par le roi.*

Art. 38 : Les curés élus et institués prêteront le même serment que les évêques, dans leur église, un jour de dimanche, avant la messe paroissiale, en présence des officiers municipaux du lieu, du peuple et du clergé. Jusque-là ils ne pourront faire aucune fonction curiale.

une voie au bout de laquelle était la dictature et la proscription. »

Une telle critique faite par un prêtre catholique pourrait paraître suspecte, aussi nous nous hâterons de dire qu'elle émane d'un protestant, M. de Pressensé, dont l'impartialité en pareille matière ne saurait être mise en doute [1].

Devenu loi de l'État le 26 décembre, par l'approbation du roi, et publié à Essoyes le 27 janvier, le décret obtint l'adhésion immédiate du curé Girardot et de son vicaire l'abbé Cheurlin.

Les deux prêtres se rendirent au greffe de la municipalité, afin de déclarer qu'ils se proposaient de prêter serment le dimanche suivant, 30 janvier, à l'issue de la messe paroissiale, et ils signèrent leur déclaration avec le greffier.

Au jour et à l'heure fixés, la triste cérémonie s'accomplit avec toute la solennité, toute la mise en scène prévue par la loi.

Nous ignorons quels furent les sentiments et l'attitude de la population. Peut-être n'était-elle pas suffisamment éclairée pour remarquer que son curé se détachait de l'orthodoxie, et comme rien n'était changé dans les cérémonies du culte, peut-être le troupeau suivit-il son pasteur aveuglément, sans arrière-pensée, sans remords, sans même soupçonner qu'il le menait au schisme.

Quoiqu'il en soit, immédiat ou non, le scandale donné aux croyants a existé, et il pèsera éternellement comme une flétrissure, sur la mémoire de l'abbé Girardot.

Que l'on se montre indulgent pour de malheureux prêtres intimidés par la marche des événements, souvent même par les outrages et les violences de la démagogie, ou bien encore n'ayant pas l'intelligence exacte de la situation, je le conçois et je l'admets.

Mais tel n'était pas le cas du curé d'Essoyes. Il n'avait rien à redouter de la population qui l'estimait, qui l'honorait et qui, jusqu'à ce moment, ne s'était rendue coupable d'aucun excès.

D'autre part, il ne manquait pas d'intelligence et s'il avait pu conserver quelques doutes sur la licéité du serment, la courageuse résistance de son évêque aurait dû les dissiper.

1. De Pressensé : *L'Église et la Révolution française,* p. 140.

« Je me fais gloire et honneur de suivre mon évêque, comme Laurent suivit son pasteur », avait répondu le curé-député Fournès au président de la Chambre, qui l'invitait à prêter serment après le refus motivé de l'évêque d'Agen.

Le curé d'Essoyes aurait dû, semble-t-il, s'inspirer de même du noble exemple que l'évêque de Langres donna à son clergé.

Mais l'abbé Girardot, nous aurons encore plus d'une fois occasion de le constater, était un homme sans conviction, sans caractère.

Il prêta le serment, librement, sans scrupules, nous dirions presque joyeusement, et quand, le 18 avril, dans un bref adressé à l'Église de France, Pie VI condamna en termes formels la Constitution civile du clergé, avec ordre à tous les prêtres qui auraient prêté le serment, de le révoquer dans le délai de quarante jours, sous peine de suspense, M. Girardot refusa toute rétractation [1].

---

1. Archives communales. — M. René Lavollée, dans son compte-rendu de l'ouvrage de M. Ludovic Sciout : *Histoire de la Constitution civile du clergé*, dit que dans l'Aube « il n'y eut, pour ainsi dire, pas de serment. » *Correspondant* : Nouvelle série, t. LVI, p. 1,043).

Cette assertion nous paraît quelque peu hasardée. Nous n'avons de renseignements précis que sur la partie de l'arrondissement de Bar-sur-Seine appartenant autrefois au diocèse de Langres. Or, sur 82 ecclésiastiques, dont nous avons relevé les noms, 44 prêtèrent serment. Le canton d'Essoyes à lui seul (tel qu'il est aujourd'hui constitué, c'est-à-dire avec ses 21 paroisses), compta 16 prêtres assermentés.— Cf. abbé Roussel : *le Diocèse de Langres*, t. III, p. 223 et suiv.

Chapitre II.

I. Grève des bouchers. — II. Assemblée primaire pour l'élection du juge
de paix. L'incident Tàcheron. Irrégularités dans les opérations
électorales. Annulation de l'élection. Nouvelles assemblées et nouvelles
irrégularités. L'élection a lieu à Fontette. — III. La fuite du roi et son
arrestation à Varennes. Les armes de M. Le Lieur. — IV. La constitution de 1791.

I. — Un arrêté du bureau de police du 2 octobre 1790 avait
fixé le prix de la viande à 4 sols 6 deniers la livre. Peu soucieux
de cet arrêté, les quatre bouchers d'Essoyes continuaient en
novembre à vendre 5 sols la livre de viande et manifestaient
même l'intention d'en augmenter encore le prix.

La municipalité leur fit sans doute des observations, peut-être
même des menaces, car nous voyons les bouchers se présenter
au greffe le 17 décembre et donner leur démission. Ils déclarent
que, si l'on refuse d'élever la taxe, ils déposeront couteaux et
tabliers à partir de la semaine suivante.

La municipalité ne se laissa pas émouvoir par ces menaces ;
du reste elle croyait pouvoir compter sur Nicolas Bertrand, fils
d'Edme, qui, à la nouvelle de la démission, s'était présenté et
avait été reçu comme boucher.

Malheureusement on dut bientôt constater que la nouvelle
boucherie était fort mal approvisionnée ; Bertrand, en effet, ne
mettait guère en vente que du porc.

Voyant dans ce fait la suite du complot ourdi par les bouchers
démissionnaires, et considérant qu'il était de son devoir de
procurer de la viande aux habitants, surtout aux malades,
l'Assemblée municipale chargea le trésorier et le procureur de
la commune d'acheter une bête grasse et de la faire abattre de
suite, puis décida que Bertrand serait cité à l'audience de police

du 31 décembre, pour avoir contrevenu aux arrêtés enjoignant aux bouchers « de tenir leur boutique garnie de viande, à peine de 6 livres d'amende ».

La fermeté de la municipalité eut d'heureux résultats. Dès le 26 décembre, un des quatre démissionnaires, Louis Joannes, déclarait au greffe qu'il avait cédé aux pressantes sollicitations de ses collègues, qui, du reste, n'avaient cherché qu'à lui nuire depuis son établissement à Essoyes. Il reconnaissait la justesse des arrêtés, retirait sa démission et suppliait les officiers municipaux de l'autoriser à reprendre ses fonctions [1].

Il est probable que les trois autres grévistes ne tardèrent pas eux-mêmes à capituler et à demander grâce. Rien cependant ne nous autorise à l'affirmer.

Quoiqu'il en soit, cette affaire n'émut pas longtemps la population ; des jours sombres allaient venir où la question de la viande disparaîtrait devant une autre beaucoup plus grave : la question du pain.

II. — Si le peuple est réellement souverain, c'est de lui, et de lui seul, que doit émaner le pouvoir judiciaire, comme tous les autres pouvoirs.

L'Assemblée Constituante ne recula pas devant cette conséquence du principe qui avait présidé à toutes ses réformes, et, après avoir substitué aux anciennes juridictions une justice de paix par canton, et un tribunal par district, elle laissa aux électeurs le soin de choisir eux-mêmes leurs magistrats.

Ce fut le 3 novembre 1790 que les citoyens actifs [2] du canton d'Essoyes se réunirent en assemblée primaire, dans l'église du chef-lieu, pour l'élection du juge de paix et de ses assesseurs.

1. Archives municipales.

2. Pour être citoyen actif, c'est-à-dire pour être électeur, il fallait payer une contribution représentant la valeur locale de trois journées de travail.

Sur une observation de la Municipalité de Troyes, l'Assemblée, dans la séance du 15 janvier 1790, décida que le prix de ces trois journées ne devait pas être fixé sur les journées d'industrie, susceptibles de beaucoup de variations, mais sur celles employées au travail de la terre, et décréta provisoirement que le prix de la journée ne pourrait excéder la somme de 20 sous (Cf. Tournon : *Révolutions de Paris*, n° XXVIII, p. 39).

L'Assemblée Constituante se montra en réalité moins libérale que l'Intendant de Champagne qui, dans son ordonnance du 30 juin 1777 pour l'organisation du Conseil des Notables, reconnut le droit de vote à tous les habitants sans distinction.

Les bouchers et les boulangers avaient préalablement reçu l'ordre de s'approvisionner ; un trac avait même eu lieu dans les bois communaux pour se procurer du gibier.

La garde nationale fut chargée de maintenir l'ordre.

Des sentinelles se tenaient à chacune des portes de la ville. Leur consigne était d'inviter les paroisses qui se présenteraient en armes, à déposer ces armes dans une maison à leur choix.

D'autres veillaient aux entrées du cimetière ; elles avaient pour mission d'interdire le passage aux femmes, aux enfants, en un mot à tous ceux qui, n'étant pas citoyens actifs, n'avaient pas le droit de prendre part au vote.

Chacune des trois sections électorales devait pénétrer dans l'église par une porte qui lui était exclusivement réservée. Au-dessus de cette porte on pouvait lire sur une pancarte, écrits en gros caractères, les noms des différentes paroisses composant la section. Deux gardes nationaux se tenaient au dehors, de chaque côté de la porte, avec ordre de ne laisser entrer que les membres de la section, et de faire déposer les cannes, bâtons, sabres, épées ou autres armes, que les électeurs pourraient avoir.

La première journée se passa sans incident. Il n'en fut pas de même de la seconde.

Le matin, le sieur Tâcheron, président de la section de Landreville, enjoignit aux deux sentinelles placées à la porte de cette section de se retirer, et, comme elles refusaient, il les injuria.

On en référa au commandant de la garde nationale qui releva les sentinelles, mais en même temps donna l'ordre d'établir un cordon, pour empêcher la confusion et le mélange de la section de Landreville avec les deux autres.

Tâcheron s'emporta de plus belle et manda le commandant. Une vive altercation s'éleva entre eux. A bout d'arguments, Tâcheron menaça de quitter l'Assemblée et de se retirer à Landreville, comme Achille autrefois se retira sous sa tente, puis, voyant qu'il n'entraînerait pas la masse des électeurs de sa section, que quelques fidèles seulement le suivraient, et que du reste cette sortie, plus ou moins théâtrale, n'empêcherait pas l'élection, il changea de tactique, sans paraître se douter qu'une menace non suivie d'effet amoindrit toujours quelque peu son auteur.

Dans l'après-midi, escorté de trois amis, François Arnoux, Jean Lutrat et Lhuillier, il se présenta à la section d'Essoyes et demanda au doyen d'âge qui la présidait, des explications sur l'organisation des différents postes.

Le commandant de la garde nationale était présent.

Il se chargea de répondre : « La police de sûreté, dit-il en substance, à Tâcheron, n'appartient pas au président de la section, mais à la municipalité d'Essoyes. Je vais la prier de se réunir, vous pourrez vous expliquer devant elle ».

Pendant cette discussion les têtes s'échauffaient. Tous les assistants étaient montés sur les bancs. Plusieurs même, et le commandant était du nombre, se tenaient debout sur les dossiers, ou sur les accoudoirs.

Une poussée se produisit, par l'impulsion d'un nommé Baudoin de Fontette, bien connu, paraît-il, pour sa brutalité. Le commandant perdit l'équilibre, ainsi que ses deux voisins, et si la foule ne l'avait soutenu, il eût été précipité au milieu de l'allée.

Alors, de tous côtés, on crie à la garde ; elle accourt, elle est là, sous la galerie, prête à faire usage de ses armes.

En même temps un homme est renversé près de l'entrée du cimetière. Le commandant va le relever. Le désordre est à son comble ; le sang va certainement couler. Fort heureusement le commandant a gardé son sang-froid ; il voit le danger et le conjure en donnant à la garde l'ordre de se retirer.

Lorsque le calme fut à peu près rétabli, deux délégués de la municipalité se rendirent à la section de Landreville et infor-mèrent le président que le corps municipal était assemblé au presbytère pour entendre ses plaintes. Tâcheron s'y rendit, mais, prétextant qu'il était occupé à un dépouillement de scrutin, il se retira sur le champ sans formuler aucun grief. Sa mauvaise humeur, du reste, provenait, paraît-il, de motifs inavouables : un peu du dépit de voir sa section établie à Essoyes, et beaucoup de l'indiscrétion d'un officier de la garde nationale qui, la veille, étant entré brusquement dans l'enceinte de la section de Landre-ville, avait surpris différents particuliers distribuant des billets pour l'élection du président, du secrétaire et des scrutateurs, avant même que l'assemblée fût au complet. Tàcheron voulait mettre ses amis à l'abri de pareilles surprises, et se débarrasser des gardes nationaux, puisqu'ils gênaient ses manœuvres électorales.

Telle est du moins la version de la municipalité d'Essoyes.

En réalité, la principale cause du trouble fut l'inimitié existant entre les deux candidats au poste de juge de paix : Toussaint Darras et Joseph Josselin.

Les partisans de ce dernier se montrèrent des plus violents. D'après le témoignage de plusieurs électeurs de Saint-Usage, ils déclaraient hautement que, si Darras était nommé, on le tuerait, on le brûlerait, etc.

« Des voyes de fait, disent les habitants de Fontette, furent exercées par certains citoyens d'Essoyes sur plusieurs citoyens des paroisses dépendant du canton, et notemment par un détachement de la garde nationale dont Josselin était alors commandant, ayant encore la ditte garde parue aux portes de l'église en détachement, *les uns masqués par la figure avec de certains mastiques affreux* pour mieux effrayés les citoyens des sections, et même maltraitez les citoyens votans de toutes les susdites sections pour forcer à donner les suffrages sur les personnes indiquées par leur cabale. »

Malgré ces menaces et ces violences, Toussaint Darras sortit vainqueur de la lutte avec 66 voix de majorité.

Les partisans de Josselin s'aperçurent alors que deux graves irrégularités avaient été commises dans la section d'Essoyes : le président avait été élu à la majorité relative, quand il devait l'être à la majorité absolue, puis, dans le scrutin pour l'élection du juge de paix, le nombre des bulletins trouvés dans l'urne avait excédé de quatre celui des votants.

Battus et mécontents, ils estimaient qu'il y avait lieu de recommencer le vote, mais les autres paroisses s'y opposèrent.

Treize d'entre eux signalèrent alors au département la double irrégularité et demandèrent l'annulation du scrutin.

Le président de la section de Landreville, Tàcheron, établit au contraire, dans un procès-verbal, que tout s'était passé conformémcnt à la loi, et que le vote devait être considéré comme définitif.

Où était la vérité ?

Pour le savoir, le Directoire du district de Bar-sur-Seine demanda des éclaircissements aux différentes paroisses. La réponse de Saint-Usage, la seule que nous connaissions, fut de tout point favorable à M. Darras :

« Nous avons vues avec la plus grande surprise, disent les habitants convoqués en assemblée générale, les différends motifs contenus dans la lettre que vous nous avez fait l'honneur de nous écrire, relativement à l'élection du juge de paix...

« Nous ignorons totallement les motifs de réclamation portée au Mémoire par les treize habitants d'Essoyes, qui demandent, au nom de leur commune, la nulitée de l'élection.

« L'ouverture des assemblées s'est faite très paisiblement, et notre sextion a exécutée dans toute ses articles le décret de l'assemblée national sanctionnée par le roy, concernant le juge de paix.

« Le lendemain de la première séance, une grande rumeur occasionnée par la garde national d'Essoyes, dont nous ne pourrions vous en rapporter les motifs, comme n'en ayant pas de connaissance dans notre section.

« Aucune cabale en personnalitée de prédilection pour l'élection du juge n'a étée faite de la part d'aucune des communautés de notre section.

« Il s'est seulement répandues que partie de la commune d'Essoyes était contraire à l'élection du juge élue, et sy cela s'est manifestée, cette manœuvre sourde a put être l'ouvrage des antagonistes du juge élu.

« Quant au bilet mis dans le crustin, ils ont été mis conformément au décret, c'est-à-dire que ceux ne sachant écrire ont été écrit par les scrutateurs, dictées par la personne, et mis sur le champ dans le vasse ; et quant à ceux scachant écrire, ont été écrit sur le bureau en présence du scrutateur et du président, et mis sur le champ dans le vasse ; que, concéquemment, les bilets des sections voisines n'auront pu se glisser comme on le prétent.

« Nous n'avons également aucune connaissance qui se soient

fait aucune caballe, dans aucun village composant l'assemblée primaire d'Essoyes avant même cest assemblé [1]. »

(Suivent les témoignages relatifs aux menaces proférées contre M. Darras et que nous avons relatés ci-dessus).

Cette déclaration si formelle fut corroborée par celle des autres communes du canton. Comme le fit observer le Directoire du district, presque toutes se plaignaient de la garde nationale qui, masquée et déguisée, avait intercepté les passages conduisant aux sections, maltraité et emmené brutalement au corps de garde plusieurs électeurs, et cependant le Département, par un arrêté du 11 décembre, annula les opérations électorales et fixa au 31 janvier suivant la nouvelle assemblée primaire pour l'élection du juge de paix.

Mécontents, les voisins vinrent à cette assemblée avec des sentiments hostiles. Peu confiants dans le président d'âge et dans les scrutateurs provisoires [2], ils exigèrent des surveillants pour l'élection du bureau définitif. Ils leur furent accordés. La séance ayant dû être suspendue, l'apposition des scellés sur la boîte renfermant les bulletins de vote ne leur parut pas une garantie suffisante : ils réclamèrent le cachet ; il leur fut remis.

Ils voulurent ensuite faire sceller l'armoire où la boîte avait été déposée, et l'armoire fut scellée. Un mot de plus, dit plaisamment le secrétaire de la municipalité d'Essoyes, un mot de plus et on allait sceller l'église [3].

Ce qui se passa au dépouillement du scrutin prouve péremptoirement que ces précautions, qu'on pourrait qualifier d'excessives, furent en réalité insuffisantes.

Il était à peu près certain que celui des deux partis qui triompherait dans l'élection présidentielle l'emporterait également dans le scrutin pour l'élection du juge de paix. On attachait donc la plus grande importance à cette première phase de la bataille.

---

1. Archives communales de Saint-Usage : Registre des délibérations.

2. Archives de l'Aube, L K 4/19, f° 131. — Archives communales.

3. Les scrutateurs provisoires devaient être, d'après la loi, les trois plus anciens des électeurs sachant écrire. Seuls, au premier scrutin, c'est-à-dire jusqu'à l'élection des scrutateurs définitifs, ils avaient le droit d'écrire, sous leur dictée, le bulletin de vote des électeurs illettrés. (Décret du mardi 2 février 1790. — Cf. Tournon : *Révolutions de Paris*, n° XXXI. p. 33.)

Pour assurer la majorité à son ami Joseph Josselin, le citoyen Claude Bacquias, procureur de la commune, usa, paraît-il, d'un stratagème que la similitude des noms favorisait singulièrement. Il attribua à Joseph Josselin, administrateur du département, plusieurs suffrages accordés à son frère Philippe-Joseph Josselin, maire d'Essoyes.

L'accusation étant des plus graves, nous en laissons la responsabilité aux habitants de Fontette qui la formulent en ces termes dans une délibération, prise en assemblée générale de la communauté, et envoyée au Département :

« Le sieur Josselin, administrateur de l'Aube, s'est émissé (immiscé) de prendre la place de président, quoique ne l'ayant pas obtenue par les formalités prescrites par le décret de l'Assemblée nationale.

« Voicy en deux mots la déclaration que nous faisons contre la ditte élection : cette place lui a été quonquisse (conquise) par le sieur Bacquias, citoyen d'Essoyes, qui c'est approché du bureau, lors du dépouillement du scrutin de l'élection du Président. Ledit Bacquias aurait pris plusieurs billets où étaient inscris les noms du sieur Josselin l'aîné et Josselin, maire, et auraient porté et compté les dittes voyes sur la personne du sieur Josselin, administrateur de l'Aube, afin de lui procurer la majoritez absolue.

« Il faut prévoire la ruse du dit Bacquias pour en connaître son intention ; il le faisait pour un motif avantageux pour lui, afin qu'il fut fait secrétaire de la ditte assemblée, et de s'étendre jusqu'au point de parvenir le greffier du juge de paix, en supposant que la cabale du dit sieur Josselin, l'administrateur, eût pu réussir à le faire proclamer juge de paix du dit canton d'Essoyes [1]. »

La manœuvre de Bacquias n'ayant pas échappé à la vigilance des surveillants, des protestations énergiques s'élevèrent sur le champ, les opérations électorales furent suspendues et les maires de Fontette, de Noé, de Saint-Usage et de Verpillières « se transportèrent à Troyes pour demander justice à MM. du Département contre les cabaleurs d'Essoyes. »

Cunfin ne semble pas avoir pris part à la protestation ; quant aux sept autres communes, Landreville, Loches, Viviers, Chervey,

<hr>

1. Archives communales de Fontette : Registre des délibérations.

Bertignolles, Vitry et Eguilly, elles avaient été antérieurement détachées du canton d'Essoyes, pour la création des cantons de Landreville et de Vitry.

La démarche des maires eut le succès qu'ils espéraient. Par un arrêté daté du 7 février, le Département nomma, pour assister à la reprise des opérations, un commissaire, M. Monginet, dont la présence devait assurer la liberté des opinions et des votes.

La nouvelle assemblée eut lieu le 10 février et se continua le 11.

Le vote pour l'élection des trois scrutateurs touchait à sa fin ; déjà près de six cents bulletins avaient été mis dans l'urne ; il n'en restait plus qu'un à déposer ; ce fut à l'occasion de ce dernier que la guerre éclata de nouveau. *In caudâ venenum.*

Ce trop fameux bulletin était celui d'un illettré nommé Doussot, et il avait été écrit par le scrutateur provisoire Malgras. On accusa Malgras d'avoir changé les noms que Doussot lui avait dictés.

Le billet fut retiré de l'urne. Il portait les noms de trois habitants d'Essoyes : Pâris, Voulquin et Hemin ; or, ces candidats n'étaient pas ceux que Doussot avait désignés.

Le commissaire déclara avec indignation que Malgras avait trompé, et ce dernier dut prendre précipitamment la fuite pour échapper à la correction que les électeurs, justement irrités, voulaient lui infliger.

On proposa de recommencer le scrutin, mais le commissaire s'y opposa, leva la séance, et ajourna l'assemblée à deux mois, pour laisser aux esprits le temps de se calmer.

De retour dans leurs foyers, les électeurs de Saint-Usage, convaincus que la plupart des habitants d'Essoyes voulaient « les lasser, les dégoûter de paraitre aux assemblées primaires », afin d'être seuls maîtres du choix du juge de paix, convaincus, en outre, que les électeurs forains n'étaient plus en sûreté à Essoyes, prirent une délibération demandant aux administrateurs de l'Aube : 1° Que l'assemblée primaire fut fixée à Fontette ou en tel autre village du canton ; 2° qu'un commissaire surveillât le vote, ou que le juge de paix fut nommé d'office par les juges du tribunal de Bar-sur-Seine ; 3° que le scrutateur infidèle, Malgras, unique cause de la cessation des opérations, fut condamné à payer la journée de tous les citoyens actifs composant la dernière assemblée.

Le maire Maillet fut en outre chargé de se rendre à Troyes pour demander justice au nom de ses administrés.

Les citoyens actifs de Fontette, également réunis en assemblée générale, délibérèrent dans le même sens et sous le coup de la même indignation :

« Nous demandons, disent-ils, que le fauteur et vexateur des décrets de l'Assemblée nationale, pris au fait par monsieur le commissaire, soit condamné au dommage et intérêt envers les communautez composant le canton, à telle somme qu'il plaira à MM. les administrateurs du district et du département.

« Nous demandons, en outre, que le chef lieu du canton soit changé, dans telle autre paroisse qu'à Essoyes, vue les menaces, violences et mauvais traitements exercés par la commune d'Essoyes.

« Nous déclarons que nous ne pouvons plus nous transporter aux assemblées primaires à Essoyes, vu l'exposé cy-dessus ; et vous ferez justice.

« Nous avons commis à cette effets le sieur Marie-Etienne Baudoin, maire, pour porter et présenter la présente délibération tant à MM. les Administrateurs du district de Bar-sur-Seine qu'à messieurs les administrateurs du département de l'Aube, sous les rétributions convenables [1]. »

Malgras, il faut en convenir, avait procuré aux électeurs forains une magnifique revanche, et amplement justifié une suspicion que l'incident Bacquias rendait déjà trop légitime.

Il est probable que les autres paroisses du canton joignirent leurs protestations à celles de Fontette et de Saint-Usage, et prirent des conclusions identiques.

C'était un véritable réquisitoire adressé aux administrateurs du département contre les partisans de Josselin, très nombreux à Essoyes.

La municipalité en obtint communication, et, dans sa séance du 10 juin, s'efforça de le réduire à néant, en lui opposant les raisons suivantes :

---

1. Archives communales de Fontette et de Saint-Usage : Registres des délibérations. — Archives de l'Aube, L K 4/49.

1° Le bulletin de Doussot n'a pas été saisi entre les mains du scrutateur ou dans celles du votant, mais il a été pris dans la boîte, au milieu des autres. N'a-t il pas été changé ? Une erreur de ce genre, volontaire ou non, est facile ; il y a donc au moins doute, et ce doute doit profiter à l'accusé ;

2° Supposé que la fraude soit vraie, la commune n'est ni responsable, ni garante d'un de ses habitants, et ne doit pas par conséquent partager la peine qu'il a pu encourir ;

3° Essoyes a été établi chef-lieu de canton en vertu d'une loi ; il ne peut cesser de l'être qu'en vertu d'une autre loi, et non par un acte purement administratif ;

4° Même raisonnement pour le lieu des assemblées primaires. La seule cause légale de translation de ces assemblées, c'est le cas de trouble. Or, la commune d'Essoyes n'a causé aucun trouble ; l'assemblée aurait pu continuer, si le commissaire ne s'y était pas opposé.

Du reste, au moment du trouble, l'assemblée était composée presque exclusivement des électeurs forains ; les habitants d'Essoyes étaient pour la plupart aux vignes.

Malgré ce plaidoyer et le crédit dont Josselin devait jouir près de ses collègues, le département, par un arrêté du 26 octobre, décida que la nouvelle assemblée primaire pour l'élection du juge de paix se tiendrait, *pour cette fois seulement*, à Fontette, et délégua le sieur Monginet, de Bar-sur-Seine, pour y maintenir l'ordre et veiller à ce que les formes prescrites par les lois fussent observées [1].

L'élection commença le 28 novembre, à l'église de Fontette.

Le bureau provisoire fut ainsi constitué : Président d'âge, Edme Tiby, qui choisit pour secrétaire Quentin-Rousselot ; scrutateurs d'âge, Claude Delaunay, de Cunfin, Georges Vaillot, de Verpillières et J.-B. Gaullet, de Fontette.

Après que les membres du bureau provisoire eurent prêté serment de maintenir la Constitution et d'être fidèles à la nation, à la loi et au Roi, on procéda à l'élection du président, par appel nominal. La formule du serment était placée à côté du vase destiné à recevoir les bulletins, et chaque citoyen, à l'appel de son nom, déposait son vote en disant : je le jure.

1. Archives communales : Registre des délibérations.

Le nombre des votants fut de 163, dont 9 seulement d'Essoyes. Personne n'ayant obtenu la majorité absolue, on passa à un second tour de scrutin et Marie-Étienne Baudoin, maire de Fontette, fut élu président par 48 voix sur 51 suffrages exprimés.

Tel est le bilan de la première journée ; nous résumerons brièvement celui des suivantes :

Seconde journée. De huit heures du matin à une heure. — Quentin-Rousselot est élu secrétaire, par 103 voix sur 132 votants.

Serment du président et du secrétaire.

Vote pour l'élection de trois scrutateurs, au scrutin de liste, et à la pluralité relative des voix.

La boîte aux bulletins est scellée de deux bandes de papier et déposée à la sacristie, dont la clef est remise au secrétaire.

De deux heures à sept heures. — Continuation du vote pour l'élection des scrutateurs. Suffrages exprimés : 247. Sont élus : Claude Delaunay, de Cunfin, par 200 voix; J.-B. Gaullet, de Fontette, par 166, et Georges Vaillot, de Verpillières, par 139.

Serment des scrutateurs.

On commence le vote pour l'élection du juge de paix.

Scellement de la boîte aux bulletins.

Troisième journée. De huit heures à midi et demi. — Continuation du vote pour l'élection du juge de paix. Dépouillement du scrutin : 336 votants ; point de majorité absolue.

De deux heures à six heures et demie. — Second tour de scrutin pour l'élection du juge de paix. Sur 254 suffrages, dont 24 seulement d'Essoyes, Toussaint-Darras en obtient 125 et Marie-Étienne Baudoin 122. Point de majorité absolue.

Quatrième journée. De huit heures à une heure. — Troisième tour de scrutin pour l'élection du juge de paix. Votants, 327. Marie-Étienne Baudoin est élu par 176 suffrages contre 151 donnés à Toussaint-Darras.

De une heure à sept heures et demie. — Élection de quatre assesseurs du juge de paix dans chaque commune, au scrutin de liste et à la pluralité relative. On vote d'abord pour Essoyes. Suffrages exprimés, 57. Sont élus : Pierre Duchesne, par

53 voix ; Nicolas Bourgin, par 39 ; Antoine Vaillant, par 33 ; et Simon Clair par 32.

Même opération pour Verpillières, Cunfin, Noé et Saint-Usage. Le nombre des votants varie de 19 à 21.

Cinquième journée. Huit heures du matin. — Vingt-huit votants prennent part à l'élection des quatre assesseurs pour Fontette.

L'élection du premier juge de paix du canton d'Essoyes coûta donc aux citoyens actifs, qui voulurent y prendre part, quatre journées et demie en novembre 1791, deux en février, une en janvier et trois en novembre 1790. Total : dix journées et demie. Si l'on ajoute à cela le temps consacré aux élections municipales et à la nomination des électeurs du second degré, on conviendra qu'il était bien difficile de concilier les devoirs de citoyen actif avec ceux de citoyen laborieux.

L'année suivante, car le juge de paix n'avait reçu ses pouvoirs que pour un an, l'élection eut lieu à Essoyes et ne dura que deux jours (le 25 et le 26 novembre). Simon Darras, chef de la deuxième légion de la garde nationale du district de Bar-sur-Seine, fut élu par 72 voix sur 107 votants et plus de 800 inscrits[1].

Cette minorité infime, que nous aurons plus d'une fois encore occasion de relever, même pour les élections politiques, ne permettait guère de saluer dans le juge de paix, l'élu du canton. Elle était la condamnation formelle de la loi électorale, et cependant cette loi ne fut pas modifiée. Les hommes au pouvoir savaient fort bien que l'ouvrier des champs, le paysan laborieux, qui restait rebelle aux appels électoraux, en raison de leur fréquence, des déplacements, des pertes de temps et des frais qu'ils occasionnaient, était plus réfractaire encore aux idées révolutionnaires.

L'amener aux urnes, en lui facilitant l'exercice de son droit de vote, c'eut été s'exposer à rendre active une résistance qui n'était que passive. On se garda bien de le faire, et voilà comment, le dégoût aidant, une imperceptible minorité, turbulente et aventureuse, s'imposa, durant de longues années, à la masse des citoyens honnêtes et tranquilles.

---

1. Archives de l'Aube : L M 2 et L M 2 G.

III. — Ce fut le 23 juin 1791 qu'on apprit à Essoyes « *l'enlè-vement du roy* [1]. »

Le décret de l'Assemblée nationale du 21 juin et d'autres pièces relatives à cet événement furent lus à l'Assemblée municipale.

Sur le champ on décida : 1° « que le commandant de la garde nationale ferait veiller soigneusement les passages et entrées du bourg, et ce, tant de jour que de nuit ; 2° que tout citoyen du bourg serait tenu de contribuer à ladite surveillance et de monter les gardes qui seraient commandées, à peine, pour la première fois, d'être dégradé du titre de citoyen actif ; 3° que tout citoyen serait invité à maintenir de tout son pouvoir le bon ordre, avec défense d'insulter ou d'attenter à aucune personne, aucune pro-priété, sous peine d'être poursuivi extraordinairement. »

Cet arrêté fut publié et affiché [2].

Le lendemain, 24 juin, on apprenait l'arrestation de Louis XVI à Varennes, et, après avoir pris connaissance des délibérations du Département et du District, l'assemblée municipale décidait de siéger en permanence jusqu'à réception d'ordres ultérieurs. En même temps, expédition des délibérations du Département et du District était adressée par exprès à toutes les municipalités du canton, avec ordre d'envoyer sur l'heure au chef-lieu, un état, par noms et surnoms, des gardes que chacune d'elles pourrait fournir, soit pour la défense du roi et de la famille royale, soit pour le maintien de la Constitution.

La garde nationale d'Essoyes ayant été convoquée, le comman-dant fit appel aux patriotes de bonne volonté, « pour voler à la défense du roy et de la famille royale contre les conspirateurs de l'empire, qui pourraient tenter une seconde entreprise sur la personne du roy. »

Cinquante hommes répondirent à cet appel et donnèrent leurs noms.

Le 25 juin, le commandant porta cette liste de volontaires à l'assemblée municipale qui prit la délibération suivante : « L'assemblée, vivement touchée du zèle et du patriotisme de la garde nationale, mais plus vivement pénétrée encore de l'impos-

---

1. On croyait à un complot royaliste ayant pour but l'enlèvement de Louis XVI et on craignait qu'une invasion étrangère n'en fût la conséquence.

2. Archives communales.

sibilité où se trouve la commune de fournir les fusils et munitions nécessaires, n'ayant au plus qu'une vingtaine d'armes simples en état de servir, étant sans ressources et dénuée de fonds pour s'en procurer, a arrêté : 1º Que 25 hommes des soumissionnaires se tiendront prêts pour partir à toute réquisition, les noms et surnoms desquels seront annexés au présent arrêté pour, avec icelui, être adressé à Messieurs du District, qui sont invités de prier Messieurs du Département de procurer 50 fusils à la municipalité pour servir à la garde, en cas de besoin ; 2º que le trésorier de la commune soudoiera la garde à raison de 20 sols par jour, par chaque homme, à compter du jour de leur départ jusqu'à leur rentrée [1]. »

L'émotion causée par la nouvelle de l'arrestation de Louis XVI, à Varennes, fit oublier à Essoyes la recommandation faite par la municipalité de respecter les personnes et les propriétés.

Le 24 juin, à midi, les gardes nationaux Pierre Clavier, Jacques Caillery, Nicolas Girardin, Pierre Simon, Etienne Prigniel, Edme Voulquin, Joseph Hériot, Xavier Truchelut, Joseph Garnier, Joseph Grillot, Nicolas Mongin, Claude Dudez, Antoine Grillot et Edme Hériot, armés de sabres et de fusils, pénétrèrent dans la maison de M. Le Lieur [2], seigneur en partie du Grand-Chaast, et lui enjoignirent de leur représenter les armes qu'il possédait.

M. Le Lieur déclara que sur les trois fusils dont il était propriétaire, deux étaient prêtés : l'un à son vigneron d'Autricourt, l'autre à un garde national d'Essoyes, nommé Fouet. Il ajouta qu'il désirait garder le troisième pour sa défense personnelle.

Les gardes nationaux répondirent à cette observation par un éclat de rire qui signifiait dans sa brutalité : nous sommes quatorze contre un, nous avons la force, elle prime toutes vos raisons; d'ailleurs, nous ne sommes pas venus pour discuter, exécutez-vous.

Jugeant toute résistance inutile et même dangereuse, M. Le

---

1. Le nombre des volontaires prêts à voler au secours du roi et de la famille royale fut de 1,225 pour le district de Bar-sur-Seine et de 92 pour le canton d'Essoyes, savoir : 50 d'Essoyes, 23 de Cunfin, 6 de Fontette, 6 de Verpillières, 4 de Noé et 3 de Saint-Usage. (Archives de l'Aube, L K 4/49, fol. 366.)

Essoyes reçut 6 fusils du directoire du district sur les 160 qui furent répartis dans l'arrondissement. (Ibid, folio 363.)

2. Maison Schneider.

Lieur exhiba le fusil qui lui restait, ainsi que trois pistolets en mauvais état, une baïonnette et deux épées.

Les gardes nationaux s'emparèrent de toutes ces armes ; ils obligèrent même leur collègue Fouet à remettre entre leurs mains le fusil qui lui avait été prêté.

Justement irrité, le seigneur de Chaast demanda réparation à la municipalité. Il craignait, non sans raison, d'être bientôt victime d'autres violences, si les coupables n'étaient pas promptement et sévèrement punis.

Il déclara donc « qu'il mettait sous la garantie et sous la sauvegarde des officiers municipaux sa fortune et sa personne, protestant qu'il les rendrait responsables des excès qu'il pourrait éprouver par la suite, faute par eux d'employer les moyens que la loi mettait en leurs mains pour maintenir l'ordre et assurer la propriété et l'existence des citoyens [1]. »

Avant de faire droit à cette requête, le corps municipal la communiqua au commandant de la garde nationale. Il importait, en effet, de savoir si les quatorze avaient agi en vertu d'un ordre régulier, ou de leur propre initiative.

Le commandant Josselin, dans une déclaration écrite, datée du 4 juillet, affirma « qu'il avait été instruit de l'expédition au moment où elle était à peu près consommée.

« Il s'était présenté, mais ayant trouvé les acteurs de cette scène désordonnée occupés à constater eux-mêmes, dans un écrit, leur extravagance, il s'était contenté de leur faire avouer devant le public qu'ils agissaient sans ordre et sans mission.

« Cette observation ayant déplu, et s'étant rendu certain qu'il ne serait point écouté, il s'était retiré. »

1. Le décret du 23 février 1790 relatif au rétablissement de la tranquillité publique portait :

Art. III.— « Les officiers municipaux emploieront tous les moyens que la confiance dont ils jouissent met en leur disposition pour la protection efficace des personnes, des propriétés publiques et particulières..... et si la sûreté des personnes ou des propriétés, ou la perception des impôts étaient mises en danger par des attroupements séditieux, ils seraient tenus de publier la loi martiale.

Art. IV. — « Toutes les municipalités se prêteront mutuellement main-forte, à leurs réquisitions respectives ; si elles s'y refusent, elles seront responsables des suites de leur refus.

Art. V.— « Lorsque, par un attroupement, il aura été commis quelques dommages, la commune en répondra si elle a été requise et si elle a pu l'empêcher, sauf le recours contre les auteurs de l'attroupement. » (Tournon : *Révolutions de Paris,* n° XXXIII, p. 45.)

Saisi par la Municipalité de la plainte de M. Le Lieur et de la déclaration du commandant de la garde nationale, le Directoire du district fut d'avis qu'il y avait lieu d'ordonner la restitution des armes dans les trois jours, ainsi que le désarmement, pour quinze jours, des deux chefs de la bande, Jacques Caillery et Pierre Clavier, les seuls que M. Le Lieur disait avoir reconnus [1].

Le Directoire du département se montra moins sévère. Dans son arrêté du 13 juillet, il passa sous silence le désarmement demandé, mais il ordonna aux officiers municipaux de convoquer la garde nationale, d'enjoindre publiquement aux coupables de rendre les armes volées, et de rapporter un certificat de M. Le Lieur en attestant la remise.

Il faisait, en outre, défense, de par la loi, aux gardes nationaux de se livrer à l'avenir « à aucune voie de fait contre qui que ce soit, à peine d'être poursuivis extraordinairement [2]. »

Dûment convoquée, la garde nationale s'assembla sur la place du marché, le dimanche 24 juillet au sortir de la messe.

Le corps municipal lui donna lecture de l'arrêté du Directoire.

Des protestations s'élevèrent, tellement orageuses, tellement violentes, que les officiers municipaux durent interrompre le procès-verbal déjà commencé, quitter la place et remettre la séance « à des moments plus tranquilles et dans un lieu plus sûr. »

Ce fut le lendemain, à 8 heures du soir, et dans la maison curiale qu'ils se réunirent. Là, ils purent en sécurité relater ce qui s'était passé la veille, afin de dégager leur responsabilité près

---

1. Le Directoire du district de Bar-sur-Seine était alors ainsi composé :
    Bridin, de Chappes ;
    Thiesset le jeune, conseiller à Bar-sur-Seine ;
    Prodhon, avocat et maire de Gyé ;
    Profilet, ancien greffier du grenier à sel de Mussy ;
    Chevalier, maire de Polisot ;
    Tranchant, procureur fiscal de Channes ;
    Daniel, marchand à Landreville ;
    Caperon, chirurgien-major à Bar-sur-Seine ;
    Martinot, procureur à Bar-sur-Seine ;
    Monginet, bailly de Mussy ;
    Vandœuvre, maître particulier de Bar-sur-Seine ;
    Cocqusse, officier municipal à Loches ;
               PROCUREUR SYNDIC :
    Legouest, avocat à Bar-sur-Seine.
(*Journal de Troyes et de la Champagne méridionale*, du mercredi 23 juin 1790).

2. Archives communales : Délibérations. — Archives de l'Aube, L K 4/49, fol. 379 et L M 4 C 3.

du pouvoir central. Les principaux détails de l'émeute se trouvent ainsi consignés dans le procès-verbal de cette séance ; il importe donc de le reproduire textuellement :

« Sur ce, l'assemblée a repris la suite des faits, et il a été dit que la Municipalité ayant requis les nommés Caillery, Clavier, Girardin, Simon, Prignel, Voulquin, Hériot, Truchelut et Garnier, les nommés Joseph Grillot, Nicolas Mongin, Claude Dudez, Antoine Grillot et Edme Hériot étant absents, de remettre au sieur Lelieur ses armes, et d'en rapporter de lui décharge. *Jacques Caillery a tiré son sabre en disant qu'il aimerait mieux être coupé en morceaux.*

« Clavier et Girardin, interpellés nominativement, ont déclaré être prêts, si les autres voulaient y consentir. Tous, appelés de même et individuellement, Caillery, Simon, Prignel, Voulquin, Hériot, Truchelut et Garnier, ont déclaré qu'ils n'y consentiraient jamais.

« J.-B. Barré et autres, jusqu'à des femmes, ont crié : « *Qu'ils ne s'en avisent pas.* »

« Le curé et le commandant de la garde nationale ont proposé, tour à tour, différents moyens de conciliation ; tous ont été rejetés avec humeur.

« A cet instant, nous, Jacques-Nicolas Pàris, officier municipal, et Claude Bacquias, procureur de la commune, avons ouï dire au nommé Jean-Nicolas Bogé : « *F.....-nous de la municipalité et allons notre train.* » Et mettant le poing sous le né, à nous, dit procureur de la commune, il a ajouté : « *Retirez-vous ; vous n'avez pas besoin ici.* »

« Le trouble augmentant et le danger croissant à vü d'œil, les soussignés ont jugé prudent de se retirer, en convenant de se réunir à ce jour, lieu et heure. »

Le lendemain 26, le calme commençait à rentrer dans les esprits et la passion faisait place à la réflexion.

Quatre des coupables, Pierre Clavier, Jacques Caillery, Pierre Simon et Nicolas Girardin, se présentant au greffe de la Municipalité, déclaraient par écrit qu'ils étaient prêts à exécuter l'arrêté du Département.

On annonçait en même temps que les réfractaires avaient adressé une requête au district de Bar-sur-Seine.

Ce fut le 31 juillet que le Directoire eut à délibérer sur cette requête et sur le procès-verbal de la Municipalité. Tenant compte du repentir témoigné, bien que ce repentir fut resté purement platonique, les administrateurs furent d'avis qu'il convenait, avant de prendre un parti sévère contre les coupables, de leur accorder un nouveau délai de 24 heures pour exécuter l'arrêté du 13; puis, considérant « que le propos tenu par Bogé était criminel, et qu'il ne tendait à rien moins qu'à exciter une sédition violente, dont les officiers municipaux pouvaient être les victimes, surtout dans un moment où toutes les têtes étaient exaltées », ils demandèrent que le procureur-général-syndic du département, fut autorisé à dénoncer Bogé à l'accusateur public du tribunal de Bar-sur-Seine.

Ici encore, le Département se montra moins sévère ou plus faible que le District. Bogé ne fut pas inquiété, mais un second arrêté, reçu à Essoyes le 12 août, ordonna la remise des armes dans le délai de deux jours, sans quoi les réfractaires seraient considérés comme perturbateurs du repos public, et poursuivis comme tels.

Justement effrayés, les mutins se décidèrent enfin à obéir.

M. Le Lieur était absent et ne pouvait, par conséquent, donner la décharge prescrite.

Le curé fut chargé de constater la remise. Il se rendit, le 14, à la maison Le Lieur, et la servante lui montra les armes, que Pierre Clavier, seul, avait rapportées la veille, à dix heures du soir [1].

---

1. Archives communales : Délibérations. — Archives de l'Aube, L K 4/49, fol. 452. — La garde nationale de Verpillières n'a rien à envier à celle d'Essoyes ; elle peut, au contraire, enregistrer dans ses annales deux campagnes encore plus brillantes que celle que nous venons de raconter.

Le 25 juin, à quatre heures du matin, animée par le tambour qui battait la charge, elle se dirigeait fièrement, sous les ordres du procureur de la commune, vers le château, alors habité par Claudette Berthelier, veuve de François Brunet de Neuilly, pénétrait de vive force dans les appartements, et s'emparait, à défaut de canon, d'un fusil simple, de quatre livres un quart de plomb et d'une livre et demie de poudre.

Cinq jours après, la vieille châtelaine devait donner à dîner à quatre ecclésiastiques : l'ancien prieur de Pothières, un autre Religieux, le curé de Grancey et le vicaire de Verpillières. On allait se mettre à table quand, tout à coup, le chef de la garde nationale, suivi de sa troupe, envahit la cour du château. Les invités furent emmenés de force au greffe de la municipalité, comme de véritables conspirateurs, et, sans leur laisser le temps de dîner, on les conduisit hors du village, avec défense d'y rentrer.

Comme M. Le Lieur, Claudette Berthelier, ainsi molestée, en référa au Directoire qui, le 12 juillet, ordonna de rendre le fusil, la poudre et le plomb, et chargea la Municipalité d'informer sur le second grief exposé dans la requête de la plaignante. En même temps il enjoignait aux officiers de la garde nationale « d'exécuter les lois concernant la liberté individuelle et de ne plus se permettre aucune voie de fait envers des citoyens paisibles. » (Archives de l'Aube, L K 4/49, fol. 396.)

Si, comme dans d'autres parties de la France, on n'eut pas
dès lors, à Essoyes et dans les environs, de plus graves désordres
à déplorer, il faut en attribuer le mérite aux administrateurs du
district et du département, qui, loin de pactiser avec les violents,
ne négligeaient aucun moyen de les tenir en respect.

Une dénonciation anonyme suffisait alors à mettre la police en
mouvement contre les hommes de désordre, comme plus tard,
hélas ! elle devait suffire à l'arrestation des honnêtes gens.

C'est ainsi que, le 8 octobre 1891, nous voyons le Directoire
du district, obéissant à un ordre du Département, demander des
renseignements aux officiers municipaux sur le nommé Joseph
Bertrand, accusé, par lettre anonyme, « d'avoir tenu des propos
indignes et des infamies monstrueuses contre le roi et la reine,
et de menacer journellement d'incendie et de voies de fait, toutes
les personnes qui avaient quelque chose à démêler avec lui [3]. »

IV. — Par une lettre datée du 13 septembre, le roi avait fait
connaître officiellement à l'Assemblée et au pays qu'il acceptait la
constitution dite de 1791, substituant la monarchie constitution-
nelle à la monarchie absolue.

Voulant dissiper jusqu'au moindre doute sur la sincérité de sa
déclaration, le lendemain il se rendit en personne à l'Assemblée,
où il renouvela verbalement et solennellement l'acceptation écrite
qu'il avait donnée à l'acte constitutionnel.

Le président Thouret répondit que l'Assemblée nationale n'a-
vait plus rien à désirer, puis il parla de l'attachement des
Français pour leur souverain, de leur confiance, et du besoin
qu'une grande nation comme la France aurait toujours de la
monarchie héréditaire.

Ce rapprochement entre le roi et les représentants de la nation,
ce nouveau pas en avant, fait par Louis XVI vers la démocratie,
causèrent dans le pays une joie bien naturelle, à laquelle · nos
compatriotes ne pouvaient demeurer étrangers.

La constitution fut publiée à Essoyes le premier dimanche
d'octobre, à l'issue de la messe, par les officiers municipaux. Le
soir, à cinq heures, on chanta un *Te Deum* en action de grâces et un
feu de joie témoigna, pendant la nuit, de l'allégresse universelle [3].

---

1. Archives communales : Délibérations.
1. Archives communales : Délibérations.

Chapitre III.

1. Électeurs et élections de 1791. — II. Traitement de l'abbé Girardot. L'Assemblée Législative et le Clergé. Serment de l'abbé Gérard. Inventaire et remise au district de l'argenterie de l'église. — III. Progrès de l'esprit révolutionnaire. Suppression du pilori. M. de Bondoire soumis à la garde, puis désarmé. Électeurs de 1792. — IV. La Convention et le Clergé. Demande d'ornements au district. Substitution de la Municipalité à la Fabrique. Comptes des anciens marguilliers. Destitution du procureur de la Commune. — V. Publication de la Constitution de l'an I. Désarroi municipal sous la Terreur. Erection d'un autel à la Patrie. — VI. Interdiction du culte. Apostasie de l'abbé Girardot. Vases sacrés, cloches, linge, presbytère.

I. — Au mois de juin 1791 (le 21), nous avons à signaler à Essoyes une assemblée primaire des citoyens actifs du canton pour le choix de huit électeurs.

Sur 764 inscrits, 266 seulement prirent part au vote définitif, savoir : 198 d'Essoyes (sur 277), 36 de Cunfin (sur 136), 26 de Verpillières (sur 112), 3 de Fontette (sur 97), 3 de Noé (sur 87), 0 de Saint-Usage (sur 52).

Les huit élus furent : Joseph Josselin, Philippe-Joseph Josselin, son frère, Claude Bacquias, J.-B. Voulquin, Nicolas-François Hemin, Pierre Duchesne, Jacques-Nicolas Pâris et Pierre Simon, tous d'Essoyes [1].

Maître absolu de l'élection, le chef-lieu s'était ainsi fait la part du lion.

Grande était l'importance du mandat. L'Assemblée Nationale jugeant, en effet, que sa tâche était finie, allait bientôt se dissoudre et céder à des hommes nouveaux le soin de continuer son œuvre.

Les électeurs nommés le 21 juin auraient à choisir ces hommes,

1. Archives de l'Aube, L M 2 G.

puis à procéder au renouvellement de la moitié des membres de l'administration départementale.

L'élection des députés à la Législative eut lieu à Troyes, le 7 septembre [1], celle des administrateurs du département, le 10.

Joseph Josselin comptait parmi les 18 membres sortants désignés par le sort. Il fut des 12 non réélus, mais son compatriote et son rival, Toussaint Darras, le remplaça, et Essoyes continua à être dignement représenté au Conseil général du département.

II. — Si le curé constitutionnel, Girardot, se montra peu soucieux des intérêts spirituels et de la sanctification de ses paroissiens, il ne négligea pas de même ses intérêts temporels.

Par requête adressée au Département, au commencement de l'année 1792, il demanda que son traitement fût porté à 1,800 livres, attendu que la population de sa paroisse dépassait 2,000 âmes. Essoyes comptait, en effet, 1479 habitants et Verpillières, son annexe, 536, ce qui faisait, au total, 2,015 paroissiens. Il demanda, en outre, qu'un supplément de 300 livres lui fut alloué pour l'année écoulée, le décret relatif aux nouveaux traitements ecclésiastiques devant recevoir son application à dater du 1er janvier 1791.

La Municipalité, consultée sur ces deux points, donna un avis favorable, et satisfaction dut être accordée au réclamant.

D'autre part, le jardin du presbytère, n'ayant pas la contenance prescrite par les décrets, M. Girardot obtint, de l'assemblée municipale, 27 cordes de pré dans une pièce située en Place et faisant partie des biens de la chapelle Saint-Nicolas, non encore vendus par la Communauté.

En même temps qu'elle témoignait une certaine bienveillance aux prêtres schismatiques, l'Assemblée Législative, qui, depuis le 1er octobre 1791, avait remplacé la Constituante, se montrait sans pitié pour les prêtres fidèles.

Non seulement elle leur interdit l'exercice du culte, mais, par

---

1. Furent élus : Nicolas Chaponnet, homme de loi, et Nicolas Hugot, juge, tous deux de Bar-sur-Seine ; Beugnot, procureur général, Regnault du Beaucaron, Maizières, juge de paix à Proverville ; Courtois, receveur du district d'Arcis ; Robin, négociant de Nogent ; Perrin, maire de Troyes ; Sossius ou Sissous, juge au tribunal de Troyes.

décret du 27 mai 1792, elle autorisa les Directoires de département à prononcer contre eux la peine de la déportation [1].

C'est donc bien à tort qu'on a vanté le libéralisme des Girondins, qui avaient alors la majorité dans l'Assemblée. Presque tous élèves de Rousseau, c'est-à-dire imbus des préjugés et des haines de la philosophie contre le catholicisme, ces hommes n'avaient de libéral que leur phraséologie.

Chez eux, la tolérance n'allait pas même jusqu'à supporter la vue d'une soutane ; aussi, ils interdirent à tous les prêtres, sans distinction, de porter le costume ecclésiastique en dehors de l'exercice de leur ministère [2], puis, les Directoires de département ne répondant sans doute que très imparfaitement à leurs espérances, et l'Assemblée, n'ayant plus désormais à compter avec le *veto* royal, ils enjoignirent à tous les ministres du culte, qui n'avaient pas prêté serment, de sortir de France dans les quinze jours, sous peine d'être déportés à la Guyane [3].

Ces mesures de rigueur amenèrent-elles la défection de l'abbé Gérard, qui, depuis la fin de mai 1791, avait succédé à l'abbé Cheurlin, comme vicaire d'Essoyes ? Ou bien ne fit-il que renouveler le serment qu'il avait déjà prêté dans un autre poste ? Cette seconde hypothèse nous paraît plus vraisemblable que la première. Quoiqu'il en soit, récidiviste ou non, l'abbé Gérard se soumit à la loi le dimanche 21 octobre 1792.

La population d'Essoyes semble avoir suivi aveuglément dans

1. Le roi refusa courageusement de sanctionner ce décret et ce fut là une des causes, ou plutôt un des prétextes, de la journée du 20 juin.

2. Loi du 18 août 1792, art. 9. — L'abbé Laporte, curé assermenté de Loches, s'étant rendu en soutane à Landreville, pour administrer un malade, fut mandé à la maison commune par les officiers municipaux et violemment interpellé pour avoir contrevenu à la loi.

Il répondit crânement qu'il était venu en soutane pour exercer une des fonctions de son ministère, et qu'il reviendrait, sous le même costume, toutes les fois qu'il serait appelé comme curé.

Peu satisfaits de cette réponse, et considérant que l'abbé Laporte n'avait rien à faire à Landreville, puisqu'il y était représenté par un vicaire, les farouches officiers municipaux le dénoncèrent au ministre de l'Intérieur, qui renvoya la dénonciation au Directoire du département.

Le Directoire laissa dormir l'affaire pendant cinq mois, puis le 31 décembre 1793, il chargea les administrateurs du district de l'examiner et de la juger.

Peu respectueux des officiers municipaux de Landreville, les administrateurs estimèrent (14 janvier 1794) « qu'il n'y avait pas lieu à délibérer. » (Archives de l'Aube, L K 4/50, fol. 1.)

3. Loi du 26 août 1792.

le schisme, son curé et son vicaire. Elle se contenta du ministère de ces prêtres infidèles, et nous ne voyons pas que la paroisse ait reçu, comme tant d'autres, furtivement, la nuit, dans quelque grenier, dans quelque galetas, les secours religieux d'ecclésiastiques orthodoxes.

Le jour même de la prestation du serment par l'abbé Gérard, l'assemblée municipale chargea quatre de ses membres de procéder à l'inventaire « des meubles, effets et ustensiles en or et en argent, employés au service du culte, à l'exception des soleils, ciboires, calices et autres vases sacrés. »

Les quatre délégués furent Nicolas Josselin et Nicolas-Noël Voulquin, officiers municipaux, Edme-Joseph Simon et Nicolas Girardin, notables.

A l'issue des vêpres, ils se rendirent à la sacristie, où, de concert avec l'abbé Girardot et le fabricien Charles Brotel, ils dressèrent l'inventaire suivant :

« Une petite croix d'argent ;

« Une petite statue de la sainte Vierge ;

« Un plat et une paire de burettes ;

« Trois coupes à pied, à l'usage des quêtes ;

« Un encensoir garni de sa chaîne, avec une navette garnie de « de sa cuillère, qui sont tous les effets en argent. »

Le surlendemain, ces différents objets furent portés au Directoire du district de Bar-sur-Seine, par Nicolas Josselin et Edme Joseph Simon. On les brisa pour en retirer les corps étrangers, et le poids de l'argent fut évalué, par l'orfèvre Baudot, à 12 marcs 7 onces, soit 103 onces [1].

L'encensoir et la navette d'argent, étant les seuls que l'église possédait, furent de suite remplacés par d'autres en cuivre argenté, du prix de 72 livres. Le 7 décembre, l'assemblée municipale *autorisa* les marguilliers à les payer.

III. — Quittons un instant le terrain religieux, et jetons un regard en arrière sur les événements politiques.

---

1. Archives de l'Aube, 1 Q. 332, — Archives communales ; Délibérations.

Le marc valait 8 onces et l'once 8 gros. — Dès le 25 septembre 1789, l'Assemblée Nationale avait « invité les archevêques, évêques, curés..... à faire porter à l'hôtel des Monnaies le plus prochain, toute l'argenterie des églises, fabriques, chapelles et confréries, qui ne serait pas nécessaire à la décence du culte divin. » — Cf. Tournon : *Révolutions de Paris*, n° XIII, p. 39.

Le 10 août, la populace parisienne, ayant, comme toujours, l'injustifiable prétention de représenter le peuple français, s'empara des Tuileries, mit le palais au pillage et obligea Louis XVI à chercher un asile au sein de l'Assemblée.

Il ne rentre pas dans notre cadre de raconter comment, à la suite de cette émeute, la déchéance du roi fut prononcée et la famille royale incarcérée dans l'ancien couvent du Temple.

Nous dirons seulement que le contre-coup de ces tristes événements ne tarda pas à se faire sentir à Essoyes. Dès le 28 août, la Municipalité arrêta que les trois fleurs de lis, gravées sur la pierre, au-dessus de la porte d'entrée de la maison commune [1], seraient effacées et remplacées par la légende : *liberté, égalité*.

On décidait, en même temps, d'arracher le poteau, c'est-à-dire le pilori, dressé sur la place publique, de le convertir en bois de chauffage pour la mairie, et de vendre aux enchères la chaîne et le collier qui y étaient attachés [2].

C'étaient deux manifestations bien anodines et, probablement, obligatoires. Il serait, par conséquent, illogique d'en conclure que la population d'Essoyes applaudit à la déchéance de Louis XVI et salua avec enthousiasme l'aurore de la République. Nous croirions plus volontiers qu'elle s'inclina avec tristesse devant un attentat que rien ne justifiait, et qu'elle était, d'ailleurs, impuissante à empêcher.

La haine des nobles était alors la meilleure preuve de civisme qu'il fût possible de donner. Il est donc fort naturel que, dès le mois de juillet, la Municipalité ait cherché à molester le seigneur de Servigny, M. de Bondoire, en lui intimant l'ordre de venir monter la garde à Essoyes, service dont il avait été dispensé jusqu'alors.

Cette prétention eût été admissible si la garde nationale avait eu un poste à Servigny, mais il n'en était pas ainsi. En réalité, on demandait donc à M. de Bondoire d'abandonner son domaine à la merci des malfaiteurs, pour aller veiller au maintien de l'ordre à Essoyes.

A une telle exigence, M. de Bondoire ne voulut opposer qu'un silence dédaigneux.

1. L'ancien auditoire et la prison.
2. Archives communales.

Mieux avisée et justement alarmée, sa femme en référa à l'un des administrateurs du Directoire de Bar-sur-Seine, M. Thiesset, qui, le 1ᵉʳ août, lui répondit ainsi :

« Madame,

« . . . .

« A l'égard de l'obligation que la Municipalité d'Essoye veut vous imposer, et à vos fermiers, de monter la garde dans cet endroit, j'en ai parlé à quelques-uns de mes confrères qui pensent, comme moi, qu'il est dur de quitter une demeure isolée, qui a besoin de gardien, pour aller veiller au maintien de l'ordre dans un endroit éloigné de son domicile. Mais, comme la loi ne prononce rien à cet égard, je ne puis vous dire rien de positif.

« Si cependant la Municipalité persistait à exiger ce service, vous pourriez vous pourvoir, par une requête adressée à MM. du Département, et que vous nous feriez passer pour la communiquer à la Municipalité d'Essoye, et je ne doute pas que votre demande et celle de vos fermiers ne soient accueillies.

« Deux hameaux dépendant de la municipalité de notre ville, et dont les membres font partie de la garde nationale, ne font, pour la garde, aucune espèce de service, et on n'a jamais eu l'idée de leur faire monter la garde avec les habitants de la ville.

« Sans doute que MM. de la Municipalité d'Essoye ne vous mettront pas dans le cas de réclamer, et qu'ils auront égard à la justice de vos raisons.

« Je suis avec respect, Madame, votre très humble et très obéissant serviteur.

« THIESSET. »

M. Thiesset avait une trop haute idée de la sagesse des officiers municipaux d'Essoyes. Le 28 août, après avoir pris connaissance de sa lettre et l'avoir fait transcrire sur le registre des délibérations, ils condamnèrent M. de Bondoire à deux livres d'amende pour avoir refusé de monter la garde dans la nuit du 27 au 28, ainsi qu'il résultait du rapport de Claude Renard, lieutenant de la 6ᵉ compagnie, rapport présenté par Toussaint Darras, commandant du 1ᵉʳ bataillon.

Vingt jours après (18 septembre 1792), d'autres griefs sont portés contre M. de Bondoire devant la Municipalité. Plusieurs citoyens, paraît-il, se plaignent journellement de propos qu'il tient contre eux au sujet de la Révolution.

Le procureur de la commune se fait l'écho de ces plaintes ; il représente que le seigneur de Servigny « a des armes en refuge chez lui » et il requiert contre lui l'application de la loi.

Après ce réquisitoire, l'assemblée prend la délibération suivante :

« Le corps municipal, considérant que les propos prêtés au sieur de Bondoire, répandus dans le public, *bien ou mal fondés*, sont de nature à exciter l'animadversion des citoyens, qui, excités, pourraient se porter à des excès qui troubleraient la tranquillité.

« Considérant, au surplus, que le sieur de Bondoire doit être mis au nombre des citoyens indiqués par la loi du 12 août dernier et celle du 28 du même mois.

« A arrêté que le dit sieur de Bondoire sera désarmé dans le jour, et que vérification sera faite chez lui, des munitions de guerre qui pourraient s'y trouver. . . . .

« Et, pour l'exécution du présent arrêté, le corps municipal commet MM. Joseph Pétel et Pierre Clavier, deux de ses membres, à l'effet de se transporter à Servigny. . . . .

« Invitation sera faite au commandant de la garde nationale de donner main-forte en cas de besoin [1].»

Cette délibération resta plusieurs mois à l'état de menace ; les deux délégués, nous ne savons pour quel motif, n'exécutèrent pas les ordres de la Municipalité, et c'est seulement le 12 mai 1793 que M. de Bondoire fut désarmé.

En vertu de la loi du 12 août 1792, touchant « le prompt rassemblement de la Convention nationale » l'assemblée primaire du canton d'Essoyes pour le choix de huit électeurs eut lieu au chef-lieu le 26 août, sous la présidence de Toussaint Darras.

Les citoyens montrèrent encore moins d'empressement qu'en 1791. Sur 846 inscrits, il n'y eût que 149 votants, savoir : 97 d'Essoyes (sur 312), 22 de Verpillières (sur 134), 10 de Cunfin (sur 147), 9 de Fontette (sur 106), 7 de Saint-Usage (sur 53), et 4 de Noé (sur 94).

Encore est-il peu probable que les 149 aient persévéré jusqu'à la fin des opérations électorales qui durèrent deux jours.

Furent élus au premier tour de scrutin : Joseph Josselin et Toussaint Darras ; au second, Claude Bacquias ; au troisième et à la majorité relative, Etienne Baudoin, juge de paix à Fontette,

____
1. Archives communales : Délibérations.

Jean Ruotte, maire de Cunfin, Sébastien Goyard, maire de Verpillières, Philippe-Joseph Josselin, d'Essoyes, et Claude Simonnot,
cultivateur au Grand-Mallet [1].

IV. — Continuant l'œuvre de l'Assemblée législative, la
Convention nationale se montra l'ennemie implacable de la
liberté religieuse et des prêtres insermentés, mais elle vécut
quelque temps en bonne intelligence avec les autres, dont le
zèle, du reste, ne la gênait guère, et nous étonnerons plus d'un
lecteur en disant que cette assemblée, qui devait abolir le culte
en novembre, faisait, en février, distribuer des ornements aux
églises qui pouvaient en avoir besoin.

Le fait est cependant exact.

Le 17 février 1793, le procureur de la Commune annonçait
au Conseil général d'Essoyes qu'une distribution d'ornements,
linges et autres effets nécessaires aux églises, devait avoir lieu
incessamment au directoire du district de Bar-sur-Seine, et
l'assemblée demandait sur le champ « une demi-douzaine de
nappes, une chape, une chasuble et deux tuniques rouges,
une chape et une chasuble violettes, une chape et une chasuble
blanches, une chasuble verte, une chape et une chasuble
noires, un drap mortuaire, trois devants d'autel, dont un rouge,
l'autre blanc et le troisième noir, et quelques douzaines de petits
linges, comme purificatoires, lavabos et corporaux ».

Comme on le voit par cette demande, l'administration de la
Fabrique était passée aux mains de la Municipalité. Cette
étrange confusion de pouvoirs alla chaque jour s'accentuant et
bientôt l'asservissement de l'église fut complet.

Nous en donnerons comme preuve une lettre du procureur de
la Commune, Vaillant, adressée probablement à son collègue
près le Directoire du district et datée du 6 juin :

« Citoyen,
« La présente que j'ay l'honneur de vous écrire c'est pour vous
prier de me trascer le chemin que je dois suivre relativement à la
Fabrique.

« Le corps municipal cest transporté aujourd'hui à léglise pour y
procedder à l'invantaire, même de faire louverture des trons.

1. Archives de l'Aube, L M 2 G.

« Le citoyen curé si est trouvé et veut absolument que le produit de ces troncs devait être partagé, savoir moitié pour les pauvres et l'autre pour la Fabrique.

« C'est ce que je ne peut faire, attandue que, par la loi du 19 août 1792, l'administration des fabriques appartient à la municipalité.

« Il se commet encore une autre abu au bureau de charité. Je crois que la trésorière devrait présenter son mémoire de recette et de dépense à la municipalité.

« J'attends de vous par un effet de votre complaisance, votre avis. Ce faisant, vous obligerez votre concitoyen.

« Ce bureau de charité n'est fondé que sur les quêtes ».

« VAILLANT [1]. »

La décision dut être conforme aux revendications de Vaillant, car, le 24 juin (1793), les officiers municipaux firent procéder, *en présence des marguilliers*, à l'inventaire général de la Fabrique, à l'ouverture des troncs et du coffre-fort renfermant le produit des quêtes, et à *la remise des deniers entre les mains du trésorier de la commune.*

Les anciens marguilliers comptables furent en même temps invités à rendre compte de leur gestion, et à en payer le reliquat dans le délai de quinze jours.

Le procureur de la commune, Vaillant, chargé de l'exécution de cette mesure, était du nombre des anciens marguilliers. Il ne pouvait, décemment, contraindre ses anciens collègues à se conformer à un arrêté qu'il estimait, sinon tyrannique, du moins quelque peu gênant, et auquel il refusait lui-même de se soumettre. Il laissa donc passer deux longs mois sans rien faire pour donner satisfaction à la Municipalité, qui voulait que tout fut réglé dans la quinzaine.

Le 30 août, les Municipaux perdirent patience ; ils destituèrent Vaillant de ses fonctions de procureur et nommèrent, pour le remplacer, à titre provisoire, le citoyen Nicolas Pingat [2].

V. — A la suite de l'émeute du 31 mai, les Jacobins étaient devenus les maîtres absolus de la Convention. Ils n'eurent pas de peine, dit M. Chantrel, à lui faire adopter une nouvelle

1. Archives de l'Aube, L O 2.
2. Archives communales : Délibérations.

constitution qui consacrait l'anarchie, en faisant des clubs ou Sociétés populaires une partie essentielle du gouvernement [1].

Votée le 24 juin, cette Constitution, dite de l'an 93 ou de l'an Ier, fut promulguée, à Essoyes, le 11 juillet.

Ce jour-là même, dans la matinée, le bureau de la Municipalité régla ainsi le programme de la fête : les cloches sonneraient depuis deux heures jusqu'à sept heures ; le corps municipal, décoré de ses insignes et précédé de la caisse, publierait l'acte constitutionnel « dans tous les lieux ordinaires et publics de la localité »; une seconde publication suivie d'un *Te Deum* serait faite à l'église, par le ministre du culte ; enfin, tous les citoyens étaient invités « à mettre sur leurs croisées des chandelles, lampes, ou ce qu'ils jugeraient le plus convenable pour faire une illumination [2]. »

Pourquoi ce programme fut-il l'œuvre du bureau seulement et non du corps municipal tout entier ? Pourquoi fut-il rédigé à la dernière heure, quelques instants avant le temps fixé pour son exécution ?

A ces deux questions nous ne voyons qu'une réponse : l'enthousiasme des premiers jours avait disparu, faisant place à la lassitude, au désenchantement, au dégoût. La Révolution, ayant jeté son masque, apparaissait sous son vrai jour, violente, tyrannique, sanguinaire; elle faisait horreur au plus grand nombre, et si on obéissait encore à ses décrets, c'était uniquement par crainte.

Les fonctions publiques pesaient lourdement à ceux qui en étaient investis, aussi l'administration municipale se trouvait dans le plus complet désarroi.

Le maire, J.-B. Voulquin, se disait malade; il n'y avait plus de secrétaire-greffier, et, dès le 3 juin, le premier officier municipal, Jacques Caillery, « vu la multiplicité des affaires et le peu d'étendue de ses lumières, » avait donné sa démission.

C'était, de sa part, « un acte inconsidéré, » suivant le langage de Joseph Vaillant, procureur de la commune. Cet aimable

---

1. *Histoire contemporaine*, p. 96.
2. Archives communales : Délibérations.

citoyen avait même soin d'ajouter qu'un tel acte pouvait avoir pour Caillery « des conséquences fâcheuses [1]. »

Justement effrayé, Caillery revint sur sa décision. Dans la séance du 12 juin, le Conseil général accepta ses regrets et ses excuses ; on l'obligea à prêter un nouveau serment et il fut réintégré dans ses fonctions.

Le maire lui-même, alléguant le mauvais état de sa santé, avait démissionné deux jours après Caillery. L'élection de son successeur fut fixée au dimanche 16 juin, en assemblée primaire, à l'église. « Le citoyen Girardot, homme du culte, » avait été invité à dire la messe à neuf heures et les vêpres immédiatement après, afin de faciliter l'assemblée.

Si les électeurs assistèrent à la messe, ils ne restèrent pas pour le vote, qui, par conséquent, ne donna aucun résultat. A son grand désespoir, le premier officier municipal, Caillery, se vit obligé de continuer l'intérim.

Au mois d'août, le Directoire du département crut devoir intervenir de nouveau pour mettre fin à cette situation anormale; par un arrêté daté du 12, il fixa l'élection au 8 septembre. Cet arrêté fut sans la moindre efficacité ; l'assemblée, faute d'électeurs, dut être remise au 20. Le 20, les électeurs continuèrent leur grève, et on remit au 22.

Le 22, même abstention.

Très embarrassé, le Conseil général de la commune se réunit le lendemain, à six heures du matin, pour chercher une solution.

---

1. Dès le mois d'août 1792, la maladie était à peu près la seule raison qu'on pouvait invoquer pour se démettre d'une fonction publique, si on ne voulait pas devenir suspect ; témoin Toussaint Darras qui, le 10 août, écrivait à ses collègues les administrateurs du Directoire du district de Bar-sur-Seine :

« C'est avec bien du regret, Messieurs et chers Collègues, que je me vois dans la nécessité d'abandonner un poste qui, en m'associant à vos travaux, devait me procurer le double avantage de mériter la confiance dont vous avez bien voulu m'honorer, et de payer à ma patrie le tribut que lui doivent tous les bons citoyens.

« *Ma santé ne me permettant pas l'application qu'exige* le travail qui m'était confié, je suis obligé de céder la place à celui que vous saurez, MM., indiquer pour le remplacement que nécessite ma démission.

« Je suis persuadé que les personnes justes, qui connaissent mes principes et mes intentions, approuveront une résolution que la délicatesse, j'ose m'en flatter, le véritable amour de la patrie et du bien public m'ont inspirée. » (Archives de l'Aube : L M 2.)

Toussaint Darras ne faisait partie du Directoire du district que depuis quelques jours seulement. Il avait été élu par les administrateurs, le 27 juillet, au lieu et place du sieur Le Secq, démissionnaire lui-même, et qu'aucun des suppléants n'avait voulu remplacer. (Archives de l'Aube, L D 4/5, fol. 36.)

Elle fut bien vite trouvée.

Puisque les électeurs persistaient à bouder, on se passerait des électeurs, et, sur le champ, les dix membres présents, estimant qu'ils valaient bien à eux seuls toute la Communauté, élurent pour maire, leur complice de la veille, J.-B. Voulquin, dont « la maladie gouteuse » était sans doute passée.

La loi était audacieusement violée ; il importait de dissimuler habilement les traces de l'illégalité. La délibération relative à l'élection nous paraît, sur ce point, un modèle du genre et mérite d'être intégralement relatée :

« Séance publique du Conseil général de la commune d'Essoyes, tenue en la maison commune, lieu des séances ordinaire, heure de six avant midi, où étaient présents les citoyens Jacques Caillery, Louis Renard, Edme Talbot, Claude Garnier, officiers municipaux, Nicolas Pingat, notable, faisant fonctions provisoires de procureur de la commune, Nicolas Pétel, cordonnier, Jean Bertrand, Joseph Bertrand, Nicolas Boudard, Joseph Grillot qui ne sait signer, assistés du secrétaire ordinaire.

« Un membre a dit que l'assemblée du 22 courant a eu pour objet de nommer un maire, pour la vacance de la dite place. *Le vœu de l'assemblée se termine* par nommer le citoyen J.-B. Voulquin.

« La nomination faite, le citoyen Voulquin étant absent, il a été arrêté qu'il serait invité par les officiers municipaux d'accepter la place de maire et de prendre séance.

« Les citoyens officiers municipaux ont invité le citoyen Voulquin de se présenter à la maison commune à l'effet d'accepter la dite place en présence du Conseil assemblé, lequel étant arrivé, a accepté la place de maire et remercié l'assemblée et a observé que *son acceptation n'était que pour satisfaire au vœu du peuple et à la loi, et ce réserve qu'au cas qu'il se fut passé quelque chose pendant son absence, soit au préjudice de la commune ou des lois, de n'en prendre aucune connaissance sinon pour le bien de la commune.*

« En conséquence, il a juré d'être fidèle à la nation et à la loi, de maintenir la liberté, l'égalité, la République, de remplir avez zèle et courage les fonctions de maire, ou de mourir en son poste. »

Une loi voulait que, dans chaque commune, fut élevé un autel à la patrie, sur lequel on put lire, avec la déclaration des droits de l'homme, l'inscription suivante : « Le citoyen naît, vit et meurt pour la patrie. »

Le procureur de la commune rappela les prescriptions de cette loi, dans la séance du 21 juillet. La construction de l'autel fut votée en principe ; on décida qu'il serait dressé au champ de Mars pour servir à la fédération du 10 août, mais on eut soin de recommander au procureur de faire le moins de dépense possible.

Rien de particulier à signaler sur cette fête de la fédération ; si le programme de la Municipalité fut suivi, une messe fut chantée à onze heures, entre les deux forêts, et la garde nationale y assista [1].

VI. — Ces messes déplaisaient aux vrais révolutionnaires ; la mort des Girondins leur permit de faire un pas en avant et de manifester ouvertement leur impiété.

Le schisme et l'intrusion ne suffisaient pas aux hommes de la Montagne ; ils voulaient la destruction complète, radicale, non plus seulement du catholicisme, mais du christianisme.

La Convention frappa donc à son tour le clergé constitutionnel. Le mot d'ordre fut celui-ci : plus de religion, plus de messes, et, pour cela, plus de prêtres.

Ce mot d'ordre, nous l'écrivons la rougeur au front, fut adopté par un certain nombre de curés constitutionnels, et c'est en s'appuyant sur ces prêtres qui reniaient leur foi, que le trop fameux délégué du Comité de salut public, Rousselin, publia l'arrêté prescrivant la fermeture des églises dans le département de l'Aube.

L'abbé Girardot doit être mis au nombre des misérables qui, ne reculant pas devant le dernier degré de l'apostasie, abdiquèrent, autant qu'il était en eux, le caractère sacerdotal.

Nous lisons, en effet, dans le registre des délibérations de la Municipalité, la déclaration suivante :

« Cejourd'huy, 12 frimaire (2 décembre), seconde année de la République une et indivisible, heure de deux après midy, est

1. Archives communales : Délibérations.

comparu au secrétariat de cette municipalité le citoyen François-Michel Girardot, ministre du culte, lequel nous a déclaré avoir fait cejourd'huy, au district de Bar-sur-Seine, sa démission des fonctions ecclésiastiques, et a, sur le champ, déposé sur le bureau les clefs de l'église de cette commune, duquel dépôt a requis acte à lui octroyé, et a signé. »

Quelques jours après, 22 marcs d'argenterie, provenant des vases sacrés, étaient remis aux administrateurs du district de Bar-sur-Seine, et M. Girardot substituait à son titre de ministre du culte, celui de président du club qu'il accolait à sa signature [1].

Après les vases sacrés, ce fut le tour des cloches. Dès le 18 novembre, par devant J.-B. Voulquin, maire, Jacques Caillery, officier municipal, et Nicolas Pingat, faisant fonctions de procureur de la commune, on procéda à l'adjudication, au rabais, de la descente des deux moyennes, « ainsi que de rechanger l'épart de la grosse pour faciliter à la descente de la corde, ainsi que d'y former un thuyot pour qu'on puisse la sonner dans l'allée de l'église. »

La soumission la plus haute fut celle de Remi Dupont (120 livres) et la plus basse, celle de Pierre Renard, charpentier (70 livres).

Renard eut donc l'entreprise. Il fut stipulé qu'il rendrait les deux cloches moyennes sur le cimetière pour le dimanche 11 frimaire (1er décembre), et qu'il aiderait à les charger lorsqu'il en serait requis.

Le transport des cloches à Bar-sur-Seine n'eut lieu que six semaines après, le 22 pluviôse an II (11 février 1794) [2]. Leur

---

1. Archives communales : Délibérations. — Archives de l'Aube, 1 Q 326.

2. Les décrets de la Convention relatifs à la descente des cloches, qui devaient être converties en canons, sont datés du 23 juillet et 3 août 1893.

Ce fut seulement le 11 octobre, puis le 21, que le Directoire du département invita, d'une manière pressante, les administrateurs du district de Bar-sur-Seine à faire exécuter ces décrets dans toutes les communes de l'arrondissement.

Deux circulaires furent adressées aux municipalités, l'une datée du 27 octobre et l'autre du 13 novembre.

Comme nous l'avons dit ailleurs, on ne s'empressait pas d'obéir, car les populations tenaient à leurs cloches, et il importait de préparer les esprits à la mesure peut-être la plus impopulaire qui ait été prise par la Convention.

A Landreville on se montra plus zélé qu'à Essoyes. L'enlèvement des cloches, c'est-à-dire leur transport à Bar-sur-Seine, fut fixé au 3 pluviôse (22 janvier 1794).

Aucun voiturier n'ayant voulu prêter son concours à la municipalité pour cette répugnante besogne, il fallut recourir à la réquisition.

Les cloches étaient déposées dans l'église.

Au moment où les voituriers requis, escortés des officiers municipaux et du poids était de 6,200 livres, dont 830 pour l'une et 5,370 pour l'autre. Le charroi coûta 75 livres 19 sols.

En même temps qu'un laissez-passer, l'officier municipal Caillery remit au conducteur la lettre suivante à l'adresse des administrateurs du district :

« Essoyes, ce 22 pluviôse l'an II de la République française une et indivisible.

« Citoyens,

« La présente est pour vous prévenir que le citoyen Hemin est chargé de la conduite des clauches de notre commune.

« Vous voudré bien, s'il lui a lieu, le charger de quelque quintaux de bled provenant des réquisitions du district d'Ervy à nous revenant de la présente décade.

Comité de surveillance, se présentèrent pour les charger, un attroupement hostile se forma vers le cimetière.

Des femmes enfermées dans l'église, essayèrent d'empêcher l'ouverture des portes, en introduisant de petits morceaux de bois dans la serrure.

En dépit de cette résistance, quelque peu enfantine, les portes furent ouvertes.

Voyant l'ennemi dans la place, les femmes, loin de songer à capituler, montèrent sur les cloches, déclarant énergiquement qu'elles s'opposaient à leur enlèvement et menaçant de frapper sans pitié quiconque oserait y toucher.

Et personne n'y toucha.

Les officiers municipaux et le comité de surveillance effrayés durent battre en retraite avec voitures et voituriers.

Honteux de leur défaite ils en référèrent sur le champ, par exprès, au Directoire du district, en dénonçant nommément les cinq citoyennes qui avaient montré le plus d'énergie dans la résistance.

C'étaient les épouses de Nicolas Mongeot dit Corps, de Jean Martry, de Jean Couriot, de Claude Massingey et la veuve Labbé, née Marguerite Viriot.

« Considérant que l'administration ne pouvait trop s'empresser de provoquer un exemple capable d'arrêter les progrès du fanatisme et de la malveillance », le Directoire autorisa, le jour même, l'agent national à dénoncer au directeur du juré près le tribunal du district de Bar-sur-Seine, « les auteurs, complices et adhérents de l'attroupement, des voies de fait et des menaces. »

En même temps les procès-verbaux de la municipalité et du Comité de surveillance de Landreville, ainsi que l'arrêté, furent transmis au Comité de sûreté générale de la Convention. (Archives de l'Aube L K 4/50 fol. 9).

Nous laisserons au futur historien de Landreville le soin de dire quelle fut la suite de cette affaire.

D'après M. Albert Babeau la résistance fut encore plus vive que nous l'avons indiqué.

Les femmes rentrèrent, par la force, les cloches dans l'église d'où on les avait tirées.

La femme Mongeot s'assit sur la plus grosse en disant: « Elle a sonné pour ma naissance, elle sonnera pour ma mort. » Et elle ajouta en s'adressant au maire : « Si on l'enlève elle passera sur mon corps. »

Par jugement du 16 ventôse elle fut condamnée à 15 jours de prison.

Le tribunal criminel traita beaucoup plus sévèrement trois pauvres vignerons d'Arrentières qui, pour la même résistance, furent condamnés à 20 ans de fers. (Cf. A. Babeau : *Histoire de Troyes pendant la Révolution*, t. II, p. 248).

« Sela non inviterés de nouveaux frais, attendu que le citoyen Hemin sera obligé de revenir à vide.

« Salut et fraternité.

CAILLERY,
officier municipal.

ROUGÈRE,
secrétaire [1].

Privée de son argenterie et de ses cloches, l'église se vit bientôt dépouillée du linge qu'elle possédait et qui devait, paraît-il, être converti en charpie pour les hôpitaux militaires. S'il nous reste quelque doute sur la provenance des 125 livres de vieux linge que Claude Lemaire remit au Directoire du district le 4 nivôse (24 décembre 1793), nous avons la certitude que le dépôt du 14 ventôse (4 mars 1794) provenait de l'église, car la quittance des administrateurs est ainsi formulée : « 88 livres tant de linge mousseline que cordons en fil, qui servaient à décorer les agents de la superstition dans la ci-devant paroisse d'Essoyes [2]. »

Par décret du 20 brumaire an II (10 novembre 1793), la Convention avait substitué à la *superstition* le culte de la *Raison.*

En vertu de cette substitution, l'Eglise ne sera plus désormais, dans les documents officiels, la *maison de Dieu,* mais le *temple de la Raison,* le dimanche devra être remplacé par le Décadi et le prône du curé par la lecture des décrets de la Convention.

Essoyes eut-il sa déesse Raison ? Les documents et la tradition sont muets sur ce point. Le seul renseignement oral que nous ayons pu recueillir, c'est que la municipalité, à la recherche de cette fameuse déesse, s'adressa à une jeune fille belle et sage, Anne Josselin.

Peu flattés de la distinction, Anne Josselin et ses parents déclinèrent le singulier honneur qu'on prétendait leur faire. Rien ne put triompher de leur résistance.

Comprenant qu'elle s'était trompée d'adresse, la municipalité, si toutefois elle ne renonça pas à l'ambition d'avoir sa déesse, dut la chercher dans la classe des demoiselles plus *complaisantes.*

---

1. Archives de l'Aube, 1 Q 332.
2. Archives de l'Aube : 1 Q 326. — Archives communales.

Le culte étant interdit, le presbytère, en vertu du décret du 25 brumaire (15 novembre 1793), devait être affecté « au soulagement de l'humanité souffrante et à l'instruction publique ».

L'agent national fut chargé, en conséquence, de faire expulser, sous le plus bref délai, « le sieur Girardot, qui n'était d'aucune utilité dans la commune ».

Il fut en outre convenu qu'on amodierait la cure et ses dépendances, à l'exception de la salle tenant à la cuisine qui resterait, avec un cabinet, à la disposition de la municipalité.

Pour s'éviter les ennuis d'un déménagement, l'abbé Girardot prit le presbytère à bail, moyennant une redevance annuelle de 225 livres.

Chapitre IV.

I. Commission pour recevoir les déclarations des étrangers. — II. Incinération des titres féodaux. Vaine résistance de M. de Bondoire. — III. Réglementation des salaires. — IV. Arrestation de la famille de Bondoire et de Joseph Josselin. — V. L'agent national Laligant. Arbres de la liberté et de la raison. Secours aux indigents. Dimanche et décadi. Interdiction de l'eau bénite. Descente de la croix du clocher. — VI. Accusations de la Société populaire contre la Municipalité. Mandats d'amener lancés contre le Maire et contre le Secrétaire de la Mairie. — VII. Reste du mobilier de l'église remis au district. Fête de l'Être suprême. Persistance de la population à se réunir à l'église. Interdiction d'y faire aucune prière publique. — VIII. L'École de Mars.

I. — Aux prises avec « les despotes coalisés », la Convention se croyait menacée « plus encore par les efforts de leurs intrigues que par le succès de leurs armes ».

Voulant faire face aux ennemis de l'intérieur, qui n'existaient guère que dans son imagination, et « donner aux magistrats du peuple tous les moyens d'éclairer le mal et d'en arrêter les progrès », elle décréta, le 21 mars 1793, qu'il serait formé, dans chaque commune et dans chaque section de commune, un comité composé de douze citoyens, devant lequel les étrangers devraient, dans les huit jours, sous peine d'expulsion, déclarer leurs noms, leur âge, leur profession, le lieu de leur naissance et leurs moyens d'existence.

Les membres de ce comité devaient être élus à la pluralité relative des suffrages. On eut soin de stipuler que les ecclésiastiques, les ci-devant nobles, les ci-devant seigneurs et leurs agents ne pourraient en faire partie[1]

L'urgence d'une telle mesure ne se faisait guère sentir à Essoyes. Convoqués pour le 5 mai, les citoyens actifs ne répondirent pas à l'appel ; l'élection fut remise au 9, et ce fut seulement

---

1. Décret du 21 mars 1793.

le 24 juin que les élus se présentèrent devant le corps municipal, qui leur assigna « la grande chambre » comme lieu de leurs séances et s'engagea à leur fournir un registre, de la chandelle et du bois [1].

Comme registre, une simple feuille de papier eût été plus que suffisante, car Essoyes ne devait pas compter beaucoup d'étrangers parmi ses habitants. Si donc, l'hiver venu, la Commission se réunit de temps à autre, ce fut sans doute pour s'entretenir des événements au coin d'un bon feu, plutôt que pour recevoir des déclarations qu'elle n'avait pas lieu d'espérer.

II. — Afin de détruire l'ancien régime jusque dans ses fondements, la Convention avait prescrit l'incinération de tous les titres féodaux, par un décret daté du 17 juillet 1793 et ainsi libellé : « Les ci-devant seigneurs, les feudistes, commissaires à terrier, ou tous autres dépositaires des titres constitutifs ou récognitifs des droits supprimés, seront tenus de les déposer dans les trois mois de la publication du présent décret, aux greffes des municipalités des lieux (*sic*).

« Ceux qui seront déposés avant le 10 août prochain seront brûlés le dit jour, en présence du Conseil général de la commune et des citoyens ; le surplus sera brûlé à l'expiration des trois mois. »

Le 30 août, le citoyen Caillery, premier officier municipal, se rendit à Servigny pour notifier ce décret à M de Bondoire et l'inviter à s'y conformer.

Ainsi mis en demeure de s'exécuter, l'ancien seigneur de Servigny répondit par la déclaration suivante, qui fut transcrite sur le registre des délibérations de la municipalité :

« Je soussigné.... déclare n'avoir aucun titre purement féodal, mais bien plusieurs de propriétés foncières.... lesquels contiennent des droits censuels. Ne croyant pas devoir m'en dessaisir, attendu qu'il ne me resterait aucun titre de propriété de mes fonds, j'en réfère aux autorités constituées pour interpréter le

---

1. Archives communales. — Archives de l'Aube : L M 4 C 2. Les douze membres du comité étaient Jacques Poinsot, Charles Brotel, Charles Garnier, Pierre Guillemin, Étienne Prugniel, vignerons, Henri Rouvre, Nicolas-Noël Voulquin, laboureurs, Nicolas Josselin, Pierre Simon, Joseph Pétel, marchands, Claude Dupont, arpenteur et Claude Barbier, tonnelier.

décret du 17 juillet, et décider ce que je serai obligé de faire [1]. »

M. de Bondoire saisit en effet de l'affaire le Directoire du district et lui envoya copie des deux principaux titres en litige. L'un, daté du 8 décembre 1777, portait vente à Nicolas Normand, vigneron à Essoyes, « de terrains nature de vignes, moyennant 15 livres une fois payées, et droit de terrage du 13e de tous les fruits ». L'autre relatait la vente faite à Étienne Grattepain, le 27 octobre 1778, de deux pièces de terre en friche, de la contenance de 40 fettes, moyennant 32 livres, et le même droit de terrage.

La modicité des sommes payées en argent au vendeur ne permettait pas d'en douter, la prestation du 13e des fruits, qu'il avait retenu sous le nom de *terrage*, était plutôt une rente foncière, représentant une partie de la valeur et du prix du fonds, qu'une redevance seigneuriale. Aussi le Directoire du district, jugeant sans passion, estima que les deux titres n'étaient pas soumis au brûlement, et autorisa le notaire qui en était dépositaire à en garder les minutes.

Cette décision était prise toutefois « sans préjudice de la suppression des droits seigneuriaux, de lods et ventes, défauts et amendes », que M. de Bondoire s'était réservés [2].

Elle paraissait inattaquable ; et cependant le Directoire du département l'annula et mit à néant l'opposition de M. de Bondoire par un arrêté daté du 4 brumaire an II (25 octobre 1793) et ainsi motivé :

« Jacques-Louis Auger Bondoir, propriétaire du ci-devant fief de Servigny, y demeurant, expose par pétition que, depuis 25 ans, il a cédé des terrains à lui appartenant, à différents particuliers, pour des sommes très modiques, à l'effet de les implanter en vignes, à la charge par eux de lui payer annuellement le 13e en nature, de tous les fruits, et un cens de 2 sols 6 deniers par arpent de terre, le dit cens portant lods et ventes en cas de mutation ; — qu'il ne croit pas que les dits actes de cession de terrain soient dans le cas d'être brûlés, parce qu'il s'agit d'un droit foncier, pourquoi il demande que le citoyen Bacquias soit autorisé à en conserver les minutes ;

1. Archives communales : Délibérations.
2. Archives de l'Aube : L D 4/7, f° 75.

« Considérant que dans les actes de vente des terrains en friche, le citoyen Auger a traité en qualité de ci-devant seigneur, et qu'indépendamment du prix principal de la vente, il a réservé, à son profit, une prestation sur les fruits, qui ne peut être considérée que comme une redevance féodale.... le directoire du département de l'Aube arrête que le citoyen Bacquias sera tenu de déposer les minutes des actes de vente dont il s'agit, au greffe de la municipalité d'Essoyes... pour être les dits actes brûlés.

« Fait à Troyes le 4ᵉ jour du 2ᵉ mois de l'an 2ᵉ de la République Française une et indivisible [1]. »

Le nonidi de la troisième décade de brumaire (20 novembre 1793), Bacquias déposa à la mairie les titres de M. de Bondoire, ainsi que les autres titres féodaux qui pouvaient se trouver dans son étude, et le brûlement eut lieu le lendemain sur la place publique, au pied de l'arbre de la liberté, en présence du Conseil général.

La meilleure preuve que la redevance n'avait rien de féodal et que la décision prise par le département était injuste, c'est qu'une cession de terrain du même genre, moyennant une rente foncière du treizième des fruits, fut consentie quelques années après par M. de Bondoire (18 février 1797), sans éveiller la moindre susceptibilité.

Du reste, les quatorze habitants d'Essoyes qui avaient traité, dans les conditions susrelatées avec le seigneur de Servigny, ne songèrent pas un seul instant à profiter de l'incinération des titres pour nier leur dette. Le 19 septembre 1795, ils la reconnurent spontanément par-devant notaire, et ils se montrèrent toujours fidèles à la payer [2].

Nous avons entendu plus d'une fois des tribuns d'occasion s'élever avec indignation contre cette *dîme* prélevée par un seigneur sur de pauvres vignerons, et flétrir l'ancien régime, voire même la Restauration, qui avaient toléré de tels abus.

C'est ainsi que trop souvent, grâce à l'ignorance, l'esprit de parti réussit à dénaturer les faits, même les plus récents, et à convertir en exactions plus ou moins odieuses, de véritables bienfaits.

---

1. Étude de Mᵉ Mathieu, notaire à Essoyes : Minutes de Claude Bacquias.
2. Minutes de Claude Bacquias.

III. — Ce qui distingue la Convention, au point de vue économique comme au point de vue politique, c'est son despotisme, un oubli complet des principes de 1789 et une réglementation tracassière qui porta atteinte à toutes les libertés.

Déjà, de par la loi du *maximum*, « on n'était plus libre d'acheter comme on le voulait ni de vendre comme on le pouvait ». Des marchands, la Convention étendit cette loi aux ouvriers, et la journée de travail, la main d'œuvre, qui, après tout, d'après la doctrine révolutionnaire, est une marchandise comme une autre, fut taxée et tarifée.

On prit pour base du tarif le prix de la journée de travail de 1790 augmenté de moitié.

Déterminé par les autorités locales, le *maximum* n'avait rien d'absolu, mais il variait suivant les professions et suivant les pays.

Voici comment, dans sa séance du 2 brumaire an II (23 octobre 1793), le Conseil général d'Essoyes régla le salaire des ouvriers.

Menuisiers, charpentiers, tonneliers, maçons et *tailleurs de pierre*, la journée :

Du 10 octobre au 1er mars, sans être nourris, 1 livre 10 sols ;

Du 1er mars au 1er septembre   —   2 livres.

S'ils sont nourris le prix de la journée diminue de moitié.

Vignerons, la journée :

Du 10 octobre au 1er mars, non nourris, 20 sols.

Du 1er mars au 1er septembre   —   30 sols.

Même observation que ci-dessus pour la nourriture.

Lingères, 8 sols ; *couturières*, 6 sols ; *lessiveuses*, 8 sols, quelle que soit la saison.

Laboureurs, 4 livres 10 sols par journal de terre.

Vignes à façon, pour les 5 façons, 5 livres.

Filles, pour les menues façons des vignes, 6 sols par jour.

Domestiques, mâles, 100 livres par an, filles, 50 livres par an [1].

1. Archives communales : Délibérations.
La viande se vendait 8 sols la livre ; le *maximum* pour les bestiaux avait été fixé à 35 livres le cent. La Convention ayant autorisé la vente du bétail de gré à gré, le prix d'achat augmenta d'un tiers pour les bouchers, de sorte que le 7 nivôse an II (27 décembre 1793) Jean Bertrand et Louis Joannes déclarèrent à la municipalité qu'il leur était impossible de continuer leur commerce, puisque la livre de viande, qu'ils devaient vendre 8 sols, leur revenait à onze.

IV. — Essoyes, nous sommes heureux de le dire, eut relativement peu à souffrir du régime de la Terreur. Aucun de ses habitants ne figure sur la liste des déportés, et nous n'avons à déplorer aucune exécution capitale.

Il y eut cependant quelques arrestations.

M. de Bondoire, sa femme et sa fille furent incarcérés comme aristocrates, et on emprisonna, comme modéré, Joseph Josselin l'administrateur distingué, l'homme aux idées libérales qui avait salué la Révolution comme une bienfaitrice et l'avait servie avec un zèle digne d'une autre récompense.

Voici dans quelles circonstances cette dernière arrestation eut lieu.

Après avoir fait dresser la guillotine à Troyes sur la place Saint-Pierre et fermé les églises, le délégué du Comité de salut public, Rousselin, donna l'ordre d'établir une nouvelle liste des suspects d'aristocratie et de modérantisme ; il étendit l'autorité du Comité révolutionnaire de Troyes sur tout le département et envoya dans chaque district, avec le titre de sous-commissaire, un exécuteur de ses basses œuvres.

Son choix pour le district de Bar-sur-Seine, tomba sur Rondot fils, de Troyes.

D'une intelligence qui n'avait pas même pu s'élever à la connaissance des règles les plus élémentaires de l'orthographe, Rondot était bien l'agent qui convenait pour une pareille besogne. Bien que la syntaxe ne le gênât point, il jugea téméraire d'affronter les hasards souvent périlleux de la parole publique et se fit accompagner dans sa mission par un orateur nommé Ride. C'était un ex-Trinitaire de la maison de Troyes, accouplé à une ancienne religieuse du Paraclet, qui, naturellement, fut elle-même de la partie.

Dans l'église même de Bar-sur-Seine, Ride protesta contre « les simagrées des prêtres », il blasphéma contre l'Eucharistie, prêcha ouvertement l'athéisme, engagea le peuple à danser dans le temple, pour le mieux profaner, et, donnant lui-même l'exemple, il ouvrit le bal avec sa concubine.

Tel est le degré de bassesse et d'infamie où la Révolution fit tomber certains membres du clergé constitutionnel.

Mais revenons à Rondot.

Sous prétexte d'épurer l'administration, il destitua « des patriotes connus et qui avaient obtenu les suffrages universels » et les remplaça, de sa propre autorité, par des hommes de son choix.

Selon lui, il n'y avait à Bar-sur-Seine qu'un seul bon patriote ; c'était Gabriel Laurey.

Il força la Municipalité à lui délivrer le certificat de civisme qu'elle lui avait jusqu'alors refusé.

Or ce Laurey, le même qui avait cherché à s'établir à Essoyes comme instituteur [1], et que la Municipalité avait éconduit, était un sans-culotte des moins recommandables.

Le 20 frimaire (10 décembre 1893) Rondot et Ride quittèrent Bar-sur-Seine, après y avoir mené très joyeuse vie.

Leur conduite avait indigné tous les honnêtes gens. Si cette indignation ne s'était pas manifestée par des protestations publiques, c'est que la sinistre machine, installée sur la place Saint-Pierre, projetait son ombre de Troyes jusqu'à Bar-sur-Seine.

La répugnance, le dégoût, l'horreur qu'ils inspiraient n'avaient pu toutefois échapper aux collaborateurs de Rousselin. L'opposition était latente, mais elle existait, il importait de la combattre sans retard.

C'est pourquoi, le jour même du départ de Rondot et de Ride, la gendarmerie de Troyes, sur un ordre du Comité révolutionnaire, vint à Bar-sur-Seine pour arrêter les citoyens Vendœuvre de Ricey, Joseph Josselin agent national près du tribunal, Capperon le jeune, Petit-Charniot, Brusley et Le François.

Les scellés furent immédiatement apposés au domicile de chacun, mais le lendemain, nous ne saurions dire pour quelle raison, trois des suspects seulement, Vendœuvre, Josselin et et Le François, furent arrêtés et transférés à Troyes « dans la maison des ci-devant Cordeliers ».

Quel crime avaient-ils commis ? quelle faute pouvait-on leur reprocher ? Ils le demandèrent en vain. La question parut indiscrète et on la laissa sans réponse.

Tout ce que Le François put savoir en interrogeant les frères Ride, ses parents, qui étaient venus le visiter dans sa prison, c'est « qu'ils étaient accusés d'avoir voulu perdre les citoyens

1. Voir : *Essoyes, histoire et statistique,* p. 458.

Rondot et Rousselin, en faisant des motions qui avaient jeté le trouble dans la commune de Bar-sur-Seine [1] ».

La nouvelle de l'arrestation de Josselin causa à Essoyes une vive émotion.

Avec un courage qui les honore grandement, car leur intervention n'était pas sans péril, soixante-deux habitants signèrent la protestation suivante, qui, dès le 12 décembre, fut adressée à Rousselin :

« Le Conseil général de la commune d'Essoye, les membres du Comité de surveillance et autres habitans du dit Essoye apprennent avec douleur l'arrestation du citoyen Joseph Josselin.

« Ils sont loing d'imaginer quels peuvent en être les motifs.

« Ils ne peuvent, dans cette perplexité véritablement générale, qu'attester, comme ils le font unanimement, que le dit citoyen Josselin n'a cessé de mériter leur confiance dans tous les emplois qu'ils ont cru devoir lui confier.

« Il était syndic à l'époque de 1789. En cette qualité il a lutté contre l'ancien régime et commencé la Révolution.

« Il a été successivement électeur, maire, commandant de la garde nationale, administrateur du Conseil du département, juge et commissaire national au tribunal de Bar-sur-Seine.

« *Les soussignés s'en glorifient, et le reconnaîtront à jamais comme un bon patriote.* »

---

1. Archives nationales, W 426 n° 960. — Déclarations de Lefebvre et de Claude-Edme-Cyrille Le François.

Sous la réaction thermidorienne, Rondot fils, dénoncé, adressa au Conseil général de la commune de Troyes un mémoire justificatif de sa conduite.

A l'accusation d'avoir été « l'ami, le confident, le collaborateur de Rousselin, son délégué dans le district de Bar-sur-Seine, où il a exercé des actes arbitraires et liberticides », Rondot répond ainsi :

« Je n'ait pas plus été l'ami partiqullier de ce jeune homme que le confident ; comme les autres citoyens du comité révolutionnaire, j'ai obéit aux différents ordres ennannés de lui. Si refuser allors eut été pour moy un délit capital.

« J'avouerai qu'à la vérité je fu délégué dans ce district (Bar-sur-Seine) par le commissaire civil, mais quel y ont été mes opérations? celles de faire quelques changement dans les autorités, nécécités pour cause de parentés, de rendre à la liberté plus de trente citoyens des deux sexes.

« Pressé par la municipalité de Loche, qui était venue me dénoncer leurs cy devant curé, pour cause de trouble, je me crue obligé, pour sa propre sureté, de le faire metre provisoirement en état d'arestation.

Voilà donc, citoyens, les seul opérations essencielle que jai remplit dans cette commune ».

Cette lettre est datée du 6 floréal an III, 25 avril 1795. (Archives communales de Troyes).

Rousselin et le Comité révolutionnaire avaient trop rarement l'occasion d'entendre un pareil langage.

Loin de chercher à molester les soixante-deux braves qui leur résistaient en face, ils leur donnèrent satisfaction.

Le 8 nivôse (28 décembre 1793), Josselin était en liberté, et, s'adressant à la Municipalité d'Essoyes, il remerciait en ces termes les compatriotes dévoués qui avaient si noblement pris sa défense :

« Citoyens, en rentrant dans mes foyers, mon premier devoir est de vous témoigner ma reconnaissance.

« Vous m'avez sceu persécuté, et vous avez eu le courage d'avouer, dans cet instant là même, votre estime pour moi, et de prononcer votre opinion.

« Cette générosité de votre part, citoyens, est d'un tel mérite à mes yeux, que je désespère de pouvoir jamais m'acquitter envers vous.

« Ma résolution, du moins, est de vous offrir tous les à comptes que mon peu de talent et mes facultés peuvent et pourront me mettre à même de réaliser.

« Citoyens, une faible production est sortie de ma plume[1] ; c'est un essai, qui ne peut prospérer qu'à l'aide de beaucoup d'indulgence ; je vous la présente, je vous en fais hommage dans l'instant où, si bien disposés en ma faveur, vous le serez davantage pour l'accueillir favorablement.

« Je suis et demeurerai, avec une reconnaissance éternelle,

« Votre Concitoyen[2]. »

---

1. Nous avons en vain cherché l'œuvre de notre compatriote ; nous n'avons pas même pu découvrir sous quel titre elle a été publiée.

2. Archives communales : Délibérations. — La veuve du seigneur de Verpillières, Mme Brunet de Neuilly, fut également sauvée de la prison par ses compatriotes.

Le 5 ventôse, les officiers municipaux, les membres du Conseil général et d'autres habitants de Verpillières pétitionnèrent en sa faveur, « attestant son civisme et sa bonne conduite » et ajoutant qu'il n'avait été trouvé chez elle « rien de contraire aux lois de la République. »

De son côté, Claude Gentelot, membre du Comité de surveillance, honteux d'avoir signé l'arrestation, déclarait n'avoir agi « qu'à la sollicitation d'Antoine Goyard, président du dit Comité. »

Touché de ces regrets et de ces sympathies, le Directoire du district, dans sa séance du 7 ventôse, « fut d'avis qu'il y avait lieu d'ordonner l'élargissement de la veuve Brunet. » (Archives de l'Aube, L d 4/8, n° 1419.)

V. — Depuis la fin d'août, le citoyen Nicolas Pingat exerçait, à titre provisoire, les délicates fonctions de procureur de la commune. La Convention, par un décret du 14 frimaire [1] (4 décembre 1793), ayant statué que les procureurs seraient remplacés par des agents nationaux, Pingat profita de l'occasion pour démissionner. Le poste ne pouvait longtemps rester vacant. La Communauté fut donc convoquée en assemblée générale le 8 nivôse (28 décembre 1793), à l'effet de nommer, au scrutin secret, un agent national.

Le citoyen Philibert Laligant, commandant de la garde nationale, fut élu par 56 voix sur 86 votants. C'est assez dire que les miliciens qu'il commandait ne mirent pas grand empressement à lui donner leurs suffrages.

Lorsque la Révolution éclata, Laligant était employé dans les aides. Après leur suppression, se trouvant sans emploi, il fonda à Essoyes une maison de commerce, et, comme tous les transfuges, il eut à cœur de faire oublier, par un zèle exagéré, les services payés qu'il avait rendus à l'ancien régime.

La fonction d'agent ou de factotum de la Convention répugnait à la plupart de nos compatriotes, Laligant la convoita et l'obtint ; nous verrons bientôt qu'il en était digne.

Les fêtes civiques, les parades plus ou moins patriotiques étaient considérées comme un excellent moyen d'entretenir dans les populations l'esprit révolutionnaire, aussi elles se succèdent à Essoyes à intervalles très rapprochés.

Après le brûlement solennel des titres relatifs aux droits féodaux, que nous avons ci-dessus relaté, on invite, en nivôse, tous les citoyens à se réjouir et à fêter, en mémoire de la prise de Toulon. Il est vrai qu'en même temps, revers de la médaille, on ordonne aux personnes sujettes à l'emprunt forcé, de faire leur déclaration dans les vingt-quatre heures, sous peine d'y être contraintes par les voies de droit.

En ventôse, on appelle les patriotes à une nouvelle solennité. Voici à quelle occasion :

Un arbre de la liberté avait été planté dans toutes les communes, au commencement de la Révolution. Dans beaucoup de localités, ces arbres avaient souffert de la sécheresse et ils étaient

____
1. Article 20.

morts. Par décret du 3 pluviôse an II, le ministre de l'Intérieur ordonna de les remplacer, partout où ils avaient péri.

En communiquant ce décret au corps municipal, dans la séance du 3 ventôse, Laligant expose « que le fanatisme ayant été subjugué et détruit par la raison universel, il était instant de consacrere cette victoire par des monumens qui en rapelle le souvenir.

« Il requiert, en conséquence, que vendredi prochain, première décade de ce mois, il soit planté, sur la place publique, deux arbres en chaîne, dont le premier sera dédié à la Liberté et l'autre à la Raison, et quatendu que le premier arbre de la Liberté a péri dans les sécheresse, il requiert parcillement qu'il soit extirpé, mis en éclat, et destiné à faire un feu de joye, après avoir préalablement ôté le bonnet de la liberté, qu'il porte, pour en décorer l'arbre qui lui sera substituer ; demande en outre que ce jour soit solemniser d'une manière digne et convenable à de vray républicains, et que tous les corps et sociétés populaires de cette commune soient invité à cette sérémonie. »

Le corps municipal adopta cette proposition et décida que la garde nationale assisterait en armes à la plantation des deux arbres [1].

Quelques autres souvenirs nous restent encore de ventôse an II; nous les relaterons en suivant simplement l'ordre des dates, les transitions n'étant pas toujours choses faciles à trouver.

Le 1er (19 février 1794), l'agent national requiert que la Municipalité exhorte les citoyens possesseurs de matières d'or et d'argent, à les échanger contre des assignats. Ils mériteront ainsi les éloges de la Convention et élèveront le crédit national. Il ne semble pas qu'aucun patriote se soit laissé toucher par ces considérations.

Le 5 (23 février), un citoyen, se faisant appeler Fabricius, et demeurant à Paris, fait don à la commune d'un cachet et d'une bannière.

Le 21 (11 mars 1794), Laligant, pour une fois bien inspiré, demande, qu'en vertu de la loi du 13 pluviôse, prescrivant la répartition d'un secours de dix millions entre toutes les communes

---

1. Archives communales : Délibérations. — Nous ignorons ce que devint l'arbre de la Raison, mais celui de la Liberté ne vécut que quelques années ; le 23 pluviôse an IX, on constatait qu'il était mort et on décidait de le remplacer.

de la République, la Municipalité nomme un Comité de bienfaisance, et dresse, de concert avec la Société populaire, une liste des indigents. La part du district, dans ce secours, fut de 13,137 fr. 19, celle d'Essoyes de 505 fr. 84.

Il ne faudrait pas croire, qu'antérieurement, l'administration ne s'était pas occupée des pauvres. Dès novembre 1790, un atelier de charité avait été créé, et il fut successivement dirigé par le sieur Ruotte, de Longpré, et par Crépin Campeaux.

Nous avons dit ailleurs comment, en décembre 1791, cet atelier fut réduit au chômage, par suite de la cessation des travaux du chemin d'Essoyes à Loches, par la Lande.

Il en résulta, pour le pays, une grande misère, aussi ce ne fut pas sans joie que le 2 février 1792, on apprit qu'une somme de 186 livres 3 sols, destinée à secourir l'indigence, était à la disposition d'Essoyes, au directoire du district de Bar-sur-Seine. Joseph Pétel fut immédiatement chargé d'aller toucher ces fonds.

En mai 1793, une somme de 14,000 livres fut, dans le même même but, répartie entre les six districts du département de l'Aube. La part du district de Bar-sur-Seine monta à 2,254 livres, celle de la commune d'Essoyes à 87 livres 12 sols ; la distribution aux indigents eut lieu le 30 mai.

Enfin, le mois suivant, nous constatons l'existence d'une trésorière des pauvres, qui est invitée par la Municipalité à présenter, dans le délai de huit jours, le compte de sa gestion [1].

Ce coup-d'œil rétrospectif étant jeté, revenons au 21 ventôse an II.

La Société populaire avait interprété, dans un sens relativement libéral, l'article 6 de la loi du 4 frimaire relatif au décadi, et, conformément à cette interprétation, un certain nombre d'habitants observaient encore le dimanche, au moins par la cessation de tout travail. L'usage de porter l'eau bénite à domicile, le dimanche matin, était même encore en vigueur.

Laligant vit, dans cette demi-liberté, un danger pour les institutions chères à son cœur. Le 21 ventôse, il releva l'erreur de la Société populaire et requit la Municipalité, le Conseil général, le Comité de surveillance et ladite Société de faire exécuter la loi du 4 frimaire, surtout le paragraphe VI, relatif au décadi.

1. Archives communales.— Archives de l'Aube, L d 4/5, fol. 84 et L K 4/50. fol. 53.

Ici encore, nous ne pouvons mieux faire que de laisser la parole à ce grotesque, non moins révolutionnaire dans son orthographe et dans son style que dans ses idées et ses sentiments :

« Nous ne pouvons pas trop apporter de célérité à réprimer cet ancien jour appellé dimanche, et qui n'était consacré qu'à des actes fanatiques, et tâcher d'encourager les bons citoyens de se mettre à la hauteur de la révolution, leur représenter que l'assemblée nationale, qui ne travail qu'à la conservation de leur propriété respectives, voirait avec la plus grande douleur qu'on méprise les loix qu'elle nous impose ; invités la société populaire, qui doit être le centre des bons républicains, et qui doit montrer la première l'exemple, à vous seconder dans cette démarche, et à ne recevoir dans son sein que les vrais révolutionnaires, qui, se mettant à la hauteur du patriotisme, inviteront leurs concitoyens à suivre leur exemple, et ils verront que par l'empressement qu'ils mettront à l'exécution des loix, ils ne démériteront pas auprès des représentants du peuple et des authorités inférieures.

« Empressés vous donc de réprimer des abus qui se commettent journèlement dans cette commune, qui ternissent ce beau nom de liberté et de république française ; mettés donc à exécution l'arrêté pris par Rouslin, authorisé par la Convention, touchant l'art. 1er, 2 et 3 de sa promulgation ; ne sousfrés donc plus cet ancien régime de porter de l'eau, soi disant bénite, dans les maisons ; ce droit n'appartient à aucun individu de la République et fait encore rappeller à la mémoire le fanatisme, seul cause des débats de la France ; enfin mettés tout en œuvre pour rappeller les bons citoyens à leur devoir, les persuadant que ce n'est que par ce chemin qu'ils mériteront les secours de la Convention nationale. »

Une telle éloquence ne pouvait manquer de toucher le corps municipal, qui, le 23 ventôse, prit la délibération suivante :

« L'assemblée, considérant qu'un vrai républicain doit écarter de son idée tout faux principe, et éloigner de lui tout sentiment fanatique, arrête que tous individus de la commune sont invités à célébrer le décadi, au lieu du ci-devant dimanche ; que le 25 courant, pour ôter tout prétexte de retour à la superstition, il sera défendu au porteur d'eau, dite ci-devant eau bénite, de suspendre et cesser leurs fonctions, à peine d'être déclaré suspect, et que les emblèmes du fanatisme seront enlevés par les citoyens Crespin Campaux et Jean Racolliet, commis à cet effet, pour les débris être placés en la vieille sacristie de la ci-devant église. »

Quatre jours après, le 27 ventôse, la même assemblée autorisait l'agent national à faire descendre la croix du clocher et à la remplacer par une flèche, « au bout de laquelle serait le coq et un drapeau tricolore. » A l'instant même, le couvreur Jean Racolliet se chargea de cette besogne, moyennant un salaire de 50 livres [1].

Fermer les églises, interdire le repos du dimanche, proscrire l'eau bénite, rendre obligatoire la célébration du décadi et déboulonner les croix, tels étaient les moyens employés pour exciter et rallumer dans le cœur d'un peuple profondément religieux, l'amour de la République.

La bande de Jacobins avait, comme on l'a fort bien dit, la prétention odieuse et grotesque de façonner une France pour la République, au lieu de faire la République pour la France [2].

VI. — « Un pur trouve toujours un plus pur qui l'épure. »

C'est sans doute en vertu de cet axiome que la Société populaire entra en lutte contre la Municipalité d'Essoyes, et la dénonça au Directoire du district de Bar-sur-Seine.

De quoi l'accusait-elle ? D'inexactitude, d'infidélité, d'exactions dans ses opérations, et notamment dans la distribution du blé provenant des réquisitions. Les Municipaux, paraît-il, non seulement se réservaient le grain de première qualité, mais ils majoraient le prix de vente, de manière à réaliser des bénéfices ; puis, en payant les cultivateurs qui avaient fourni les blés réquisitionnés pour l'armée, ils leur avaient fait une retenue de 4 %.

Le 4 germinal (24 mars 1794), la Municipalité présenta sa défense. Elle nia purement et simplement les premières malversations qu'on lui imputait ; quant au dernier chef d'accusation, elle reconnut la matérialité du fait, mais, la retenue ayant été réellement faite aux voituriers, n'était-il pas juste qu'on leur en tint compte ?

---

1. Archives communales.
2. Paul Thureau-Dangin : La question de Monarchie ou de République : *Correspondant*, t. LV, nouv. série, p. 453.

Du reste, les propriétaires eux-mêmes avaient, sans difficulté, consenti à cette réduction de 4 % ; il n'y avait donc pas eu malversation et abus de confiance, comme le prétendait la Société populaire [1].

Cette justification parut insuffisante au Directoire du district. Voyant, dans les faits imputés à la Municipalité, une véritable exaction, un réel abus de pouvoir, et estimant que les délits des mandataires du peuple doivent être promptement et sévèrement punis, il arrêta, le 13 germinal, que le maire, les officiers municipaux, l'agent national, le secrétaire de la Municipalité et Voulquin, dit le Blond, commissaire à la distribution des blés, seraient dénoncés à l'accusateur public, « pour, par lui, être faites les diligences et poursuites qu'exigeaient les circonstances [2]. »

Quelques semaines plus tard, on apprenait que des mandats d'amener, lancés contre le maire et le secrétaire de la Municipalité, Rougère, allaient être mis à exécution.

En prévision de leur arrestation, les clefs de la mairie et tous les registres et papiers de la Municipalité furent remis entre les mains de Nicolas Pétel, qui, en qualité de premier élu du Conseil général de la commune, devait provisoirement remplir les fonctions de maire.

Si Voulquin et Rougère furent réellement arrêtés, ce qui est douteux, leur détention ne dura que quelques jours [3].

---

1. Archives communales.

2. Archives de l'Aube, L d 4/8, n° 1433, fol. 23.

3. Sans prendre parti dans ce différend, il nous faut relever ici, à la charge de Voulquin une indélicatesse d'un autre genre. Il avait, comme maire, touché du receveur des finances de Bar-sur-Seine, une somme de 676 fr, en assignats (représentant 514 fr. 40 en numéraire), montant d'un dégrèvement accordé aux habitants d'Essoyes pour l'année 1792,

Les purs démocrates croient trop facilement qu'on ne paye jamais assez cher les services qu'ils rendent ; de là à conclure qu'ils peuvent en toute justice s'accorder discrètement quelques gratifications, il n'y a qu'un pas, et, ce pas, Voulquin semble l'avoir franchi.

Au lieu de verser les 676 francs dans la caisse communale, il les garda précieusement dans sa propre bourse, tant que, restant maire, il put dire : la Commune c'est moi.

Après, il oublia de les rendre, si bien que, le 28 prairial an VII (16 juin 1799), la commune en était encore frustrée. L'agent municipal d'Essoyes, Claude Bacquias, se fit alors autoriser à traduire le concussionnaire devant les tribunaux. (Archives de l'Aube, L d 19/19, fol. 163).

VII. — Le 18 germinal (7 avril 1794), le directoire de Bar-sur-Seine réclama ce qui restait du mobilier de l'église, et la Municipalité fit déposer au district cinquante-sept livres de linges et ornements.

Le 7 prairial suivant (26 mai), conformément à un arrêté du Comité de salut public, le corps municipal décida que l'inscription : *Temple de la Raison*, qu'on lisait au frontispice de l'église, serait remplacé par ces mots : « *Le Peuple français reconnaît l'Être suprême et l'immortalité de l'âme* [1]. »

L'Être suprême, ainsi reconnu, devait avoir sa fête. Robespierre la fit voter par la Convention, et l'Assemblée municipale d'Essoyes en arrêta le programme dans la délibération suivante, qui porte la date du 12 prairial (31 mai 1793) :

« Considérant que cette fête auguste doit être solennisée avec toute la pompe qu'il sera possible de mettre en pratique, non seulement parceque son objet principal porte le sceau de la réconciliation de l'homme avec l'auteur de la nature, mais encore parcequ'elle frappe et anéanti le fanatisme, qui, jusqu'à ce jour, a exercé parmi nous un empire destructeur.

« Considérant que l'idée d'Être suprême, et de l'immortalité de l'âme, prescrit à l'homme ses obligations et ses devoirs envers l'auteur de son existence, il ne peut s'en acquitter que d'une manière digne de lui être offerte (*sic*).

« Considérant enfin que tous les citoyens doivent également s'empresser de concourir, de tous leurs pouvoirs, à la solennité de cette fête sacrée, a arrêté ce qui suit :

« PLAN DE LA FÊTE DE L'ÊTRE SUPRÊME

« Cette fête solennelle sera annoncée, le 19 prairial (7 juin), par la sonnerie de la cloche, depuis midi jusqu'à une heure après midi.

« La même sonnerie recommencera à 8 heure jusqu'à neuf du soir. La retraite sera battu par tout les tenbourg de cette commune et préviendra la compagnie des vétérans, et qu'il sera commandé un picquet de la garde national, qui sera commandé de se tenir prêt pour le rassemblement qui doit avoir lieu le vingt.

« A peine laurore annoncerat-elle le premier crépuscul du jour,

____
1. Archives communales.

la sonnerie de la cloche préviendra par son son, jusqu'au levé du soleil, tous les citoyens, de la fête auguste et mémorable qui va être célébrée.

« A lapparition de lastre bienfaisant qui vivifie et féconde la nature, la général sera battu et préviendra tous les citoyens et citoyennes du rassemblement général, qui se fera à 10 heures du matin sur la place publique. A dix heures et demi, le cortège se mettera en marche pour se rendre au temple de léternel dans l'ordre suivante :

« La Compagnie des vétérans ouvrira la marche, au son de la cloche qui ne finira que lorsque le cortége sera arrivé. Les corps administratifs, Conseil général, juge de paix, Comité de surveillance, Société populaire suivront immédiatement, chacun à leur rang ; la garde national marchera ensuitte sur deux lignes paralels.

« Les père de familles conduirons leurs fils et prendrons la droite ; les mères leurs filles prendrons la gauche et suivront le même ordre.

« Filles habillées de blanc, décorée de rubancs tricolore, portant des corbeille remplie de fleurs précéderont la municipalité, qui sera environnée denfans décoré de guirlande de fleurs et de rubans tricolore, portant à la main un bouquait.

« Chaque homme, outre ceux de la garde, porterons à la main une branche de chaîne, simbole de la force de la République.

« Les femmes seront décorée de fleurs du printems, et prêterons tous leurs soins à ce que leurs jeunes adolescentes en soient également revêtues.

« Arrivé au Temple de l'Eternel, il sera prononcé un discours analogue à la solemnité de cette auguste fête par le [1]
et sera adressé à l'Être suprême les cantiques d'action de grâce et prière convenable à la circonstance.

« La cérémonie finie, le cortège se rendra, dans l'ordre du départ, sur la place publique où il se dissoudra.

« A cinq heures, le même rasemblement aura lieu sur la place publique, où le même ordre sera exécuté, pour se rendre au Champ de Mars, où il sera allumé un feu de joye [2] ».

---

1. Le choix de l'orateur n'étant pas encore fait, on a laissé dans le texte un blanc qui n'a jamais été rempli.

2. Archives communales : Délibérations.

Le jour venu, ce programme fut-il ponctuellement suivi ? La population partagea-t-elle le naïf enthousiasme de la Municipalité ? Finit-on par trouver un orateur, et son discours fut-il, comme le style du secrétaire, « analogue à la solennité de l'auguste fête » ? Autant de questions auxquelles nous ne pouvons répondre.

En tout cas, si l'Être suprême avait ses adorateurs, le bon Dieu gardait aussi les siens, et ils ne devaient pas être les moins nombreux. En effet, le surlendemain de cette fête, beaucoup plus civique que religieuse, nous voyons deux délégués de la Société populaire se présenter au greffe et inviter la Municipalité « à tenir la main à ce qu'il ne se fasse aucun rassemblement dans le temple dédié à l'Être suprême, pour y célébrer d'autre culte que celui reconnu par l'assemblée nationale ».

Le 24 prairial, les officiers municipaux, cédant à cette sommation, défendaient à tous « de faire dans le temple aucune prière publique tenant au fanatisme, à peine d'être poursuivis révolutionnairement ».

L'Église devait donc appartenir exclusivement aux sans-culottes. Ce fut sans doute pour faire acte de propriétaires qu'ils en brisèrent les vitraux à coups de pierre, et qu'ils démolirent en plusieurs endroits le mur du cimetière.

La Municipalité, disons-le à son honneur, s'émut de ce vanda-lisme, et dans sa séance du 4 thermidor (22 juillet 1794) décida « qu'il convenait de rechercher les coupables [1] ».

VIII. — Un décret du 13 prairial an II (1er juin 1794) avait fondé l'École de Mars et pourvu au recrutement des élèves de cette institution.

On choisirait, dans chaque district, six jeunes gens de 16 à 17 ans et demi, les mieux constitués, les plus robustes, les plus intelligents « parmi les enfants des sans-culottes ». Trois seraient pris dans la classe des citoyens peu fortunés des campagnes, les trois autres dans les villes, « parmi les enfants des volontaires blessés dans les combats, ou servant dans les armées de la République ».

Ces jeunes gens devraient se rendre à pied et sans armes à Paris, où logés sous la tente, nourris de pain noir, de lard rance

1. Archives communales : Délibérations.

et d'eau vinaigrée, ils seraient exercés au maniement des armes,
« apprendraient les principes de la guerre, et seraient formés à
la fraternité, à la discipline, à la frugalité, aux bonnes mœurs, à
l'amour de la patrie et à la haine des rois »

Chargé de l'exécution de ce décret, le citoyen Legouest, agent
national près le district de Bar-sur-Seine, écrivait, le 23 prairial
(11 juin), aux officiers municipaux d'Essoyes :

« Je vous invite à faire trouver à Bar-sur-Seine, le septidi
27 du courant, sur la place du marché, tous les jeunes citoyens
de votre commune dans l'âge de 16 à 17 ans et demi, de les
faire accompagner soit par l'agent national, soit par un officier
municipal en état de rendre compte de la conduite et des qualités
de chacun, de leur recommander de se munir de leur extrait de
naissance, et d'apporter avec eux les vivres qui leur seront
nécessaires pour la journée.

« Je ne doute pas que tous les jeunes gens de votre commune,
qui ont atteint l'âge requis, ne se présentent avec le plus vif
empressement, et ne désirent que le choix à faire tombe sur
chacun d'eux.

« Je vous préviens que le choix sera fait définitivement le
même jour 27 ; que le départ ne sera pas diffiré de plus de quatre
à cinq jours, et que *je rendrai compte au Comité de salut public
des communes qui ne se seront pas présentées pour concourir* ».

Sans se laisser intimider par cette menace les officiers municipaux répondirent qu'il n'y avait pas, à Essoyes, d'enfants ayant
les qualités requises par la loi, « attendu que le défaut de
monde pour cultiver les héritages, force la jeunesse à faire ces
travaux[8] ».

1. Archives communales.

CHAPITRE V.

I. Réaction thermidorienne. Le représentant Maure aîné. Mise en liberté de la famille de Bondoire. Anniversaire de l'exécution de Louis XVI. — II. Le représentant Albert. Mesures prises contre les Terroristes. Dissolution de la Société populaire. Nouvelle Municipalité.— III. Réveil chrétien. L'église fermée à clef. Résistance de la population. Liberté des cultes. Démission de Laligant. L'église rendue au culte. Opposition du pouvoir central. Nouveaux pas vers la liberté religieuse. — IV. Le Presbytère et les cloches.

I. — Nous n'avons pas à raconter ici la journée du 9 thermidor (27 juillet 1794), qui débarrassa la France de Robespierre et de ses complices.

On est trop généralement porté à croire que cette fameuse journée fut une revanche des modérés contre les violents.

Il n'en est rien.

Les hommes de la Montagne vainqueurs de Robespierre ne valaient pas mieux que lui ; ils n'étaient pas plus que lui partisans d'un régime de justice et de liberté ; s'ils l'envoyèrent à l'échafaud, ce fut uniquement dans la crainte d'y monter eux-mêmes, comme y étaient montés récemment Danton, Hébert et leurs partisans.

A proprement parler, rien n'était donc changé dans le régime qui, depuis plus de seize mois, déshonorait et ensanglantait la France. Pour s'en convaincre, il suffit de constater que, le 10 thermidor et les jours suivants, les portes des prisons restèrent impitoyablement fermées sur les suspects.

Cependant le peuple, prenant son désir pour la réalité, voulut quand même voir dans la chute du tyran la fin de la tyrannie. Il se livra à l'espérance et à la joie, comme si déjà il voyait poindre l'aurore de la liberté, et le mouvement de l'opinion vers un régime plus clément fut tel, que les hommes de la Convention ne purent y résister.

Les premiers qui se laissèrent ainsi entraîner vers les idées de modération, furent naturellement ceux qui se trouvaient en contact plus direct avec le vrai peuple, les représentants en mission dans les différentes parties de la France.

Tel fut le cas du député jacobin de l'Yonne, Maure aîné, alors en mission dans le département de l'Aube.

Tout en affectant le rigorisme, il ordonna, dès le 14 septembre, l'élargissement de nombreux suspects, entre autres celui de M. de Bondoire, de sa femme et de sa fille.

Lui, l'ennemi acharné des aristocrates, il eut la bonne foi de reconnaître, dans un acte authentique daté du 28 fructidor, qu'on pouvait tout au plus reprocher à M. de Bondoire d'être « bavard et inconsidéré », et que sa femme et sa fille, « honnêtes, tranquilles et charitables, avaient été arrêtées sans aucun motif ».[1]

1. Archives nationales : A F II, 88. — Archives de l'Aube : L M 4 C [2].

Par le même arrêté, Maure aîné ordonna la mise en liberté immédiate de :

« Pierre Meunière, de Chaource, sans-culotte, caporal-fourrier du 6e bataillon de l'Aube provisoirement licencié, reclus pour s'être dit commissaire extraordinaire des incarcérés, propos insignifiants et tenus dans le vin.

« Louis Héron, horloger, détenu à Troyes, de la classe des sans-culottes et très pauvre, reclus pour quelques propos inconsidérés, suffisamment puni par une longue détention.

« Jeanne Poulet, femme Nogent, ex-noble, mère d'émigré, mais d'une extrême pauvreté et dans la misère, chargée de huit enfants, cultivant la terre et absolument de la classe laborieuse et indigente du peuple. »

Par contre, Maure crut devoir maintenir en réclusion, jusqu'à ce qu'il en ait été autrement ordonné :

« Pierre-Rodolphe-Etienne (de Mussy), ex-chevalier de Saint-Louis, non noble, *a protesté et juré qu'il serait fidèle au ci-devant roi qui l'avait honoré d'une décoration, qu'il sacrifierait plutôt jusqu'à la dernière goutte de son sang, que d'être parjure, et qu'il n'obéirait ni à la nation ni à la loi.*

« J.-B.-Paul Bralé, ex-receveur des consignations au ci-devant bailliage de Bar-sur-Seine, mis en réclusion par ordre du représentant du peuple, pour avoir employé 21326 livres en numéraire déposé en sa caisse, et n'avoir pu les représenter, même en assignats, ni rendre son compte. Il en a été référé au Comité de salut public.

« Laurent-Florimond de Plancy, ex-seigneur de Chacenay et de plusieurs autres communes, trouvé muni, par procès-verbal du 17 germinal, de cinq casques de fer, armes et autres signes et emblèmes de féodalité. A refusé de remettre les titres de ce droit tyrannique et n'a pu obtenir un certificat de civisme. Sera réintégré en la maison de réclusion, ayant été mis arbitrairement et illégalement en liberté par le Comité de surveillance. »

Maure arrêta en outre que, vu leur petit nombre et le local peu convenable où ils étaient enfermés, les reclus de la prison de Bar-sur-Seine seraient sur le champ transférés à la maison de détention de Troyes. (Archives de l'Aube : L M 4 C [2].)

Nous ignorons quel fut le sort de Florimond de Plancy et de Paul Bralé ; quant à Pierre-Rodolphe Etienne, enfermé au grand séminaire de Troyes, il fut mis en liberté le 11 brumaire an III (1er novembre 1794) avec Henri-Alexis Etienne, son compatriote, peut-être même son frère, en vertu d'un arrêté du Comité de sûreté générale de la Convention, daté du 2 brumaire. (Archives de l'Aube : L M 4 C [3].)

Le même jour, Maure procéda à l'épuration et à la réorganisation des autorités.

Parmi les hommes qu'il jugea dignes de sa confiance, nous pouvons citer quatre de nos compatriotes : Philippe-Joseph Josselin, nommé membre du Directoire du district de Bar-sur-Seine ; Toussaint Darras, nommé juge ; Joseph Josselin, juge suppléant et commissaire national ; enfin, Pierre Clavier, tailleur de pierres, nommé membre du Comité révolutionnaire du district [1].

Nous ne savons rien des sentiments de ce dernier, mais les trois autres étaient certainement disposés à entrer pleinement dans les vues de la réaction thermidorienne.

Du reste cette réaction n'était que relative. Si les thermidoriens avaient désormais horreur du sang, comme l'immense majorité

---

1. En vertu de l'arrêté du représentant Maure, daté du 28 fructidor an II (14 septembre 1794), l'Administration et le Comité révolutionnaire du district de Bar-sur-Seine furent ainsi réorganisés :

ADMINISTRATION DU DISTRICT
Nicolas Martinot, notaire à Virey-sur-Bar, président.

DIRECTOIRE
Joseph-Hyacinthe Colomby, marchand à Bar-sur-Seine.
Philippe-Joseph Josselin, homme de loi à Essoyes.
Claude Petit-Cuni (?), avoué à Bar-sur-Seine.
Edme Doussot père, maréchal à Bar-sur-Seine.

CONSEIL
Edme Villain, notaire à Briel.
Robert Collin, marchand à Beauvoir.
Gabriel Brocard, marchand de vin à Landreville.
J.-B. Josselin, propriétaire à Bar-sur-Seine.
François Johart, propriétaire à Bar-sur-Seine.
François Montillot, pâtissier à Bar-sur-Seine,
François Caperon fils, vivant de son revenu à Bar-sur-Seine.
Nicolas-Louis Legouet, homme de loi, agent national.
Pierre Vincent, ex-huissier à Bar-sur-Seine, secrétaire.

COMITÉ RÉVOLUTIONNAIRE
J.-B. Simonnot, chaudronnier à Bar-sur-Seine.
François Lhuillier, peintre à Bar-sur-Seine.
Nicolas Brion, charpentier à Bar-sur-Seine.
J.-B. Bergevin, pâtissier à Bar-sur-Seine.
J.-B. Cuchard, tixerand à Bar-sur-Seine.
Louis Maladière, bourrelier à Bar-sur-Seine.
François Demcy, cultivateur à Marolles.
Etienne Tisserand, tixerand à Rumilly.
René Joulain, bonnetier à Landreville.
Antoine Proillet, propriétaire à Mussy.
J.-B. Gérard, cordonnier à Ricey-Bas.
Pierre Clavier, tailleur de pierres à Essoyes.
(Archives de l'Aube : L M 4 C 2.)

de la population, c'était surtout du sang à verser, et s'ils répudiaient la guillotine comme moyen de gouvernement, c'était pour l'avenir beaucoup plus que pour le passé.

La plupart avaient voté la mort de Louis XVI ; loin de le regretter, ils s'en faisaient un titre de gloire. Cette fanfaronnade dissimulait mal leur remords, et surtout leur crainte d'une restauration monarchique toujours possible, car, pour obliger le peuple à prendre sa part dans la responsabilité du régicide, ils résolurent d'en faire célébrer l'anniversaire à grand fracas.

Il leur semblait, comme nous l'avons lu quelque part, qu'ils étendraient ainsi sur la nation tout entière la tache de sang qui souillait leurs mains, et que le peuple ne verrait plus cette tache lorsqu'il serait devenu leur complice au moins par ses réjouissances.

Ils cherchèrent donc à rendre générale la fête qui avait eu lieu l'année précédente, le 21 janvier, dans plusieurs villes de la République, notamment à Troyes.

La loi qu'ils votèrent à cet effet prescrivait que, dans chaque canton, le 2 pluviôse (21 janvier) les fonctionnaires publics et salariés de la nation se réuniraient pour déclarer solennellement, en présence du peuple, leur sincère attachement à la République et *leur haine éternelle à la royauté*.

La population d'Essoyes s'honora grandement en opposant à cette loi une résistance passive, la seule qui fut possible dans ces temps troublés.

L'agent national Laligant ne manqua pas de demander la célébration de la fête, et, ici encore, comme châtiment, nous citerons textuellement son réquisitoire, daté du 29 nivôse (18 janvier).

« En conformité du décret de la Convention nal touchant l'aniversaire de la punition du roy des Français, qui doit être célébrée le 2 pluvios ou 21 janvier (v. s.) prochain dans toutes les communes de la République, je requiert que la municipalité fasse publier sur le champt que cette fête sera célébrée à l'époque indiquée par le présent décret, *obligeant* de plus tous les citoyens de cette commune de la solemniser avec toute la pompe et vénération et réjouissance qu'un jour aussi mémorable exige, *enjoindres à tous les particuliers de cette dite commune de ne point se livrer au travail pendant cette journée*, et d'indiquer au peuple une heure et le lieu où tous les bons républiquains se rendrons *pour rendre grâce à l'être suprême des bienfaits qu'il nous procure, y prêter un nouveau serment de l'adorer* et d'être soumis aux décrets de la Convention n^{al}, même au péril de notre vie.

« Vive la République ! Vive la Convention nat^{al} ! »

Laligant qui devenait dévôt à l'Être suprême, et modéré, au point de ne pas donner le moindre coup de pied au roi martyr, en fut pour ses frais d'éloquence ; le corps municipal ne lui fit pas même l'honneur de délibérer sur son réquisitoire. C'était dire très nettement qu'il refusait de se prêter à cette apologie du régicide.

II. — Le représentant Albert continua l'œuvre commencée par le député Maure aîné, dans le département de l'Aube, et s'appliqua à rendre aux citoyens honnêtes la sécurité, en enlevant tout pouvoir, toute influence aux agents de la Terreur.

Nous le voyons, en quelques semaines, suspendre les Comités révolutionnaires de l'Aube et de la Marne, (arrêté du 23 ventôse, 13 mars 1795)[1], procéder à la réforme des autorités, c'est-à-dire à l'épuration des administrations, ordonner au Directoire du district de Bar-sur-Seine « de rendre à chaque propriétaire de l'arrondissement les armes de chasse à lui enlevées... sous divers prétextes plus spécieux les uns que les autres, et tous, au fond, également vexatoires sous tous les aspects[2] », et enfin prescrire le désarmement des Terroristes.

Deux commissaires devaient, à cet effet, parcourir les communes, convoquer le Conseil général de chaque localité, *prendre avis du public présent* et faire désarmer, de suite, les personnes indiquées.

Le Directoire du district de Bar-sur-Seine, craignant les haines et les vengeances personnelles, protesta contre cette intervention du public. Il demanda que les Terroristes fussent signalés seulement par les autorités constituées. « Avait-on besoin, l'année dernière, disait-il, de l'intervention du peuple pour

1. Archives nationales : A F II, 88.
2. Archives de l'Aube : L M 3 a, n° 10.

incarcérer, dépouiller et vexer des milliers de citoyens ? Non ; une seule dénonciation suffisait. Or il s'agit, dans l'espèce, d'un simple désarmement [1] ».

Nous ignorons si Albert tint compte de cette protestation ; en tout cas nous ne voyons pas qu'il y ait eu à Essoyes aucun désarmement, aucune poursuite contre les Terroristes [2].

Seule la Société populaire fut dissoute, antérieurement au décret du 6 fructidor, qui supprima tous les clubs. Dès le 19 prairial (7 juin 1795), le registre des délibérations de la Société fut déposé au greffe de la Municipalité, par le juge de paix, Joseph-Simon Darras, qui en fut le dernier président [3].

Ce registre eût été pour nous une source précieuse d'informations, mais nous l'avons en vain cherché à Essoyes, à Troyes, à Chaumont et à Paris, c'est-à-dire dans les dépôts publics où nous pouvions avoir quelque espérance de le trouver. Tout ce que nous savons sur le club, c'est qu'il tenait ses séances dans la maison de la rue Creuse, actuellement occupée par M. Boudelot, cordonnier ; que M. l'abbé Girardot en fut pendant quelque temps le président ; que son établissement remontait au 20 frimaire an II (10 décembre 1793), et que, sept ou huit mois avant sa suppression, il comptait trente-huit membres.

Un tableau, dressé en exécution de la loi du 15 vendémiaire an III, nous permet de donner sur chacun de ces membres d'utiles renseignements :

1 *Crépin Campeaux*, âgé de 42 ans, né à Nampcel (Oise), tailleur de pierres à Dijon avant le 14 juillet 1789, depuis entrepreneur de bâtiments à Essoyes ; admis le 20 frimaire an II.

---

1. Archives nationales : D § 1, 3.

2. Nous inclinerions volontiers à penser qu'il n'y eut à procéder au désarmement de Terroristes ayant participé aux horreurs commises avant le 9 thermidor, que dans trois communes du district : Mussy, Bar-sur-Seine et le Puits.

En effet, d'après l'article 2 de l'arrêté d'Albert du 24 germinal, chaque district devait nommer sur le champ des commissaires fermes et actifs, chargés d'appliquer la loi dans les communes « où il se trouvait des citoyens de l'espèce indiquée ». Or, dans sa séance du 8 floréal, le Conseil général du district de Bar-sur-Seine ne nomma que quatre commissaires : Legouest et Capperon jeune pour Mussy, Villain et Brocard pour Bar-sur-Seine et pour le Puits. (Archives de l'Aube L D 4/5 fol. 123).

3. Archives communales.

2 *Joseph-Simon Darras*, âgé de 42 ans, né à Verpillières, soldat au régiment de l'Ile-de-France, en garnison à l'Ile-de-France avant le 14 juillet 1789, depuis, successivement commandant de la garde nationale, chef de légion, juge de paix à Essoyes ; admis le 20 frimaire an II.

3 *François-Michel Girardot*, âgé de 69 ans, né à Chaumont, ministre du culte catholique à Essoyes ; admis le 20 frimaire an II.

4 *Claude-Louis Legris*, âgé de 36 ans, né à Clefmont (Haute-Marne), huissier à Essoyes ; admis le 20 frimaire an II.

5 *Edme-Didier-Éloi Girardin*, âgé de 41 ans, né à Essoyes, receveur des traites à Essoyes avant le 14 juillet 1789, depuis greffier du juge de paix ; admis le 20 frimaire an II.

6 *Jean-Nicolas Bogé*, âgé de 43 ans, né à Urville, tailleur d'habits à Essoyes ; admis le 20 frimaire an II.

7 *Edme-Didier Brotel*, âgé de 50 ans, né à Essoyes, menuisier ; admis le 20 frimaire an II.

8 *Mimi Faverot*, âgé de 55 ans, né à Châlons-sur-Marne, boulanger à Châlons-sur-Marne avant le 14 juillet 1789, depuis commerçant à Essoyes ; admis le 27 nivôse an II.

9 *Nicolas Boudard*, âgé de 42 ans, né à Essoyes, cultivateur; admis le 20 frimaire an II.

10 *Étienne Pruniel*, l'aîné, âgé de 54 ans, né à Essoyes, vigneron ; admis le 20 frimaire an II.

11 *Jean Cordier*, âgé de 75 ans, né à Essoyes, laboureur avant le 14 juillet 1789, depuis invalide ; admis le 20 frimaire an II.

12 *Bertrand Couder*, âgé de 45 ans, né à Saint-Hilaire-Faucher (*sic*), maçon à Essoyes ; admis le 30 ventôse an II.

13 *Joseph Larrivé*, âgé de 42 ans, né à Essoyes, cultivateur; admis le 20 frimaire an II.

14 *Charles Hériot*, âgé de 64 ans, né à Essoyes, marchand ; admis le 20 frimaire an II.

15 *Edme-Didier Cinget*, âgé de 43 ans, né à Essoyes, cultivateur ; admis le 20 frimaire an II.

16 *Jean Hériot* dit *Postillon*, âgé de 31 ans, né à Essoyes, marchand ; admis le 20 frimaire an II.

17 *François Léqué*, âgé de 56 ans, né à Bissey-la-Côte (Côte-d'Or), cultivateur ; admis le 27 nivôse an II.

18 *Henri Rouvre*, âgé de 75 ans, né à Essoyes, cultivateur ; admis le 20 frimaire an II.

19 *Claude Bacquias*, âgé de 42 ans, né à Châtillon-sur-Seine, notaire ; admis le 20 frimaire an II.

20 *Charles-Henri-Gabriel Brotel*, âgé de 33 ans, né à Essoyes, officier de santé ; admis le 20 frimaire an II.

21 *Jacques Campeaux*, âgé de 26 ans, né à Nampcel (Oise), menuisier ; admis le 27 nivôse an II.

22 *Pierre Simon*, fils de François, âgé de 39 ans, né à Chervey, vigneron ; admis le 20 frimaire an II,

23 *Pierre Clavier*, âgé de 58 ans, tailleur de pierres ; admis le 20 frimaire an II.

24 *Nicolas-François Hemin*, âgé de 44 ans, né à Essoyes, cultivateur avant le 14 juillet 1789, depuis instituteur ; admis le 20 frimaire an II.

25 *Louis-Charles Bertrand*, âgé de 50 ans, né à Essoyes, cultivateur avant le 14 juillet 1789, depuis garde des bois de la République ; admis le 20 frimaire an II.

26 *Pierre Darmoise*, âgé de 28 ans, né à Landreville, horloger à Essoyes ; admis le 11 ventôse an II.

27 *Jean Racolliet*, âgé de 30 ans, né à Grancey-sur-Ource, blanchisseur à Landreville avant le 14 juillet 1789, depuis blanchisseur à Essoyes ; admis le 20 frimaire an II.

28 *Jacques Caillery*, âgé de 41 ans, né à Essoyes, tixerand et officier municipal ; admis le 20 frimaire an II.

29 *Claude Belet*, âgé de 33 ans, né à Essoyes, taillandier ; admis le 9 nivôse an II.

30 *Nicolas Girardin*, âgé de 34 ans, né à Essoyes, cultivateur ; admis le 20 frimaire an II.

31 *Étienne Pruniel*, le jeune, âgé de 24 ans, né à Essoyes, vigneron ; admis le 20 frimaire an II.

32 *Sébastien Goyard*, âgé de 27 ans, né à Verpillières, cultivateur et agent national à Verpillières ; admis le 18 nivôse an II.

33 *Antoine Goyard*, âgé de 50 ans, né à Verpillières, propriétaire à Verpillières ; admis le 10 germinal an II.

34 *Nicolas Hériot*, âgé de 32 ans, né à Essoyes, marchand ;
admis le 20 frimaire an II.

35 *Jean Grillot*, âgé de 32 ans, né à Essoyes, garçon taillandier ; admis le 21 ventôse an II.

36 *Remy Vaillant*, âgé de 49 ans, né à Essoyes, cordonnier ;
admis le 20 frimaire an II.

37 *Louis Ormancey*, âgé de 35 ans, né à Langres, menuisier ;
admis le 18 nivôse an II.

38 *Edme Gentelot*, âgé de 28 ans, né à Essoyes, garçon laboureur ; admis le 18 nivôse an II [1].

Deux mois avant la dissolution du club, le Conseil général de
la commune avait été renouvelé sans causer le moindre déran-
gement aux électeurs.

Chaque membre sortant, comme nous l'avons dit ailleurs [2],
désigna lui-même son remplaçant. Ces élus d'un nouveau genre,
installés le 7 thermidor (25 juillet 1795), restèrent au pouvoir
jusqu'au 20 brumaire an IV (10 novembre 1795), date de l'installation de la Municipalité de canton.

III. — Le culte un peu vague de l'Être suprême, bien que
recommandé par l'agent national, ne pouvait suffire aux habitants d'Essoyes.

En dépit de la législation, ils étaient restés chrétiens, aussi,
après le 9 thermidor, bravant toutes les défenses, ils reprirent
ouvertement le chemin de l'église pour offrir au Dieu personnel
et vivant, au Dieu fait homme, le tribut de leurs adorations.

On s'abstenait de toute lecture, de toute instruction, mais on

---

1. Archives de l'Aube : L M 4 C 2.

2. Voir *Essoyes, historique et statistique,* p. 414. — Par suite de cette étrange
nomination, le Conseil général de la commune fut ainsi composé :

Maire : Pierre Simon.

Officiers municipaux : Hubert Josselin, Joseph Simon, Jacques Poinsot, Pierre
Clavier, Antoine Vaillant.

Procureur-syndic : Edme-Didier Cinget.

Notables : Joseph Pétel, Charles Brotel, Claude Bacquias, Nicolas Josselin, Joseph
Pétel, fils de Charles, Edme Reboucher, Jacques-Nicolas Pâris, François-Nicolas
Hemin, Jean Voulquin, Claude-Louis Legry, Remi Boisseau et Claude Guillemard.
(Archives communales.)

priait en commun et la Municipalité avait le bon esprit de fermer les yeux sur ces pieux rassemblements.

Mise en demeure de les interdire, par suite d'une dénonciation, elle prit peur et statua, le 7 pluviôse (26 janvier 1795), qu'à l'avenir les portes du temple seraient fermées à clef.

Nos pères n'acceptèrent pas sans protestation ce nouvel arrêté plus tyrannique encore que les précédents. Le 21 pluviôse (9 février), ils se présentèrent nombreux à l'assemblée municipale, demandant à ce qu'on les autorisât provisoirement à faire célébrer la messe, le dimanche suivant, dans leur église, sauf à se pourvoir ensuite près de l'autorité supérieure pour obtenir la jouissance régulière et définitive de cet édifice communal.

La Municipalité, se montrant bienveillante, transmit à qui de droit la pétition avec un avis favorable [1].

Douze jours après cette courageuse revendication, la Convention donnait une légitime satisfaction aux consciences en rétablissant la liberté des cultes (21 février 1795).

La loi était incomplète en ce qu'elle ne fournissait aucun local pour l'exercice du culte, et qu'elle continuait à en proscrire tous les signes extérieurs, mais les habitants d'Essoyes l'interprétèrent dans le sens de la liberté absolue, et personne n'osa les inquiéter.

Philibert Laligant, lui-même, fit le mort. Se sentant impuissant à lutter contre l'esprit nouveau, se voyant peut-être à la veille d'être révoqué, et se souvenant fort à propos « qu'il était obligé de faire de fréquents voyages à Rouen pour l'approvisionnement de sa maison de commerce », il démissionna. Dans une lettre datée du 7 ventôse (25 février 1795), il priait le représentant Albert, en mission dans l'Aube, de le décharger de ses fonctions, « dans l'intérêt des habitants d'Essoyes », qui, disait-il modestement, n'avaient pas de meilleur commerçant que lui, « et dans son intérêt propre, car ayant négligé son commerce », pour remplir sa charge d'agent national, il se trouvait « sans ressources. »

La demande de Laligant ne fut pas prise en considération ; il dut rester en fonctions jusqu'au 26 germinal an III (15 avril 1795),

---

1. Archives communales.

date à laquelle il nomma lui-même son successeur, Edme-Didier Cinget [1].

Le mouvement religieux que nous venons de constater à Essoyes se produisit également dans la plupart des communes de l'arrondissement. L'impatience des populations à rentrer légalement en possession de leurs églises est attestée par la lettre suivante, que notre compatriote, Philippe-Joseph Josselin, agent national près du Directoire du district de Bar-sur-Seine, écrivait le 3 germinal (23 mars 1795) au représentant Albert :

« La loi du 3 ventôse, relative à la liberté des cultes a été reçue avec satisfaction.

« Les campagnes, surtout, sont fort attachées à leurs pratiques religieuses, et la liberté qui leur est rendue à cet égard a produit une vive sensation.

« Cependant les communes, bientôt resserrées et gênées par l'étroitesse des chambres particulières où se font les cérémonies du culte, ont porté plus loin leurs vues. Quelques-unes se sont retirées auprès des municipalités et ont demandé l'ouverture des églises ; on m'assure même que, déjà, plusieurs sont ouvertes, et que les habitants y courent pour la célébration des offices, dont ils se sont vus privés pendant un certain temps.

« J'ai cru devoir vous rendre compte de ces faits, afin que vous m'indiquiez la marche que j'ai à tenir à cet égard, la loi du 3 ventôse n'ayant aucune disposition applicable à ces circonstances.

« Salut et fraternité.

« JOSSELIN [2]. »

Le représentant Albert était personnellement animé des meilleures intentions. « Le plus sacré des droits, disait-il dans son arrêté du 18 germinal an III (7 avril 1795), le plus sacré des droits, celui d'honorer à sa manière la divinité, était audacieusement foulé aux pieds. Une faction tyrannique semblait vouloir, dans sa fureur insensée, bannir du cœur de l'homme tous prin-

<hr>

1. Archives nationales. D § 1, 2. — Archives communales : Délibérations. — Laligant avait un fils, Pierre, qui, le 25 nivôse an III (14 janvier 1795), fut désigné par la Municipalité d'Essoyes pour suivre les cours de l'école navale, récemment fondée par la Convention.

2. Archives nationales, D § 1, 7.

cipes de morale, et, par ce moyen, ôter le remords au crime, et à la vertu son courage.

« Tous les cultes étaient proscrits.

« Une si absurde violation des droits de la nature ne pouvait subsister longtemps.

« La Convention, à peine dégagée de ses chaînes, s'est empressée de détruire ce système d'impiété : un décret solennel a proclamé la liberté de tous les cultes [1]. »

L'homme qui tenait un tel langage, l'homme qui, par un arrêté daté de Sézanne, le 1er floréal an III (20 avril 1795), avait mis en liberté plusieurs prêtres insermentés de l'Aube et de la Marne, avec ordre de payer à chacun le traitement annuel de 1,000 francs, que les législateurs leur avaient, jadis, asssuré [2], cet homme, on ne saurait en douter, était disposé à rendre aux chrétiens leurs églises, mais la loi ne l'autorisait pas à prendre cette mesure réparatrice.

Craignant de se compromettre, et voulant mettre sa responsabilité à couvert, il communiqua au Comité de législation la lettre de Josselin, en le priant d'y répondre.

Les membres chargés de la correspondance, Berlier et Zéma, le firent en ces termes, qui montrent trop clairement que la réaction religieuse, loin d'être favorisée, était entravée par le pouvoir central, et que l'esprit nouveau d'alors valait à peu près celui d'aujourd'hui.

« Paris, 6 floréal an III (25 avril 1795),

« Le Comité de législation au Procureur syndic du district de Bar-sur-Seine.

« Tu exposes, citoyen, dans ta lettre du 2 germinal dernier, que, dans plusieurs communes de ton ressort, les églises sont ouvertes et que les habitants y courent pour l'exercice de leur culte.

« Tu ajoutes que, la loi du 3 ventôse n'ayant aucune disposition applicable à ces circonstances, tu demandes la marche que tu dois suivre à cet égard.

« L'article 3 de la loi du 3 ventôse porte expressément que la

1. Archives nationales, D § 1, 2.
2. Archives de l'Aube, L M 4 C2.

République ne fournit aucun local pour l'exercice du culte, ni pour le logement de ses ministres.

« Aucun particulier ne peut donc envahir les cÿ-devant églises sans contrevenir à cette disposition de la loi. Les églises sont une propriété nationale, dont l'usurpation est un délit que les autorités constituées doivent réprimer et poursuivre, suivant la rigueur des loix contre ceux qui attaquent et usurpent les propriétés.

« Rien ne s'oppose, il est vrai, à ce que ces églises soient vendues ou louées, au profit de la République, ainsi que les autres biens nationaux. Le district peut donc recevoir les soumissions des particuliers, qui voudraient acheter ou louer des églises, pour quelque usage que ce soit, *en se soumettant à n'y ériger aucun signe extérieur relatif au culte et à détruire ceux qui y existeraient déjà.*

« Salut et fraternité [1] ».

Cette réponse n'était certainement pas celle qu'attendait Josselin ; aussi il n'en tint aucun compte et se garda bien de sévir.

Les habitants d'Essoyes continuèrent donc à jouir en paix de leur église et à y suivre les prescriptions de leur foi, en dépit des chinoiseries du Comité de législation.

Ils se montraient d'une ferveur qui, comme on va le voir, n'admettait pas la contradiction.

Le 5 prairial (24 mai 1795), l'abbé Girardot les invita à exprimer leur vœu sur la célébration de la fête du lendemain, probablement l'Ascension. Le citoyen Pierre Simon crut devoir faire de l'opposition, objectant que « cette fête n'était point en usage ci-devant. » Mal lui en prit : il en résulta une rixe dans laquelle il faillit perdre la vie.

Six jours après, la Convention faisait un nouveau pas vers la liberté religieuse ; une loi rendait aux citoyens le libre usage des églises qui n'avaient pas été aliénées et permettait au clergé constitutionnel de reprendre ses fonctions.

L'abbé Girardot, qui n'avait pas attendu cette loi pour remonter à l'autel, fit, le 16 prairial (4 juin 1795), au greffe de la Municipalité, la déclaration exigée des ministres du culte, « protestant qu'il serait soumis et observerait constamment les lois de la République. »

1. Archives de l'Aube, L M 3 a, n° 10,

Le 1er messidor (19 juin), un autre prêtre, M. Cadot, faisait une déclaration analogue, probablement comme vicaire.

Deux fois encore, dans l'intervalle de quelques mois, nous voyons M. Girardot comparaître devant le Maire et les Officiers municipaux : le 26 vendémiaire an IV (17 octobre 1795), pour reconnaître que l'universalité des citoyens français est le Souverain, et promettre soumission et obéissance aux lois, et le 21 brumaire (11 novembre), pour déposer la déclaration des habitants d'Essoyes, attestant qu'ils avaient choisi leur ancienne église et le cimetière qui en dépendait, pour l'exercice du culte catholique. Cette déclaration était revêtue de 57 signatures [1].

Aux fonctions non rétribuées de ministre du culte, l'abbé Girardot joignait celles de garde du magasin de subsistances, établi au presbytère d'Essoyes. La Commission lui en avait été accordée le 11 brumaire (1er novembre 1795), par les Administrateurs du département. Lorsque, le 5 nivôse (15 décembre), Girardot la déposa sur le bureau de la Municipalité, pour en obtenir l'enregistrement, il ne prit qu'un seul titre, celui de « propriétaire » [2].

Etait-ce pusillanimité ? Nous ne pouvons le croire, car s'appuyant sur le décret de la Convention, qui proclamait la *liberté de tous les cultes*, les prêtres insermentés ou réconciliés avaient repris ouvertement l'exercice de leur ministère [3].

---

1. Archives communales.

2. Archives de l'Aube : L D 19/18, fol. 9.

3. Ce fait constaté par M. Albert Babeau : *Histoire de Troyes pendant la Révolution*, tome II, page 353, se trouve amplement confirmé par le *Journal du bonhomme Richard*, où nous lisons :

« J'ai vu à Troies plusieurs églises ouvertes et desservies par des ministres de toute espèce, c'est à dire d'après les dénominations connues, *d'intrus, d'assermentés, de réfractaires* et de *nouveaux réconciliés*. Tel est le mélange bizarre de tant d'individus qui ont leurs partisans et leurs dévotes...

« J'ai vu un sieur Dub... ex constituant, prêtre insermenté et porté sur la liste des émigrés, présider l'église de la Madeleine ; un sieur Desj..., condamné à la réclusion, celle de Saint-Nicolas ; un sieur Arn..., ex moine bénédictin, homme nul en révolution, comme auparavant, celle de Saint-Pantaléon.

« J'ai vu (et qui pourra le croire ?) les ci-devant chanoines, rassemblés dans la ci-devant cathédrale pour y chanter leurs offices, et ils étaient revêtus de la chape noire et du grand camail. Oh ! les braves gens que ces chanoines, qu'on ne pouvait autrefois faire aller à Matines pour de l'argent, et qui, aujourd'hui y sont plus exacts que jamais, et gratis, au moins quant aux deniers de la République.

« J'ai vu ces hommes moins gras et moins riches, mais non moins orgueilleux, parce qu'ils sont *munis de lettres apostoliques*, qu'ils disposent des places, donnent des missions, des dispenses, accordent des pardons et qui, si cela continue, dans peu dispenseront du serment de fidélité envers la République.

Dès le 4 germinal (24 mars 1795), nous voyons, à trois lieues d'Essoyes, le curé réconcilié de Cunfin, Augustin Benoît, reparaître dans sa paroisse. Prenant, lui aussi, le titre de propriétaire, il demande à être réintégré dans ses biens, sur lesquels le sequestre avait été mis ; il revendique également ce qui n'a pas été vendu de son mobilier déposé au magasin, et enfin il réclame le paiement de son traitement.

Après un avis favorable du Directoire du district, un arrêté du Département du 5 floréal (24 avril 1795), lui donna pleine et entière satisfaction [1].

Si quelques esprits généreux purent croire alors que la paix religieuse était définitivement rendue à la France, leur illusion ne fut pas de longue durée ; nous aurons bientôt occasion de le constater.

IV. — La loi du 3 ventôse an III, établissant la liberté des cultes, ne contredisait en rien, mais confirmait plutôt le décret du 25 brumaire an II, affectant les presbytères « au soulagement de l'humanité souffrante et à l'instruction publique. »

Ce décret restait donc en vigueur. Chose étrange, ce fut au moment même du rétablissement du culte, que la Municipalité songea à l'appliquer dans toute sa rigueur [2].

.....« Partout enfin, je n'ai vu que des hommes qui, loin d'avoir fait rien pour la République, ont été nuls par leurs moyens, et nuisibles par leurs discours, remplacer des patriotes, qui avaient généreusement fait tous les sacrifices qu'elle a exigés.

« J'ai vu, à Nogent-sur-Seine, faire un mariage par le prêtre Sim..., qui a défendu aux jeunes gens de lui répondre par *Oui citoyen*, mais bien par *Oui monsieur,* et cependant le dit Sim... a été très empressé, quoique réconcilié de son premier serment, d'aller faire sa soumission à la République...

« J'ai vu, à ce même mariage, hommes et femmes aller baiser la patène du bon réconcilié, mais non *gratis*, car l'assiette était pleine d'assignats....

« J'ai vu dans les environs, à La Saulsotte, le prêtre Noël, déporté comme insermenté, qui avait disparu lors du décret et qui est revenu reprendre ses fonctions.

« J'ai vu, à Fontaine-Mâcon, le curé réconcilié, qui avait été renvoyé de cette commune, y rentrer sous la protection de quelques messieurs laboureurs, et replacé au presbytère en qualité d'instituteur, et il ne l'est point ; c'est un titre usurpé pour occuper ce local. (*Journal du bonhomme Richard*, numéro du 5 nivôse an IV, 26 décembre 1795.)

1. Archives de l'Aube : L G 4 37, fol. 5.

2. Cette remarque pourrait s'appliquer à plusieurs autres communes du canton, Ainsi, en vertu d'un mandat d'amener, basé sur une dénonciation des officiers municipaux de Bertignolles, l'ancien curé de cette paroisse, Nicolas Aubertin, comparut, le 17 pluviôse (5 février 1795), devant le Comité révolutionnaire du district et eut à rendre compte de son refus d'évacuer le presbytère destiné à l'école.

Le 21 ventôse (11 mars 1795), elle décida de résilier le bail qu'elle avait consenti en faveur du ci-devant curé, de donner congé au locataire du ci-devant presbytère et d'y installer l'école.

L'abbé Girardot résista. Il fit observer que, légalement, on ne devait au maître d'école qu'une salle pour sa classe et une chambre pour son logement. Pourquoi alors ne pas donner le surplus au ministre du culte, puisque le culte était rétabli, et que déjà les habitants étaient rentrés en possession de l'église ? Du reste, il avait fait au presbytère des travaux lui donnant une plus-value d'un cinquième au moins ; ces travaux avaient été évalués par experts à 632 livres, et la commune lui devait, d'autre part, 164 livres pour acquit de fondations. A ceux qui lui disaient : « Sortez, » il répondait donc : « Payez. »

Après avoir ainsi démontré à la Municipalité qu'elle s'engageait dans une mauvaise voie au point de vue financier, il lui demanda d'en référer au Comité de législation, ayant soin toutefois de se réserver la récolte du jardin, dans le cas où la décision du Comité lui étant défavorable, il serait obligé de déménager [1].

Aubertin prétexta que le mauvais temps ne lui avait pas permis de déménager.

Ce n'était probablement pas là la vraie raison. Essayant de tourner la loi, Aubertin avait, sans prévenir la Municipalité, ouvert lui-même une école, et on pouvait lire, au-dessus de la porte d'entrée du presbytère, une inscription portant que cette école était gratuite.

Appelé à s'expliquer sur ce fait, l'ancien curé répond « qu'il croyait s'être conformé aux loix du 27 brumaire. »

Interrogé ensuite si les élèves qu'il instruisait avaient les livres élémentaires décrétés par la Convention, il répondit que d'aucuns avaient des livres de l'ancien régime, d'autres de la nouvelle institution. »

Quatre jours après nous voyons comparaître à la même barre, également pour n'avoir pas évacué la maison presbytérale, l'ancien curé de Longpré, François Galissot.

L'accusé allégua, pour sa défense, qu'il « avait voulu profiter de la bienfaisance nationale » et qu'il n'avait pas empêché la Municipalité de tenir ses séances au presbytère.

S'il l'habitait encore, c'était à cause de l'extrême rigueur de la saison. Du reste il s'était assuré une maison et il sortirait « sans résistance. »

Comme on lui reprochait ensuite d'avoir tenu « des propos contre-révolutionnaires, royalistes, fanatiques et désavantageux à la République », Galissot nia purement et simplement.

Enfin, interrogé s'il n'avait pas chez lui « des effets appartenant à l'église », il répondit que Claude Praslin, ci-devant officier municipal de Nuisement, lui avait, en effet, prêté une chasuble et une aube pour acquitter une vingtaine de messes qui lui avaient été payées, et il promit de rendre ces ornements. (Archives de l'Aube, L M 4 2.)

Pauvres curés constitutionnels, comme ils devaient, depuis longtemps déjà, regretter leur serment !

1. Archives communales : Délibérations.

Les délibérations suivantes sont muettes sur cette affaire. Nous savons cependant que l'abbé Girardot triompha dans sa résistance, et que, seule, la partie droite du presbytère fut donnée au maître d'école.

Les deux cloches demeuraient laïcisées comme le presbytère; elles devaient rester muettes pour les chrétiens, comme aux plus mauvais jours de la Terreur. Par respect pour quelques oreilles jacobines, point d'appel aux offices le dimanche, point de gai carillon aux baptêmes et aux mariages, point de glas funèbre aux enterrements, point de joyeuses envolées annonçant les grandes solennités.

Les habitants d'Essoyes ne comprenaient pas cette restriction à la liberté des cultes. C'était pour eux une inconséquence, une anomalie contre laquelle ils eurent à cœur de protester.

La fête de la Toussaint (1795) leur en fournit l'occasion. Ils sonnèrent les cloches à grandes volées et avec une telle ardeur qu'ils cassèrent le timbre de l'horloge.

Saisi par l'agent national de cette infraction à la loi, le Conseil général ne songea pas un seul instant à sévir. Il délibéra pour la forme, et loin de dénoncer les coupables, qu'il connaissait sans doute, ou qu'il lui était facile de connaître, il se borna à constater, en termes embarrassés, que des *quidams* avaient sonné les cloches et cassé le timbre de l'horloge ».[1]

1. Archives communales : Délibérations.

Chapitre VI.

La Disette.
Moyens auxquels on eut recours pour la combattre.

C'est en 1792 que la disette commença à se faire sentir, soit par suite de l'insuffisance de la récolte de 1791, soit en raison des entraves apportées au commerce et à la circulation des grains par les événements politiques, et surtout par la situation financière de la France.

En juillet, le département accorda 800 quintaux de blé au district de Bar-sur-Seine. La municipalité d'Essoyes fut invitée à faire prendre dans les magasins de Nogent-sur-Seine les 230 quintaux qui lui revenaient.

Elle devait ensuite les vendre aux habitants d'Essoyes et des villages voisins, et remettre, chaque semaine, le produit de la vente au receveur du district [1].

En 1793, la situation s'aggrava. Le blé et les autres marchandises de première nécessité augmentant chaque jour de valeur, par suite de la dépréciation des assignats, la Convention, pour empêcher les prix excessifs, fut amenée à voter la fameuse loi du *maximum* [2].

On croyait ainsi conjurer la famine ; il n'en fut rien. La loi n'eut d'autre résultat que d'empêcher le grain de sortir des greniers, comme le cours forcé des assignats empêchait l'argent de sortir des vieux bas de laine.

---

1. Archives communales : Délibérations.

2. A Troyes, conformément au décret de la Convention le maximum du prix des grains fut ainsi fixé : froment, 6 livres le boisseau de 23 lit. 31 cent. ; seigle, 3 livres 7 sols 6 deniers ; orge, 2 livres 14 sols 6 deniers. Ces prix devaient être réduits d'un dixième le 1er juin, d'un vingtième le 1er juillet et d'un quarantième le 1er septembre. Le 29 juillet on fixa le maximum de l'avoine à 2 livres 2 sols 6 deniers. (Albert Babeau : *Histoire de Troyes pendant la Révolution*, t. II. p. 93).

Le cultivateur ne pouvait se résigner à une vente qui, ne lui rapportant que du papier sans valeur, devenait pour lui plutôt ruineuse que rémunératrice ; il gardait le grain qu'il n'était pas obligé de livrer aux réquisitions militaires, et les inquiétudes causées par la pénurie des marchés devenaient chaque jour plus vives.

En vertu de la loi du 4 mai 1793, publiée à Essoyes le 19 à l'issue de la messe, un registre fut ouvert à la mairie, où chaque citoyen devait faire, dans les trois jours, la déclaration des grains et des farines qu'il possédait.

Les officiers municipaux étaient autorisés à recourir aux visites domiciliaires, afin de suppléer au défaut de déclaration, ou de rectifier les déclarations frauduleuses.

M. de Bondoire fut un des premiers à se conformer à la loi ; le 20 mai il donna à son notaire la procuration suivante :

« Je soussigné, Jacques-Louis-Oger de Bondoire, donne pouvoir à M. Bacquias de faire, en mon nom et pour moi, la déclaration ci-dessous : que j'ai onze mesures de bled en farine, cinq mesures d'avoine, environ trois mesures de mauvais orge et qui ressemblent plus à des criblures qu'à autre chose ; que je nourris plusieurs ouvriers ; que j'ai une domestique et une jeune personne qui m'est confiée par sa famille pour un temps, et l'ancien valet de chambre de feu mon beau-père, qui s'est retiré chez moi, ma femme et ma fille [1] ».

Ces mesures de rigueur demeurèrent inefficaces ; le blé devint de plus en plus rare.

Au mois de juillet, François Mongin, tonnelier, alla jusqu'à Saint-Mesmin [2] pour en acheter. Il avait pris la sage précaution de se faire délivrer par la Municipalité d'Essoyes un certificat devant lui servir de laissez-passer.

Au retour, ayant perdu ce certificat, il fut arrêté à Bar-sur-Seine avec son voiturier, le nommé Berthelin, de Saint-Mesmin.

Le Directoire ne leur permit de continuer leur route qu'à deux conditions : le grain serait mis en vente au marché du lendemain (13 juillet), et Mongin devrait rapporter, dans la

---

1. Archives communales.
2. Aube, arrondissement d'Arcis-sur-Aube, canton de Méry-sur-Seine.

huitaine, à Bar-sur-Seine, un certificat de décharge de la Municipalité, le tout sous peine de confiscation [1].

Quelques jours après (17 juillet) on apprenait avec joie que vingt sacs de blé venant du Havre, et représentant la part d'Essoyes dans la répartition des 4000 quintaux accordés au département étaient à Bar-sur-Seine, à la disposition de la Municipalité. On les envoya chercher sur le champ et la distribution fut fixée au surlendemain. Mais qu'est-ce que vingt sacs de grain pour toutes les bouches d'Essoyes et des environs ?

Le 31 août le Bureau de la Municipalité nomma deux commissaires pour faire la visite des grains chez les laboureurs et les exhorter à approvisionner le marché. Cette visite demeura sans effet.

Le 6 septembre, la désolation est à son comble. Afin d'empêcher la révolte du peuple, le bureau annonce qu'il vient de déléguer Jacques Caillery, officier municipal, pour exposer les besoins de la Commune aux administrateurs du district et les prier de prendre des mesures en conséquence.

Ainsi mis en demeure d'agir, le Directoire de Bar-sur-Seine désigna les communes de Beurey, Thieffrain, Nuisement, Le Puits, Montmartin et Longpré pour approvisionner le marché d'Essoyes ; et, comme ces six communes ne suffisaient pas, il fallut bientôt y ajouter celles de Cunfin, Fontette, Saint-Usage, Noé, Chacenay, Bertignolles, Vitry et Eguilly.

L'arrêté concernant Saint-Usage est daté du 19 septembre. La Municipalité de ce village était requise de fournir chaque semaine, au marché d'Essoyes, 20 boisseaux de froment, seigle ou orge, payables à raison de 14 livres le quintal, conformément à la loi du 6 septembre.

Le maire et les officiers municipaux étaient tenus de faire des réquisitions *ah hoc* chez les cultivateurs dont la récolte avait été la plus abondante, et d'envoyer tous les huit jours un tableau de ces réquisitions au Directoire du district ; ils étaient en outre autorisés à mettre dans les granges des batteurs, en nombre suffisant, pour qu'il n'y ait aucun retard dans la livraison des grains. Quant aux cultivateurs réfractaires, ils seraient passibles des peines de confiscation et d'amende portées par la loi du 4 mai.

1. Archives de l'Aube. L d 4/7.

Une fois sur le marché, le grain ne devait être vendu qu'aux citoyens munis d'un certificat de la Municipalité attestant leur besoin, c'est-à-dire la quantité nécessaire à leur famille.

La Municipalité d'Essoyes notifia cet arrêté et les autres semblables aux communes intéressées, le 24 septembre.

Elles mirent peu d'empressement à s'y soumettre, car dans la première huitaine d'octobre, le Directoire et le Corps municipal nommèrent des commissaires qui, assistés de gardes nationaux, se transporteraient dans les communes réfractaires, pour lever les grains requis et les faire battre au besoin.

Nous voyons bientôt l'un de ces commissaires, J.-B. Le Gry, escorté de Remy Vaillant, d'Edme Bertrand, de Simon Roger et de Jacques Morel, « soldats de la garde nationale d'Essoyes », se rendre à Saint-Usage qui n'avait envoyé que 7 boisseaux de grain, au lieu de 40, aux deux derniers marchés.

Le Gry requit pour le marché du surlendemain, 53 boisseaux, y compris les 33 d'arriéré.

Les cultivateurs convoqués, déclarèrent d'un voix unanime qu'on leur demandait l'impossible, la récolte étant à peine suffisante pour leur propre subsistance. Le Conseil général de la commune confirma cette déclaration et décida d'en référer au Directoire du district.

Quelques jours après, des réquisitions étaient autorisées à Fontarce et à Beaumont. En même temps, on décidait de détruire les chiens inutiles, l'impossibilité où l'on se trouvait de les nourrir les exposant à la rage.

Un décret de la Convention du 11 septembre interdisait, sous peine de confiscation, de vendre du grain en dehors des marchés et d'aller en acheter hors du pays qu'on habitait, sans y être autorisé par un certificat de la Municipalité.

Pour la stricte observation de ce décret, le maire plaça des sentinelles aux portes d'Essoyes, notamment à la porte Mathieu et à celle du Guichet.

Le 1er octobre, deux de ces fonctionnaires arrêtèrent la voiture de Nicolas Bourgin, boulanger, qui ramenait chez lui 14 mesures de blé, et lui ordonnèrent au nom de la loi, de conduire le grain à la mairie.

Bourgin refusa « en tenant certains propos ».

Les sentinelles lui déclarèrent alors « la saisie et confiscation. le sommant en conséquence de les accompagner à la maison commune, à l'effet d'être présent au rapport ».

Bourgin exposa aux six membres du Conseil général présents à la séance, qu'il avait acheté ce grain pour sa boulangerie et pour ses semences.

Les juges se montrèrent bienveillants. Au lieu de prononcer la confiscation pure et simple, ils arrêtèrent que sur la quantité de pain produite par le grain illégalement rentré chez lui, Bourgin en livrerait le lendemain six livres à chacune des vingt personnes composant la garde. Le reste ne serait distribué que sur un mandat de la Municipalité et en présence de Jacques Caillery, commissaire nommé à cet effet, et le pain ne devrait être vendu que 4 sols 9 deniers la livre.

A partir du commencement de novembre, les commissaires aux réquisitions de grains pour l'approvisionnement du marché sont sans cesse en marche.

Le relevé chronologique suivant de leurs expéditions, quoique probablement incomplet, témoignera éloquemment de leur activité et de la difficulté d'approvisionner le marché.

7 novembre 1793 (« vieux estille »). — Edme-Didier Brotel va à Fontarce, pour déterminer le fermier, Claude Voillemont, à conduire à Essoyes, pour le marché du 9, 20 boisseaux de froment.

8 novembre. — Le même, assisté de Crépin Campeaux et de Joseph Barbier, gardes nationaux, est au village de Puits-et-Nuisement, où il requiert 40 boisseaux de blé, froment, seigle ou orge, y compris 10 d'arriéré, pour le marché du lendemain. De là, il se rend à Thieffrain et requiert 20 boisseaux, dont 10 en retard.

13 novembre. — Jean-Philippe Guenet est à Longpré et à Montmartin. Il requiert d'abord l'arriéré, puis 25 boisseaux dans la première commune et 30 dans la seconde, pour le marché du « sextidi de la 2° décade » (16 novembre).

14 novembre. — J.-B. Voulquin et J.-B. Barré vont à Brion[1] et requièrent la Municipalité de faire conduire, chaque semaine, au marché d'Essoyes, 20 boisseaux, blé, seigle ou orge.

---

1. Côte-d'Or : arrondissement de Châtillon-sur-Seine, canton de Montigny-sur-Aube.

Le maire leur oppose un arrêté du Directoire du district de Châtillon-sur-Seine du 22 brumaire, faisant défense aux communes de ce district, et notamment à celle de Brion, d'obtempérer aux réquisitions qui pourraient être faites par le Directoire du district de Bar-sur-Seine.

Même opposition à Mosson [1] et à Belan [2].

Jacques Caillery et Joseph Bertrand ne sont pas plus heureux à Riel-les-Eaux [3] (10 boisseaux par marché), à Gevrolles [4] (10 boisseaux), à Veuxhaules [5] (7 boisseaux), à Montigny-sur-Aube [6] (15 boisseaux), et à Bissey-la-Côte [7] (15 boisseaux).

Le même jour, J.-B. Le Gry, assisté de Simon et Etienne les Roger et de Toussaint Oudin, gardes nationaux, se transporte à Fontette et requiert pour le marché suivant 32 boisseaux, blé, seigle ou orge, dont 7 d'arriéré.

Les officiers municipaux, tout en déclarant qu'ils se feront toujours un devoir de montrer leur obéissance à la loi, invitent le commissaire à faire la réquisition conjointement avec eux. Le Gry accepte, et les 32 boisseaux sont levés chez 16 propriétaires.

15 novembre. — Assisté des mêmes gardes nationaux, Le Gry est à Saint-Usage, où, en l'absence des officiers municipaux occupés au recensement des grains dans les communes circonvoisines, il requiert le secrétaire de la Municipalité, Tapprest, de faire transporter le lendemain, sur la place du marché, 40 boisseaux de blé, froment, méteil, seigle ou orge, dont 20 d'arriéré.

A Noé, où il se rendit le même jour, on se montrait, plus que partout ailleurs, réfractaire à la loi. Aussi, après avoir appelé le maire et les officiers municipaux à la maison commune, Le Gry se mit en devoir de les haranguer.

« Je leur ai représenté, dit-il, que le refus qu'ils ont fait de fournir pour le marché d'Essoyes la réquisition de 25 boisseaux de bled, consigné dans mon procès-verbal du septidi de la

---

1. Côte-d'Or : arrondissement et canton de Châtillon-sur-Seine.
2. Côte-d'Or : arrondissement de Châtillon-sur-Seine, canton de Montigny-sur-Aube.
3. —   —   —
4. —   —   —
5. —   —   —
6. Côte-d'Or : arrondissement de Châtillon-sur-Seine, chef-lieu de canton.
7. Côte-d'Or : arrondissement de Châtillon-sur-Seine, canton de Montigny-sur-Aube.

dernière décade, avait singulièrement contribué à la pénurie de grains, que ce marché avait éprouvée samedi dernier ; qu'en persistant dans un refus opiniâtre et criminel, ils cumuleraient sur eux les peines prononcées par la loi ; que la plupart de leurs frères, ressortissant du marché d'Essoyes, manquaient de pain, et qu'ils espéraient que la commune de Noé faisant cesser l'égoïsme qu'elle a manifesté, viendrait à leur secours, et tempérerait le désespoir que la disette de grains était sur le point de faire éclater.

« D'après ces représentations produites par l'amour du bien public, et persuadé à l'avance que la commune de Noé tiendrait à honneur d'y déférer, j'ay requis, au nom du peuple français et de la loi, les citoyens maire, officiers municipaux et procureur de la commune du dit lieu, de conduire et faire transporter samedi prochain, sextidi de la présente décade, sur la place du marché d'Essoyes, la quantité de 45 boisseaux de blé, froment, méteil, seigle ou orge, dont 25 boisseaux pour la réquisition qu'ils ont refusé de fournir, et 20 boisseaux pour celle qui tombe le jour ci-dessus nommé ; à cet effet, de mettre sur le champ en réquisition, ou m'indiquer pour le faire, tous les propriétaires et cultivateurs du dit Noé les plus en état de contribuer au complément parfait des dites réquisitions, comme aussi, et dans le cas de refus de la part de ces derniers, de mettre de même en état de réquisition tous journaliers et manœuvres du dit Noé, pour faire battre de suite la quantité de grains ci-dessus réquis et les faire transporter au dit Essoyes, déclarant aux dits officiers municipaux qu'ils seront responsables, envers la nation et la loi, du moindre retard qu'éprouveraient les dites réquisitions. »

Si les grands mots ont quelque part un succès irrésistible, et si la belle rhétorique enivre, ce n'est pas à Noé-les-Mallets.

Le Gry en fut pour ses frais d'éloquence ; les officiers municipaux persistèrent dans leur refus précédent, déclarant qu'ils ne voyaient aucun cultivateur ou propriétaire en état de satisfaire aux réquisitions.

Le commissaire les somma alors de l'accompagner, sur-le-champ, chez un cultivateur nommé Nicolas Thévenin, accusé d'avoir des grains battus et cachés en plusieurs endroits de son domicile. Il était bien difficile de résister à cette sommation sans se compromettre gravement. Les officiers municipaux s'exécutèrent donc.

Très désagréablement surpris, Thévenin fut requis au nom du peuple français et de la loi, « de faire ouverture de tous les lieux de son domicile » et d'accompagner les visiteurs dans les caves, celliers, granges et écuries lui appartenant.

« Après différentes recherches dans sa grange et, de suite, dans une chambre attenante, dit Le Gry, nous y avons trouvé : 1° dans une cuve, située dans la dite grange, environ 15 boisseaux de bled ; 2° dans un tonneau et un tire-vin placé dans la dite chambre, environ 5 boisseaux. »

Fier de sa trouvaille, le commissaire fit observer à Thévenin « qu'il était en contravention à la loi et dans le cas de la confiscation et de l'amende, d'autant plus qu'il n'existait aucune déclaration, de sa part, des dits grains au greffe de la municipalité de Noé ».

Pris ainsi en flragant délit, le pauvre Thévenin fit le bon apôtre et s'excusa de son mieux. Il dit que « s'il avait péché contre la loi, c'est qu'il n'en avait aucune connaissance ; qu'il consentait à ce que le bled soit de suite conduit en la maison commune d'Essoyes, à l'effet de diminuer d'autant sur les réquisitions de Noé, priant même les citoyens administrateurs d'avoir tel égard que de raison à ce sacrifice ».

Immédiatement mis en sacs, le grain fut transporté à la mairie de Noé et pesé. C'était 20 boisseaux assurés sur 45, montant de la réquisition. Le commissaire insista pour obtenir le reste, mais il se heurta à la résistance des officiers municipaux, qui persistaient à dire « qu'ils ne pouvaient rien pour l'instant », ajoutant cependant que, s'il était possible, ils s'efforceraient de fournir le complément.

1er *frimaire an II* (21 *novembre* 1793). — J.-B. Legry, assisté d'Étienne et de Simon Roger, demande à la Municipalité de Cunfin l'état des réquisitions auxquelles elle a dû procéder, pour les 20 boisseaux de grain à fournir, chaque semaine, au marché d'Essoyes.

Sur la réponse qu'on n'a rien fait, il requiert lui-même dix cultivateurs de conduire ce grain à Essoyes.

A Fontette, où il se rend ensuite, Le Gry constate la même

incurie, et il requiert un officier municipal de faire procéder « pour samedi prochain », à trois réquisitions de 32 boisseaux, dont 7 d'arriéré.

2 *frimaire an II* (*22 novembre* 1793). — De Fontette, Le Gry est passé à Saint-Usage. Les officiers municipaux sont absents ; on les dit occupés à la délivrance des affouages. Là encore on n'a rien fait, pas même de rôle, ce qui met le commissaire dans l'impossibilité de procéder lui-même à la réquisition. En partant, il laisse au secrétaire de la Municipalité une sommation de faire transporter le lendemain, à Essoyes, 35 boisseaux de grain, « tant pour la présente réquisition que pour celles dont la commune est en retard. »

A Noé, les officiers municipaux sont présents, mais ils déclarent nettement « n'avoir fait, ne pouvoir et ne vouloir faire aucune réquisition », et ils signent crânement cette déclaration.

3 *frimaire an II* (*23 novembre* 1793]. — Edme-Didier Brotel se transporte à Beurey, et demande 15 boisseaux pour le prochain marché. Peine perdue.

6 *frimaire an II* (*26 novembre* 1793). — Les commissaires nommés par les Conseils généraux des communes d'Essoyes, Thieffrain, Chacenay et Éguilly, se rendent à Vitry-le-Croisé pour procéder à la vérification des grains et des farines.

On trouve 3,134 boisseaux, tant froment que méteil, 1,948 boisseaux d'orge et 3,219 boisseaux d'avoine. Il y a lieu de déduire, pour la semence, 1,354 boisseaux d'orge et 2,053 boisseaux d'avoine.

8 *frimaire an II* (*28 novembre* 1793). — Le Gry, assisté de Toussaint Oudin et d'Henri Hériot, cherche en vain les officiers municipaux de Fontette, qu'on dit « absents pour affaires personnelles ».

Il requiert lui-même, sur seize propriétaires, pour le marché du 10, 39 boisseaux de grain y compris l'arriéré.

Jacques Caillery et Claude Maire procèdent, avec les officiers municipaux de Plaines, au recensement des grains et des farines de cette commune.

D'autre part, Edme-Didier Brotel, assisté de Crépin Campeaux et de Barbier, requiert 6 boisseaux de grain à Chacenay.

Le maire lui répond « qu'il n'entend point obéir à la réquisition », la commune ayant à peine de quoi se nourrir.

A Thieffrain, le commissaire est mieux reçu, mais à Puits-et-Nuisement, le maire et le procureur de la commune déclarent qu'ils ne veulent pas « se charger davantage de faire compléter les réquisitions ».

Invités à signer cette déclaration, ils refusent.

9 *frimaire an II* (29 *novembre* 1793). — Toujours flanqué de Toussaint Oudin et d'Henri Hériot, Le Gry visite Noé où il demande 25 boisseaux pour le marché du lendemain. La Municipalité renouvelle son refus dans les mêmes termes que le 2 frimaire : « Elle n'a fait et ne veut faire aucune réquisition. » Mais cette fois elle refuse de signer.

Trois boisseaux durent cependant être fournis, car, le 14 frimaire, nous voyons à Noé deux autres commissaires, Nicolas-Noël Voulquin et Nicolas-François Hemin, ne réclamer, en dehors de la réquisition ordinaire, que 22 boisseaux d'arriéré.

Saint-Usage n'était pas mieux disposé que Noé. Le Gry qui demandait 46 boisseaux, dont 20 d'arriéré, trouva la Municipalité absente, mais le procureur de la commune se chargea de lui signifier qu'on n'avait rien fait et qu'on ne ferait rien.

Peut-être Brotel eut-il plus de succès à Éguilly où, ce même jour, 9 frimaire, il requérait 5 boisseaux seulement.

Ce serait encore une fois le cas de répéter la parole de l'Évangile : *Quid hæc inter tantos?* Aussi la disette va chaque jour augmentant.

Dans la séance du 20 frimaire, le maire expose que, depuis trois semaines ou environ, « chaque individu se trouve réduit à une pinte de blé mélangé d'orge ».

Cela tient à deux causes : d'abord les réquisitions faites sur Beurey et Thieffrain ont été arrêtées par Bar-sur-Seine, puis celles des autres communes n'ont produit, pour le dernier marché, que 69 boisseaux, à répartir entre Essoyes, Verpillières, Cunfin, Loches, Landreville, Viviers, Neuville, Gyé et Courteron, soit 5,500 bouches.

L'assemblée nomme alors une députation de quatre membres pour représenter la misère du bourg au Directoire de Bar-sur-Seine et solliciter des secours.

Le Directoire ne pouvait l'ignorer, et il eut du reste la bonne foi de le reconnaître, les communes chargées de l'approvisionnement du marché étaient épuisées par les fournitures qu'elles avaient déjà faites et par les réquisitions pour les armées, dont elles étaient sans cesse frappées. Il ne fallait donc pas songer à les inquiéter.

Afin de cacher son impuissance, et de ne pas paraître insensible aux doléances trop légitimes de la députation d'Essoyes, le Directoire « fut d'avis qu'il y avait lieu d'arrêter, par provision, de requérir le district de Bar-sur-Aube de faire fournir, sous sa responsabilité, et sous telles peines qu'il appartiendrait, au marché d'Essoyes, par les communes de son ressort les plus voisines du canton, et les plus propres à ce, la quantité de 200 boisseaux de grain, froment, seigle ou orge, par chaque marché du dit Essoyes » (25 frimaire an II) [1].

Au 2 nivôse (22 décembre 1793), la situation n'avait pas changé. Des délégués des communes de Landreville, Noé, Loches, Chacenay, Saint-Usage, Fontette, Verpillières, Viviers et Cunfin, réunis à Essoyes, constataient que l'arrêté de la Commission des subsistances du 2 frimaire était resté lettre morte. Cet arrêté enjoignait aux administrateurs des districts, sous leur responsabilité, d'approvisionner les marchés de leur ressort, et ils ne s'occupaient que de l'approvisionnement des armées.

Les délégués se plaignent amèrement de cette incurie, et chargent les officiers municipaux d'Essoyes d'écrire au citoyen Duval, représentant du peuple, pour lui demander de la faire cesser.

Le lendemain de cette réunion, on publiait à Essoyes l'arrêté du département du 17 frimaire, enjoignant aux cultivateurs de faire battre leurs grains de toute espèce dans le délai d'un mois. Passé ce délai, la Municipalité était autorisée à faire procéder au battage aux frais des retardataires.

Depuis le 14 frimaire, les commissaires, pour l'approvisionnement du marché, semblent avoir cessé leurs réquisitions dans les communes ; ils les reprennent à la date du 15 nivôse, et nous allons de nouveau les suivre dans leurs pérégrinations.

---

1. Archives communales. — Archives de l'Aube : L D 4/7, n° 1362, fol. 152.

15 *nivôse an II (4 janvier* 1794). — Claude-Louis Le Gry et Nicolas Boudard, visitent Bertignolles, Longpré, Le Puits, Nuisement, et Vitry-le-Croisé. A Longpré les habitants leur répondent qu'ils n'ont pas assez de grain pour leur propre subsistance.

27 *nivôse an II (16 janvier* 1794). — Crépin Campeaux, qui voyage maintenant, non plus comme simple garde national, mais comme commissaire, se rend à Vitry-le-Croisé. Le maire et l'agent national étant absents, Campeaux laisse au secrétaire de la Municipalité une réquisition de 22 boisseaux et part pour Longpré. Là, il somme le maire de dire s'il a mis les laboureurs en réquisition pour 15 boisseaux, sans préjudice de l'arriéré. Le maire répond négativement « attendu qu'il n'y a pas de grain suffisant dans la commune ».

De Longpré, Campeaux court à Montmartin. Sa mauvaise fortune l'y suit. Le maire, lui opposant un refus catégorique, déclara « qu'ils n'avaient que ce qu'il leur fallait, que de plus il *s'attendait à une guerre civile, et qu'il était tout disposée à plutôt prendre le coutaux à la main pour se deffendre que de satisfaire à aucune réquisition, qu'il s'atendait à cela* ».

Campeaux rédigea sur-le-champ un procès-verbal de ces dires et en donna lecture au maire, « après quoi, ajoute-t-il pour être complet, il a répliqué qu'il ne voulait pas s'exposer d'envoyer les enfans dans quelque temps au marché d'Essoyes, pour avoir du blé par peinte et chopine ».

Le même jour J.-B. Le Gry opérait à Cunfin et à Fontette. Les deux communes devaient fournir 51 boisseaux chacune pour le prochain marché, dont 30 boisseaux d'arriéré. Aucune mesure n'avait été prise par les municipalités, aussi Le Gry requit « au nom de la loi et sous peine de poursuites ».

28 *nivôse an II (17 janvier* 1794). — Crépin Campeaux va à Chacenay et au Puits, J.-B. Le Gry à Noé et à Saint-Usage. Partout, sauf à Chacenay, le maire et l'agent national sont absents.

4-6 *pluviôse an II (23-25 janvier* 1794). — Crépin Campeaux retourne au Puits. Le maire fait toujours défaut. L'agent national et le secrétaire de la Municipalité déclarent que la commune ne peut plus faire face aux réquisitions. Le lendemain, Campeaux visite Eguilly, et, le surlendemain, Vitry.

17 *pluviôse an II* (5 *février* 1794). Crépin Campeaux demande
40 boisseaux à Vitry, y compris 20 d'arriéré. Le maire et l'agent
national sont absents. L'officier municipal, Fricot, dit « qu'il est
impossible de fournir désormais ».

Même insuccès à Eguilly. Le maire représente « qu'il y a au
moins 20 individus, pères de famille, qui n'ont pas un grain de
blé, et au moins 12 autres qui ont été obligés de manger la
semence ».

18 *pluviôse an II* (6 *février* 1794). — Campeaux requiert à
Bertignolles 5 boisseaux pour le marché du lendemain. Le maire
et l'agent national sont introuvables. Un officier municipal, Jean
Lobry, répond : Impossible « attendu que beaucoup d'individus
sont obligés de sortir de la commune, pour se procurer du grain
ailleurs ».

Le marché était donc, depuis et malgré l'arrêté du 17 frimaire,
plus mal approvisionné que jamais. Une cruelle expérience
l'établissait, on avait peu à espérer des réquisitions faites par les
commissaires dans les diverses communes. Il fallait se rendre à
l'évidence et recourir à d'autres moyens pour combattre la
disette.

Le 1ᵉʳ pluviôse (20 janvier 1794) l'agent national proposa au
corps municipal de s'entendre avec la Société populaire pour
faire acheter des grains dans le département de la Côte-d'Or, à
Is-sur-Tille [1] et dans les cantons voisins. Cette proposition fut
acceptée. Le 5, les officiers municipaux, assistés de délégués du
Conseil général, de la Société populaire et du Bureau de surveillance rédigeaient l'adresse suivante aux administrateurs du
district de Bar-sur-Seine :

« Citoyens,

« La disette des grains de toutes espèces afflige singulièrement
notre commune, au point que, depuis plus de six semaines,
chaque individu est réduit à une pinte au plus, tant blé que orge,
par décade, ainsi qu'il conste par les états de réquisitions et de
recettes de la municipalité.

« Chaque ménage est obligé de se pourvoir dans les environs,
et même à grands frais, parcourant jusqu'à cinq et six communes,
dont le plus petit nombre ne rapporte souvent, au bout de quatre

1. Côte-d'Or : arrondissement de Dijon, chef-lieu de canton.

et cinq jours de recherches et de sollicitations, que quelques pintes de grains ; le plus grand nombre revient à vide, et ceux qui rapportent le plus, forcés par la nécessité, payent douze, quinze, dix-huit, vingt francs la mesure, non compris la perte des journées et frais de nourriture.

« Le Conseil général de la Commune, vivement pénétré de ce dénument général et du monopole des laboureurs, qui commencent à rebuter les assignats, et à exiger en échange de leurs grains, d'autres denrées, telles que œuvres, chanvre, huiles, poids, pommes de terre, chandelles, linge et toile, dont Essoyes n'abonde pas, sachant que le district d'Is-sur-Thille abonde en grains, qu'ils se distribuent, au *maximum*, à tous ceux qui se présentent avec des mandats en règle, vu les offres généreuses du citoyen Laligant, notre agent national, d'avancer pour la commune jusqu'à 3,000 livres et plus[1] ; vu aussi l'offre du citoyen J.-B. Barré, officier municipal, d'une somme de 1,200 livres.

« A arrêté cette adresse, à l'effet de vous demander votre autorisation pour députer à Is-sur-Thil et y traiter de l'emplette de la plus grande quantité de grains. L'humanité nous l'a dictée, votre patriotisme nous accordera cette autorisation ».

L'autorisation fut, en effet, accordée, et, le 9 pluviôse, les citoyens Laligant et Pierre Simon furent délégués à Is-sur-Tille, porteurs de la lettre suivante pour les administrateurs du Directoire de ce district :

« Citoyens,

« Dix huit cents individus de la commune d'Essoyes, pressés par une faim dévorante et cruelle, réclament près de vous, au nom sacré de l'humanité et de la patrie, des secours en subsistances, capables de les tranquiliser pour un instant.

« Ils sont vos frères, ils composent, comme vous, une partie de la famille générale, celle de tous les Français, vray sans-culottes et brave républicains.

---

1. La commune était dans l'impossibilité de faire elle-même ces avances. En juin 1793, elle devait 8,000 livres pour ses impôts des années précédentes. Se voyant sur le point d'être poursuivie, elle demanda, pour se créer des ressources, l'autorisation de délivrer tous les cordons de ses bois en soumettant chacun des prenant part à une contribution dont le chiffre n'est pas indiqué. (Archives communales : Délibérations.)

« Mais, citoyens, ils sont sans pain et dans l'impossibilité de s'en procurer, ces hommes qui ne craindroient aucuns périls dans les combats nécessaires à maintenir et à consolider d'une manière perdurable notre auguste constitution.

« Venez à leur secours, nous vous en conjurons.

« Que le retour de ces dignes agents raportent dans nos chomières désolées, cette paix intérieure, que le pain seul peut nous faire ressentir, et compté sur un torrent de bénédictions et sur notre immortelle reconnaissance.

« Les corps municipal, conseil général, comité de surveillance. »
Suivent 18 signatures.

Laligant et Simon achetèrent 400 boisseaux de grain, mesure d'Essoyes, moyennant 3264 livres. Les frais de transport et autres montèrent à la somme invraisemblable de 2077 livres 15 sols, ce qui porta la dépense totale à 5341 livres 15 sols. Le prix de chaque boisseau à distribuer aux habitants fut fixé à 13 livres 7 sols 1 denier [1].

Ces 400 boisseaux n'empêchèrent pas de mettre à contribution, comme par le passé, les diverses communes chargées d'approvisionner le marché qui devait se tenir le nonidi de chaque décade, à dix heures du matin. Par un arrêté du 12 fructidor (29 août 1794), la part contributive de chacune fut ainsi réglée : Saint-Usage, 25 boisseaux ; Vitry, 20 ; Fontette, 20 ; Noé, 20 ; Thieffrain, 20 ; Longpré, 20 ; Puits-et-Nuisement, 20 ; Montmartin, 20 ; Cunfin, 12 ; Eguilly, 10 [2].

Si les officiers municipaux de ces communes n'avaient plus à compter avec les visites importunes et incessantes des commissaires, ils étaient légalement soumis à un autre ennui.

Sous peine d'encourir les peines portées par la loi du 14 frimaire, ils devaient, chaque semaine, envoyer à l'agent national d'Essoyes, un état des réquisitions qu'ils avaient faites, afin de lui permettre de poursuivre, s'il y avait lieu, les propriétaires récalcitrants.

Les officiers municipaux de Cunfin, de Fontette, de Noé, de Saint-Usage, de Thieffrain, d'Eguilly, de Longpré et de Mont-

1. Archives communales.
2. Archives de l'Aube, L d 4/5, fol. 85.

martin ayant mis beaucoup de négligence dans l'accomplissement de ce devoir, le Directoire du district arrêta, le 29 fructidor (25 septembre 1794) : 1° « Qu'ils seraient dénoncés au Comité révolutionnaire de la commune d'Essoyes, qui prendrait à cet égard des informations, pour, après les dites informations prises et communiquées à l'agent national près le district, être statué ce qu'il appartiendrait ;

2° « Que la brigade de gendarmerie de Bar-sur-Seine, et les autres brigades de l'arrondissement, s'il était nécessaire, se transporteraient sur-le-champ dans les dites communes, pour y rester aux frais des officiers municipaux, à raison de 10 livres par jour par chaque gendarme, jusqu'à ce que le contingent fût rempli. »

En cas de refus, les gendarmes étaient autorisés à faire battre les grains de deux des principaux laboureurs, et à les faire conduire à Essoyes, toujours aux frais des officiers municipaux. Les batteurs, ouvriers et voituriers, qui, dûment requis, refuseraient leurs services, seraient considérés comme suspects et traités comme tels [1].

Peu après, le citoyen Darras fut envoyé dans la Côte-d'Or pour faire de nouvelles provisions, à des conditions beaucoup moins onéreuses que celles ci-dessus relatées.

Le charroi lui fut payé à raison de 6 livres 1 sol 6 deniers le quintal, pour 27 lieues de poste, prix *maximum*.

Le quintal de froment revint à Essoyes, tous frais faits, à 21 livres 11 sols 6 deniers, et le quintal de méteil à 19 livres 1 sol 6 deniers. La distribution eut lieu au prix de revient, le 3 vendémiaire an III (24 septembre 1794).

Puisque le mot *distribution* est venu sous notre plume, il ne sera pas inutile de jeter un regard en arrière, et de relater quelques incidents occasionnés par la vente des grains réquisitionnés.

Dans le principe, seule la Municipalité fut chargée de cette vente, mais on se tromperait singulièrement en pensant qu'elle agissait sans contrôle. A côté d'elle fonctionnait un Comité de

---

1. Archives de l'Aube : L K 4/50, fol. 104 et 105.

surveillance, composé de dix membres au moins [1], non compris le secrétaire.

Dans la séance que ce Comité tint le 1er frimaire an II (21 novembre 1793), le président exposa que, d'après la clameur publique, la Municipalité recevait et payait au quintal, conformément à la loi du *maximum*, les grains mis en réquisition, tandis que, dans la distribution aux consommateurs, elle continuait à se servir des anciennes mesures, et variait journellement dans le prix du boisseau.

Cette conduite faisait, à tort ou à raison, douter de son patriotisme, et inspirait aux consommateurs « une défiance qu'une précaution plus éclairée et plus populaire détruirait facilement ».

La critique était juste, aussi le Comité de surveillance, à l'unanimité, décida que la Municipalité serait invitée, par une députation : 1° à vendre dorénavant les grains au quintal, et non au boisseau ; 2° à « apposer, dans le lieu le plus apparent de ses distributions, un tarif portant ce que chaque espèce de grain devait coûter, depuis une livre jusqu'à cent, rendu à Essoyes, de manière que chaque répartissant puisse se convaincre, par lui-même, que la dite municipalité était incapable de commettre aucune faute, fraude ou dol ».

Les distributions avaient lieu la veille ou le lendemain de chaque décadi, non seulement pour Essoyes, mais encore pour les communes voisines. C'était une lourde charge pour le maire et pour les officiers municipaux.

Le 15 nivôse an II (4 janvier 1794), on établit, pour les aider, un *Bureau des subsistances*.

Les membres nommés n'acceptèrent qu'à la condition qu'il y aurait deux clefs à la porte de sortie des grains.

On leur fit observer qu'ils seraient seuls chargés de la distribution et que la garantie qu'ils réclamaient était pour le moins superflue.

Ils persistèrent dans leur demande, et, satisfaction ne leur étant pas donnée, ils déclinèrent le mandat qui leur était offert [2],

---

1. Les dix membres, dont nous avons relevé les noms dans le compte-rendu de la séance du 1er frimaire, étaient : Henri Rouvre, président: Joseph Pétel, Nicolas Josselin, Noël Voulquin, Jacques Poinsot, Charles Brotel, Charles Garnier, Claude Dupont, Claude Bertier et Étienne Prigniel.

2. Archives communales.

Les provisions faites dans la Côte-d'Or n'étaient pas inépuisables, et, malgré les menaces du Directoire, les communes du canton mettaient toujours peu d'empressement à approvisionner le marché.

Mis en demeure de sévir, par une dénonciation, le Comité révolutionnaire du district lança des mandats d'amener contre les agents nationaux d'Eguilly (Nicolas Collot), de Montmartin (Nicolas Guichard), de Longpré (J.-B. Doussot), de Thieffrain (Jacques-Joseph Dadier), de Fontette (Claude Collin), de Cunfin (Jean Delaunay), de Saint-Usage (J.-B. Renard) et de Noé (Edme Racolliet).

Les inculpés comparurent devant le Comité révolutionnaire le 13 et le 14 vendémiaire an III (4 et 5 octobre 1794).

La plupart firent amende honorable ; s'ils avaient violé la loi, c'était par ignorance, ne se croyant pas strictement obligés d'envoyer à l'agent national d'Essoyes un état hebdomadaire des réquisitions.

J.-B. Renard allégua que cet agent lui avait refusé un reçu, et Edme Racolliet prétendit que, dans la semaine précédente, aucune réquisition ne lui avait été officiellement notifiée.

Soit que ces explications n'aient pas paru de tout point satisfaisantes, soit que de nouvelles plaintes, de nouvelles dénonciations aient eu lieu, le Comité révolutionnaire revint à la charge, le 24 vendémiaire (15 octobre), et lança de nouveaux mandats d'amener contre les agents nationaux de Cunfin, de Saint-Usage, de Longpré, de Fontette, d'Eguilly, de Montmartin et contre les maires de ces trois dernières communes, afin de les entendre contradictoirement avec l'agent national d'Essoyes, Laligant.

Les débats devaient avoir lieu le surlendemain.

Laligant manqua au rendez-vous.

Absent d'Essoyes depuis onze jours, paraît-il, le mandat d'amener ne l'avait pas trouvé à son domicile.

Il se présenta le 28 vendémiaire (19 octobre), s'excusa de son retard, déclara qu'il n'avait jamais refusé de récépissé, comme on le prétendait, et soutint que ses registres étaient parfaitement tenus.

Personne n'était plus là pour le contredire, car, après avoir requis acte du défaut de Laligant, maires et agents nationaux s'étaient hâtés de reprendre le chemin de leur village.

L'affaire resta donc en suspens ; elle ne semble pas d'ailleurs avoir eu d'autres suites [1].

Si, pour éviter de nouveaux mandats d'amener, les agents nationaux se montrèrent plus fidèles observateurs de la loi, ils n'arrivèrent cependant pas à triompher de la résistance des propriétaires. Le marché continua à être très mal approvisionné, de sorte qu'en janvier 1795, le Directoire dut ordonner à la gendarmerie de se transporter à Longpré, Puits, Nuisement, Montmartin, Eguilly, Vitry, Saint-Usage, Cunfin et Fontette, pour obliger les cultivateurs à livrer leurs grains [2].

Les réquisitions et les achats de grains dans le département de la Côte-d'Or ne furent pas les seuls moyens employés pour combattre la famine.

Le 25 ventôse an II (15 mars 1794) la municipalité défendit aux meuniers, pâtissiers, boulangers et autres, de conserver des bluteaux tamisant et réduisant le quintal de farine au-dessous du poids de 85 livres. Une visite domiciliaire fut prescrite pour enlever les bluteaux qui ne seraient pas dans les conditions prescrites par cet arrêté.

Le mois suivant, les meuniers reçurent l'ordre de faire strictement la déclaration des grains amenés à leur moulin pour y être moulus, et ce, sous peine d'être regardés comme contre-révolutionnaires, suspects, et enfermés comme tels.

Enfin, le 18 thermidor, on fit un recensement général des grains, de la farine et du pain. On ne laissa chez les propriétaires qu'une livre de farine ou de pain, et à ce défaut, une livre de blé, seigle ou orge, par individu et par jour, jusqu'à l'ouverture de la moisson ; le reste fut transporté à la maison commune, pesé, payé et distribué aux nécessiteux [3].

Comme nos lecteurs l'ont remarqué, ces recensements généraux des grains existant dans chaque commune furent nombreux. Nous ne connaissons le résultat que d'un seul : celui qui eut lieu le 20 vendémiaire an III (19 octobre 1794). Il y avait alors

1. Archives de l'Aube, L M 4 C2.
2. Arrêté du 23 nivôse. — Archives de l'Aube, L K 4/50 fol. 184.
3. Archives communales : Registre des délibérations et carton H 2 n° 44

à Essoyes 610 quintaux de froment, 5 de seigle, 431 de méteil et 808 d'orge. La distraction à faire pour les semailles fut évaluée à 122 quintaux pour le froment, à 85 pour le méteil et à 268 pour l'orge[1].

Dans une lettre du 14 ventôse an III, au citoyen Albert, représentant du peuple en mission dans l'Aube, le Directoire du district de Bar-sur-Seine expose fort bien les causes de la persistance de la disette. Cette lettre donne en outre quelques détails intéressants sur le commerce du vin avant la Révolution, puis elle est de l'écriture de notre compatriote Philippe-Joseph Josselin. Ces diverses raisons nous paraissent légitimer sa transcription, bien qu'elle sorte un peu du cadre de notre monographie

« Bar-sur-Seine, 14 ventôse an III (4 mars 1795).

« Les administrateurs du Directoire du district de Bar-sur-Seine au citoyen Albert, représentant du peuple en mission dans le département de l'Aube.

« Il n'est point peut-être de districts, Citoyen représentant, qui présentent un sol plus ingrat, plus impropre à l'agriculture que celui de Bar-sur-Seine.

« On n'y voit point de ces côteaux riants, de ces plaines fertiles, qui paient au centuple les sueurs des cultivateurs.

« Les vallées y sont étroites et les monts escarpés ; les friches y sont communes et les vignes nombreuses ; des forêts immenses couvrent plusieurs lieues de son territoire, et c'est sur les têtes chaudes des montagnes arides, qu'on s'efforce de cultiver un terrain, qui, bien souvent, refuse de rendre la semence qui lui a été prêtée.

« Il n'est pas étonnant que, dans un climat aussi stérile, le district de Bar-sur-Seine n'ait jamais obtenu les subsistances nécessaires à sa consommation ; il n'est pas étonnant qu'il ait toujours eu besoin des secours étrangers.

« Les communications commerciales les lui ont constamment fournis ; une libre circulation les amenait sans crainte et sans défiance.

« Cent mille muids de vin sortaient ordinairement de ce district, et se répandaient dans la ci-devant Champagne, dans la ci-devant Brie, Flandre, Picardie, etc. Peu de voitures en revenaient à vide, et la plupart arrivaient ou rentraient dans le district, chargées de grains.

« C'était ainsy que le district de Bar-sur-Seine obtenait les subsistances que son sol lui refuse... mais il a ressenti tous les malheurs de sa position et tous les maux de sa stérilité, quand, d'un côté, la récolte de ses vignes a été anéantie par les gelées de 1792 et de 1793, et que, d'un autre côté, des entraves cruelles ont arrêté la libre circulation des grains.

1. Archives nationales, D § 1, 2.

« Le *maximum* fit cacher les bleds ; les acquits à caution ruinèrent et désespérèrent le consommateur.

« Combien de malheureux, en effet, n'ont-ils pas été arrêtés, saisis, confisqués, amendés et ruinés, pour avoir été chercher, à 15 et 20 lieues, du bled pour nourrir leurs femmes et leurs enfants.

« Cependant la Commission des approvisionnements, frappée de la triste position du district de Bar-sur-Seine, luy accorda, en nivôse, germinal et messidor, 2e année, des réquisitions de 2,300 quintaux de bled sur les districts d'Ervy, de Nogent et de Dijon, qui n'en ont pas fourni le quart.

« Après la dernière récolte, le district sollicitait des secours, et la Commission ne luy avait encore rien accordé, quand la loi du 4 nivôse a rendu la liberté au commerce.

« C'est alors que les habitans de ce district se sont efforcés de rétablir les échanges, qui, ci-devant, leur procuraient du blé pour leurs vins, mais leurs démarches n'ont point donné le succès espéré ; ils ont vu, dans leurs courses et dans leurs recherches, que certains pays agricoles n'avaient plus de grains à vendre, les réquisitions les ont enlevés ; dans d'autres, beaucoup de bled, mais les laboureurs n'osant le livrer, les consommateurs eux-mêmes craignant de l'enlever ; des gens, sans doute égarés, sont encore aux portes et menacent ceux qui ont l'air de toucher aux subsistances, que des récoltes abondantes y laissent pour superflues.

« Dans d'autres pays, des commissaires à réquisitions, qui tiennent tout sous la main et ne permettent pas à un père de famille de porter du pain à ses enfants.

« Telle est donc la position actuelle et affligeante du district de Bar-sur-Seine, que la plupart de ses habitants, après avoir parcouru 30 et 40 lieues de pays, sont obligés de rentrer chez eux, et ne rapportent à leurs familles désolées, que des larmes, et les regrets d'avoir perdu leur temps, leurs peines et leur argent.

« Cet état est cruel et dangereux ; il a besoin d'un prompt remède, car la classe indigente surtout n'a pas de ressources, et les autorités constituées n'ont rien à luy offrir ; elles sont sans moyens, sans pouvoir ; elles sont dans l'impuissance absolue de les secourir.

« Dans ces circonstances, nous recourons à vous, Citoyen représentant, et nous vous invitons à mettre en action tous les pouvoirs qui vous sont confiés, pour procurer et faire arriver des subsistances au district de Bar-sur-Seine.

« Salut et fraternité [1]. »

1. Archives nationales, D § 1, 2.

Chapitre VII.

Réquisitions militaires.

Indépendamment de celles qui frappèrent la Fabrique, et que nous avons relatées ci-dessus, de nombreuses réquisitions, pour le service et l'approvisionnement des armées et des maîtres de poste, pesèrent lourdement sur Essoyes de 1792 à 1796.

Si monotone que puisse être une telle énumération, nous avons jugé utile de grouper, dans un chapitre spécial, en suivant l'ordre chronologique, toutes celles dont nous avons trouvé quelque trace.

18 *septembre* 1792. — Cette date nous rappelle ce que nous appellerons les préliminaires des réquisitions.

Avant de requérir, on s'informe.

Toussaint Darras, commissaire nommé par le Directoire du district de Bar-sur-Seine, se présente devant la Municipalité d'Essoyes, afin de vérifier la quantité de grains dont chaque laboureur pourra disposer, pour l'alimentation du camp de Châlons, de faire remettre par les citoyens ne marchant pas à l'ennemi les armes calibre de guerre qu'ils peuvent avoir en leur possession, de presser la confection des piques d'après le modèle envoyé, et enfin de s'assurer du nombre de bœufs et de moutons que la commune pourra fournir.

Octobre 1792. — On demande une voiture attelée de deux chevaux, avec un conducteur qui se rendra à Arcis-sur-Aube le 16, et partira le lendemain pour Châlons, où il attendra des ordres.

Le 14, la Municipalité convoque les propriétaires de chevaux ; aucun ne se présente et l'assemblée est remise au lendemain.

Le lendemain, même abstention ; seul un conducteur offre ses services. Les officiers municipaux désignent alors d'office un cheval de Pierre Simon, marchand, l'autre de Claude Guenin, l'aîné, et la voiture de J.-B. Barré.

Guenin n'accepta pas cette décision ; il refusa nettement de s'y soumettre et en référa au Directoire du district. Accueillant sa protestation, les administrateurs représentèrent à la Municipalité que « Guenin n'ayant que deux chevaux, et d'autres en ayant trois, le choix aurait dû tomber sur eux ».

La voiture, qui devait être à Arcis le 17, n'était pas encore partie le 20. Impuissante contre « la mauvaise volonté des laboureurs », la Municipalité arrêta « que le Directoire enverrait un commissaire à l'effet de tenir l'assemblée, et de déterminer les citoyens à faire les arrangements convenables ».

2 *mars* 1793. — Réquisition de 30 paires de souliers, et plus, s'il est possible. Les cinq cordonniers d'Essoyes s'engagent à en livrer cinquante paires, pour le 12, au Directoire du district, « toutes de bons cuirs, bien travaillés, proprement bordés et doublés, de la longueur de sept, huit, neuf à dix points, moyennant le prix de neuf livres par paire ».

7 *mars*. — Deux voitures attelées de trois chevaux, pour charger des fourrages à Nogent et les conduire à Nancy, à raison de 15 livres le quintal. Les cultivateurs se réunirent le lendemain et désignèrent Pierre Simon pour fournir une de ces voitures.

4 *avril*. — Même réquisition. Les cultivateurs ne s'entendent pas. Plusieurs fois on les convoque à son de caisse, sans pouvoir les réunir. A neuf heures du soir, rien n'est encore décidé. Le corps municipal nomme alors d'office Edme Brotel et Simon Personnet, pour fournir les trois chevaux et la voiture.

Octobre 1793. — Trente-et-un quintaux de blé, le quart au plus en seigle, à conduire à Saint-Mihiel.

9 *brumaire an II* (30 *octobre* 1793).— En exécution d'un arrêté du Directoire du département du 26 vendémiaire (17 octobre), toutes les selles, les sabres, les bottes et les pistolets se trouvant dans la commune sont mis en réquisition.

Philippe-Joseph Josselin, commissaire national près du Directoire du district, dépose une paire de bottes, une selle garnie de ses étriers et d'une paire de fontes avec leurs pistolets.

J.-B. Voulquin, maire, remet une paire de fontes.

Conformément à la loi du *maximum,* une commission estime ainsi ces différents objets :

La selle de Josselin avec ses étriers..	50 livres.
La paire de fontes................	10 —
Les pistolets........	45 —
La paire de bottes..............	20 —
La paire de fontes de Voulquin.....	10 —

10 *brumaire an II* (31 *octobre* 1793). — Joseph Joffroy, de Gyé-sur-Seine, commissaire nommé par le Directoire du district pour la levée des chevaux, et Claude Collin, de Fontette, commissaire des assemblées primaires, visitent à Essoyes les chevaux des différentes communes du canton, à l'exception de ceux de Fontette et de Saint-Usage qui n'ont pas été amenés.

Six de ces chevaux furent jugés propres au service, et mis en réquisition. On les estima 4,735 livres, et leur harnachement, selle, bride, etc., 392 livres. Un seul fut pris parmi les chevaux d'Essoyes. Le contingent du canton était de quinze ; on était donc loin de compte.

11 *brumaire an II* (1ᵉʳ *novembre* 1793). — Les six chevaux pris la veille sont conduits à Auxerre.

Réquisition de souliers, d'étoffes pour vestes, culottes, guêtres, chemises, sacs, et d'ouvriers tailleurs pour la confection.

3 *nivôse an II* (23 *décembre* 1793). — Réquisition de couvertures de laine. Elles n'étaient pas encore fournies le 21. A cette date, l'agent national somme la Municipalité de s'exécuter. Le 26, huit couvertures sont enfin conduites au Directoire du district [1].

4 *nivôse an II* (24 *décembre* 1793). — Le citoyen Claude Lemaire dépose au Directoire du district, au nom de la commune d'Essoyes, 125 livres de vieux linge, pour le service des hôpitaux [2].

---

1. Archives communales. Le nombre de couvertures à fournir par le département était de 2.500 et le contingent du district de Bar-sur-Seine de 370 (Arrêté du département du 16 brumaire an II. *Journal du département de l'Aube* du 23 brumaire).

2. Archives de l'Aube, 1 Q 326.

6 *nivôse an II* (26 *décembre* 1793). — 225 livres de vieux linge sont offertes à la patrie par les citoyennes d'Essoyes, et remises au Directoire du district.

7 *nivôse* (27 *décembre* 1793). — Réquisition de douze mille de foin. Ce foin n'était pas encore livré le 21 ; l'agent national requit alors la Municipalité de l'expédier dans la huitaine.

21 *nivôse an II* (10 *janvier* 1794). — Réquisition d'eau-de-vie.

21 *pluviôse an II* (9 *février* 1794). — Réquisition de deux citoyens, forts et intelligents, pour travailler à Bar-sur-Seine, à l'atelier de salpêtre.

12 *ventôse an II* (2 *mars* 1794). — Le corps municipal décide de faire, chaque jour, pendant deux mois, une visite chez les cordonniers, afin de les surveiller et de hâter la confection des souliers requis pour les défenseurs de la patrie. Défense aux cordonniers de travailler pour les particuliers, à peine de 100 livres d'amende.

13 *ventôse an II* (3 *mars* 1794). — Réquisition de 60 quintaux de foin, 150 quintaux de paille, et 74 d'avoine. Le foin et la paille devront être rendus sur la place de Troyes, l'avoine sur la place de Réthel. La réquisition d'avoine fut réduite de moitié.

19 *ventôse an II* (9 *mars* 1794). — Réquisition de tous les scieurs de long, charpentiers, menuisiers, charrons, vanniers, serruriers, taillandiers, maréchaux, et de leurs ouvriers, pour être envoyés, avec leurs outils, à l'atelier de construction de Brienne, aussitôt que l'ordre sera donné.

Les marchands de bois ayant des planches de sapin, ou autres, propres à la confection des caissons, devront les livrer à la Régie au prix *maximum ;* ceux qui refuseront seront contraints par voie de réquisition.

21 *ventôse an II* (11 *mars* 1794). — Réquisition de deux voitures attelées de trois chevaux, pour conduire des avoines de Troyes à Réthel.

22 *ventôse an II* (12 *mars* 1794). — La Municipalité délivre un laissez-passer pour les voitures de Nicolas-Noël Voulquin et de Nicolas Duchesne, chargées de 31 quintaux de foin pour le magasin de la République, à Troyes.

Le même jour, la Société populaire invite la Municipalité à

faire exécuter la loi du 14 frimaire, relative à la fabrication du salpêtre, et à recevoir, en conséquence, les citoyens Crépin Campeaux et Jean Racoillet, qui se sont présentés pour faire la lessive des terres et la réduction de l'eau en salpêtre.

Elle demande, en outre, qu'on mette en réquisition les cendres, tonneaux, cuveaux, chaudières et autres objets utiles, « même le bassin qui était aux ci-devant fonts baptismaux de la ci-devant église d'Essoye, pour servir à la réduction ».

L'agent national appuie cette motion et l'assemblée municipale la prend en considération dans sa séance du 23.

25 ventôse an II (15 mars 1794). — Réquisition de 60 quintaux de foin, 150 quintaux de paille et 74 quintaux d'avoine.

Le même jour, Crépin Campeaux et Jean Racoillet sont requis, par la Municipalité, de se rendre, dans les vingt-quatre heures, à Bar-sur-Seine, « pour y être instruits sur l'extraction de l'acide, sous peine d'être pris contre eux telles mesures révolutionnaires qu'il appartiendra [1] ».

28 ventôse an II (18 mars 1794). — Le citoyen Simon Personnet, voiturier, est requis, au nom de la loi, de conduire au Directoire du district de Bar-sur-Seine, en passant par Gyé, 13 quintaux 90 livres de fer, et 234 livres de cuivre [2].

5 germinal an II (25 mars 1794). — Réquisition d'une voiture attelée de trois chevaux, pour se rendre à Arcis-sur-Aube, et de là au lieu qui lui sera indiqué. « Vous répondrez de l'exécution sur votre tête ».

Le surlendemain, les officiers municipaux, désireux de conserver leur tête, requirent François Darras.

8 germinal an II (28 mars 1794). — Réquisition de quatre mille de foin, pour le citoyen Lamotte, maître de poste à Mussy.

10 germinal an II (30 mars 1794). — Réquisition d'une voiture attelée de trois chevaux, pour se rendre, dans les vingt-quatre heures, à Arcis-sur-Aube.

22 germinal an II (11 avril 1794). — Le Comité de salut public met en réquisition la huitième partie des porcs, pour l'approvisionnement des places de guerre. En conséquence, l'Administration du district ordonne le dénombrement de tous

1. Archives communales.
2. Archives de l'Aube, 1 Q 332.

les cochons au-dessus de trois ans, avec indication de l'âge et du sexe.

Les Municipalités, celle d'Essoyes entre autres, firent la sourde oreille et, le 8 floréal, les administrateurs du Directoire durent prévenir la Commission des approvisionnements, qu'il ne s'était pas trouvé, dans le district de Bar-sur-Seine, de cochons propres à la réquisition. Ils ajoutaient, du reste, non sans quelque courage, que les habitants, presque tous vignerons, n'avaient d'autre nourriture que les salaisons, et que les priver de leurs porcs, c'était les condamner au pain sec [1].

28 *germinal an II* (17 *avril* 1794). — Réquisition de deux voitures attelées de trois chevaux, pour conduire de l'avoine de Bar-sur-Seine à Metz.

1er *floréal an II* (20 *avril* 1794). — Réquisition de tous les sabres ayant trente pouces de lame et au-dessus.

8 *floréal an II* (27 avril 1794). — Réquisition de treize chevaux sur le canton. Trois cent trente-neuf sont amenés à Essoyes, des diverses communes, mais cinq seulement se trouvent avoir la taille prescrite par la loi du 18 germinal. On se concertera avec les cantons voisins pour fournir les huit autres.

12 *floréal an II* (1er *mai* 1794). — Réquisition de tous les vieux tonneaux ; le recensement en sera fait le 14.

16 *floréal an II* (5 *mai* 1794). — Réquisitions de fourrages, la plus grande quantité possible ; de vieux linge, une livre par chaque habitant au-dessus de 14 ans, et de rognures de parchemin.

22 *floréal an II* (11 *mai* 1794). — Réquisition de deux voitures attelées de trois chevaux, dont l'une garnie des cordes nécessaires pour son chargement. Aucun laboureur ne se présente ; la Municipalité est obligée d'en désigner d'office.

Le même jour, Nicolas-Noël Voulquin conduit à Mussy 10 quintaux d'avoine, pour la réquisition du maître de poste, en même temps que Joseph Guenin et Antoine Gentelot mènent à Bar-sur-Seine 887 livres de vieux linge et chiffons.

26 *floréal an II* (15 *mai* 1794). — Les citoyens les plus aisés et les moins chargés de famille sont requis de fournir 150 aunes de toile de fil, par pièces de 12 aunes.

1. Archives nationales, D § 1, 2.

3 *prairial an II* (22 *mai* 1794). — Les administrateurs du Directoire du district de Bar-sur-Seine rappellent à l'agent national, que, par arrêté du 3 germinal, la Municipalité a été requise de fournir des avoines au maître de poste de Mussy, et que, par un second arrêté du 15 floréal, d'autres réquisitions ont été faites.

« Tu n'as en rien satisfait à ce qui était prescrit, lui écrivent-ils ; nous t'enjoignons de nouveau de faire livrer les avoines dont il s'agit, et de ne pas te borner à un réquisitoire stérile. Nous t'assurons que si, dans vingt-quatre heures, les avoines ne sont pas livrées, et si, dans les vingt-quatre heures suivantes, tu ne nous envoyes pas les décharges du maître de poste, tu seras dénoncé au tribunal criminel du département, conformément à l'article 10 du décret du 19 floréal. »

6 *prairial an II* (25 *mai* 1794). — Draps, couvertures et lits, pour dix hommes et une femme envoyés à Essoyes.

Deux voitures, attelées de trois ou quatre chevaux, et munies de cordages, pour conduire des fourrages de Bar-sur-Aube à Metz [1].

11 *prairial an II* (30 *mai* 1794). — Les administrateurs du district requièrent la Municipalité de faire verser dans les magasins de Troyes, les foins, pailles, ou avoines, qui peuvent exister dans la commune, au delà du strict nécessaire. « Vous touchez à la récolte et vous ne voudrez pas, sans doute, retenir par devers vous un excédant en subsistances, tandis que les armées éprouvent des besoins ».

26 *prairial an II* (14 *juin* 1794). — Réquisition des cordes des cloches, de tous les cordages neufs, ou à demi-usés, qui ne sont pas absolument nécessaires aux habitants, et des vieux cordages mis au rebut.

Dans ce même mois, réquisition de cinq voitures attelées de trois chevaux, pour charger des fourrages, soit à Nogent, soit à Troyes, et les conduire à Metz.

A la même date du 26 prairial an II, l'agent du district pour la fabrication du salpêtre écrit à l'agent national de la commune d'Essoyes :

« Citoyen, sitôt la présente reçue, tu voudras bien recueillir

---

1. Archives communales.

toutes les cendres excédentes les besoins urgents des citoyens ; tu les fera déposer dans un endroit non humide, dans la cy-devant cure, par exemple ; tu tiendra un état exact de la quantité que chacun t'aura livré, pour qu'elle luy soit payée, s'il l'exige. Tu auras grand soin de voir si elles sont de bonne qualité, parce qu'elles seront vérifiées par moy, lorsque tu me les livreras.

« Tu chercheras ensuite, dans ta commune, un citoyen pauvre, ou une citoyenne, à qui tu ordonneras de ne s'occuper qu'à ramasser les troncs de choux, l'herbe appelée hièble, les chardons, les orties, en un mot toutes les herbes qui ne servent point à la nourriture des animaux, de même que tu luy fera livrer les pailles de navette, qui ne seraient pas d'une absolue nécessité au citoyen qui en serait propriétaire, à l'effet que toutes ces matières soyent brûlées, hors de la commune, dans un creux, afin qu'on puisse en avoir les cendres, lesquelles cendres te seront remises, et dont tu tiendra état, afin que je puisse les faire payer à celui ou à celle qui les aura faites.

« Ne manque pas à l'invitation que je te fais ; préviens l'ordre que tu dois recevoir à ce sujet; tu prouveras par là un patriotisme plus ardent, et tel qu'il doit être dans un agent.

« Salut.

« BOLLAND. »

On se conforma à ces prescriptions. A la suite d'un arrêté de la Municipalité, du 21 thermidor, on dressa un état de tous les citoyens qui devaient livrer trois livres de cendres, « provenant du brulement des herbes et végétaux,» et un registre spécial fut ouvert à la mairie pour la réception de ces cendres.

7 *messidor an II* (25 *juin* 1794). — Réquisition d'une voiture attelée de trois chevaux, pour charger à Troyes.

2 *thermidor an II* (20 *juillet* 1794). — On lève les vieux tonneaux pour les convertir en barils à poudre.

Réquisition de souliers. On décide de nouveau de surveiller les cordonniers [1].

15 *vendémiaire an III* (6 *octobre* 1794). — Sans tenir compte des justes observations du Directoire du district, que nous avons relatées ci-dessus, l'Administration supérieure envoie

---

1. Archives communales.

dans toutes les communes un commissaire pour presser la levée du huitième des porcs.

Prévenus de sa visite, les habitants cachent leurs cochons, ou se hâtent de les abattre, de sorte qu'il faut partout user de contrainte pour obtenir une petite portion du contingent [1].

21 *vendémiaire an III* (12 *octobre* 1794). — Les chevaux que la Municipalité a achetés dans les cantons de Vitry-le-Croisé et de Landreville, pour compléter son contingent, ont été envoyés à Auxerre, harnachés et équipés.

L'agent principal les ayant refusés, comme impropres au service, il s'agit de les remplacer. La visite des chevaux du canton a lieu sur la place, mais beaucoup de propriétaires manquent à l'appel, aussi la réunion est remise au jeudi suivant, 16 octobre. « Ceux qui ne se présenteront pas seront regardés comme suspects, poursuivis comme contre-révolutionnaires et traités comme tels ».

30 *vendémiaire an III* (21 *octobre* 1794). — Conformément à l'arrêté du Directoire du district de Bar-sur-Seine, en date du 23 vendémiaire, mettant en réquisition 223 cochons, les officiers municipaux d'Essoyes se mettent à la recherche d'un porc représentant le contingent de la commune. Laissons-les nous raconter eux-mêmes les épisodes de cette glorieuse campagne.

    « Liberté, Égalité,
    « Ce jourd'hui, 30 vendémiaire, troisième année de la République française une et indivisible, heure de trois après midi, nous J.-B. Voulquin, maire, J.-B. Barré, Louis Renard, Edme Talbot, officiers municipaux de la commune d'Essoye, assistés du secrétaire ordinaire, étant en fonctions, en exécution de l'arrêté du Directoire du district de Bar-sur-Seine, sous la datte du 23 présent mois, portant que les officiers municipaux de cette commune seront tenus, sous leur responsabilité, de faire conduire au lieu de rassemblement, avant le 6 brumaire prochain, un cochon formant le contingent de cette commune.

    « En conséquence, nous, maire et officiers ci-dessus dénommés, s'étant transportés dans la commune du dit Essoye chez différents particuliers, pour faire le choix d'un cochon, et étant parvenus

____
[1]. Archives nationales, D § 1, 2.

au devant de la porte du citoyen Edme-Remy Dudey, cordonnier, demeurant en cette commune, ayant demandé à la femme du dit Dudey si elle avait un cochon, elle nous a fait réponse que non, qu'elle n'en avait point ; et, à l'instant, les dits officiers sus-nommés auraient jetté les yeux dans une coure appartenant aux dits Dudey, où nous avons vu et trouvé un cochon mâle dans la dite cour, attaché par le pied après une haye de jardin apartenant au dit Dudey, et à l'instant ayant demandé différentes fois au dit sus-nommé à qui apartenait le cochon qui est dans leurs coure, ils ont fait réponse qu'il ne savait pas à qui il appartenait, et, après toute observations faites, nous avons reconnu que c'était pour se soustraire à la réquisition.

« Comme le dit cochon était bon, gras, mâle, et non ladre, qui est propre pour être tué et salé, pour satisfaire au contingent de cette dite commune, en conséquence nous avons déclaré aux dits Dudey et sa femme, au nom de la loi, que nous mettions le dit cochon en réquisition, et pour le faire conduire au lieu du rassemblement, chez la citoyenne veuve Claude Ménare, à Bar-sur-Seine, demain 1er brumaire. A quoi il sont tenus, sous leur responsabilité, et de n'en faire aucun échange, attendu que la ditte municipalité l'a fait marquer de trois coups de siseau, sur le dos, dont la première est proche les épole, pour le dit cochon être vue et visité et estimé et payé, conformément à la loi, par le citoyen Carlu (?).

« De tout quoi nous avons fait et rédigé le présent procès-verbal, pour être sur-le-champ adressé au Directoire du district de Bar-sur-Seine, et une copie être remise au dit Dudey[1]. »

Dudey ne se laissa pas intimider et trouva le moyen de garder son porc, probablement en le cachant dans son saloir.

Le 24 brumaire (14 novembre 1794), les citoyens Goussard, membre du Conseil, et J.-B. Guichard, membre du Comité révolutionnaire du district, se rendirent à Essoyes, porteurs d'un arrêté du directoire du 13 brumaire, « les autorisant à faire la levée des cochons ».

Cette fois, le choix de la Municipalité tomba sur le porc d'Edme-Didier Cinget, choix non moins malheureux que le précédent. En effet, lorsque, le 26 brumaire, le voiturier

1. Archives communales, H 2, n° 101.

Vaillant, flanqué des gardes champêtres Louis-Charles Bertrand et Jean Truffet, se présenta pour charger le porc, Cinget refusa net, disant qu'il avait des renseignements à prendre et qu'il voulait attendre au lendemain.

Sur le rapport des gardes champêtres, l'agent national Laligant requit la Municipalité de dresser procès-verbal du refus, et de l'adresser, le jour même, à qui de droit.

Très habile, Cinget avait pris les devants, exposant dans une pétition au Directoire du district, « qu'il y avait des cultivateurs qui avaient deux cochons, et d'autres qui en avaient d'aussi pesants, et d'une qualité supérieure à la sienne ».

Le 3 frimaire (23 novembre 1794), cette pétition était encore sans réponse. Très inquiet, Cinget jugea prudent de recourir à un autre subterfuge pour se tirer d'embarras. Il envoya sa femme, Anne Cadot, déclarer au bureau municipal « qu'elle avait reconnu, ces jours-ci, que le cochon mis en réquisition *ne pouvait et ne voulait prendre aucune nourriture,* et qu'en conséquence, elle allait nommer deux bouchers pour en faire la visite ».

Un boucher, appelé comme vétérinaire, conclut toujours qu'il est urgent de procéder à la suprème opération.

Tel fut l'avis des deux docteurs, Jean Bertrand et Louis Joannes. Ils reconnurent que le nourrisson d'Anne Cadot était malade ; ils découvrirent même *qu'il ne pouvait se supporter que sur trois pieds,* et rédigèrent un rapport de tout point favorable au réfractaire.

Dans la crainte de voir mourir l'intéressant malade, Cinget le tua aussitôt, puis il envoya le rapport des bouchers au Directoire, en demandant de nouveau à être déchargé de la réquisition.

Il faudrait bien accéder à sa demande, puisque le réquisitionnaire, le couteau aidant, était passé de vie à trépas.

Et en effet, par un arrêté reçu à Essoyes le 26 frimaire (16 décembre 1794), le Directoire du district, considérant « qu'on ne doit recevoir que des cochons sans maladie et en état de se rendre sur les lieux où doivent se fabriquer les salaisons », mit à néant la réquisition, et enjoignit à la Municipalité de fournir un autre porc dans les vingt-quatres heures, « sinon la force armée serait envoyée dans la commune, aux frais et dépens des officiers municipaux et de l'agent national ».

Humiliés de leur défaite, et justement froissés de se voir « accuser de négligence », quand le choix qu'ils avaient fait « avait été rejeté par le Directoire sur des pétitions mal fondées », les officiers municipaux se vengèrent des administrateurs en choisissant « un cochon mâle, non ladre », appartenant à l'un des signataires de l'arrêté, Philippe-Joseph Josselin, qui, peut-être, s'était constitué le défenseur de Cinget.

En l'absence du maître, ils firent notification de ce choix à la servante, et chargèrent le citoyen Caillery de conduire sur-le-champ la victime à Bar-sur-Seine.

C'était la meilleure réponse qu'il fût possible de faire à l'arrêté. Josselin, cependant, ne la trouva pas de son goût. Dès le lendemain, il prit la défense de son cochon près de ses collègues, et l'arracha au couteau par l'argumentation suivante :

Ce porc ne faisait pas partie des onze désignés pour la réquisition, dans le recensement du 5 floréal, puisqu'il n'a été acheté que le 7 brumaire, à la foire de Ricey. Les officiers municipaux n'avaient donc pas le droit de l'enlever. En effet, parce que les propriétaires des onze porcs inscrits au tableau de recensement, c'est-à-dire marqués pour la réquisition, ont eu l'infidélité de les vendre, ou de les tuer, serait-il juste de faire retomber sur un autre les conséquences de leur faute ?

Josselin était avocat ; il mit au service de son client, d'ailleurs bien innocent, toutes les ressources de son éloquence, et il le sauva.

Par un arrêté daté du 28 frimaire (18 décembre 1794), le Directoire enjoignit aux pauvres officiers municipaux d'Essoyes, de remettre, ou de faire remettre au pétitionnaire, le cochon qu'ils lui avaient enlevé. Dans le cas où les autres porcs désignés pour la réquisition, seraient tués ou vendus, la Municipalité était autorisée à prendre telles mesures qu'elle jugerait convenables, sans cependant inquiéter les propriétaires de cochons non compris au recensement du 5 floréal [1].

La Municipalité ne fut pas plus heureuse dans les autres

---

1. Archives communales : Délibérations. — Archives de l'Aube, L K 4/50, fol. 164 et 167.

mesures qu'on l'autorisait à prendre, supposé qu'elle ait usé de l'autorisation, car, d'après un tableau dressé à la date du 23 floréal an III (12 mai 1795), Essoyes n'avait encore livré aucun cochon, tandis que Cunfin, Fontette[1] et Noé en avaient fourni chacun cinq.

La répugnance des habitants d'Essoyes à livrer leurs porcs, et leur résistance, sur ce point, aux agents du pouvoir central, était très naturelle, nous dirons même très légitime.

En effet, le commissaire payait les porcs au *maximum*, c'est-à-dire 10 sols 8 deniers la livre, déduction faite du quart du poids total, sous prétexte de « l'inutilité des dedans », de sorte que, par le fait de cette déduction, le prix de la livre se trouvait réduit à 8 sols.

Bien plus, lorsqu'un porc paraissait hors d'état de faire route vers Paris, on l'abattait sur place, ou au chef-lieu du district, pour le saler et l'expédier ensuite.

La justice la plus élémentaire commandait alors de laisser « les dedans » au propriétaire, puisqu'ils ne devaient pas lui être payés.

Il n'en était cependant pas ainsi. Le commissaire les faisait vendre à son profit, sans s'inquiéter du *maximum*. Aussi cette vente atteignait quelquefois jusqu'à 50 livres, quand le prix total du cochon était à peine de 60.

Il arrivait encore que des particuliers, forcés d'acheter des porcs, pour les livrer à la réquisition, ou pour remplacer ceux qui leur avaient été enlevés, les payaient 40 et même 60 sols la livre, tandis qu'en vertu de la fameuse loi du *maximum*, ils ne leur étaient comptés qu'à raison de 8 sols, lorsqu'on les leur enlevait.

Des plaintes s'élevèrent de toutes parts ; l'Administration du district s'en fit l'écho près du Comité de salut public, et le représentant Albert reconnut lui-même, dans son arrêté du 18 germinal

---

1. A Fontette, il semble qu'on ait sévi plus rigoureusement qu'à Essoyes. Le nommé Etienne Baudouin ayant répondu aux commissaires qu'il n'avait point de porc à fournir, que s'il en possédait un, il y avait dans sa maison assez de bouches pour le manger, et que du reste avant de le lui demander, la nation ferait bien de lui payer un cheval perdu dans un voyage à son service, il fut traduit le 9 frimaire an III (29 novembre 1794) devant le Comité révolutionnaire du district. Baudouin reconnut humblement ses torts, fit amende honorable, et « imputa les propos *grossiers* qu'il avait tenus à la trop grande sensibilité de sa perte. » (Archives de l'Aube, L M 4 C 2.)

an III, que cette réquisition donnait lieu « aux abus les plus intolérables »[1].

4 *brumaire an III* (25 *octobre* 1794). — Réquisition de fourrages et d'une voiture.

8 *brumaire an III* (29 *octobre* 1794). — Réquisition de deux voitures attelées de trois chevaux, pour se rendre à Troyes dans les 24 heures.

24 *brumaire an III* (14 *novembre* 1794). — Nouvelle réquisition de porcs, qui, pour Essoyes, n'eut pas plus de succès que les précédentes.

26 *brumaire an III* (16 *novembre* 1794). — Deux livres de cendres, par décade, sont demandées à chaque ménage. On réquisitionne en outre tous les amas de cendres trouvés chez les particuliers et excédant leurs besoins. Ordre est donné de brûler les marcs de raisin et les végétaux, conformément à loi du 29 germinal et à l'arrêté du Comité de salut public du 1er vendémiaire.

28 *frimaire an III* (18 *décembre* 1794). — Sous la rubrique « La liberté ou la mort », le Directoire du district de Bar-sur-Seine requiert à Essoyes 3 milliers de foin, pour l'approvisionnement du relai de 17 chevaux du maître de poste de Mussy, le citoyen Lamotte.

29 *frimaire an III* (19 *décembre* 1794). — Réquisition de deux voitures pour se rendre à Troyes ; de grains et d'argent pour payer la solde des déserteurs internés à Essoyes[2].

---

1. Archives nationales, D § 1, 2.

2. En 1793, douze déserteurs, dont plusieurs étrangers, avaient été envoyés à Essoyes ; la commune était obligée de les nourrir. Plusieurs firent des menaces aux habitants et causèrent du trouble ; trois furent arrêtés.

Le désordre continuant, la Municipalité arrêta, le 6 juillet, que les déserteurs rentreraient le soir à 8 heures, pour être enfermés, et que la porte ne leur serait ouverte qu'à 6 heures du matin. Les particuliers qui voulaient les faire travailler, devaient souscrire à ces conditions.

Ces sages précautions furent inefficaces ; six jours après, il fallut de nouveau sévir, et nous voyons dix hommes de la garde nationale prêter main-forte, pour incarcérer ceux des déserteurs qui avaient tenu de mauvais propos.

D'autres déserteurs furent internés à Essoyes le 4 prairial an II (23 mai 1794). La Municipalité avança des fonds pour les nourrir, et, le 9 octobre, elle chargea Nicolas Pétel, membre du Conseil général, d'en demander le remboursement au citoyen Bergeon, receveur du district.

Le 7 pluviôse (26 janvier 1795), ces déserteurs étaient encore à Essoyes ; leur solde fut fixée à 10 sols par jour et à 26 onces de pain. Cette solde cessait lorsqu'ils étaient occupés et payés par des particuliers. (Archives communales.)

4 nivôse an III (24 *décembre* 1794). — Le Directoire du district requiert 10 quintaux d'avoine, à fournir, sous trois jours, au citoyen Lamotte, à Mussy, pour le service de son relai.

11 nivôse an III (31 *décembre* 1794). — Réquisition de marcs de raisin et de sabots. La Municipalité répond qu'il n'y a, à Essoyes, ni sabotier, ni bois propre à confectionner des sabots.

15 nivôse an III (4 *janvier* 1795). — Le Directoire du district arrête que la commune d'Essoyes fournira, sur-le-champ, deux voitures attelées de trois bons chevaux. Elles seront chargées des foins et avoines requis, s'il en reste à livrer, et elles se dirigeront sur le magasin militaire de Troyes, où le préposé leur donnera une destination sur Metz ou sur Thionville. Les voituriers seront payés de gré à gré par l'administration [1].

21 nivôse an III (10 *janvier* 1795). — Réquisition de foin et d'avoine.

La Municipalité qui faisait des visites domiciliaires pour fournir à cette réquisition, fut fort mal reçue par les héritiers Guenin, auxquels elle réclamait 15 quintaux d'avoine, savoir 5 pour l'armée et 10 pour le maître de poste de Mussy.

« Joseph Guenin, l'un d'eux, répondit *qu'il torcherait son derrière de la réquisition*, et Simon Jacob, autre héritier, *qu'il se f.... de la Municipalité*, et les uns et les autres *qu'ils ne fourniraient pas un grain d'avoine.* »

Saisi de l'affaire, le Directoire du district statua, le 8 pluviôse (27 janvier 1795), que Jacob et Guenin « seraient traduits devant le juge de paix d'Essoyes, pour insultes à la Municipalité, et jugés suivant la loi du 22 janvier 1791, sans préjudice des poursuites qui seraient dirigées contre eux, pour faire prononcer la confiscation des cinq quintaux mis en réquisition pour les armées » [2].

25 nivôse an III (14 *janvier* 1795). — Réquisition de deux voitures attelées de trois chevaux, et de ce que chaque habitant possède d'huile au-dessus de 20 livres.

11 pluviôse an III (30 *janvier* 1795). — La Municipalité délivre un laissez-passer pour les voitures de Nicolas-Noël Voulquin et J.-B. Garnier, chargées de 10 quintaux de foin et de 7 d'avoine,

1. Archives communales.
2. Archives de l'Aube, L K 4/50, f° 191.

provenant des réquisitions faites chez les habitants. De Troyes, ces voitures se rendront à Metz ou à Thionville.

Même laissez-passer pour la voiture du citoyen Louis Joanne, qui conduit au magasin de fourrages de Troyes, la même quantité de foin et d'avoine, provenant également d'une réquisition.

18 *pluviôse an* III (6 *février* 1795). — Laissez-passer pour la voiture de Philibert Laligant, agent national, qui conduit à Troyes 15 quintaux d'avoine, produit d'une réquisition.

20 *pluviôse an* III (8 *février* 1795). — Réquisition d'une voiture et de quatre chevaux, pour trois mois, des marcs de raisin, pour être brûlés sous la surveillance de la Municipalité, et de voitures pour les transporter dans le local destiné à l'incinération.

27 *ventôse an* III (17 *mars* 1795). — Réquisition de deux voitures : l'une pour transporter des sabots de Cunfin, l'autre avec baignoire et sacs, pour conduire les cendres.

Chaque cordonnier est en même temps requis de livrer deux paires de souliers par décade.

18 *germinal an* III (7 *avril* 1795). — Le Directoire du district rappelle à la Municipalité l'arrêté du citoyen Albert, représentant du peuple en mission dans l'Aube, tendant à faire compléter, sans délai, les fournitures de chevaux et de voitures demandés par réquisition. Ce complément devra être effectué dans les 24 heures, sous peine d'arrestation pour les maires et les agents nationaux.

20 *germinal an* III (9 *avril* 1795). — Réquisition de deux voitures attelées de trois chevaux, pour conduire des fourrages à Libreville.

11 *brumaire an* IV (1er *novembre* 1795). — Réquisition de quatre voitures, pour conduire du foin de Troyes à Sens.

13 *brumaire an* IV (3 *novembre* 1795). — Réquisition de 500 quintaux de foin et de 300 quintaux de paille. Le corps municipal décide de faire des remontrances, Essoyes ayant à peine le foin et la paille nécessaires à ses besoins [1].

21 *frimaire an* IV (11 *décembre* 1795). — En exécution de la loi du 7 vendémiaire (29 septembre), le département de l'Aube

1. Archives communales : Délibérations et carton H 2.

est tenu de fournir 200,000 quintaux de foin et 200,000 quintaux de paille.

La part d'Essoyes sera de 500 quintaux foin et 300 quintaux paille. Les autres communes du canton fourniront : Cunfin, 200 quintaux de chaque espèce ; Fontette, 250 ; Saint-Usage, 120 quintaux foin et 250 paille ; Noé, la même quantité ; Verpillières, 400 quintaux foin et 300 paille [1]

1er *messidor an* IV (19 *juin* 1796). — Conformément à l'arrêté du département du 17 prairial, prescrivant l'évacuation des magasins de l'intérieur sur ceux de l'armée, la Municipalité de canton arrête que tous les grains existant dans le magasin civil d'Essoyes, seront, dans le délai de 8 jours, versés sur Nancy ; elle requiert 22 propriétaires de fournir, pour le transport, 31 chevaux, 8 voitures et 8 conducteurs.

Ceux de ces voituriers qui ne pourraient charger à Essoyes, parce que le magasin serait vide, seront dirigés par le citoyen Girardot, garde du dit magasin, sur les magasins les plus proches, en exécution des instructions particulières qu'il recevra du chef du service des vivres [2].

1. Archives de l'Aube, L d 19/18, fol. 5.
2. Archives de l'Aube, L d 19/18.

Chapitre VIII.

I. La Constitution de l'an III. Les élections de l'an IV à l'an VII. — II. Municipalité de canton. Dépréciation des assignats. Emprunt forcé. Arriéré de la contribution de l'an III. — III. Garde nationale et colonne mobile. Brigade de gendarmerie et presbytère. Persistance du désordre. — IV. Circulaire du ministre de la police. — V. Traité de paix avec la Hongrie. Anniversaire de la mort du roi et autres fêtes civiques.

I. — « La Convention, rendue à elle-même après le 9 thermidor, dit M. Albert Babeau, s'efforça de réparer les maux qu'elle avait faits et de donner à la France, par une constitution régulière, un gouvernement légal et stable. Elle avait reconnu les défauts et les dangers de la constitution de 1793 ; elle avait compris, par son propre exemple, les périls d'une assemblée unique ; elle chercha les garanties de la liberté et de l'ordre dans l'équilibre des pouvoirs et dans la division du Corps législatif [1]. »

La nouvelle constitution, dite de l'an III, fut votée le 5 fructidor (22 août 1795) ; huit jours après, ayant conscience de son impopularité, et craignant que la plupart de ses membres ne succombassent dans les élections qui allaient avoir lieu, la Convention décréta que les deux tiers des députés à élire seraient pris dans son sein. C'était se mettre à l'abri contre les vengeances populaires, en s'assurant la majorité dans le Conseil des Cinq-Cents comme dans le Conseil des Anciens, mais que devenait la souveraineté du peuple ?

Quarante-mille hommes armés, des sections de Paris, allèrent le demander à la Convention, qui, comme chacun le sait, ne dut alors son salut qu'à un jeune général d'artillerie, à peine connu, Napoléon Bonaparte.

---

1. Op. cit., t. II. p. 367.

Pour pallier son attentat et sauver au moins les apparences, la Convention soumit la nouvelle constitution à la ratification des assemblées primaires. Nous ne saurions dire si elle fut acceptée ou rejetée par les citoyens actifs du canton d'Essoyes, les procès verbaux des assemblées primaires, tenues à cet effet, étant aujourd'hui introuvables aux archives de l'Aube [1]. Ce qui nous paraît probable c'est que, persuadés qu'on les consultait seulement pour la forme, les citoyens actifs persévérèrent dans leur apathie et ne se dérangèrent pas pour aller voter.

Le voyageur Meissner raconte que, le long de la route de Bourg-en-Bresse à Paris, il s'arrêta dans maint village, pour se rendre compte de l'état des esprits. Sur cent fois qu'il demanda : « *Citoyen, comment s'est passée l'assemblée primaire de votre canton?* » quatre-vingt-dix-neuf fois on lui répondit : « *Mâ, citoyen, qu'asse que j'irins faire là ? Ma fi ! l'ont ben d'la peine à s'entendre.* » Ou bien encore : « *Que voulez-vous, on était un bin p'tit nombre ; les honnêtes gens restent chez eux* [2].

A la même question, nos pères auraient certainement fait la même réponse.

Afin de ne plus avoir à revenir sur cette indifférence des électeurs, nous grouperons ici les quelques chiffres que nous avons relevés pour les élections de l'an IV à l'an VII.

Le nombre des citoyens actifs était de mille environ (996 en l'an IV et 1054 en l'an V). Or, le 10 brumaire an IV (31 octobre 1795), Joseph Josselin fut nommé juge de paix par 54 voix sur 91 votants, et Joseph-Simon Darras, président de l'Administration municipale du canton, par 28 sur 40.

Le 28 fructidor de la même année (14 septembre 1796), 40 citoyens actifs seulement prirent part au vote, pour le choix des cinq électeurs, que le canton avait droit de nommer, d'après l'art. 33, titre IV de la constitution. Gabriel Brévôt, de Cunfin, fut élu par 36 voix ; Etienne Baudoin, de Fontette, par 34 ; Joseph

---

1. D'après l'*Histoire secrète du Directoire* (t. I, p. 10), une immense majorité repoussa les décrets liberticides, et les Jacobins ne gagnèrent la partie qu'en falsifiant les votes. Grave accusation qui, pour le département de l'Aube, se trouverait confirmée, au moins indirectement, par l'absence des documents authentiques. Nous nous permettrons d'appeler sur ce point l'attention de M. l'Archiviste.

2. Cf. Oscar Havard : La *France à la veille du 18 brumaire* ; dans *La Quinzaine*, n° du 1er décembre 1894, p. 278 et 279.

Josselin, d'Essoyes, par 30 ; J.-B. Maillet, de Saint-Usage, par 28 ; et Sébastien Goyard, de Verpillières, par 20.

Pour rendre le vote plus facile, on fractionna le collège électoral en deux sections : la première composée des communes d'Essoyes et de Verpillières, la seconde, des quatre autres communes du canton. En l'an V, lorsqu'il s'agit du choix des électeurs pour la nomination des administrateurs du département, il n'y eut que 40 votants dans la section d'Essoyes, qui comptait 503 citoyens actifs.

En l'an VI (1er germinal), la proportion fut à peu près la même; Toussaint Darras et Pierre Simon furent élus au premier tour de scrutin, l'un par 23 voix, l'autre par 22, sur 41 votants ; Joseph Josselin arriva au second tour avec 23 voix sur 43 votants. Notons en passant, que pour être éligible sous ce gouvernement démocratique, il fallait jouir d'un revenu de 150 journées de travail.

Le surlendemain, la section sembla sortir un peu de sa torpeur pour l'élection du juge de paix ; on compta 158 votants et Joseph Simon Darras fut élu par 108 suffrages.

Mais ce beau zèle ne se soutint pas ; pour l'élection du président de l'administration cantonale, il ne se trouva plus que 59 votants qui, presque tous (55), donnèrent leurs suffrages à Antoine Goyard.

Dans la section de Fontette, les abstentions furent encore plus nombreuses, ce qui permit de terminer toutes les opérations électorales en un jour. Marie-Etienne Baudoin, Gabriel Brévot et Joseph Delaunay furent nommés électeurs, les deux premiers par 21 voix, le troisième par 16 sur 27 votants.

Les 41 suffrages exprimés pour l'élection du juge de paix se répartirent ainsi : Marie Etienne Baudoin, 22 ; Joseph-Simon Darras, 16 ; Joseph Josselin, 2 ; Toussaint Darras, 1.

Pour l'élection du président de l'administration cantonale, il ne resta que 14 votants, et Antoine Goyard obtint la majorité absolue avec 9 voix.

En résumé les électeurs de l'an VI furent nommés par une vingtaine de suffrages ; le juge de paix par 124, et le président de l'administration municipale du canton par 64.

En ventôse an VII, lorsqu'il s'agit de remplacer le président de la municipalité de canton, Antoine Goyard, démissionnaire, et, comme tel, non rééligible, il n'y eut que 47 votants pour les deux sections : 31 pour celle d'Essoyes, où l'on n'arriva à constituer le bureau que le soir du second jour, et 16 pour celle de Fontette. Joseph Josselin-Martin fut élu par 25 suffrages [3].

Quarante-sept citoyens actifs dans le canton d'Essoyes, prenant part au scrutin pour l'élection du président de l'administration ! *Quarante-sept*, y compris les six agents municipaux et les six adjoints ! Ce chiffre a son éloquence. Le peuple n'avait guère qu'un moyen, l'abstention, pour manifester sa lassitude, son dégoût du régime qui pesait sur la France ; on voit qu'il en usait.

II. — A la fin de l'année 1790, Prudhomme, prêtant aux ministres l'intention de supprimer les petites Municipalités et de les remplacer par des grandes, écrivait : « Oh ! périsse le jour où l'on tenterait de concentrer le pouvoir par l'établissement des *grandes Municipalités*. Mais non, on n'en viendra jamais à bout. Les paysans, les cultivateurs sont armés, ils perdront la vie avant de se voir ainsi écrasés ; ils ont plus de sens et de jugement qu'on ne le pense, ils voient clair. »

Et il ajoutait : « A quoi donc aurait servi la Révolution, la régénération de l'Empire ? Ci-devant, citoyens, le moindre petit village avait sa Municipalité. Vous pouviez, là, discuter encore vos intérêts d'une certaine manière. Avec les grandes Municipalités, chaque paroisse deviendrait une espèce d'annexe civile, une sorte de commune vassale de la grande Municipalité. Où cela nous conduirait-il, sinon à une dépendance affreuse, qui, remontant de proche en proche, finirait par tout remettre entre les mains des ministres ?...., »

Le projet liberticide, prêté gratuitement à la monarchie par Prudhomme, fut exécuté par la République, et l'histoire, semble-t-il, n'a pas suffisamment flétri l'atteinte sacrilège portée par la constitution de l'an III aux libertés municipales.

De par cette constitution, non seulement les districts furent supprimés, mais les villes de 5,000 habitants conservèrent seules le droit de former une commune, de nommer des conseillers municipaux, d'avoir un budget, en un mot de s'administrer directement et à peu près librement.

1. Archives de l'Aube, L M 2 et L M 2 G. — L d 19/19, fol. 126 et 129.

Les campagnes furent impitoyablement sacrifiées. On les groupa, sans tenir aucun compte de la différence de leur population, de leurs ressources, de leurs intérêts et de leurs besoins, de sorte qu'il n'y eut plus, par canton, qu'une seule Municipalité, qu'un seul budget.

Les six paroisses du canton d'Essoyes ne formèrent donc plus à proprement parler, qu'une seule commune. La Municipalité, chargée de l'administrer, se composait d'un *président*, élu par l'assemblée primaire, d'un *agent municipal* par commune [1], élu pour une année, et d'un *commissaire du pouvoir exécutif* nommé par le Directoire du département.

Les finances de la République ne permettant pas, pour l'instant, de se montrer plus généreux, seul, ce fonctionnaire reçut un traitement, fixé par la loi à 400 myriagrammes de froment.

L'installation de la Municipalité du canton d'Essoyes eut lieu au chef-lieu, le 20 brumaire an IV (10 novembre 1795) [2].

Un mémoire, présenté le 1er frimaire (21 novembre) par le secrétaire, témoigne éloquemment de la dépréciation des assignats. Un grand registre, pour les délibérations, avait coûté 600 fr.; un autre plus petit, 213 fr.; trois livres de chandelle, 253 fr.; trois mains de papier, 100 fr.; deux demi-bouteilles d'encre, 83 fr.; un paquet de plumes, 30 fr.

Il restait encore à se procurer trois cordes de bois, qui furent estimées 3,000 fr., charroi compris; quatre registres de 2,400 fr.; une rame de différentes espèces de papier évaluée 1,000 fr.; de la chandelle, une écritoire, des plumes, de la cire, des chandeliers et autres menus objets d'ameublement, pouvant valoir 2,000 fr.

Même élévation dans le traitement des fonctionnaires. Le 20 ventôse an IV (10 février 1796), Philippe-Joseph Josselin, commissaire du pouvoir exécutif près l'administration municipale du canton, accuse au Département réception de deux mandats, l'un de 2,733 fr. 33 pour 41 jours de service, du 20 brumaire au 30 frimaire, l'autre de 4,000 francs, pour les mois de nivôse et de pluviôse.

---

1. Chacun de ces agents avait un *adjoint* ou suppléant et était chargé de la police dans sa commune.

2. Pour la composition de cette Municipalité, voir *Essoyes, histoire et statistique*, p. 415.

Deux mille francs par mois ! Le traitement légal du commissaire représentant la valeur de 400 myriagrammes de froment, il faut en conclure que le blé valait alors 6 fr. le kilo [1].

Cette dépréciation, ce discrédit du papier monnaie n'a rien qui puisse surprendre, si l'on se rappelle que la République avait déjà deux banqueroutes à son actif. La première, qui remontait au 30 juillet 1793, avait supprimé le cours forcé des assignats à face royale. La seconde eut lieu lors de la création du grand livre de la dette publique : toutes les rentes, pensions et dettes de l'État subirent une diminution d'un cinquième, pour obtenir le droit d'y être inscrites [2].

A peine installée, la Municipalité de canton, qui mettait d'ailleurs peu d'empressement à se rendre aux séances périodiques, eut à s'occuper de l'emprunt forcé, décrété le 19 frimaire an IV (9 décembre 1795), et dont le contingent, pour le département de l'Aube, avait été fixé à 4,926,600 livres.

Cet emprunt portait sur le quart le plus imposé, ou le plus imposable, des citoyens. D'après les instructions ministérielles et départementales, il devait surtout atteindre les fortunes nouvelles, le fermier plutôt que le propriétaire, le spéculateur plutôt que le rentier, et principalement ceux qui s'étaient notablement enrichis pendant la Révolution.

Mise en demeure de dresser des états pour la levée de ce nouvel impôt, la jeune municipalité, dans sa séance du 11 nivôse, se déclara prête à obéir, non pas toutefois sans faire observer préalablement, que les communes du canton étaient pauvres, *que la Révolution ne les avait nullement enrichies et qu'on y vivait très difficilement, même en joignant à un travail acharné l'économie la plus stricte.* Les opérations qu'on lui demandait porteraient donc non pas « sur le tiers des plus aisés », comme il était dit dans les documents officiels, « mais seulement sur la partie la moins mal

---

1. Archives de l'Aube, L M 2 G et L d 19/18, fol. 3. — Cf. Albert Babeau, op. cit. t. ii, p. 379, note 2.

2. Ces deux banqueroutes devaient bientôt être suivies de trois autres : celle du 18 mars 1796, date à laquelle on décida que les assignats n'auraient plus cours que pour la centième de leur valeur nominale ; celle du 4 février 1797, par laquelle tous les papiers-monnaie furent supprimés, et enfin celle du 30 septembre, même année, qui consista dans la radiation des deux tiers des rentes et leur remboursement en papier dont le cours n'était que de un pour cent. — Cf. Forneron : *Les cinq banqueroutes de la Révolution* : Correspondant, livraison du 25 juin 1885.

aisée. » Le Département ne tint pas compte de ces justes observations, car le 8 germinal (28 mars 1796), nous voyons la Municipalité l'inviter « à réduire le contingent assigné au canton, eu égard à sa pauvreté [1].

La réduction demandée ne fut pas accordée; aussi, de frimaire à ventôse, an VII, plus de cent vingt pétitionnaires du canton affirmaient, avec l'appui de la Municipalité, qu'ils avaient été indûment soumis à l'emprunt forcé. Après avoir payé une première taxe au percepteur, ils déclaraient être dans l'impossibilité de continuer, la somme qu'on leur demandait excédant évidemment leurs revenus disponibles [2].

La pauvreté, hélas ! trop réelle, dont se plaignait l'administration cantonale, n'était pas un mal particulier au canton d'Essoyes, mais bien plutôt une plaie générale.

En messidor an IV (juillet 1796), la contribution foncière de l'an III, qu'on pouvait acquitter soit en argent, soit en nature, n'était pas encore intégralement payée.

Pour se procurer de l'argent, la Trésorerie nationale aux abois émit un bon de 100,000 francs, payables en dix jours, sur le Receveur du département de l'Aube. L'arriéré de la susdite contribution devait fournir ces fonds. On envoya dans chaque canton un commissaire pour hâter la répartition. A Essoyes, ce fut Jacques Houët, des Riceys, qui s'acquitta de cette mission. De concert avec la Municipalité, il désigna quarante-quatre propriétaires, pour payer les 350 francs constituant la part de la commune dans le contingent de 1,500 francs imposé au canton [3].

III. — Le premier commandant de la garde nationale d'Essoyes, Joseph Josselin, donna sa démission, en octobre 1791. Il était premier juge suppléant au tribunal du district de Bar-sur-Seine. Or, un des membres de ce tribunal, ayant été élu député, Josselin se trouvait appelé à le remplacer, et, en raison de l'assiduité qu'elle réclamait, cette fonction lui parut incompatible avec son grade. Il allait d'ailleurs, sous peu, quitter Essoyes pour Bar-sur-Seine.

1. Archives de l'Aube, L d 19/18.
2. Archives de l'Aube, L d 19/19, fol. 98, 113 et 119.
3. Archives de l'Aube, L d 19/18, fol. 60. — Verpillières eût à payer 200 fr., Fontette, 300, Cunfin, 300, Saint-Usage, 200 et Noé, 150.

Le plus ancien des officiers en exercice fût, provisoirement, investi du commandement, et on déposa le drapeau à la Maison commune.

Quelques mois après, eut lieu l'organisation des gardes nationales par canton.

Réunies au chef-lieu le 6 avril, les communes composant le canton d'Essoyes, décidèrent que chaque compagnie serait composée de 86 gardes nationaux [1].

Essoyes fournirait 360 hommes, Verpillières 165, Noé-les-Mallets 88, Saint-Usage 80, Fontette 137, Cunfin 203 ; en tout 1033 hommes, formant 12 compagnies ou deux bataillons.

Le premier bataillon, qui avait pour chef Joseph-Simon Darras, prêta, le 17 juin 1792, le serment d'être fidèle à la nation, à la loi et au roi.

Maurice Delaunay, de Cunfin, fut mis à la tête du second bataillon. Il y resta jusqu'au 6 juillet 1793, date à laquelle il démissionna.

En l'an III, le gouvernement, « pour veiller à la tranquillité publique, au respect dû aux propriétés, déjouer les complots des ennemis de l'intérieur, anticiper la juste punition qu'ils méritaient et préparer de nouveaux triomphes à la République, » avait prescrit la réorganisation des gardes nationales, par les lois du 28 prairial et du 15 messidor (16 juin et 3 juillet 1795).

De son côté, le Département avait demandé l'exécution de ces lois, par un arrêté du 21 ventôse an IV (11 mars 1796).

La Municipalité entra pleinement dans les vues du pouvoir central ; mais tous ses efforts furent impuissants à triompher de l'apathie des citoyens. Le 1er messidor an IV (19 juin 1796), elle décida en vain que toutes les gardes nationales du canton, non réorganisées, le seraient le 15 [2]; le 29 fructidor (15 septembre 1796), elle était obligée de constater que ses appels réitérés n'avaient pas encore été entendus.

Elle voulut néanmoins se conformer à l'arrêté du Directoire

---

1. D'après le décret sur l'organisation de la garde nationale, les compagnies, au taux commun, devaient être seulement de 53 hommes chacune, compris les officiers et sous-officiers, le tambour compté en dehors. Les bataillons étaient composés de six jusqu'à dix compagnies. La réunion des bataillons du même district, jusqu'au nombre de 8 à 10, formait une légion (Section II, art. iv et x).

2. Archives de l'Aube, L d 19/18, fol. 48.

exécutif du 17 floréal (6 mai), portant établissement, dans la garde nationale de chaque canton, de colonnes mobiles, chargées spécialement du maintien de l'ordre [1]. Séance tenante, on organisa donc la colonne, sur le papier. J.-B. Pharizien fut nommé capitaine, Claude Corrard, de Verpillières, lieutenant, et Pierre Delaunay, de Cunfin, sous-lieutenant. Les fusiliers, au nombre de 96, étaient pris dans toutes les communes du canton [2].

Ce fut seulement quatre longs mois après cet essai d'organisation, le 3 pluviôse an V (22 janvier 1797), que les divers membres de la colonne furent informés officiellement de leur enrôlement, par la lettre suivante adressée à chacun d'eux :

« Les administrateurs municipaux du canton d'Essoyes au citoyen X.....

« Nous vous informons, citoyen, que vous faites partie de la colonne mobile, établie dans ce canton en exécution de l'arrêté du Directoire exécutif du 17 floréal dernier.

« Vous y avez le rang de.....; le contrôle est déposé chez le citoyen....., votre capitaine, et affiché dans le lieu de nos séances.

« Nous ne doutons pas que vous ne justiffiez la bonne opinion que nous avons eu de vous, en vous désignant au Département comme capable de remplir les vues du Gouvernement, c'est-à-dire d'assurer la tranquillité publique et particulière, et de protéger les propriétés contre les entreprises des brigands.

« Le temps de votre service est de six mois.

« Vous ne serez convoqué que sur un besoin évident et constaté. Notre respect pour votre temps et vos occupations égalera notre confiance en votre zèle et en votre patriotisme.

« Salut et fraternité [3]. »

1. « Les colonnes mobiles, dit M. Albert Babeau, furent instituées par le Directoire pour donner plus d'activité au service de la garde nationale, au moment où la sécurité était menacée de toutes parts dans les campagnes par des bandes de malfaiteurs. Le département de l'Aube n'était pas à l'abri de leurs crimes. La forêt d'Othe était l'asile de déserteurs et de gens sans aveu, qui répandaient la terreur dans les environs : armés de pistolets, ils pénétraient dans les fermes, liaient ou maltraitaient les paysans et s'emparaient de leur argent. A Ruvigny, ils brûlèrent un homme et une femme dans leur lit. Dans l'arrondissement de Bar-sur-Seine, l'ancien château de Mussy était le quartier général des brigands ; le propriétaire du château, qui avait perdu son poignet gauche et qui était toujours vêtu en garde national, passait pour être leur chef. Des incendies étaient signalés sur divers points du département. La gendarmerie, chargée de poursuivre les criminels, ne trouvait rien. (*Histoire de Troyes pendant la Révolution*, t. II, p. 394.)

2. Ibid., fol. 68. — Essoyes en fournit 32, Verpillières 12, Cunfin 20, Fontette 16, Saint-Usage 8, Noé 8.

3. Archives de l'Aube, L d 19/18, fol. 88.

Peu après, la colonne mobile fut mise en mouvement. De faux passe-ports de plusieurs departements, notamment de celui du Rhône, et de faux congés, limités ou absolus, de différentes brigades de l'armée du Rhin et de la Moselle, avaient été fabriqués en Allemagne et circulaient dans toute l'étendue de la République. A l'aide de ces pièces fausses, les émigrés, paraît-il, rentraient en France, puis en sortaient sans la moindre difficulté.

Le ministre de la police enjoignit aux départements de faire les recherches nécessaires pour découvrir les porteurs de ces faux papiers, les arrêter et les traduire devant les tribunaux compétents.

En conséquence, le 1ᵉʳ ventôse an V (19 février 1797), l'administration cantonale arrêta que le capitaine Pharizien organiserait, chaque jour, dans toutes les communes du canton une garde ambulante, prise dans la colonne mobile. Cette garde, composée, pour le chef-lieu, d'une escouade de huit hommes, commandés par un officier ou un sous-officier, et d'une demi-escouade pour les autres communes, serait renouvelée toutes les vingt-quatre heures [1].

En même temps que la colonne mobile, la gendarmerie fut appelée à maintenir l'ordre dans le canton d'une façon permanente.

Dès le 3 avril 1791, l'assemblée municipale avait demandé qu'une des dix-huit brigades destinées au département fût établie à Essoyes.

Ce fut seulement le 15 vendémiaire an V (5 octobre 1796) que l'administration départementale lui donna satisfaction, en arrêtant que la brigade placée aux Riceys serait transférée à Essoyes, et que « la maison ci-devant presbytérale serait employée à son casernement. »

L'abbé Girardot, qui l'occupait encore, fut invité à la tenir libre pour le 4 brumaire (22 octobre).

L'installation de la brigade dut avoir lieu la semaine suivante, car, le 11 brumaire, la Municipalité décida de fournir sept voitures, dont cinq se rendraient aux Riceys, pour y charger les meubles des gendarmes, et les deux autres à Bar-sur-Seine, à l'effet d'en ramener du fourrage pour les chevaux [2].

1. Archives de l'Aube, L d 19/18, fol. 92.
2. Archives communales : Délibérations. — Archives de l'Aube, L d 19/18, fol. 74 et 75.

Soit qu'elle s'y trouvât logée trop à l'étroit, soit, ce qui paraît plus probable, qu'elle ait reçu une autre destination, la gendarmerie n'occupa que fort peu de temps le presbytère, qui, en décembre 1797, servait encore de maison d'école.

Cent soixante élèves étaient alors entassés dans la première chambre à droite en entrant. Afin de les installer plus convenablement, l'instituteur Bruey demanda la démolition du mur de refend, qui séparait les deux pièces.

D'autre part, nous voyons l'agent municipal proposer d'affecter la chambre à gauche, en entrant, au logement du conducteur de l'horloge, Darmoise, et la chambre à four au logement de la sage-femme, ce qui constituerait, pour la commune, une économie annuelle de soixante-douze francs.

La Municipalité de canton avait d'autres vues. Jugeant l'ancien auditoire insuffisant pour le service de l'administration et de la justice de paix, elle demanda que la maison presbytérale, qui, paraît-il, devait être vendue, lui fut cédée, et que l'auditoire fut mis en vente à sa place, comme bien national.

L'administration départementale consentit à cet échange. Elle céda le presbytère, en stipulant que les deux chambres à droite, avec le jardin, seraient pour l'instituteur ; la deuxième chambre à gauche, avec le cabinet adjacent, pour la Municipalité de canton; le hallier pour les deux ; la première chambre à gauche, sur la cour, pour le tribunal de police, et la chambre à four pour le concierge de l'administration.

L'agent fit opposition à la vente de l'auditoire, qu'on avait classé comme bien de fabrique, et en revendiqua la possession, comme étant une propriété communale. La reconstruction avait été faite, il est vrai, aux frais du domaine, en 1783, mais la commune avait fourni du terrain; elle payait en totalité les impôts de l'immeuble, et un arrêt du Conseil d'État avait décidé qu'elle en resterait propriétaire, à la charge de l'entretenir.

C'était un véritable conflit.

Plusieurs fois, la vente de l'auditoire fut ajournée.

Pour mettre fin au différend, l'administration cantonale dut, le 19 floréal an VII (6 mai 1799), annuler sa pétition du 19 fructidor an VI (5 septembre 1797), déclarer que l'auditoire lui suffisait, et inviter l'administration du département à rapporter l'arrêté du 26 nivôse, cédant illégalement le presbytère et classant, non moins injustement, l'auditoire parmi les biens nationaux qui devaient être vendus au profit de l'État[1].

Ce fut seulement en l'an XI, après le Concordat, que le presbytère fut rendu à sa destination primitive.

Les mesures prises pour rétablir la sécurité matérielle furent inefficaces, tant le désordre était grand. Le département continuait à être infesté de voleurs et de brigands ; des meurtres, des incendies s'y commettaient avec impunité[2], aussi, le 7 ventôse an VI (25 février 1798), la Municipalité, justement effrayée, résolut d'exécuter strictement l'arrêté du Directoire exécutif du 26 nivôse, « contenant des mesures pour activer le service de la garde nationale sédentaire »; puis, le 21 (11 mars 1798), tous les citoyens du canton inscrits sur le rôle de la garde nationale furent mis, pendant un mois, en état de réquisition permanente. Dans chaque commune, une escouade de 8 hommes, renouvelée toutes les vingt-quatre heures, devait veiller, nuit et jour, sur les personnes et sur les propriétés[3].

Les armes sérieuses faisaient défaut, ou étaient en nombre insuffisant ; c'était une cause de faiblesse pour les défenseurs de l'ordre ; on pria le ministre de la guerre d'y porter remède. En conséquence de sa lettre à l'administration du département, le commandant de la 18e division militaire, stationnée à Dijon, fut invité, le 19 brumaire an VII (9 novembre 1798), à adresser à l'administration municipale du canton d'Essoyes, « 25 fusils de munitions, à l'effet d'assurer le service périodique de la colonne mobile et de la garde nationale, et de leur imprimer un caractère de force, de sûreté et de respect, capable d'en imposer aux malveillants[4]. »

IV. — A tort ou à raison, les crimes de la Terreur étaient imputés à la constitution républicaine, et, chaque jour, on pouvait constater les progrès de la réaction monarchique.

Le Directoire exécutif, composé de conventionnels, qui, tous, avaient voté la mort du roi, s'efforça d'enrayer le mouvement,

1. Archives de l'Aube, 2 O, 142, '
2. Albert Babeau : *Histoire de Troyes pendant la Révolution*, t. II. p. 454.
3. Archives de l'Aube, L d 19/19, fol. 23 et 29.
4. Archives de l'Aube, L d 19/19, fol. 94.

en opposant aux crimes des terroristes les attentats commis par
les partisans de la royauté. Mais, si les premiers étaient connus
de tous, les seconds avaient beaucoup moins de notoriété. Le
ministre de la police, Sottin, dans une circulaire emphatique,
datée du 5 brumaire an VI (26 octobre 1797), donna l'ordre aux
Municipalités de canton de les rechercher, et d'en dresser un
relevé exact. « Des catacombes de la Terreur, disait-il, ils ont
exhumé, une à une, ses victimes infortunées ; ils ont étalé sur le
forum la robe ensanglantée du tyran ; longtemps ils n'ont souffert
et reproduit à nos regards que les dégoûtantes images des ruines
amoncelées, tandis qu'au même instant, ils étendaient sur tous
les républicains le crêpe de la destruction.

« En opposition à leurs tableaux perfides, mettons en regard
tous les attentats du royalisme ; déroulons, s'il se peut, la liste
épouvantable des républicains tombés sous son poignard homicide.

« Le 13 vendémiaire et le 18 fructidor ont assez prouvé que
les républicains, qui savent combattre, abandonnent à leurs lâches
ennemis le moyen atroce de se venger en assassinant. Nos intentions, dans cette circonstance, ne pourront donc être dénaturées,
mais nous parviendrons ainsi à convaincre les hommes faibles,
ou irréfléchis, que si les crimes de la Terreur appartiennent à
quelques féroces usurpateurs, les forfaits du royalisme appartiennent à chacun de ses sectaires, et qu'ils découlent de leur
système et de leur moralité.

« Enfin, nous démontrerons que la liberté, fille du ciel, source
pure des vertus publiques et privées, abhorre toute action qui
n'est pas dans la loi, proscrit les vengeances individuelles, et
anathématise les assassins.

« Je vous charge de faire, dans votre arrondissement, un
relevé exact et nominatif de tous les attentats commis, tant sur
les personnes que sur les propriétés publiques et particulières,
par esprit de vengeance, et en haine de la République et des
républicains. Vous me ferez passer ce travail aussitôt qu'il sera
terminé [1]. »

Le canton d'Essoyes ne fournit pas d'éléments pour la thèse
historico-politique, que le ministre de la police se proposait d'établir. La Municipalité se contenta de transcrire intégralement la

1. Archives de l'Aube, L d 19/18, fol. 186 et suiv.

circulaire sur le registre de ses délibérations ; à notre avis, c'était lui faire beaucoup d'honneur.

V. — Dans la séance du 25 nivôse (14 janvier 1798), on donna lecture de la loi du 13 brumaire, portant ratification du traité de paix conclu entre la République et l'empereur-roi de Hongrie et de Bohême.

Dans l'espoir que, grâce aux négociations entamées au congrès de Radstadt, cette paix partielle serait, à bref délai, suivie de la paix générale, la Municipalité réserva son allégresse pour la fête civique, qui serait alors célébrée, et se borna à faire publier la loi « avec pompe et solennité. »

L'agent municipal de chaque commune, escorté de la garde nationale, fut chargé de cette publication, et dut en rapporter procès-verbal [1].

Nous avons souligné, en l'an III, la sage réserve de la Municipalité d'Essoyes pour la célébration de la fête dite *de la mort du roi*. Nous ne voyons pas qu'on s'en soit départi, et que, dans la suite, l'anniversaire de l'exécution de Louis XVI ait donné lieu à des réjouissances publiques. Sans doute on appliqua les lois des 21 nivôse an III, 23 nivôse an IV, 18 et 24 nivôse an V, imposant, ce jour là, à tous les fonctionnaires, le serment de haine à la royauté et d'attachement à la République, mais ce fut tout, et le peuple demeura étranger à ces manifestations.

Nous devons cependant constater qu'après le coup d'État du 18 fructidor an V, la haine du roi et de la royauté éclate en termes plus violents dans les documents officiels. Le 2 pluviôse an VI (21 janvier 1798), le commissaire du Directoire exécutif, Joseph-Simon Darras, ne veut pas rester au-dessous de l'agent national Laligant ; il le dépasse même. Dans son réquisitoire, avant la prestation du serment par le juge de paix et ses assesseurs, il rappelle « la juste punition du dernier des tyrans. » Pour lui, le 21 janvier est « le jour à jamais mémorable, qui a préludé le bonheur dont *jouiront prochainement* tous les Français, » et il signale « la nécessité de lui donner un caractère propre à maintenir la haine des Français pour le régime royal [2]. »

1. Archives de l'Aube, L d 19/19, fol. 1.
2. Archives de l'Aube, L d 19/19, fol. 4.

A proprement parler, il n'y avait donc pas fête à Essoyes le 21 janvier, mais simplement protestation des fonctionnaires contre le rétablissement possible de la royauté.

L'année suivante, on voulut mieux faire. Pour se conformer à l'arrêté du Directoire du 3 frimaire et à la lettre du ministre de l'intérieur du 30 du même mois, — lettre renfermant une formule d'imprécation contre les parjures et une invocation à l'Être suprême, — la Municipalité estima que le serment devait être prêté avec enthousiasme, non seulement par tous les magistrats, par tous les fonctionnaires, mais encore par le peuple lui-même, « puisqu'il tendait à consolider son bonheur. » Après avoir décidé que, le 2 pluviôse, « l'anniversaire de la juste punition du dernier roi des Français » serait célébré dans toutes les communes du canton, elle chargea donc les agents municipaux de prendre les dispositions nécessaires « pour lui donner toute la pompe recommandée. »

La première, la plus élémentaire de ces dispositions, c'était de voter des fonds et de rédiger un programme ; la Municipalité ne pouvait l'ignorer, puisqu'elle l'avait fait pour d'autres solennités ; et cependant elle ne mit pas un centime à la disposition des agents, elle ne décréta ni jeux, ni parade, ni danses, ni courses.

Cet oubli volontaire nous autorise à penser qu'elle-même ne tenait guère à la fête. Gardons-nous donc de prendre pour de l'enthousiasme ce qui, de sa part, n'était que de la diplomatie, et, sous les grands mots de la délibération, ne voyons qu'une chose, la préoccupation bien naturelle des municipaux de ne pas se compromettre vis-à-vis du Directoire.

La précaution était sage. Le 19 pluviôse (7 février 1799), probablement à la suite d'une dénonciation, le commissaire du Directoire près l'Administration centrale demanda à son collègue d'Essoyes, le procès-verbal de la fête, et lui enjoignit « de requérir les fonctionnaires publics, qui n'avaient pas prêté le serment, de le faire, sinon de lui transmettre les noms, et les motifs pour lesquels chacun d'eux n'aurait pas satisfait à ce que la loi prescrit ».

Si la loi n'avait pas été observée, le commissaire Barotte, successeur de Simon Darras, n'était pas moins coupable, pas moins répréhensible que la Municipalité. Après avoir donné connaissance de la lettre de son supérieur hiérarchique, dans la séance du 6 ventôse an VII (24 février 1799), il ajouta pour se justifier :

« A votre dernière séance, quelques fonctionnaires ont obtempéré à mon réquisitoire, en prêtant le serment, et il a dû être rédigé un procès-verbal de cette prestation. Je requiers qu'expédition de ce procès-verbal, et de celui du 2 pluviôse, me soient remis à l'instant, ou, qu'à défaut de me les remettre, il me soit rendu compte des motifs qui en retardent la remise.

« Je requiers encore que les noms de ceux des fonctionnaires, qui n'ont pas prêté le serment, me soient donnés, ainsi que les motifs qui les ont empêchés de le faire. »

L'Administration municipale aurait pu répondre que le fameux réquisitoire de la séance précédente, sous lequel s'abritait le commissaire, n'avait jamais été prononcé, mais, d'accord au fond avec Barotte, elle laissa passer sans protestation cette inexactitude, pour avoir elle-même le droit d'en émettre d'autres.

« Considérant, dit-elle, qu'il a été rédigé, le 2 pluviôse, procès-verbal de la célébration de la fête ;

« Que ce procès-verbal a été signé d'une partie des fonctionnaires présents, mais que, sur des observations faites par d'autres fonctionnaires, l'administration a cru devoir lui donner une nouvelle rédaction, afin de mieux remplir le vœu de la loi ;

« Que, pour que ce procès-verbal soit revêtu des signatures de tous les fonctionnaires, il faut nécessairement qu'il soit accordé un certain laps de temps pour cet objet ;

« Le commissaire du Directoire exécutif de nouveau entendu,

« L'Administration arrête :

« Les signatures, qui doivent être apposées au procès-verbal, seront, sous le plus court délai, recueillies de tous les fonctionnaires de ce canton, et, pour cet effet, le dit procès-verbal sera successivement adressé à tous les agents des communes qui le composent [1]. »

De ce langage embarrassé, il résulte, pour tout lecteur intelligent, que non seulement il n'y eut pas fête à Essoyes le 21 janvier 1799, mais que les fonctionnaires eux-mêmes

---

1. Archives de l'Aube, L d 19/19, fol. 117.

s'abstinrent, pour la plupart, de prêter le serment traditionnel de haine à la royauté, parce qu'ils y voyaient avec raison une apologie implicite du régicide, la justification d'un crime à jamais injustifiable.

C'était bien, du reste, la pensée, la préoccupation des législateurs qui ordonnaient la fête, et, en cette même année 1799, le poète Lebrun, lui-même, trahissait cette préoccupation, lorsqu'il écrivait ces deux pauvres vers :

> La voix d'un peuple entier n'est jamais criminelle,
> Et nous le sommes tous si Louis ne l'est pas [1]. »

La fête de la *Souveraineté du peuple*, établie par loi du 13 pluviôse an VI et fixée au 30 ventôse (20 mars), avait un caractère moins odieux, aussi fut-elle mieux acceptée. D'après le programme, chaque agent municipal fut autorisé à dépenser 50 francs pour sa célébration ; un piquet de la garde nationale prit les armes dans chaque commune, on organisa des courses à cheval et à pied avec prix aux vainqueurs ; enfin, le soir, à Essoyes, il dut y avoir feu de joie et danses au Champ-de-Mars.

En 1799, on comptait beaucoup sur cette fête pour « préparer de bons choix dans les élections qui devaient suivre ». Le programme fut à peu près le même : un piquet de garde nationale de chaque commune du canton devait se rendre au chef-lieu, « à l'effet d'assister et de protéger le cortège », et le percepteur central fut autorisé à solder les dépenses que la fête occasionnerait, jusqu'à concurrence de 96 fr. 60 [2].

Le peuple aurait dû alors fêter d'autant plus volontiers que, la disette ayant cessé, les aliments de première nécessité étaient tombés à un prix abordable pour toutes les bourses. La taxe municipale du 26 germinal an VI (15 avril 1798) porte : Pain bis, 2 sols la livre ; pain blanc, 2 sols 6 deniers ; viande (bœuf, veau et mouton), 5 sols 6 deniers [3].

Et cependant, on refusait de fêter comme on refusait de voter. Le commissaire du Directoire exécutif près l'administration municipale du canton de Gyé le constate avec tristesse dans la

---

1. Il est à présumer que, dans la plupart des campagnes, les choses se passèrent comme dans le canton d'Essoyes. C'est donc par une licence historique trop familière aux poètes que Lebrun parle *d'un peuple entier*.

2. Archives de l'Aube, L d 19/19, fol. 29 et 124.

3. Ibid. fol. 37.

lettre suivante qu'il adressait, le 28 messidor an VI (16 juillet 1798), aux citoyens composant l'Administration centrale de l'Aube :

« J'éprouve un sentiment pénible, en vous adressant le procès-verbal de la cérémonie, qui a eu lieu dans la commune de Gyé, le 26 messidor courant (14 juillet).

« Le concours peu nombreux des citoyens qui y ont assisté, atteste l'abâtardissement de l'esprit public, dans un canton qui, dans les premiers temps de la Révolution, a offert l'exemple des vertus civiques, des sacrifices les plus nombreux et les plus chers faits à la patrie.

« Les antiques préjugés semblent avoir ici repris la place du patriotisme. Les institutions républicaines n'y sont plus du goût que de quelques amis de la liberté, *apparent rari nantes in gurgite vasto.*

« Encore la fête du 14 Juillet n'a été faite qu'à Gyé, quoique les administrateurs aient eu soin de l'annoncer dans les autres communes de l'arrondissement, et d'en faire même les premiers apprêts...

« GUYOT[1]. »

1. Archives de l'Aube, L M 3 d 1 et 2.

Chapitre IX.

I. Le Directoire et la liberté religieuse. — II. Irrévérences aux séances de la Municipalité et aux offices religieux. — III. Visites domiciliaires. — IV. La Municipalité de canton de l'an VII. — Fête funéraire. — V. Nouvel essai de réorganisation de la garde nationale. Fin du Directoire.

I. — Le Directoire fut, pour la liberté religieuse, un ennemi aussi réel que les régimes précédents. Il se montra cependant un peu moins violent que les hommes de la Terreur, car, comme l'a dit Fiévée, au lieu de *tuer* il se contenta de *faire mourir*.

Après avoir admis que la Constitution civile n'était plus une loi de l'Etat, et qu'en vertu de la liberté des cultes, on ne pouvait exiger des prêtres, quels qu'ils soient, d'autre serment qu'une déclaration de soumission à la République, on revint bientôt aux anciens errements, et les prêtres insermentés furent de nouveau suspectés et inquiétés.

On voulut associer les Municipalités à cette campagne. C'est ainsi que celle du canton d'Essoyes fut amenée à déclarer, le 21 germinal an IV (8 avril 1796), qu'il n'y avait dans son arrondissement aucun prêtre insermenté, ou ayant rétracté son serment, aucun prêtre émigré rentré dans sa paroisse[1].

Cette déclaration était volontairement inexacte, le rôle de rabatteur, ou d'espion, qu'on voulait lui imposer, n'ayant sans doute pas convenu à la Municipalité.

Il y avait dans le canton un prêtre, qui, après avoir eu la faiblesse de prêter le serment, s'était courageusement rétracté. C'était le curé de Cunfin, Etienne-Augustin Benoît, rentré dans sa paroisse à la suite du 9 thermidor, après avoir subi une longue détention.

1. Archives de l'Aube, L d. 19/18, fol. 31.

Le réveil de l'esprit jacobin paraît avoir tiré de leur torpeur un certain nombre de citoyens jusque-là réfractaires à toute offensive, rebelles à tout effort. Les élections de 1797 firent entrer dans les Conseils une majorité royaliste, au moins par ses tendances.

Effrayés, tremblant pour leur place, peut-être même pour leur peau, trois des Directeurs répondirent à cette manifestation de la volonté nationale par le coup d'état du 18 fructidor (4 septembre 1797). Augereau, à la tête de 12,000 hommes traînant à leur suite quarante pièces de canon, cerna les Tuileries, proclama la loi du sabre, et débarrassa le pouvoir exécutif des représentants du peuple qui le gênaient. « Le bannissement, les démissions forcées, l'annulation des opérations électorales dans quarante-neuf collèges, enlevèrent au Corps législatif 214 représentants. La peur en éloigna 180 autres [1] ».

Encore une fois la force primait le droit.

La minorité audacieuse, qui s'était ainsi emparée du pouvoir, renouvela contre les prêtres fidèles les rigueurs inventées par la Convention.

Deux mille cent vingt-quatre furent frappés, et si un certain nombre d'entre eux échappa à la mort, ou à la déportation, ils ne durent leur salut qu'à l'admirable dévouement des familles chrétiennes.

Traiter avec la même rigueur le clergé constitutionnel et fermer de nouveau les églises, c'eût été braver trop ouvertement l'opinion et s'exposer à un soulèvement général. Le gouvernement toléra donc les prêtres assermentés, mais d'une tolérance fort relative, qui dissimulait mal son hostilité. Etant donnée l'impossibilité de supprimer les fêtes religieuses il s'appliqua à les discréditer, en accordant toutes ses préférences, en réservant toutes ses faveurs aux fêtes civiques. En un mot, craignant de soulever l'indignation par des mesures trop violentes, il se montra tracassier jusqu'à la mesquinerie.

Les preuves ne nous manqueront pas pour l'établir.

Quelques jours seulement après le coup d'Etat du 18 fructidor, le 18 septembre 1797 (2e jour complémentaire de l'an V), Simon Darras, commissaire du Directoire exécutif près l'admi-

____

1. Oscar Havard, op. cit. p. 282.

nistration municipale du canton d'Essoyes, écrivait très sérieusement à son collègue près l'administration départementale :

« Les cinq prêtres résidents dans ce canton se sont présentés
aujourd'hui au bureau de l'administration, et ont prêté le
serment qu'exige d'eux la loi ; j'ai profité de ce moment pour
leur rappeler *qu'ils s'exposeraient singulièrement, s'ils officiaient
dans le cas où quelques individus se permettraient de sonner
préalablement*, et je ne négligerai aucun des moyens qui me sont
confiés pour l'exécution des lois [1] ».

Ainsi, on n'osait pas interdire formellement les offices religieux,
mais on défendait d'y appeler les fidèles par le son des cloches,
ce qui d'ailleurs ne les empêchait pas de s'y rendre.

Un moyen plus efficace, et non moins hypocrite, de les en
détourner, et d'empêcher la sanctification du dimanche, c'était de
rendre obligatoire la célébration du décadi. Le gouvernement y
eut recours ; le chômage du décadi fut prescrit par les lois du
17 thermidor et du 13 fructidor an VI (4 août et 30 août 1798).

Dans deux délibérations, datées du 9 fructidor an VI et du
2 vendémiaire an VII (26 août et 23 septembre 1798), l'administration municipale s'engagea à faire proclamer et publier
solennellement ces lois à Essoyes, à l'issue de la séance, et dans
les autres communes du canton, dès que l'administration
départementale aurait fait parvenir les affiches *ad hoc*. Comme le
demandait le Directoire, la force armée sédentaire serait requise,
pour donner plus d'éclat à la proclamation [2].

On alla plus loin : la cloche, qui devait rester muette le
dimanche, fut mise en branle pour sonner le décadi, au moins
pendant les mois de vendémiaire et de brumaire an VII [3], et
le 19 prairial (7 juin 1799), l'administration cantonale invita
les agents municipaux *à dresser des procès-verbaux contre les
citoyens qui se refuseraient à célébrer les fêtes « décadaires »*, afin

---

1. Archives de l'Aube, L M 2 G.
Les cinq prêtres exerçant alors dans le canton étaient François Michel Girardot,
curé d'Essoyes, J.-B. Noizotte, curé de Verpillières, Etienne-Augustin Benoît, curé de
Cunfin, Nicolas-François Prolilet, curé de Fontette, et Joseph Parisot, curé de Noé-
les-Mallets. Ils déclarèrent jurer haine à la royauté et à l'anarchie, attachement et
fidélité à la République et à la Constitution de l'an III. Cette déclaration fut affichée
dans chacune des églises où ils officiaient. (Archives de l'Aube, L d 19/18 fol. 159).
2. Archives de l'Aube, L d 19/19, fol. 82 et 88.
3. Le sonneur Etienne Roger reçut 4 fr. pour ce service.

que les peines édictées par la loi du 19 thermidor leur fussent appliquées [1].

Comme nous allons le voir, toutes ces mesures furent impuissantes à faire accepter le décadi par la population d'Essoyes. Se souvenant du principe « il vaut mieux obéir à Dieu qu'aux hommes », elle demeura fidèle au dimanche, au jour du Seigneur, sans s'émouvoir des menaces d'un gouvernement, qui, depuis longtemps avait perdu son estime et sa confiance, et n'était même plus capable de lui inspirer la crainte.

Convaincu que pour attacher le peuple d'une manière définitive à la Révolution, il fallait faire table rase des anciens usages, des anciennes habitudes, aussi bien que des anciennes croyances, le Directoire, par un arrêté du 14 germinal an VI (3 avril 1798), prescrivit la stricte observation du calendrier républicain, et ordonna aux administrations municipales de fixer, à des jours déterminés de chaque décade, et non plus de chaque semaine, les marchés de leur arrondissement.

Dans sa haine de la religion, il eut soin de stipuler, qu'en aucun cas, l'ordre établi ne pourrait être interverti, « sous prétexte que les marchés tomberaient à des jours ci-devant fériés », et il recommanda aux administrations de « *s'attacher spécialement à rompre tout rapport des marchés au poisson avec les jours d'abstinence désignés par l'ancien calendrier* ». Faciliter l'abstinence aux chrétiens qui voudraient l'observer, ne serait-ce pas devenir leur complice et favoriser la superstition?

La Municipalité du canton d'Essoyes, toujours docile, au moins en apparence, obéit de son mieux. De temps immémorial, un marché se tenait au chef-lieu, le samedi de chaque semaine, on décida que, désormais, il y en aurait deux par décade, un le quartidi, l'autre le nonidi [2].

L'usage fut plus fort que la loi.

Peu sensibles aux beautés du nouveau calendrier, les cultivateurs continuèrent à amener leurs denrées au marché, au jour fixé par l'ancien.

Le commissaire du Directoire exécutif s'émut de cette infraction et adressa de vifs reproches à l'administration municipale qui

1. Archives de l'Aube, L d 19/19, fol. 158 et 165.
2. Archives de l'Aube, L d 19/19, fol. 39.

la tolérait. Le canton d'Essoyes avait-il donc le droit de se régir par des lois particulières ? *Stulta lex sed lex.*

Courbant la tête sous le réquisitoire, la Municipalité arrêta, le 29 pluviôse an VII (17 février 1799), que le marché se tiendrait à l'avenir les 7, 17 et 27 du calendrier républicain. Au lieu de deux par décade, il n'y en aurait donc plus que trois par mois. Si, ignorant l'arrêté, des cultivateurs se présentaient le samedi suivant (5 ventôse), ils seraient invités à déposer leurs denrées chez des citoyens de leur connaissance, puis ils reviendraient, pour les mettre en vente, le surlendemain.

En cas de résistance, ils seraient poursuivis, comme ayant embarrassé la voie publique ; du reste la force armée serait requise, si le citoyen chargé de la police du marché le jugeait utile.

Ce second arrêté ne fut pas plus respecté que le premier.

Après deux mois d'essai infructueux, la Municipalité fut obligée de reconnaître son impuissance. Jalouse cependant de faire fleurir et prospérer, dans son arrondissement, les institutions républicaines, et particulièrement la célébration du décadi, elle estima, le 6 floréal (23 avril 1799), qu'un excellent moyen d'arriver à cet heureux résultat, serait de changer de nouveau le jour du marché et de le fixer au quintidi de chaque décade.

Les considérants du nouvel arrêté témoignent, à la fois, de l'esprit irréligieux des hommes au pouvoir, et du bon sens chrétien de la population du canton d'Essoyes.

On y reconnaît, en effet, que « la tenue des marchés n'est pas encore suffisamment régularisée ; *qu'il a été impossible, jusqu'à cette heure, d'obtenir des citoyens la célébration des décadis* ; que la résistance et les difficultés, relatives à l'un et à l'autre de ces objets, tiennent à des inconvénients qu'il est peut-être impossible de faire disparaître ».

On veut cependant essayer. On pose d'abord comme prémisses « qu'il y a une sorte d'embarras, pour bien du monde, de reconnaître, sans confusion et sans méprise, dix jours de suite, que rien ne distingue ; qu'un travail de neuf jours consécutifs, s'il ne dépasse pas les facultés naturelles, contrarie du moins les habitudes acquises » ; puis, on conclut, fort habilement, « qu'en indiquant les jours du marché au 5 de chaque décade, il en

chie pouvait être rétablie, le Directoire voyait partout des conspirateurs. Par la loi du 18 messidor (6 juillet 1798), il prescrivit des visites domiciliaires, « pour l'arrestation des agents de l'Angleterre, des émigrés rentrés, des prêtres déportés rentrés, ou sujets à la déportation, des égorgeurs, des brigands et des chefs des chouans ».

Ces craintes étaient évidemment exagérées, et les mesures odieuses de précaution qu'elles inspirèrent ne nous paraissent guère motivées. Les agents de l'Angleterre n'avaient probablement pas encore franchi le Détroit ; les quelques émigrés, les quelques prêtres, qui avaient pu quitter la terre d'exil et rentrer en France, faisaient les morts, loin de songer à conspirer ; si les chefs des chouans n'avaient pas complètement désarmé, ils n'étaient guère en état de reprendre l'offensive et de mettre la République en danger, puis il y a loin de l'Aube à la Vendée.

Restaient donc *les égorgeurs et les brigands* ; mais ils n'étaient pas moins anti-royalistes que les hommes au pouvoir, et le Directoire ne pouvait, sans injustice, les traiter en ennemis politiques, d'autant plus que, pour terroriser les honnêtes gens, il avait lui-même levé l'écrou de bon nombre de ses amis de la veille, « septembriseurs, sacripants et tape-dur ».

Convoquée extraordinairement le 22 thermidor (9 août 1798), pour appliquer la loi, la Municipalité arrêta que des visites domiciliaires seraient faites incessamment dans toutes les communes du canton, notamment chez le citoyen de Bondoire à Servigny, et chez la veuve Brunet à Verpillières, par le commissaire du Directoire exécutif, avec l'assistance des gendarmes, des gardes-champêtres et forestiers, et en présence de l'agent municipal et de son adjoint.

On décida, en outre, que la loi du 10 vendémiaire an IV, sur la police extérieure des communes de la République, serait exécutée dans toutes ses dispositions ; puis, il fut convenu qu'à la faveur des visites domiciliaires, on rechercherait les vols et les délits ruraux, ainsi que les déserteurs, les réquisitionnaires, et tous les soldats rentrés dans leurs foyers depuis le 25 brumaire (15 novembre 1797)[1].

Les visites domiciliaires eurent-elles lieu partout ? Nous en

1. Archives de l'Aube, L d 19/19, fol. 75.

doutons. M. de Bondoire et la veuve Brunet de Neuilly furent probablement les seuls molestés. Il faut bien reconnaître qu'ils avaient plus d'une bonne raison de ne pas aimer la République. On ne trouva cependant chez eux, ni agent de l'Angleterre, ni chef de chouans, ni émigrés, ni prêtres déportés [1]. Quant aux égorgeurs et aux brigands, qui pouvaient opérer dans le canton, ce n'était évidemment pas là qu'il fallait chercher leur repaire.

IV. — La Municipalité de canton élue en l'an VII fut installée et prêta serment de haine à la royauté le 1er floréal (20 avril 1799).

Elle était ainsi composée :

Joseph Josselin-Martin, président ; Claude Bacquias, agent d'Essoyes avec Claude Garnier, comme adjoint ; Toussaint Tinturier, agent de Cunfin, avec Joseph Richot, comme adjoint ; J.-B. Maillet, agent de Saint-Usage, avec Nicolas Breton, comme adjoint ; Nicolas Tapprest, agent de Noé.

Le procès-verbal d'installation n'indique pas quel était l'adjoint de Noé. Même lacune pour l'agent de Verpillières et pour son adjoint.

Nicolas Barotte, restait commissaire du Directoire exécutif.

L'assemblée décida qu'elle siégerait chaque jour de marché, et que, jusqu'au 1er vendémiaire, ses séances commenceraient à huit heures du matin [2].

Nous relaterons ailleurs le zèle de cette Municipalité pour hâter le départ des conscrits et des soldats réfractaires ; elle ne se montra pas moins patriote lorsqu'il s'agit de célébrer, à Essoyes, une « fête funéraire » en mémoire des plénipotentiaires de Rastadt, Bonnier et Roberjot, odieusement assassinés. Elle demanda la stricte exécution des art. 3, 4, 5 et 6 de la loi du 22 floréal relative à cet assassinat, invita les fonctionnaires à se joindre aux agents municipaux, le 20 prairial, jour fixé pour la cérémonie funèbre, et la garde nationale à prendre les armes pour donner plus d'éclat à la solennité [3].

---

1. Menacé par l'arrêté du 13 prairial an VI, le curé de Cunfin, Benoît, avait dû se cacher. Le 30 messidor (18 juillet 1798), l'agent de la commune de Cunfin, Courtot, interrogé par le gendarme Dupont, de la brigade de Bar-sur-Seine, déclara que « l'ex-curé revenait de moment à autre dans la commune, et n'était qu'un homme errant. » (Archives de l'Aube, L M 4 C 3).

2. Archives de l'Aube, L d 19/19, fol. 135 et 137.

3. Archives de l'Aube, L d 19/19, fol. 155.

Cette garde nationale, dont il est parlé si fréquemment, n'existait guère que sur le papier. Les nombreux arrêtés pris depuis 1792 pour sa réorganisation, et particulièrement en l'an IV, étaient demeurés lettre morte ; on n'avait pas même une seule fois procédé à la réélection des officiers et des sous-officiers.

Et cependant la garde nationale, particulièrement chargée de la police intérieure des communes, était à peu près la seule force que les fonctionnaires civils et les magistrats eussent en main, pour maintenir le bon ordre dans les campagnes.

Le 19 prairial an VII (7 juin 1799), la Municipalité estimant qu'il était urgent de rappeler les insouciants à leur devoir, arrêta que la garde nationale du canton serait incessamment réorganisée, d'après les principes établis par la loi du 3 prairial an III. La journée de travail, pour la taxe du remplacement, fut fixée à 1 fr. 50 ; on enjoignit aux agents municipaux d'apporter, à la première séance, le tableau des citoyens de leur commune, de 18 à 60 ans.

La réorganisation devait se faire par commune, en commençant par le chef-lieu.

Des affiches, portant publication des lois et arrêtés sur la matière, furent apposées ; tous les citoyens valides, âgés de 18 à 60 ans, furent invités à se rendre, le 26 messidor (14 juillet 1799), à quatre heures du soir, « au temple décadaire, » pour procéder à la réorganisation demandée, et à l'élection des officiers et sous-officiers, sous la présidence de l'agent municipal et de J.-B. Pharisien, qui gardait son grade de commandant.

Les deux présidents furent seuls fidèles au rendez-vous ; ils attendirent en vain de 4 heures à 7 heures ; pas un citoyen ne se présenta. C'était un témoignage, non équivoque, du dégoût qu'inspirait le Directoire et ses agents, et un singulier anniversaire de la prise de la Bastille.

Profondément humiliée de sa défaite, mais ne voulant pas s'avouer vaincue, la Municipalité décréta, le lendemain, que la réorganisation de la garde nationale d'Essoyes serait faite *d'office*, par l'agent municipal, son adjoint et le commandant Pharisien. Cependant, comme on avait des doutes sur la légalité de l'arrêté, il fut convenu, qu'avant de l'appliquer, on le soumettrait à l'approbation de l'Administration centrale du département [1].

La colonne mobile consolait-elle la Municipalité des déboires que lui causait la garde nationale sédentaire ? La délibération du 3 thermidor an VII, (21 juillet 1799), semble autoriser à répondre affirmativement à cette question, car elle enjoint aux agents municipaux de mettre la colonne en réquisition, pour suppléer à la gendarmerie, arrêter et faire conduire au dépôt de Troyes, les prisonniers autrichiens déserteurs [2].

Mais, en réalité, tous les ordres de ce genre ne prouvent qu'une chose : le soin de la Municipalité à se conformer aux instructions qu'elle recevait de l'Administration centrale, afin de ne pas encourir de reproches.

L'ordre arrivait d'inviter la garde nationale à prendre les armes pour une fête patriotique, on le transmettait scrupuleusement, sans se demander si la garde nationale existait. Il en était probablement de même pour la colonne mobile. Si elle avait été sérieusement organisée, est-ce que les hommes qui la composaient n'auraient pas répondu à l'appel de leur commandant pour la réorganisation de la garde nationale sédentaire ?

Du mois d'août au mois de novembre, nous n'avons à relater aucun acte important de la Municipalité de canton. Ses jours, d'ailleurs, étaient comptés ; elle devait disparaître avec le Directoire, sous le coup d'État libérateur du 18 brumaire.

On se demande comment cette étrange institution, qui supprima l'individualité communale, et lui substitua une agglomération factice, composée de plusieurs villages, put durer quatre longues années. C'était la confiscation des franchises municipales, la suppression de la vie et de l'indépendance communales, venant s'ajouter à l'inquiétude, à l'effroi, à la misère, à la persécution religieuse et à l'augmentation sans cesse croissante de l'impôt du fisc et de l'impôt du sang.

---

1. Archives de l'Aube, L d 19/19, fol. 158, 171 et 172.— A Fontette, à Saint-Usage et à Noé, la Municipalité rencontra la même résistance passive, et elle dut voter, comme à Essoyes, la *réorganisation d'office*.

2. Archives de l'Aube, L d 19/19, fol. 173. — Les hostilités avaient amené à Troyes, au printemps de 1799, un grand nombre de prisonniers de guerre autrichiens. Casernés aux Jacobins, et peu satisfaits du régime auquel ils étaient soumis, ils cherchaient sans cesse à s'évader. Plus de 300 y réussirent. L'alarme fut immédiatement donnée, sur tous les points du département, (Cf. Albert Babeau, op. cit., t. II, p. 499.)

C'en était trop, même pour le peuple le plus patient.

Bonaparte le comprit : il ne fit que suivre le mouvement général des esprits, que réaliser les désirs plus ou moins secrets et les vœux plus ou moins tacites de l'immense majorité de la nation, lorsque, à la tête de ses grenadiers, il dispersa les Cinq-Cents et mit fin au Directoire.

La Constitution de l'an VIII rétablit les conseils municipaux et les maires, supprimés par la Révolution, mais elle ne rendit pas aux communes, dans toute leur plénitude, les libertés dont elles jouissaient antérieurement.

Aujourd'hui encore, quoiqu'on en dise, elles sont privées du droit de s'administrer elles-mêmes. En matière d'administration communale, la souveraineté du peuple se réduit à nommer des représentants, entre les mains desquels il aliène toute liberté pour une période de quatre années.

Ce peuple, en apparence si respecté, si adulé, est, en réalité, un mineur, ou un interdit, auquel on veut bien permettre de changer de temps en temps ses tuteurs. Là se bornent ses droits. C'est maigre.

« L'idée des représentants est moderne », a dit fort justement Jean-Jacques Rousseau. Nous ajouterons qu'elle est anti-libérale, car il importe à notre liberté, non moins qu'à notre dignité, de nous faire représenter le moins possible, et d'agir par nous-mêmes autant que nous pouvons.

Espérons que bientôt, qu'il s'agisse de la commune, du département, ou de la France entière, le *referendum* corrigera, dans une certaine mesure, les abus inhérents au système représentatif, et que, pour la gestion de leurs intérêts communaux, les habitants d'Essoyes n'auront plus à regretter le moyen-âge, qui, selon le mot de Thierry, fut « la véritable époque des libertés municipales ».

Chapitre X.

I. Volontaires de 1791 et de 1792. — II. Levée de mars 1793. — III. Désarmement de M. de Bondoire. — IV. Appel de volontaires pour la guerre de la Vendée. Levée du 13 août 1793. Levée en masse. — V. La légende des Volontaires de la République et les désertions, de 1793 à 1799.

I. — Dès les premiers symptômes de mésintelligence entre la France et l'Autriche, l'Assemblée constituante songea à fortifier l'armée régulière par une levée de volontaires pris dans la garde nationale.

Le décret du 11 juin 1791 portait : « Il sera fait incessamment, dans chaque département, une conscription libre de gardes nationales de bonne volonté dans la proportion d'un sur vingt... Les volontaires ne pourront se rassembler, ni nommer leurs officiers, que lorsque les besoins de l'Etat l'exigeront... Les volontaires seront payés par l'État, lorsqu'ils seront employés au service de la patrie. »

C'était la création d'une armée civique, prête à marcher au premier ordre du roi [1].

La mise en activité de cette nouvelle armée fut décrétée le 21 juin, sous le coup de l'émotion causée par la fuite de Louis XVI.

Le département de l'Aube devait fournir de deux à trois mille hommes, mais son contingent fut ensuite réduit à 574. Quatre commissaires, entre autres Picot de Dampierre et Loncle, furent chargés, par le Directoire du département, de la formation d'un bataillon.

En dépit de la promulgation régulière du décret, personne, à Essoyes, ne s'était encore fait inscrire, à la date du 5 août.

L'assemblée municipale ordonna alors une publication au prône et de nouvelles affiches.

1. Cf. Prudhomme : *Révolutions de Paris*, 8ᵉ trimestre, p. 520.

Cette fois, son appel fut entendu. Cinq citoyens donnèrent leurs noms, se déclarant prêts à prendre les armes, à la première réquisition, pour la défense de l'État et le maintien de la Constitution. C'étaient : Claude Dudez, Xavier Truchelut, fils de feu Charles-Michel, Jean Mongin, Antoine Pharizien et François Riembault.

Vers le 12 septembre, ils reçurent l'ordre de se rendre à Troyes pour prendre part à l'élection des officiers du bataillon, et partir de là pour Compiègne ou pour Soissons. Le corps municipal fournit à chacun d'eux un fusil et un secours de route de 12 livres.

Nos cinq compatriotes, ainsi équipés, quittèrent Essoyes, animés sans doute d'une ardeur non moins belliqueuse que patriotique. Ils étaient à Troyes le 18 septembre, jour de l'élection des chefs ; mais, volontairement ou non, ils ne se présentèrent que tardivement au lieu indiqué pour la réunion.

Leur place était prise ; la compagnie Petit, dont ils devaient faire partie, était complète ; aussi le commandant Picot de Dampierre les renvoya à Essoyes, porteurs d'une lettre par laquelle il informait la Municipalité que les retardataires seraient mandés pour le second départ. Ils rentrèrent donc dans leurs foyers, très satisfaits de cette première campagne, qui se réduisait à une promenade faite à Troyes, aux frais de la communauté, et peu jaloux, semble-t-il, de ceux qui, arrivés à l'heure, étaient partis pour le camp de Carvin et, de là, pour Saint-Domingue.

Durant plusieurs mois, ils purent jouir ainsi des douceurs du foyer ; peut-être même se croyaient-ils complètement libérés, lorsque, sur la proposition de Louis XVI, l'Assemblée législative, qui avait remplacé l'Assemblée constituante, déclara la guerre à l'Autriche (20 avril 1792).

Pour soutenir cette guerre, la loi du 6 mai prescrivit la formation de 31 nouveaux bataillons de volontaires. « C'est dans ce moment, écrivait le Directoire du district de Bar-sur-Seine aux officiers municipaux d'Essoyes, c'est dans ce moment que les citoyens doivent prouver qu'ils sont dignes de porter le nom de Français, en concourant avec ardeur à l'affermissement de la liberté qu'ils ont conquise, et en prenant les armes pour la défendre contre les attaques de leurs ennemis.

« Vous avez accepté la constitution, juré de la maintenir, vous devez, dans le moment où la Patrie est menacée, inviter vos concitoyens à voler à sa défense. Il est donc question de donner à cette loi la plus grande publicité, et d'ouvrir de nouveau votre registre d'inscriptions volontaires, d'avertir ceux qui se présenteront qu'ils seront armés, équipés et habillés, à mesure qu'ils rejoindront leur corps, et qu'ils auront 3 sols par lieue, pour leur route, »

A cet appel pressant du Directoire du district, personne, à Essoyes, ne répondit. Les cinq volontaires de 1791 continuèrent à dormir, et nous ne voyons pas que la Municipalité ait cherché à les tirer de leur sommeil.

Cependant, la situation extérieure de la France allait chaque jour s'aggravant. Bientôt on apprenait que les Prussiens s'avançaient vers la frontière, et le 11 juillet, l'Assemblée législative proclamait *la Patrie en danger*.

« Aux termes du décret, tous les citoyens faisant partie de la garde nationale étaient mis en activité permanente, et tenus de choisir parmi eux ceux qui marcheraient les premiers au secours de la Patrie. Le département de l'Aube devait fournir 2,432 hommes. Les gardes nationales n'étant pas encore organisées, d'après la loi de 1791, dans la plupart des districts, le Conseil général du département prit pour base du contingent le nombre des citoyens actifs, qui montait à 43,332, et décida que chaque district fournirait un volontaire national par 26 citoyens actifs [1]».

Le décret de la Législative, envoyé extraordinairement, fut publié à Essoyes le 18 juillet.

L'assemblée municipale décida aussitôt qu'elle siégerait en permanence, que nul ne pourrait voyager sans un laissez-passer, qu'on monterait la garde le jour et la nuit, et que le commandant de la garde nationale notifierait à tous les hommes en état de porter les armes, qu'ils étaient en activité permanente.

C'était le cas de se souvenir des volontaires de 1791.

On les manda sur-le-champ et, ce même jour, 18 juillet, ils comparurent devant la Municipalité, à l'exception de Claude Dudez, qui était absent.

Il leur fut représenté que, la Patrie étant en danger, ils

1. Albert Babeau : Op, cit, t. I, p. 496.

devaient, en vertu de leur engagement, se rendre au district pour rejoindre les volontaires au camp de Soissons.

Ces soldats-citoyens étaient beaucoup plus citoyens que soldats; ils refusèrent de partir avant d'avoir vu un ordre formel du Département les appelant sous les armes [1].

Craignant avec raison que leur refus n'empêchât d'autres jeunes gens de s'engager, l'assemblée municipale, pour contraindre les réfractaires à partir, décida que sa délibération contenant l'exposé des faits serait, en même temps qu'une copie des lettres des sieurs Dampierre et Loncle, commissaires chargés de la formation de la garde nationale du département de l'Aube, envoyée au ministre de la guerre et au Directoire du département, avec prière « de statuer ce qu'il appartiendrait [2]. »

A l'exception de Claude Dudez, dont nous n'avons plus trouvé mention, les volontaires de 91 n'attendirent pas la décision du ministre de la guerre pour courir à la défense de la patrie. Xavier Truchelut et Jean Mongin s'engagèrent le 22 juillet, François Riembault le même jour ou le lendemain. Quant à Antoine Pharizien, il se fit remplacer, le 23, par son frère Jean-Baptiste.

Si, comme on l'a dit, les enrôlements, à cette époque critique, se firent avec un empressement extraordinaire et un indescriptible enthousiasme, ce ne fut pas, à Essoyes du moins, au premier cri d'alarme. C'est en vain que l'assemblée municipale siégeait en permanence ; quatre longs jours s'écoulèrent, du 18 au 21 juillet inclusivement, sans que personne se présentât pour s'enrôler. En dépit de proclamations et d'appels réitérés, le registre restait blanc, au grand désespoir des patriotes.

---

1. Nous constatons le même refroidissement chez nos voisins de la Haute-Marne. En effet, le 13 juillet 1792, le ministre de la guerre écrit au président de l'Assemblée législative : « MM. les administrateurs du département de la Haute-Marne m'ont fait part des obstacles qui s'opposent au complément du bataillon de volontaires nationaux qu'ils ont fourni, et à la levée de celui qu'ils doivent encore mettre sur pied. Ils assurent qu'une partie des citoyens qui, l'année dernière, s'étaient fait inscrire, et qui n'ont pas été compris dans le premier bataillon, refusent de participer à le compléter, sous prétexte qu'ils ne jouiront pas du droit de nommer leurs officiers, et qu'ils n'auront pas l'espoir d'être élus eux-mêmes à ces places ; que d'autres ne veulent pas marcher, parce qu'ils ne regardent point leur enrôlement comme un engagement véritable ; enfin, qu'il y en a qui se sont mariés depuis leur inscription, et que ceux-là pensent que leur changement d'état a annulé leurs engagements. » (Camille Rousset : *Les Volontaires 1791-1794*, p. 67 et 68.)

2. Archives communales.

Le 22, les choses changent de face.

Simon Bertrand, fils de Nicolas, se présente devant le corps municipal. Il avait été récemment condamné par le tribunal de Bar-sur-Seine à 54 livres de dommages intérêts envers la commune, pour vol de bois. Il offre de s'enrôler, mais à la condition que la commune lui fera remise de cette somme.

Prévoyant « que s'il y avait quelqu'un d'enrollé, sa exciterait infailliblement d'autres jeunes gens à faire de même », la Municipalité accepte cette proposition, et l'acte d'engagement est rédigé sur-le-champ [1].

Le mouvement était donné ; il fut suivi, comme on l'avait prévu. Vingt-deux engagements furent contractés le 22 juillet, quatorze le 23, et neuf du 24 juillet au 17 août inclusivement.

Dès le 4 août, J.-B. Pharizien était élu capitaine et Joseph Grillot, lieutenant. Ils furent, en cette qualité, témoins de l'engagement de Nicolas Mongin.

Après une hésitation facile à comprendre, le bourg d'Essoyes fournit donc à lui seul, du 22 juillet au 17 août, quarante-cinq volontaires pour la défense de la patrie. Nous doutons que sur aucun point du département, le patriotisme ait fait éclore des dévouements plus nombreux.

La formule d'engagement était la suivante :

« La Nation, la Loi et le Roy,

« Est comparu X..., garçon, domicilié dans cette Municipalité, lequel nous a déclaré s'engager de sa propre volonté, sans force ni contrainte, à servir la Nation, sous les ordres du Roy, chef suprême de l'armée, en qualité de soldat volontaire, dans le 2ᵉ bataillon du département de l'Aube, pendant tout le temps que la Patrie sera en danger.

« Je déclare n'avoir aucune infirmité cachée, qui puisse m'empêcher de servir la Nation, et n'être engagé dans aucune de ses troupes, soit de terre, soit de mer.

« En conséquence, je promets servir avec fidélité et honneur et d'être invariablement attaché aux lois militaires et aux règles de la discipline, d'obéir ponctuellement à tous mes supérieurs, et de me comporter, dans toutes les occasions, en brave et honnête soldat.

1. Archives communales.

« Je certifie être âgé de....., natif de....., municipalité de....., district de....., département de....., fils de mes père et mère de la paroisse de.....

« Ce (*date*) 1792, en présence de (*témoins*) soussignés.

Suit le signalement.

« Nous, officiers municipaux, avons lu le présent engagement et déclaration en présence du recru y dénommé, lequel n'a rien réclamé contre son contenu.

« Fait à Essoyes, le....... 1792[1]. »

Après les réquisitions de l'Assemblée législative vinrent celles des généraux commandant l'armée du Rhin. Ils demandèrent d'abord aux sept départements les plus rapprochés de la frontière, de mobiliser le sixième de leurs gardes nationales. Puis, ce fut le tour des départements de Saône-et-Loire, de la Côte-d'Or, de la Haute-Marne, de l'Aube, etc., qui durent envoyer à Strasbourg un bataillon de 800 hommes, chacun[2].

Ce fut sans doute en vertu de cette réquisition que, le 18 août, le canton d'Essoyes eut à fournir vingt-huit nouveaux volontaires.

Appelé à délibérer, le Conseil général d'Essoyes estima, avec raison, que le chef-lieu ayant déjà fourni son contingent et au delà, les vingt-huit hommes devaient être pris dans les autres communes du canton, en basant la répartition sur le nombre d'électeurs, et non sur celui des gardes nationaux, attendu que beaucoup de citoyens ne s'étaient pas fait inscrire sur les registres de la garde nationale.

Ce principe étant admis, Cunfin devait fournir huit volontaires ; Fontette, 5 ; Noé, 5 ; Saint-Usage, 3 et Verpillières 7; la proportion était de un volontaire sur dix-sept citoyens actifs.

L'assemblée des communes au chef-lieu, pour l'enrôlement des vingt-huit hommes, fut fixée au 22 août. La Municipalité d'Essoyes nomma pour commissaires : Antoine-Zacharie Vaillant, lieutenant de la garde nationale et Claude-Louis Legry, grenadier[3] ; le commissaire nommé pour le canton était un des frères Darras.

1. Archives de l'Aube : L R 4 c.
2. Réquisition du 11 août 1792, signée Biron.
3. Archives communales.

Nous n'avons pas trouvé le procès-verbal de cette assemblée. Les communes intéressées se rangèrent-elles à la décision, d'ailleurs fort juste, du Conseil général d'Essoyes ? Nous l'ignorons. Tout ce que nous pouvons dire, c'est que trois jeunes gens de Noé-les-Mallets se présentèrent devant les commissaires, et s'engagèrent certainement ce jour-là. C'étaient J.-B. Racoillet, Thomas Renard et J.-B. Petit-Bonnet, ce dernier né à Cunfin.

La compagnie Pharizien fit partie du 3ᵐᵉ bataillon de l'Aube, qui avait pour lieutenants-colonels Dussaussay de Mély et Cossard.

Composé de jeunes gens vigoureux et d'une taille avantageuse, ce bataillon d'élite brûlait de combattre pour la Patrie : chefs et soldats déclaraient à l'envi qu'ils retourneraient dans leur pays si on ne les conduisait pas à l'ennemi.

Satisfaction leur fut donnée. A demi-armé et équipé, le 3ᵐᵉ bataillon partit de Troyes pour Châlons le 2 septembre, et de Châlons il fut dirigé sur Cambrai.

Du reste, les nouvelles étaient mauvaises. On annonçait l'investissement de Verdun et la marche de l'armée de Brunswick vers les défilés de l'Argonne. L'Administration de l'Aube fit un nouvel appel aux districts, les pressant d'envoyer de nouveaux volontaires [1].

Les administrateurs du Directoire du district de Bar-sur-Seine transmirent sans délai cet appel aux officiers municipaux d'Essoyes. Le 2 septembre, aussitôt après la réception de leur lettre, la population était convoquée sur la place publique, et douze jeunes gens déclaraient « se vouer de bonne volonté à aller au secours de la patrie ».

Le lendemain, dans une assemblée générale, la Communauté décida de faire un don d'argent aux volontaires qui se consacraient à la défense du pays. La caisse municipale était vide, ou à peu près : il fallut recourir à l'emprunt. Plusieurs habitants avancèrent à la commune une somme de 1,750 livres. Il fut convenu qu'on les rembourserait lorsqu'on toucherait le prix de vente de la réserve [2].

Les nouveaux engagés partirent le 6 septembre.

1. Albert Babeau : Op. cit, t. I, p. 510 et 511.
2. Archives de l'Aube : L R 4 c. Recrutement. — Archives communales.

Il leur fut payé, à Bar-sur-Seine, 30 sols pour leur subsistance depuis Essoyes jusqu'à Troyes. De là ils se rendirent au camp de Châlons par Arcis [1].

Ces enrôlements furent-ils réellement spontanés, et faut-il prendre, dans son sens strict, le mot *volontaires* que l'on trouve dans tous les documents de l'époque ?

Il est au moins permis d'émettre un doute sur ce point. *Liberté et réquisition* sont des mots qui ne vont guère de pair. Or, toutes les levées, sauf celle de 1791, se firent par réquisition, chaque canton étant obligé de fournir un certain nombre de soldats, déterminé d'après le chiffre soit de ses gardes nationaux, soit de ses citoyens actifs. Si on ne s'enrôlait pas de soi-même, on était à peu près certain d'être enrôlé d'office. Comme le fait remarquer M. Camille Rousset dans son commentaire du décret du 11 juillet, « ce n'était plus seulement, comme en 1791, à la libre volonté des citoyens que l'assemblée faisait appel ; il y avait, dans la désignation indiquée par la loi, un commencement de réquisition. Le nom de *volontaires* de 1792, vrai pour la petite élite qui s'est présentée d'elle-même, ne l'est plus pour la masse de ceux qui n'ont marché que parce qu'ils ont été choisis par d'autres et désignés pour partir [2] ».

Puis, supposé que, de par la loi, tels ou tels jeunes gens ne fussent réellement pas obligés de partir, ils avaient à compter avec les exigences des populations affolées. Un passage de la lettre que le curé de Bar-sur-Seine, Boulland, adressait, le 27 septembe, à un député, confirme amplement cette réflexion : « Des commissaires du pouvoir exécutif, dit-il, des commissaires de la Commune de Paris, des commissaires des départements, tous ces messieurs ont sonné l'alarme dans tous nos pays. On a cru qu'il fallait tous partir ; en conséquence, *ceux qui ont des raisons pour rester, risqueraient d'être assommés en refusant de marcher* [3].

Motivées en septembre, ces réserves sur la spontanéité des engagements perdent beaucoup de leur justesse si on les applique, pour Essoyes, à la levée de juillet 1792.

D'après la base de la répartition des contingents, (un volon-

1. Archives de l'Aube : L R 4 c.
2. Op. cit. p. 69.
3. Archives nationales ; F 1, carton 1. — *Apud* Babeau : Op. cit., t. ii, p. 55,

taire sur vingt-six citoyens actifs), notre pays n'avait guère à
fournir alors qu'une douzaine de soldats. Or, il en fournit
quarante-cinq du 22 juillet au 17 août, et ces quarante-cinq
braves s'offrirent d'eux-mêmes, c'est-à-dire que pas un seul ne
fut choisi, désigné, forcé à partir par la garde nationale, conformément à la loi.

Sans doute l'enrôlement du mois de septembre fut moins libre,
mais, pleinement volontaires ou non, tous ceux qui, dans ces jours
d'angoisse patriotique, se sont levés pour défendre la France,
nous semblent mériter un souvenir spécial, un témoignage
particulier de reconnaissance.

Nous avons donc cherché leurs noms avec un soin jaloux, qui
pourrait paraître minutieux s'il n'était, avant tout, inspiré par le
patriotisme, et sur les soixante-sept enfants d'Essoyes soldats de
la France en 1792, il en est soixante que nous pouvons saluer
nominativement.

ENGAGÉS DU 22 JUILLET

		Age.
1	Simon Bertrand	23 ans.
2	Jean-Baptiste Garcy	19 ans.
3	Claude Mongin	21 ans.
4	Jean Aubry [1]	20 ans.
5	Pierre Moison	22 ans.
6	Claude Talbot	22 ans.
7	Xavier Truchelut [2]	23 ans.
8	Edme Voulquin	24 ans.
9	Jean-Baptiste Talbot	28 ans.
10	Nicolas Renard [3]	24 ans.
11	Edme Roger	21 ans.
12	François Depontailler	18 ans.
13	Pierre Foy (Fouet)	30 ans.

1. Né à Silvarouvre (Haute-Marne).

2. Les états de service de Truchelut portent : 16 ans 2 mois et 27 jours ; il
parvint au grade de sergent. En 1817, il touchait une pension annuelle de 362 francs.
(Tableau général et alphabétique des pensions à la charge de l'Etat, inscrites au
trésor royal.)

3. Incorporé au 1er bataillon de la 29e demi-brigade d'infanterie, Renard obtint un
congé pour rétablir sa santé et se maria à Essoyes le 15 prairial an V. Il était père de
famille, lorsque, l'année suivante, il reçut l'ordre de rejoindre son corps. (Archives
de l'Aube. L R 4ª.)

14   Symphorien Gérardot [1] . . . .   30 ans.
15   Jacques Trémiot . . . .   20 ans.
16   Jacques Prugniel . . . .   19 ans.
17   François Prugniel . . . .   21 ans.
18   Jean Mongin . . . .   21 ans.
19   Nicolas Genty [2] . . . .   22 ans.
20   Jean-Baptiste Vincent . . . .   16 ans.
21   Jean-Baptiste Billant . . . .   38 ans.
22   Louis Millot ? [3] . . . .   non indiqué.

ENGAGÉS DU 23 JUILLET

23   Nicolas Martinot . . . .   28 ans.
24   Nicolas Guillemard [4] . . . .   28 ans.
25   Alexandre Prugniel . . . .   29 ans.
26   Jean-Baptiste Pharizien [5] . . . .   28 ans.
27   Simon Roger [6] . . . .   30 ans.
28   Gabriel Hériot . . . .   22 ans.
29   Jean-Baptiste Bertrand [7] . . . .   20 ans.
30   Joseph Grillot [8] . . . .   23 ans.
31   Joseph Bauvais . . . .   29 ans.
32   Joseph Garnier [9] . . . .   23 ans.

1. Né à Massingy-lès-Semur (Côte-d'Or), Gérardot travaillait à Essoyes comme maçon. Il s'engagea à la place de Nicolas Duchesne fils de Pierre, moyennant la somme de 120 livres.

2. Né à Riel-les-Eaux (Côte-d'Or), mais ayant son domicile à Essoyes.

3. L'interrogation ne porte que sur la date de l'engagement. Millot fut tué à l'ennemi le 26 mars 1793.

4. Le 20 nivôse an IV, Nicolas Guillemard était sous-lieutenant au 1er bataillon de la 38e demi-brigade, compagnie Pharizien. (Archives de l'Aube : Etat des routes délivrées par l'Administration municipale du canton d'Essoyes.) Sur un état dressé le 14 vendémiaire an V, il ne figure plus que comme simple soldat (Archives de l'Aube, L R 4ª.)

5. Il avait servi 7 ans et 3 mois dans le régiment Dauphin, cavalerie. Il s'engagea au lieu et place de son frère Antoine, un des cinq volontaires de 1791 qui estimait sans doute que la campagne de Troyes suffisait à sa gloire.

6. Obtint, avant le 29 pluviôse an IV, un congé définitif, pour cause de hernie. (Archives de l'Aube, L R 4ª.)

7. Fusilier au 1er bataillon de la 38e demi-brigade à l'armée de l'intérieur, il fut renvoyé à Essoyes le 7 messidor an III « pour cause d'un coup de feu au côté droit de la poitrine, qui lui ôta le mouvement du bras droit ». Le commissaire des guerres de Troyes lui délivra, pour cette blessure, un congé provisoire. (Archives de l'Aube, L R 4ª.)

8. Grillot était sous-lieutenant des grenadiers de la garde nationale. Lieutenant à la 38e demi-brigade de l'armée du Nord, il obtint un congé qui lui permit de revenir à Essoyes. Ce fut seulement le 6 fructidor an III, qu'il reçut l'ordre de rejoindre son corps.

9. Tué à l'ennemi le 23 mai 1793.

33	Jean Girardin [1]..........................	29 ans.
34	Jean Guerrier..........................	34 ans.
35	Edme-Didier Gentelot.....................	22 ans.
36	François Riembault (?), fils de François [2]....	non indiqué.

Du 24 au 31 Juillet

37	Hubert Millot [3]..........................	30 ans.
38	Pierre de Bellin (ou Belly) [4]...............	24 ans.
39	Bernard Faucher [5].......................	26 ans.
40	Antoine Ruotte [6].......................	22 ans.
41	Clément Bourgenot [7]....................	25 ans.

Du 1er au 17 Aout

42	Charles Lavocat [8].......................	20 ans.
43	Joseph Hériot [9].........................	25 ans.
44	Nicolas Mongin [10].......................	22 ans.
45	Claude Parent [11].......................	29 ans.
46	Antoine Cordier.........................	23 ans.
47	Edme Millard [12]........................	26 ans.

Du 31 Aout

48	Edme-Didier Simon [13]....................	21 ans.

Du 2 Septembre

49	Jacques Munier, couvreur................	non indiqué.

1. Garçon boulanger, Girardin était caporal de la garde nationale.

2. Comme pour Louis Millot, l'interrogation ne porte que sur la date de l'engagement.

3. Né à Riccy-Haut, domicilié à Essoyes.

4. Garçon maçon, natif de Saint-Pardoux-lès-Cards (Creuse).

5. Né et domicilié à Belan (Côte-d'Or).

6. Il s'engagea à Bar-sur-Seine, en présence des officiers municipaux d'Essoyes, pour remplacer Joachim son frère.

7. Né à Châtillon-sur-Seine, domicilié à Essoyes.

8. Né à Arc-en-Barrois (Haute-Marne), il s'engagea au lieu et place d'Edme-Remy Dudez.

9. Tué à l'ennemi le 8 mai 1793.

10. Incorporé au 1er bataillon de la 2e brigade de l'armée du Nord. Revenu à Essoyes, il reçut l'ordre de rejoindre son corps le 6 fructidor an III.

11. Né à Courban (Côte-d'Or), domicilié à Essoyes.

12. Il contracta son engagement à Troyes où il devait avoir son domicile.

A la date du 18 août, la Municipalité n'accusait que 45 engagements, et nous en constatons 47. Cela tient sans doute à ce que Bernard Faucher, né et domicilié à Belan, et Edme Millard, né à Essoyes, mais domicilié à Troyes, que nous avons tous deux portés sur notre liste, ne furent pas comptés par la Municipalité au nombre des volontaires d'Essoyes.

13. Contracta son engagement à Troyes, en présence du capitaine Pharizien et du lieutenant Grillot.

50   Pierre Rouvre, bourrelier................... non indiqué.

51   Edme Pétel [1]...........................   —

52   Joseph Vaillant ....   —

53   Jean-Baptiste Pétel ....   —

54   Joseph Hériot [2] ....   —

55   Edme Brotel.............................   —

56   Simon Dupont ....   —

57   Claude Fouet............................   —

58   Edme Lemaire-Delatour [3] ....   —

59   Joseph Favier ....   —

60   Joseph Bertrand ....   —

Nous savons qu'Essoyes fournit soixante-sept volontaires en juillet et en septembre. Il paraît certain que Millard et Faucher portés sur notre liste ne doivent pas être compris dans ce nombre. Neuf engagements contractés du 18 août au 30 septembre auraient donc échappé à nos recherches. Les noms de ces neuf volontaires se trouvent très probablement parmi les suivants :

Joseph Bertrand l'aîné [4], Nicolas Fouet [5], Edme-Louis-Michel Truchelut [6], Jean-Baptiste Renard [7], Didier Hériot [8], Nicolas Pétel [9], Joseph-Remi Garnier, Pierre Boisseau qui en l'an IV était sous-lieutenant au 2ᵉ bataillon de la 86ᵉ demi-brigade à Paris, Nicolas Billant, Joseph Billant et François Gentelot.

1. Incorporé au 3ᵉ bataillon de la 138ᵉ demi-brigade de l'armée de Sambre-et-Meuse, il perdit l'œil droit, ce qui lui valut son congé absolu.

2. Nous avons déjà constaté l'engagement d'un Joseph Hériot, à la date du 1ᵉʳ août et nous avons noté qu'il fut tué à l'ennemi le 8 mai 1793. Son homonyme fut incorporé au 3ᵉ bataillon de la 38ᵉ demi-brigade.

3. Né à Fontette, domicilié à Essoyes.

4. Caporal au 1ᵉʳ bataillon de la 29ᵉ demi-brigade d'infanterie, il obtint un congé provisoire que, le 8 prairial an VI, son père essaya de faire convertir en congé absolu en raison de sa pauvreté.

5. Réformé pour sa mauvaise vue.

6. Incorporé à la 7ᵉ compagnie dite Cartaux, du 2ᵉ bataillon de la 43ᵉ demi-brigade, Truchelut obtint un congé absolu en raison de blessures reçues à La Haye, le 18 thermidor an III. Une pension de 199 francs lui fut allouée. Ses états de service portent : 7 ans 4 mois et 16 jours. (Archives de l'Aube. L R 4ᵃ : Tableau général et alphabétique des pensions, etc.)

7. Incorporé au 1ᵉʳ bataillon de la 29ᵉ demi-brigade, Renard mourut « des fatigues militaires » avant le 8 prairial an VI. (Archives de l'Aube, L R 4ᵃ.)

8. Incorporé au 1ᵉʳ bataillon de la 38ᵉ demi-brigade. Le 7 thermidor an IV, une route fut délivrée par la Municipalité à Edme-Didier Hériot, lieutenant au 3ᵉ bataillon de la 38ᵉ demi-brigade, au camp de Grenelle.

9. Incorporé au 1ᵉʳ bataillon de la 38ᵉ demi-brigade d'infanterie.

II. — Quelques mois après ces premiers enrôlements, la Convention revint à la charge et décréta une levée de 300,000 hommes. L'Aube dut en fournir 2,626, destinés à faire partie de l'armée de la Moselle, sous les ordres du général Beurnonville.

Eu égard à la population effective, il aurait fallu demander 330 hommes au district de Nogent, 358 à celui d'Arcis, 400 à celui de Bar-sur-Aube, 422 à celui de Bar-sur-Seine, 435 à celui d'Ervy et 681 à celui de Troyes.

Mais la Convention avait très sagement ordonné de tenir compte du nombre de volontaires déjà fournis par chaque district et le Directoire du département se conformant à cet ordre, arrêta ainsi la répartition (2 mars 1793) :

Districts	Nombre fourni	Nombre à fournir
Arcis-sur-Aube	347 hommes	384 hommes
Bar-sur-Aube	419 —	412 —
Bar-sur-Seine	768 —	300 —
Ervy	297 —	522 —
Nogent-sur-Seine	290 —	367 —
Troyes	862 —	641 —

Nous sommes heureux de le faire remarquer, il résulte de ce tableau que le district de Bar-sur-Seine fut celui qui, proportion gardée de la population, donna le plus de volontaires à la Patrie en 1792.

Le Département enjoignit aux Directoires des districts de faire la répartition par commune, *dans les vingt-quatre heures*, et de nommer un commissaire, par canton, pour suivre et surveiller les opérations [1].

On compléterait le contingent parmi les garçons de 18 à 40 ans, « soit par un tirage au sort, soit par l'élection, dans le cas où les enrôlements volontaires seraient insuffisants [2] ».

Pour exciter l'enthousiasme, en frappant les imaginations, les représentants Garnier et Turreau adressèrent aux habitants du département la proclamation suivante, qui, depuis, a dû servir de modèle à plus d'un candidat à la députation :

1. Archives de l'Aube L d 1/20 (Registre) fol. 53. — *Journal du Département de l'Aube* du mercredi 6 mars 1793.

2. Albert Babeau : Op. cit., t. II, p. 62.

« Citoyens, la Patrie vous appelle, *elle est en danger.*

Si les hommes dont elle a besoin ne partent pas à l'instant, si les légions de la Liberté ne précipitent pas dans le néant de la mort et les brigands couronnés et leurs bandes d'esclaves...

Entendez, citoyens, la vérité !

Nous vous la devons, nous allons vous la dire.

Plus de liberté, plus d'égalité.

Plus de Patrie.

L'esclavage, l'affreux esclavage reparaît ;

Un clergé impitoyable décimera vos moissons ;

Le noble vous écrasera de ses droits féodaux, de ses bannalités, de ses chasses ;

De nouveaux tyrans, précédés du meurtre et de l'incendie, établiront encore parmi vous les *aides*, la *gabelle*, les *corvées*.

Citoyens, hommes libres, vous frémissez à ce tableau !

Plutôt mille morts.

Eh bien, couvrez-vous de vos armes ; volez aux frontières et *la patrie est sauvée.*

Citoyens indigents, ne craignez point d'abandonner vos familles, nous en aurons soin ; nous ferons verser dans leur sein les trésors des riches.

Vos mères, vos sœurs, vos femmes, vos enfants ne seront point en proie à l'indigence, aux besoins.

Pauvre, tu donnes ton sang pour la Patrie,

Riche, tu donneras ton or [1] ».

Ce langage enflammé laissa froids les habitants d'Essoyes ; si quelques-uns frémirent devant le tableau, pas un seul ne se leva ; aussi, lorsque, le 24 avril suivant, le Directoire du département, en vertu d'une lettre du Comité de salut public de la Convention, demanda aux officiers municipaux combien il était parti de volontaires pour le dernier recrutement, il lui fut répondu : « Point. La commune n'en a point fourni, attendu que son contingent était plus que complet, et qu'il en était parti, en juillet et septembre 1792, soixante-sept [2] ».

Essoyes ne fut point inquiété pour son refus. Du reste on se passa facilement de son concours. Le contingent de volontaires

1. *Apud* Babeau, op. cit., t. II, p. 63 et 64.
2. Archives de l'Aube, L R 4 c.

à fournir par le district avait été, comme nous l'avons dit, fixé à 300 hommes.

Or, dès le 4 avril, les commissaires de la Convention, Antoine Garnier et Louis Turreau, qui s'étaient transportés à Bar-sur-Seine, constataient avec satisfaction que ce contingent était, à cinquante hommes près, complètement équipé et parti, et « que, sous deux jours, la totalité le serait ».

Après des félicitations bien méritées, ils envoyaient à la Convention une délibération constatant le civisme du district de Bar-sur-Seine [1] ».

III. — Depuis le 24 mars, le Conseil général de la Commune siégeait en permanence.

La loi du 26 du même mois avait ordonné le désarmement des suspects, car il ne suffisait pas de lever des volontaires, il fallait encore les armer, et les arsenaux étaient vides. On ne trouva à Essoyes aucun fusil de calibre de guerre, mais seulement quatre mauvais fusils de chasse [2]. Nous ignorons chez qui ils furent saisis.

La mesure n'ayant pas produit, en général, les résultats qu'on en attendait, on supposa que la loi n'avait pas été strictement appliquée. Un arrêté du 14 avril 1793 et une lettre des administrateurs de l'Aube prescrivirent donc de nouveau aux municipalités le désarmement *complet* des gens suspects.

En sa qualité de noble, M. de Bondoire était naturellement du nombre.

Le 12 mai, trois officiers municipaux, assistés du procureur de la Commune, se rendirent à Servigny et donnèrent lecture de la loi « au citoyen Bondoire. Sur quoy, dit le procès-verbal, le dit Bondoire s'est conformé, et à l'instant nous a présenté ses armes, savoir : trois fusils de chasse en très mauvaisse état, un mauvais sabre de cavallery, boignée de cuivre jaune, un petit coutaut de chasse de la longueur de deux pieds, garny en argent à l'éception d'une boucle et le bout du fouraux qu'il sont en fer, plus un mauvais couttaut de chasse, dont la poignier a été argenté, lequel de Bondoire nous a déclaré que sétés toutes

<hr>

1. Archives nationales, A F II, 88.
2. Archives de l'Aube, L R 4 c.

les armes qu'il possédés dans sa maison, et insi qu'aillieurs, et à sette fin nous luy avons délivré le présent procès verbal et laissé coppie, et a signé avec nous, les ans et jours sus dit ».

Signé : Caillery, de Bondoire, Vaillant, Renard, Talbot [1].

IV. — Bientôt après, eut lieu un nouvel appel du Département pour la formation d'un bataillon de volontaires, qu'on enverrait contre les Vendéens révoltés. Chaque volontaire toucherait une prime d'engagement de 300 livres, et, outre son habillement et son équipement, une solde de 20 sous par jour [2].

Le 16 mai, à la réception de cet arrêté, le Conseil général d'Essoyes décida que tous les citoyens seraient convoqués le soir même, pour huit heures, à l'église ; qu'un registre d'inscription serait ouvert pour les volontaires des différentes communes du canton, et que ces communes seraient officiellement informées que les cinq jours, accordés pour l'enrôlement, commenceraient le lendemain 17 mai, pour finir le mardi 21.

L'appel n'eut pas d'écho dans le canton d'Essoyes.

Il en fut sans doute de même ailleurs, car le Département renouvela son arrêté le 28 juin, jour de l'arrivée à Troyes du conventionnel Fouché et du député extraordinaire de la ville de Nantes, Pointel.

Cédant à l'ardeur révolutionnaire de ces deux hommes, le Directoire du district de Bar-sur-Seine chargea le citoyen Babot de parcourir les campagnes, pour réchauffer le zèle des paysans et attirer des recrues.

Babot se rendit à Essoyes le 6 juillet. L'avant-veille on avait de nouveau notifié aux habitants l'ouverture d'un registre pour l'inscription des volontaires. Comme personne n'avait encore donné son nom, l'assemblée municipale décida que les citoyens en état de porter les armes comparaîtraient devant le commissaire, le dimanche 7 juillet, à 8 heures du matin. « Le citoyen, ministre du culte, fut invité de dire sa messe à sept heures, pour faciliter l'assemblée » [3].

C'est peut-être à la suite de cette réunion qu'eurent lieu les enrôlements de Claude Prugniel et de Jacques Brocher, incorporés

1. Archives communales.
2. Albert Babeau : Op. cit., t. II, p. 67.
3. Archives communales.

au 4ᵉ bataillon de la Loire-Inférieure, côte de **Brest**. Parmi nos compatriotes, nous n'en connaissons pas d'autres, qui, volontairement ou non, aient pris part à la guerre de la Vendée.

Pour combler les vides de l'armée de la Moselle, les représentants du peuple, Lacoste et Guyardin, prescrivirent une levée de 1,200 hommes dans chacun des huit départements les plus rappprochés du théâtre de la guerre.

L'Aube était du nombre [1]. Le contingent du canton d'Essoyes fut fixé, le 13 août, à 21 hommes, et le tirage au sort eut lieu le dimanche suivant. Les cordonniers furent invités à préparer des souliers pour les nouveaux soldats; quant à leur habillement, l'uniforme des gardes nationaux en fournit une partie, et le reste fut acheté chez un marchand d'étoffes.

Cependant, le péril devenait de plus en plus pressant, il fallait soutenir la lutte sur toutes les frontières et remplir les cadres de quatorze armées.

Le 25 août, la Convention porta le décret suivant : « Dès ce moment, jusqu'à celui où les ennemis auront été chassés du territoire, tous les Français sont en réquisition permanente, pour le service des armées ; les jeunes gens iront au combat ; les hommes mariés forgeront des armes et transporteront des subsistances ; les femmes feront des tentes, des habits et serviront dans les hôpitaux ; les enfants mettront les vieux linges en charpie ; les vieillards se feront porter dans les places publiques, pour exciter le courage des guerriers et la haine des rois.

« Le sol des caves sera lessivé pour en extraire le salpêtre. Les chevaux de selle seront requis pour le service de la cavalerie, les chevaux de trait conduiront l'artillerie et les vivres.

« Des représentants du peuple seront envoyés dans les départements pour accélérer, de concert avec les délégués des assemblées primaires, le recensement des armes et la levée des hommes.

« La levée sera générale. Les citoyens non mariés ou veufs sans enfants, de 18 à 25 ans, marcheront les premiers. Ils se rendront sans délai au chef-lieu du district, où ils s'exerceront tous les jours au maniement des armes, en attendant l'ordre du du départ. »

1. Albert Babeau : Op. cit., t. II, p. 76.

La Municipalité d'Essoyes publia le décret de la Convention, le 8 septembre, et enjoignit aux citoyens, veufs ou non mariés, de 18 à 25 ans, de se rendre sur-le-champ à Bar-sur-Seine.

Les intéressés firent les sourds, car quinze jours après, le 22 septembre, les officiers municipaux résolurent « d'assembler les garçons de 18 à 25 ans, afin de les enregistrer et de les tenir prêts à partir » au premier appel.

Ces jeunes gens formèrent ce qu'on nomma la *première réquisition*.

Jean-Baptiste Mongin, d'Essoyes, âgé de 21 ans et demi, fils de Jean et de Charlotte Amiot, fut nommé capitaine d'une compagnie du bataillon du district de Bar-sur-Seine, recrutée à Essoyes, Fontette, Cunfin, Verpillières et Noé [1].

Dix-sept jeunes gens d'Essoyes, non compris le capitaine, faisaient partie de cette compagnie.

C'étaient :

1	Nicolas Talbot	âgé de 21 ans.
2	Jacques-François Brotel	20 ans.
3	Charles Bertrand	20 ans.
4	Jean Dupont	20 ans.
5	Pierre Maillet	20 ans.
6	Nicolas Rouvre [2]	22 ans.
7	Joseph Ribaut	23 ans.
8	Claude Bertrand, fils de Nicolas	23 ans.
9	Edme-Didier Bertrand-Blet	19 ans.
10	Jean-Baptiste Gyey	19 ans 1/2.
11	Antoine Vaillant	19 ans.
12	Nicolas-Noël Hériot	19 ans.
13	François Jagin [3]	19 ans.
14	Jean Prugniel	24 ans 1/2.

1. Parmi les autres compagnies de ce bataillon, nous pouvons citer la compagnie d'Antoine Doussot, de Chervey, recrutée à Vitry, Bertignolles, Virey-sous-Bar, Chervey, Nuisement, Puits, Montmartin, Chacenay, Bertignolles, Eguilly, Longpré, Avirey, Lingey et Buxières.

2. Incorporés au 3e bataillon de la 38e demi-brigade de l'armée de Sambre-et-Meuse, Nicolas Talbot et Nicolas Rouvre revinrent à Essoyes en convalescence ; le 6 thermidor an III, il leur fut signifié de rejoindre leur corps.

3. Né à Montfaucon, et incorporé au 74e régiment d'infanterie, armée de Sambre-et-Meuse, Jagin était de retour à Essoyes le 22 pluviôse an IV, avec un congé de réforme provisoire, à cause d'un coup de feu qu'il avait reçu au pied droit (Archives de l'Aube, L R 4 a).

15 Claude Munier . . . .   23 ans.
16 Pierre-Claude Munier [1] . . . .   18 ans.
17 Nicolas Bertrand [2] . . . .   19 ans [3].

Il y eut un 18° réquisitionnaire, Joseph Mongin, qui jamais ne rejoignit [4].

Le 15 septembre, le bataillon n'avait pas encore quitté Bar-sur-Seine.

Ceux de nos compatriotes qui, en qualité de chefs de famille, étaient dispensés de partir, jouaient au soldat, à Essoyes, comme gardes nationaux.

A défaut de fusils, ils étaient armés de piques. La Municipalité en avait commandé cent au citoyen Corrard ; elles lui furent livrées le 15 août, et 80 furent distribuées au commencement de septembre [5].

V. — Si la France, dans cette période la plus agitée et la plus meurtrière de son histoire, fut assez féconde pour opposer à l'Europe quatorze grandes armées, faut-il attribuer à l'idée républicaine le mérite de cette fécondité, et peut-on dire que le nombre et la valeur des soldats fut en raison directe de l'adhésion des populations à la République ?

Certains écrivains, moins préoccupés de la vérité historique que du triomphe de leurs passions politiques, l'ont affirmé. Sacrifiant de gaieté de cœur la vieille armée de ligne à ceux qu'ils ont appelés quelque peu gratuitement les *Volontaires de la République*, ils ont créé une légende, et, sur ce point, comme sur beaucoup d'autres, la légende a faussé l'histoire.

1. L'un des deux Munier, faisant partie de la 5ᵉ compagnie du 1ᵉʳ bataillon de la 61ᵉ demi-brigade de l'armée de Sambre-et-Meuse, écrivait à ses parents, du camp de Metternick, le 10 brumaire an V :

« Mon cher père et ma chère mère,

« . . . . Je vous dirai que nous avons bien été à 150 lieues de l'autre côté du Rhin, mais ils ont fait battre en retraite plus vite que nous avons avancé, mais je vous dirai que nous avons eu bien de la peine dans la retraite. Je vous apprendrai aussi que Mongin a été tué dans la retraite, car nous avons été bloqués par les paysans, durant quatre jours, sans rejoindre l'armée. » (Communication de l'abbé Munier.)

2. Réformé le 16 prairial an II pour cause de maladie épileptique.

3. Archives de l'Aube, L R 2, Registre.

4. Il obtint, en l'an III, du chef de l'hôpital militaire de Troyes, un certificat attestant qu'il était fréquemment atteint de coliques néphrétiques, et le commissaire des guerres lui délivra un congé provisoire, qui, le 22 pluviôse an IV, n'était pas encore devenu définitif (Archives de l'Aube, L R 4 a.)

5. Archives communales.

Telle est la conclusion du savant travail publié par M. Camille Rousset, en 1870, à la veille de nos désastres. Loin de la contredire, nos recherches, limitées à Essoyes et aux environs, la confirment pleinement.

D'après les chiffres que nous avons relevés, les enrôlements de 1791 et de 1792 furent incontestablement les plus nombreux et les plus spontanés. Or, presque tous ces engagements furent contractés « pour le service de la nation, sous les ordres du roi, chef suprême de l'armée ». Ce n'est donc pas la République qui les inspira.

Quant à la valeur des recrues, nous laisserons la parole à un contemporain, mieux placé que tout autre pour en juger, le général Scherer, commandant la division du Haut-Rhin.

Dans un mémoire adressé le 23 frimaire an II (13 décembre 1793) au ministre de la guerre, il disait : « En promenant un œil observateur sur les levées successives qui ont eu lieu depuis que la République est en guerre, il est démontré jusqu'à l'évidence, qu'à mesure que la Convention a décrété la levée de nouveaux bataillons, les corps nouveaux ont toujours moins valu que les précédents. Les officiers qui ont fait la campagne dernière en ont souvent fait l'expérience. Ainsi, la première levée [1] a mieux valu que la seconde, la seconde [2] mieux que la troisième, et celle-ci [3], enfin, surpassa encore de beaucoup, en bonté, les corps de première réquisition, que la Convention a organisés provisoirement en bataillons. [4] »

A Essoyes, les faits concordent de tout point avec cette appréciation.

Dès le 31 octobre 1792, Pierre Rouvre, Edme Brotel et Edme Pétel, enrôlés le 2 septembre et équipés par la Municipalité sont de retour au pays, sans armes et sans congé régulier. Le procureur de la commune les fait comparaître devant l'assemblée municipale. On décide que les trois déserteurs seront conduits par la garde nationale à la maison d'arrêt de Bar-sur-Seine, et, en attendant le départ, on les détient au corps de garde.

---

1. Les volontaires de 1791 et ceux des premiers mois de 1792.
2. La réquisition du mois de juillet 1792.
3. La levée de février 1793.
4. *Apud* Camille Rousset : *Les Volontaires de 1791-1794*, p. 270.

Un mois après, le 30 novembre, arrivait à la Municipalité, par l'intermédiaire du Directoire du district, une lettre du ministre de la guerre, Pache, signalant à Essoyes onze volontaires déserteurs du 3e bataillon de Seine-et-Marne, en garnison à Lille.

Ces déserteurs furent sommés de rendre leurs armes, ainsi que la somme de 27 livres qu'ils avaient reçue en partant. On les déclara, en outre, privés, pendant dix ans, du droit de citoyens actifs et de l'honneur de servir dans la garde nationale et dans les troupes de ligne [1].

Pénalité dérisoire ! étant donné le peu de prix qu'on attachait au titre de citoyen actif et aux droits qu'il conférait.

Le 13 prairial an II (1er juin 1794), à la requête de l'agent national, le corps municipal eut à délibérer « sur l'observation des représentants du peuple près des armées de la Moselle, portant qu'au mépris des lois, plusieurs citoyens retenaient et recélaient chez eux des soldats de la première réquisition. »

On devait les arrêter comme suspects et les déporter ensuite à la Guyane française.

L'Assemblée municipale donna acte de son réquisitoire à l'agent national, mais s'abstint de délibérer [2].

Ce n'était pas seulement à Essoyes, mais dans bon nombre de communes du district, qu'il y avait des réfractaires. Nous en donnerons pour preuve la lettre suivante écrite le 23 messidor an II (11 juillet 1794) par Garnier, commissaire des guerres au département de l'Aube, aux administrateurs du district de Bar-sur-Seine :

« On m'instruit à l'instant qu'il existe encore, dans l'étendue de votre district, des citoyens qui faisaient partie du 6e bataillon de l'Aube, et qui se trouvent de la première réquisition.

« Ces citoyens auraient dû être partis d'inclination, pour rejoindre l'armée, et je ne devais pas m'attendre à être obligé de les forcer à rejoindre.

« Je vous invite, citoyens, et, en tant que besoin, vous requiers de donner les ordres nécessaires pour que tous ceux qui se trouveront dans le cas ci-dessus, se rendent au plus tôt dans le

---

1. Archives communales. — C'était l'application de l'art. 2, section V, du décret du 28 décembre 1791, converti en loi le 3 février 1792.
2. Archives communales.

chef-lieu du district, d'où ils seront dirigés sur ma résidence, pour y recevoir un ordre de route.

« Salut et fraternité [1] ».

Du 2 au 5 nivôse an III, c'est-à-dire du 22 au 25 décembre 1794, le Comité révolutionnaire du District lança des mandats d'amener contre dix jeunes gens d'Essoyes, qui refusaient de rejoindre leur bataillon, et vivaient au pays, plus ou moins ignorés.

Plus nous avançons et plus le *decrescendo* constaté par le général Scherer va s'accentuant.

Au commencement de l'année 1796, le général de brigade Oshée, agent militaire du Directoire exécutif dans le département de l'Aube, après avoir en vain convoqué à Bar-sur-Seine les fuyards de la première réquisition, leur enjoignait de se rendre à Troyes, dans le délai de cinq jours, sans quoi ils y seraient contraints par la force armée.

A Essoyes, la Municipalité de canton publia cet ordre le 25 nivôse an IV (14 janvier 1796) et interdit « à tous citoyens de donner asile aux fuyards, passé le délai de cinq jours, à peine d'être poursuivis conformément à la loi du 4 nivôse [2].

Le 14 vendémiaire an V (5 octobre 1796) le commissaire du directoire exécutif près l'administration municipale eut à dresser un état des militaires du canton d'Essoyes, non munis de congé, qui se trouvaient alors dans leurs foyers. Il en signala 32 à Essoyes, 18 à Verpillières, 26 à Cunfin, 23 à Fontette, 9 à Saint-Usage et 9 à Noé-les-Mallets, soit un total de 117 pour le canton d'Essoyes [3].

L'année suivante, le nombre de ces déserteurs n'avait probablement pas diminué, car, le 20 vendémiaire an VI (11 octobre 1797), Darras écrivait à son collègue près l'administration centrale du Département :

« La proclamation du Directoire, ainsi que l'arrêté du Département, ont été lus et publiés dans toutes les communes du canton.

« J'ai, de plus, fait assembler, au lieu des séances de l'Admi-

---

1. Archives de l'Aube, L R 4 c. — Sur les proportions inquiétantes que prit la désertion, voir Camille Rousset, *op. cit.* p. 269.
2. Archives de l'Aube, L d 19/1.8
3. Archives de l'Aube, L R 4 a.

nistration municipale, la majeure partie des volontaires, dans le cas de rejoindre. Je leur ai lu les lois du 4 frimaire et 4 nivôse an IV, l'arrêté du 4 ventôse et autres subséquents. Je les ai exhortés, par tous les moyens, à obéir à la voix qui les appelle aux champs de l'honneur, seul moyen de réparer la faute qu'ils ont fait en abandonnant leurs drapeaux, etc., etc. (*sic*), et tout cela ne m'a pas paru produire l'effet que j'en attendais, car aucuns n'ont encore obéi. »

Les pouvoirs publics avaient décidé de recourir à la force armée, pour triompher de la résistance des déserteurs. Mais il fallait, auparavant, dresser une liste de ceux qui, ayant des raisons légales de rester dans leurs foyers, ne devaient pas être inquiétés. Dans une lettre du 11 frimaire (1er novembre 1797), Joseph-Simon Darras dit qu'il se livre à ce travail, et il ajoute : « La gendarmerie de l'arrondissement dont nous dépendons est, dans ce moment-ci, occupée dans le canton de Landreville, pour le même objet ; elle ne tardera pas à se transporter dans le nôtre, et alors je vous donnerai avis du résultat. [1] »

Ce résultat fut à peu près nul.

Le 24 nivôse (13 janvier 1798), le commissaire du Directoire exécutif près l'administration départementale s'en plaint amèrement. Après avoir flétri l'opiniâtreté des réquisitionnaires à rester dans leurs foyers, il déclare que l'insouciance des fonctionnaires publics, qui les y tolèrent, n'est pas moins criminelle. En conséquence, il invite son collègue d'Essoyes à surveiller les agents municipaux du canton, et à les lui dénoncer au besoin, afin qu'il puisse signaler leur négligence au Ministre de l'intérieur [2].

Ainsi pressé, Darras répond, à la date du 5 pluviôse an VI (24 janvier 1798) :

« J'ai reçu, le 30 nivôse dernier, votre circulaire du 24 du même mois, relative à l'opiniâtreté des militaires et réquisitionnaires à rester, au mépris des lois, dans leurs foyers. Après en avoir fait lecture à l'administration municipale, en sa séance du 2 présent mois, j'ai fait le réquisitoire dont la teneur suit :

« Je requiers : 1° que la loi du 24 brumaire dernier soit relue séance tenante ; 2° que les agents municipaux en exécutent et

---

1. Archives de l'Aube, L R 4 a.
2. Archives de l'Aube, L d 19/19, fol. 5

fassent exécuter toutes les dispositions ; 3° que tout militaire déserteur, et tous autres, dont les exemptions provisoires sont expirées, rejoignent sur-le-champ ; 4° enfin, que les agents municipaux soient tenus de me rendre compte, toutes les décades, de ceux des militaires qui auront obéi à la loi, et de ceux qui auraient persisté dans leur opiniâtreté. »

Le surlendemain, c'est-à-dire très probablement avant que cette lettre lui fut parvenue, le commissaire près l'administration centrale informait Darras que, pour suppléer à l'insuffisance de la gendarmerie, il allait envoyer cinq militaires à Essoyes ; il l'invitait, en conséquence, à leur préparer un logement.

Après avoir pris le temps de la réflexion, selon sa louable habitude, Darras répondait, le 18 pluviôse (6 février 1798) :

« Il n'est pas trop possible de procurer un logement à Essoyes aux cinq militaires que vous avez destinés, pour suppléer à l'insuffisance de la gendarmerie dans mon arrondissement.....

« Le seul local propre à cela, serait le ci-devant presbitaire, s'il n'était occupé par l'instituteur et qu'on ne peut déplacer, n'y en ayant point d'autre propre à cela ; d'ailleurs, c'est le seul local national qu'il y ait à Essoyes.

« Je ne vois donc que Verpillières où on pourrait les placer. Il y a un presbitaire qui n'est pas occupé et ils se trouveraient, à peu de chose près, dans le centre du canton, mais il ne faudrait pas qu'ils eussent de chevaux, car il n'y a qu'une très petite écurie.

« Si vous adoptés ce parti, vous voudrés bien, citoyen, m'en prévenir quelques jours d'avance, afin qu'on dispose cet endroit. »

Les poursuites exercées par la force armée, causaient de grands troubles dans le canton. Le citoyen Gouly, agent du gouvernement et inspecteur des contributions, était d'avis que ces mesures de rigueur pourraient nuire aux assemblées primaires, et jugeait prudent de surseoir aux poursuites jusqu'après la tenue de ces assemblées.

Darras, naturellement enclin à la conciliation, donna des ordres dans ce sens au brigadier de gendarmerie de Bar-sur-Seine. Mais, dans la crainte de se compromettre, il en avisa son supérieur hiérarchique, le commissaire du Directoire exécutif près l'administration centrale, Sutil, le priant de juger en dernier ressort.

« Si, disait-il, ma conduite en cette occasion était blâmable, veuillez bien, citoyen, me le mander, et je m'empresserai à retirer cet ordre, qui n'a été donné que dans les vues du bien général. Si, au contraire, vous ne me désapprouvez pas, je prendrai votre silence pour une approbation. » (22 ventôse an VI.)

Sutil se montra impitoyable. Le 29 ventôse (19 mars 1798), il ordonna à son subordonné d'insister sur le départ des déserteurs, l'informant qu'il écrivait en même temps à Gouly, pour lui représenter qu'il « n'avait pas à donner son avis sur des matières qui n'étaient pas de son ressort. »

Au dire de Darras, cette mise en demeure ne lui parvint que le 13 germinal, quinze jours après son envoi. Il ordonna sur-le-champ au brigadier de gendarmerie de Bar-sur-Seine de se mettre en campagne, et requit le chef du peloton de la 56e demi-brigade, qui était alors dans le canton, « de se joindre aux gendarmes, pour leur donner main forte en cas de nécessité. »

Comment admettre que la chasse aux volontaires fut vigoureusement menée, quand, le 22 thermidor (9 août 1798), nous entendons le substitut du commissaire du Directoire exécutif près l'administration cantonale, s'écrier : « La loi dont il s'agit [1] doit s'étendre sur ces lâches réquisitionnaires, sur ces déserteurs criminels, qui, sourds à la voix de la patrie et de l'honneur, restent dans leurs foyers, et y séjournent avec sécurité, parceque des parents, aussi lâches, aussi criminels qu'eux, leur y donnent asile. »

La Municipalité de canton, faisant droit à ce réquisitoire, stipula qu'à la faveur des visites domiciliaires, les agents municipaux, les gardes champêtres et forestiers et les gendarmes rechercheraient et arrêteraient tous les déserteurs [2].

Si les visites domiciliaires eurent lieu, elles ne donnèrent pas les heureux résultats qu'on en attendait, car le 27 vendémiaire an VII (18 octobre 1798), on poursuivait encore les déserteurs, et la Municipalité fut invitée à dresser, « sans désemparer, un

---

1. Loi du 18 messidor, relative aux visites domiciliaires pour l'arrestation des agents de l'Angleterre, des émigrés rentrés, etc.

2. Archives de l'Aube, L d 19/19, fol. 75.

tableau de tous les militaires séjournant, à tel titre que ce soit, dans les différentes communes du canton [1]. «

Jusque-là, pendant tout le cours de la Révolution, on avait, comme nous l'avons vu, pourvu au recrutement de l'armée par des enrôlements volontaires, des levées extraordinaires et des réquisitions.

Ce mode de recrutement donna lieu à plus d'un abus ; la loi du 19 fructidor an VI (5 septembre 1798) établit une règle plus équitable, celle d'une conscription régulière, comprenant les jeunes gens de vingt à vingt-cinq ans. Les conscrits formaient cinq classes, et devaient marcher selon l'ordre de leurs numéros tirés au sort.

Cette loi fut lue à Essoyes, à l'assemblée municipale du 6 brumaire an VII (27 octobre 1798), et le premier tableau des conscrits du canton fut dressé séance tenante [2].

En présence d'une seconde coalition de l'Autriche, de la Russie, de l'Italie et de l'Angleterre, le Directoire, par la loi du 19 fructidor an VI (5 septembre 1798, rappela sous les drapeaux les militaires et réquisitionnaires, qui les avaient lâchement abandonnés, et par celle du 3 vendémiaire an VII (24 septembre 1798, il décréta une levée de 200,000 conscrits de la première classe. Le contingent de l'Aube fut fixé à 1235 hommes.

Par suite de la difficulté des chemins, et, paraît-il, de l'erreur du porteur, qui s'était trompé de route, l'arrêté de l'administration départementale du 13 frimaire (3 décembre 1798), enjoignant aux citoyens visés par la loi du 19 fructidor, de se réunir au chef-lieu de canton, pour, de là, être dirigés sur les dépôts indiqués, n'arriva à Essoyes que le 9 nivôse, dans la soirée (29 décembre 1798), avec un retard de deux jours.

Dans sa séance du 13 (2 janvier 1799), la Municipalité crut devoir accorder un sursis aux réquisitionnaires, afin de leur

---

1. L'ordre fut apporté par le gendarme Dupont de la brigade de Bar-sur-Seine. Il était arrivé pour l'ouverture de la séance extraordinaire qui avait été fixée à 9 heures. A 11 heures, les agents municipaux de Saint-Usage et de Noé, Bertholle et Thévenin, n'étaient pas encore arrivés et la dépêche du Département ne devait être remise au président, pour être ouverte, que quand tous les membres de la Municipalité de canton seraient présents. Un exprès, Etienne Roger, fut envoyé aux retardataires, qui durent lui payer chacun un franc pour son voyage. (Archives de l'Aube, L d 19/19, fol. 90.)

2. Archives de l'Aube, L d 19/19, fol. 91

permettre de se procurer les objets nécessaires à leur départ, et fixa la réunion au chef-lieu de canton, au 18 nivôse, à 9 heures du matin. De là, les militaires seraient dirigés sur Troyes, « sous la conduite d'un citoyen ferme et intelligent[1] ».

Un mois après, l'administration municipale devait reconnaître qu'elle avait en vain employé tous les moyens que la loi mettait à sa disposition. « La plupart des dits militaires et réquisitionnaires, disait-elle, ont été sourds au rappel de l'honneur et à la voix de la patrie ; ils prolongent encore aujourd'hui leur séjour criminel dans leurs foyers ».

Douze réquisitionnaires, feignant d'obéir à la loi, s'étaient bien rendus au dépôt militaire de Troyes. Mais, transférés à Dijon, ils avaient de nouveau déserté et étaient rentrés dans leurs foyers.[2]

Ceux des autres communes du canton ne s'étaient pas montrés plus braves. Pressée par une lettre du Ministre de la guerre du 13 nivôse (2 janvier 1799), la Municipalité prit l'arrêté suivant daté du 15 pluviôse an VII (3 février 1799) :

« Art. 1. Les lois seront strictement exécutées dans toutes les communes de ce canton. En conséquence, tout militaire, réquisitionnaire, ou conscrit, qui, dans les trois jours, ne se sera pas rendu au dépôt militaire de Troyes, sera dénoncé par l'agent municipal de sa commune.

« Leur signalement sera remis à la gendarmerie à l'effet d'être appréhendés au corps et punis comme déserteurs.

« Art. 2. Tous parents, maîtres, ou autres habitants, convaincus d'avoir recélé ou donné sciemment asile, seront également dénoncés par l'agent de la commune.

« Art. 3. Le présent arrêté sera publié et affiché dans toutes les communes du canton, et il en sera adressé une expédition au Ministre de la guerre et *visa* à l'administration centrale, qui est invitée de diriger incessamment la force armée dans ledit canton[3]. »

1. Archives de l'Aube, L d 19/19, fol. 108.

2. C'étaient : J.-B. Noël Hériot, Nicolas Billant, François Gentelot, Pierre-Joseph Maillet, Joseph Bertrand le jeune, Nicolas Rouvre, Edme-Didier Pétel, Joseph Pétel, Antoine Pharisien, Claude Prugniel, Jean Dupont et Edme Monginet.

3. Archives de l'Aube, L d 19/19, fol. 112. Nous ferons remarquer que cette horreur du service militaire que nous constatons dans le canton d'Essoyes existait également dans les autres parties du département. « Les désertions étaient nombreuses, dit M. Albert Babeau, et tandis qu'on signalait à la gendarmerie celles qui se produisaient dans la campagne, la garde nationale était chargée d'empêcher de sortir de la ville les conscrits qui s'y trouvaient. » (*Histoire de Troyes pendant la Révolution*, t. II, p. 496.)

En dépit de cet arrêté, lorsque les administrateurs municipaux eurent, en ventôse, à établir le « contrôle nominatif des militaires, réquisitionnaires et conscrits qui, au mépris des lois des 23 fructidor an VI et 3 vendémiaire an VII, s'étaient refusé, sans être porteur d'aucuns titres légaux, de se rendre au dépôt militaire de Troyes », il s'en trouva encore quatorze pour Essoyes et quarante-et-un pour les autres communes du canton [1].

En floréal, la situation ne s'était pas améliorée. La levée dont nous venons de parler n'ayant pas fourni les 200,000 hommes demandés, la loi du 28 germinal appela, pour le complément du contingent, la 2e et la 3e classe des conscrits.

Ce fut le 6 floréal (25 avril 1799) que les instructions de l'administration centrale pour l'exécution de cette loi furent apportées à Essoyes.

La Municipalité, siégeant en permanence, ne négligea rien pour hâter les opérations du recrutement. Elle chargea les officiers de santé Brotel, Potémont, Vanderbach et Ducrot, de visiter en sa présence, après avoir prêté serment, les réquisitionnaires et les conscrits qui se prétendraient malades ou infirmes, puis elle fit annoncer que des enrôlements volontaires, à partir de 18 ans, seraient reçus pendant trois jours.

Les visites médicales se terminèrent le 9 floréal.

La plupart de ceux qui se présentèrent ne se trouvaient dans aucun des cas prévus par l'instruction du Ministre de la guerre [2].

Quant aux enrôlements volontaires, la Municipalité n'en eut pas un seul à enregistrer, et l'inutilité de ses efforts pour faire observer la loi ressort trop évidemment de la lettre suivante que le commissaire du Directoire adressait le 18 floréal (7 mai 1799) aux conscrits, réquisitionnaires et autres militaires absents de leur corps :

« L'article 1er de l'instruction annexée à la loi du 28 nivôse dernier oblige tout conscrit, réquisitionnaire, ou autre militaire absent de son corps, de partir dans les 24 heures pour se rendre à son poste.

« Cette publication a été faite le 7 de ce mois. Depuis, vous avez été prévenus nominativement de vous rendre à Troyes, les

1. Archives de l'Aube, L R 4 [2].
2. Archives de l'Aube L d 19/19, fol. 138 à 144.

uns pour y être soumis à une nouvelle visite, les autres pour y prendre leurs routes.

« Cependant vous êtes encore dans vos foyers !

« Les loix prononcent des peines corporelles contre vous, et contre ceux qui vous recèlent. Si vous ne partez sur-le-champ, ces peines seront infligées. La première poste portera, à la gendarmerie, au département et aux tribunaux, vos noms, prénoms, etc., et les noms des parents, curateurs ou maîtres qui vous donnent azile.

« Qu'un prompt départ fasse oublier votre insoumission.

« Si vous aimez vos parents, s'ils vous sont chers, prévenez la punition qu'ils encoureraient, si vous restiez plus longtemps près d'eux.

« Je requiers, ou plutôt j'adjure, au nom de la patrie, les dénommés au tableau ci-dessous, de se rendre sans délai à Troyes, soit pour y être visités, soit pour y prendre leurs routes.....

« Fait à Essoyes, le 18 floréal an VII de la République, une et indivisible.

« Barotte. »

Trois jours après, Barotte, mettant sa menace à exécution, écrivait aux administrateurs du département :

« J'ai l'honneur de vous remettre ci-joint le tableau des militaires de toute arme, rentrés dans ce canton, et dans le cas de la loi du 28 nivôse dernier.

« Je fais, par ce courrier, le même envoi au citoyen commandant de la gendarmerie de ce département, à Troyes, et je l'invite à donner une prompte exécution au réquisitoire dont je vous transmets copie au bas du dit tableau. Je l'engage, en outre, à s'entendre avec vous, sur les moyens à prendre pour atteindre les militaires rentrés. Il me semble que, pour ce faire, il serait bon de mettre des garnissaires chez ceux qui les recèlent, comme on l'a fait dans les départements qui avoisinent ce canton. Au surplus, je laisse à votre sagesse le choix des moyens..... »

Le 9 prairial (28 mai), Barotte revient à la charge : « Je n'ai point encore vu l'effet de mon envoi, et de la mesure que je proposais, écrit-il aux administrateurs.

« Je la crois indispensable pour atteindre les militaires de la commune de Cunfin, que l'on m'a dit être réfugiés dans les bois pour éviter les recherches des gendarmes. Je crois encore nécessaire d'en hâter l'exécution, si l'on veut avoir notre contingent.»[1]

La crainte d'être punis comme déserteurs, en arrivant au corps, pouvait être un obstacle sérieux, qui empêchait bon nombre de militaires de quitter la retraite où ils s'étaient cachés dans une heure d'affolement.

Le Gouvernement, qui avait incontestablement le droit de sévir, jugea plus habile de capituler, ou plutôt de lever l'obstacle. Les lois des 14 et 18 messidor (2 et 6 juillet 1799) portèrent amnistie pleine et entière, en faveur des militaires, réquisitionnaires et conscrits, qui avaient déserté à l'intérieur, ou n'avaient pas rejoint leurs drapeaux, à la condition, toutefois, qu'ils ne prolongeraient plus leur résistance.

Ils devaient être appelés près de l'administration municipale, ainsi que leurs parents et tous ceux qui leur donnaient asile, pour être officiellement informés de la clémence du Gouvernement, et des peines qu'ils encourraient en ne rentrant pas dans la légalité.

Ces appels eurent lieu, à Essoyes, les 10, 14 et 17 thermidor an VII (28 juillet, 1er et 4 août 1799). Les officiers de santé, Brotel, Potément, Ducrot et Vanderbach, furent chargés de statuer sur les cas de maladie ou d'infirmité, qui pouvaient être allégués comme motifs de dispenses [2].

N'ayant pas poussé plus loin nos recherches, nous ignorons quel fut l'effet de cette mesure.

Nous pouvons dire, cependant, que, dans le département, les conscrits des deux dernières classes, appelés en activité de service, par la loi du 1er juillet 1799, ne se montrèrent pas plus fidèles au drapeau que leurs devanciers. Réunis à Troyes, à la fin d'août, pour former le bataillon auxiliaire de l'Aube, il fut bien difficile de les retenir à leur poste.

« Les désertions se produisent de toutes parts, dit M. Albert Babeau ; à Bar-sur-Seine, vingt-trois conscrits disparaissent. Quarante et un réquisitionnaires sont envoyés à Dijon ; il en arrive six. Les gendarmes, la cavalerie, la colonne mobile sont expédiés à la recherche des déserteurs, qui se sont réfugiés dans

1. Archives de l'Aube, L R 4 a.
2. Archives de l'Aube, L d 19/19, fol. 175.

les bois ; on met des garnisaires chez leurs parents. On rétablit des corps de garde aux portes, pour empêcher la sortie des conscrits. L'esprit d'indiscipline et d'opposition règne parmi eux ; plusieurs manifestent des sentiments royalistes, et les officiers leur donnent l'exemple [1]. »

En résumé, la légende qui s'est développée au sujet de la formation de nos armées et de leurs brillants succès, attribués exclusivement à l'élan des volontaires de la République, ne résiste pas à un examen sérieux, et il est plus que probable que la France aurait succombé dans la lutte héroïque qu'elle eut alors à soutenir, sans les solides qualités des vieilles troupes de ligne réorganisées par la monarchie [2].

Pour la plupart, les jeunes gens qui abandonnèrent leurs foyers afin de répondre aux appels réitérés de la République, cédèrent moins à l'enthousiasme patriotique, qu'à la crainte.

Sans doute, à peine enrôlés, beaucoup se distinguèrent par leur bravoure, mais il y en eut aussi beaucoup qui profitèrent de la première occasion favorable pour déserter, et, une fois rentrés au pays, il devenait, pour ainsi dire, impossible de les déterminer à rejoindre leur corps.

Pour le canton d'Essoyes, ce sont là des faits qui nous paraissent amplement démontrés. Si donc, comme il est probable, ce canton ne fait pas exception dans l'ensemble de la France, il nous sera bien permis de dire, comme conclusion à ce chapitre, que le duc de Raguse était dans le vrai lorsqu'il écrivait :

« M. Thiers ignore que ce ne sont pas les sentiments révolutionnaires qui nous ont fait triompher, autrefois, de nos nombreux ennemis ; ce n'est pas avec leur secours, mais malgré eux.

Les révolutions sont incompatibles avec l'ordre, et le désordre amène partout et toujours la faiblesse. Notre résistance d'autrefois est venue de la faiblesse de l'attaque, et la Révolution n'a

---

1. Op. cit, t. II, p. 497.

(2) La Convention reconnut elle-même la valeur de cette armée et le danger qu'il y aurait de laisser les volontaires marcher seuls à l'ennemi, en statuant que chaque demi-brigade serait formée d'un bataillon de ligne et de deux bataillons de volontaires.

C'est ainsi que la 38e demi-brigade, constituée le 17 thermidor an II (4 août 1794), était composée d'un bataillon de volontaires de l'Aube, d'un bataillon de volontaires de la Somme, et d'un bataillon du 19e de ligne (ancien régiment de Flandre). Cf. Camille Rousset, op. cit.

concouru à ce résultat qu'en engendrant la terreur, dont la violence accumula les défenseurs et peupla nos armées de soldats innombrables.

Bientôt, l'esprit belliqueux des Français donna de la valeur à cette réunion d'hommes, et de bons officiers, de bons généraux se formèrent promptement. Voilà tout le mystère des guerres de de la Révolution et des succès qui les ont accompagnées, quand on dépouille les événements de la fantasmagorie dont on se plaît à les entourer [1]. »

1. *Mémoires du maréchal Marmont*, t. IX, p. 170, 171.

Chapitre XI.

Les Invasions de 1814 et de 1815.

Nos recherches historiques sur Essoyes s'arrêtent au 18 brumaire.

Nous n'avons rien dit de ce qui s'est passé sous le Consulat et sous l'Empire.

Nos lecteurs ne peuvent donc s'attendre à trouver dans ce chapitre une histoire complète de notre pays, pendant les invasions de 1814 et de 1815, mais simplement quelques notes leur permettant d'apprécier combien furent lourdes les charges qui pesèrent alors sur la commune.

I. — L'invasion de 1814. — Ce fut le 21 janvier 1814 que les troupes alliées entrèrent à Essoyes, sous la conduite du général Klein.

Elles mirent la commune à contribution pour 80 francs, le jour même de leur arrivée, pour 50 francs le 24 janvier, et pour 13 aunes 3/4 de drap, représentant 202 fr. 75, le 26.

Ce n'était, hélas ! qu'un commencement, nous allions écrire *un apéritif*. Chaque jour, la Municipalité allait se trouver aux prises avec de nouvelles exigences des envahisseurs. Nous relaterons les principales, en suivant l'ordre des dates.

27 janvier. — A la garde de Dieu, le maire, Claude Bacquias, envoie aux troupes alliées, en station à Bar-sur-Seine, deux muids de vin et deux feuillettes d'eau-de-vie, à valoir sur la réquisition du 26.

29 janvier. — Le maire requiert 21 habitants de fournir 4 draps neufs et 29 chemises. 5 de ces chemises sont trouvées *nix bonnes* et refusées. En même temps, une voiture attelée de deux chevaux est requise à l'effet de mener à Longpré 100 bottes de foin et 25 boisseaux d'avoine, qui, de là, seront conduits à Bar-sur-Aube.

Ces deux réquisitions n'étaient sans doute que l'exécution partielle des ordres du commandant de place de Bar-sur-Seine, qui, ce même jour 29 janvier, demandait, *sans délai*, pour Bar-sur-Aube : 400 livres de pain, 150 boisseaux d'avoine, 150 bottes de foin, 2 bœufs, 25 aunes de toile et 25 chemises [1].

1ᵉʳ *février*. — Sous peine d'exécution militaire, le commandant de place, Suter, enjoint au maire de faire conduire à Landreville, dans le délai de deux heures : 200 doubles-décalitres d'avoine, 200 bottes de foin, 100 doubles-décalitres de froment, 300 livres de pain et 2 bœufs.

4 *février*. — Le maire et l'adjoint de Plaines adressent au maire d'Essoyes la très curieuse lettre suivante, après l'avoir fait contresigner par le lieutenant Iartmann :

« Le maire et adjoint de la commune de Plaines, d'apprest le grand fléaut que nous venons désuiez, à Monsieur le maire de la commune d'Essois.

« Monsieur, prenez donc part à nottre grand misaire, nous vous requérons pour deux milliers de foin et dix mesure d'avoine, *qui ne vous doit pas certainement maitre à la diette*. Tâchez donc de mettre vos abitans dans la voix du malhureux. Hélas ! que deviendrons donc les habitans de ma commune ? nous sommes dans l'imposibilé de pouvoir irépondre, comme étant sur la ligne, et que toules jours yl i loge du monde, et en core pendant la huitaine à comté de se jour qui doit ilogé ; nous sommes dans l'imposibilité de pouvoir y répondre.

« Je suis forcé, Monsieur, de vous envoyer deux exprest, pour pouvoir touché de votre commune un petit dégrèvement, qui consiste à une petite somme.

« Veillez bien, Monsieur, y répondre, ou sy non nous serons forcé de vous envoyez des officiers, qui vous ferons contribué, et que certainnement les officiers nyrest pas avotre gré.

« *Signé* : PLANSON, adjoint, V. PLANSON, maire,

IARTMANN, lieutenant. »

5 *février*. — Le maire de Merrey, en vertu des ordres du commandant des troupes alliées, demande, sur-le-champ, 300 bottes de foin et 100 boisseaux d'avoine. Faute d'obéir, on enverra de

1. Le lendemain, le prince Maurice de Lichtenstein, lieutenant général, réclama pour les troupes sous ses ordres à Bar-sur-Seine, les réquisitions demandées pour Bar-sur-Aube, mais déjà le convoi était parti.

la cavalerie à Essoyes, et le maire sera traduit devant la commission militaire.

Signé : Bréjard, Krestchmayer, lieutenant, et V.-O. Reilly, chevaux-légers.

Le même jour, le maire de Vendeuvre et le commandant de place de cette ville enjoignaient à la commune d'Essoyes, sous peine d'exécution militaire « d'apporter de suite, à Vendeuvre, 5,000 rations de pain, 300 rations d'avoine et 3 bêtes à cornes. »

Le lendemain, Claude Bacquias envoyait deux bœufs, « à la garde de Dieu, et sous la conduite d'Edme-Vorle Cordier. » Il priait le maire d'en délivrer reçu, et d'accorder au conducteur sauvegarde pour son retour. Le conducteur n'obtint ni l'un ni l'autre, mais les Cosaques le maltraitèrent à son arrivée à Vendeuvre, puis l'emmenèrent plus loin.

6 *février*. — Le maire de Mussy, au nom des alliés, requiert 2,000 clous à ferrer.

8 *février*. — Fourni 1,007 livres de pain aux troupes alliées en station à Essoyes. Dans la nuit du 8 au 9, Claude-Mammès Bertrand fut victime de l'indiscipline des soldats, qui brisèrent une porte de son écurie et lui enlevèrent des draps, un traversin, un jupon de droguet, un pantalon, des chemises, des mouchoirs de poche, de la chandelle, des gobelets, des bouteilles, un couteau, des cuillers, des fourchettes, du foin et du vin, le tout estimé 121 fr. 90.

9 *février*. — 89 boisseaux d'avoine pour Buxeuil.

10 *février*. — 56 boisseaux d'avoine, une vache estimée 80 fr. et 12 moutons, toujours pour Buxeuil.

En outre, le commandant de place de Bar-sur-Seine requiert une voiture, attelée des chevaux nécessaires, pour conduire au dit Bar, 14 sacs 1/2 de farine, « déposés à Essoyes dans un lieu dont M. Gilles a la clef, et appartenant à MM. Egret et Piollot. »

12 *février*. — Le maire de Celles demande qu'on lui envoie, « pour les deux heures après midi, sous peine d'exécution militaire, » 2 vaches, 400 livres de pain, 20 livres de sel, 300 bottes de foin, 150 boisseaux d'avoine, 4 sacs de charbon et 3,000 clous à ferrer.

16 *février*. — Le lieutenant commandant la place de Gyé demande, dans le plus bref délai, 100 doubles décalitres d'avoine.

18 *février*. — L'adjoint de Mussy, Séguinot, par ordre du commandant de place, informe le maire d'Essoyes qu'il aura à loger 70 hommes d'artillerie, 4 sergents, un sergent-major, un officier et commandant de compagnie, et 16 chevaux.

Le même jour, réquisition de : « deux bêtes asines, attelées chacune d'une voiture », pour conduire 4 sacs d'avoine à Gyé-sur-Seine, en exécution sans doute de la réquisition du 16.

19 *février*. — A une réquisition du commandant du train d'artillerie, en cantonnement à Loches, le maire répond « que la commune n'étant qu'un pays vignoble, et ayant fourni journellement, depuis un mois, aux réquisitions et à la nourriture des hommes et chevaux qui ont séjourné et séjournent, il est hors d'état de fournir ce qu'on lui demande. » Il ajoute cependant : « Le maire de Loches peut envoyer une voiture ; on la chargera d'un mille de foin et on fournira aussi six moutons. Il n'y a point de voiturier à Essoyes. »

20 *février*. — Par ordre du commandant de la place de Bar-sur-Seine, réquisition de 200 bottes de paille, 1,000 bottes de foin, 100 boisseaux de blé, 200 boisseaux d'avoine et 4 vaches.

21 *février*. — Réquisition de 25 cordes de bois pour Bar-sur-Seine.

Après les victoires remportées par Napoléon, à Craonne, Champaubert, Montmirail et Château-Thierry, les troupes françaises reparaissent dans nos pays et l'espérance renaît.

Le maréchal Macdonald, qui a reçu l'ordre de passer la Seine et d'aller se mettre en ligne sur l'Aube avec les corps du duc de Reggio et du général Gérard, placés sous son commandement, se dirige vers Bar-sur-Aube, par Essoyes, « pays fort difficile, » et fait enlever la petite ville de La Ferté [1].

Mais ces troupes françaises il faut les nourrir, comme on a nourri les alliés, et le cœur, qui devrait s'ouvrir très large pour les besoins des soldats de la France, se resserre, tant les ressources sont épuisées,

Le 25 février, le général baron de Piré, qui est à Loches, demande 8 mille de foin, 100 boisseaux d'avoine, 100 livres de pain.

____

1. Cf. Macdonald : *Souvenirs;* p. 250. Paris, E. Plon, 1892, in-8°,

Il fallait, en outre, pourvoir aux besoins des troupes stationnées à Essoyes, et l'état des fournitures du 25 février porte : 459 livres de pain, 201 bottes de foin et une cinquantaine de boisseaux d'avoine.

Appelées, sans doute, à rejoindre l'empereur dans les environs d'Arcis-sur-Aube, les troupes françaises ne firent que paraître et disparaître.

Dès le 2 mars, nos pays sont de nouveau occupés par les alliés, et, du 2 au 6, nous constatons quelques menues réquisitions en clous et fers, pain et avoine. Le 14, c'est 20 pièces de vin rouge, bonne qualité, que le commandant de place de Bar-sur-Seine demande. En même temps, 30 fantassins, avec deux charriots, viennent lever du foin et de l'avoine.

Par suite de la marche des alliés sur la capitale, le maire d'Essoyes eut alors quelques jours de tranquillité. Mais après la capitulation de Paris (31 mars), l'ennemi revint, plus exigeant peut-être encore qu'avant sa victoire,

Dès le 10 avril, le commandant de la réserve du 4e corps vurtembergeois, Schlotterbeeck, enjoignait de lui conduire, à Neuville-sur-Seine, avant midi, 2 bœufs ou vaches grasses, 3 mille de foin et 100 boisseaux d'avoine.

D'autre part, l'adjoint de Mussy, obligé de fournir 70 chevaux pour le service de l'empereur d'Autriche, demandait qu'on lui en envoyât 15 pour le lendemain, à cinq heures du matin.

Il faisait observer que ce service serait payé selon le tarif de la poste, et, comme dernier moyen de persuasion, il ajoutait que, « faute d'obéir, il y aurait réquisition par force. »

Le maire d'Essoyes répondait ainsi à cette mise en demeure :

» Monsieur,

« D'après votre lettre d'invitation de ce jour, pour fournir 15 chevaux pour la conduite de S. M. l'empereur d'Autriche, j'ai fait sur-le-champ battre la caisse, afin de rassembler les chevaux de la commune. Vous nous avez envoyé hier une réquisition de vin, pain, haricots et foin. Nous vous avons envoyé la dite réquisition, avec trois chevaux, dont vous pouvez vous servir. Les autres chevaux sont partis au même instant, pour conduire des réquisitions à Bar-sur-Seine et à Neuville. Vous devez scavoir que notre commune en a déjà 22 de perdus. Notre dite commune n'en ayant plus, ne peut satisfaire à votre invitation.

« Je vous salue de cœur. »

Après l'abdication de Napoléon et le rétablissement de la royauté, les alliés occupèrent encore pendant quelque temps une partie du territoire français. On dut pourvoir à leur subsistance ; de là, nouvelles réquisitions.

Le 16 mai 1814, le maire d'Essoyes reçut, de son collègue de Mussy et du commandant de place, l'ordre de fournir 100 bottes de foin et 50 doubles-décalitres d'avoine, pour l'approvisionnement des troupes stationnées à Mussy, et qui devaient y séjourner jusqu'au passage de l'empereur d'Autriche.

Onze jours après, c'était le sous-préfet provisoire du 5e arrondissement de l'Aube, Perny, qui lui enjoignait de faire conduire sans délai, à Mussy, 150 bottes de foin, pour la subsistance des chevaux des hussards. Il ajoutait en post-criptum : « Tenir note exacte des particuliers qui auront fait les fournitures, pour mettre le préfet à même d'en faire payer le montant. »

Essoyes, n'ayant pas obéi à une réquisition de vin du 2 avril, pour le service de la place et des hôpitaux de Troyes, le maire de cette ville s'était vu dans la nécessité d'emprunter à l'étape.

Le 14 juin, il invita la commune à rembourser, ou plutôt à remplacer le vin qui avait été ainsi prêté. Essoyes en fut quitte pour 15 ricetons, c'est-à-dire pour 15 muids, jauge des Riceys. C'est le dernier tribut que nous lui voyons payer.

En dehors des réquisitions, plusieurs habitants subirent des pertes assez sensibles, par suite du séjour, à Essoyes, des troupes françaises et alliées. Nous donnerons l'état de ces pertes dressé par les intéressés eux-mêmes, en laissant à nos lecteurs le soin de faire la part de l'exagération, à laquelle la plupart des hommes se laissent trop facilement aller, en pareille circonstance :

René Cogit, de Servigny....................	3.000 fr.	»
Claude Martin, garde à Servigny............	583	»
De Blaise, marchand.......................	370	25
Claude Collin.............................	4.225	50
Vaillant..........................	2.986	»
François Hemiu............................	222	50
Charles Coutier,..........................	1.606	»

Nicolas Mangé........................... 1.499 50
Joseph Talabot.......................... 2.590   »

Les affouages de l'année 1814 ne furent pas délivrés aux habitants, à cause de la présence des troupes alliées, bien qu'ils en eussent payé les charges. En 1818, c'est-à-dire lorsque la réparation de l'iniquité devint possible, le maire, Claude Bacquias, demanda au Conservateur des eaux et forêts la délivrance de la coupe arriérée. Elle lui fut refusée, en punition des dégâts que les habitants avaient commis en 1814, dans les bois de Foucherolles, et aussi parce qu'une double coupe mettrait trop de bois dans le commerce et nuirait, par conséquent à la vente des bois de l'État.

Bacquias en appela alors à Louis XVIII lui-même, par la pétition suivante, et, ce que le Conservateur des eaux et forêts avait refusé, fut gracieusement accordé par le roi, le 5 août 1818 :

PÉTITION ADRESSÉE AU ROI, PAR LE MAIRE D'ESSOYES,
LE 30 AVRIL 1818, POUR OBTENIR DÉLIVRANCE DE LA COUPE DE 1814.

A S. M. Louis XVIII, roi de France et de Navarre.

Sire,

Le Maire d'Essoye, arrondissement de Bar-sur-Seine, département de l'Aube, a l'honneur de vous exposer que, depuis 1813, ses habitants n'ont presque rien récoltés sur leur finage, qui est un vignoble.

Le peu qu'ils avaient leur a été consommé et enlevé par la guerre ; ils sont aujourd'hui dans la dernière misère ; plus de moitié sont sans grain, sans vin, sans ouvrage, en un mot sans ressources et prêts à périr d'inanition.

Des réparations très urgentes à faire, tant à la couverture du clocher (qui est prêt à tomber), qu'aux murs de l'église et au presbytère, qui coûteront environ 6,000 francs, s'accroissent journellement, et si elles ne sont pas promptement faites, tout tombera en ruines.

La commune n'ayant que ses bois pour frayer à ses charges et à l'entretien de ses édifices, manquant absolument du plus strict nécessaire pour la subsistance des habitans, ils ne peuvent se cotiser par des rôles sur eux-mêmes pour faire faire les réparations.

L'affouage marqué en 1813, pour le chauffage des habitans en 1814, ne leur a pas été délivré, à cause de la présence des troupes alliées, quoiqu'ils en ayent acquittés les charges.

Le 2 septembre 1816, l'exposant a présenté une pétition à M. le Conservateur des Eaux et Forêts de son département, à l'effet de faire délivrer à ses habitans une coupe arriérée ; il n'a pas jugé à propos d'accueillir,

1° En punition, a-t-il dit, des délits que les habitans avaient commis, en 1814, dans les bois de Foucherolles, dépendant du domaine de Votre Majesté ;

2° Parce qu'en délivrant double coupe, ce serait mettre trop de bois dans le commerce, et, par conséquent, nuire à la vente des vôtres.

Il est bien vrai qu'en 1814 quelques habitans, pendant la présence des ennemis, et à leur sollicitation, ont commis quelques délits ; mais immédiatement le départ des troupes, l'exposant a fait une perquisition chez les délinquans, a saisi les bois qu'il y a trouvés, les a vendus d'après l'ordre de Messieurs les agents forestiers au profit du gouvernement, et en a versé le montant entre les mains du Receveur des Domaines à Bar-sur-Seine.

MM. les administrateurs des forêts se sont en cette circonstance montrés plus sévères que Votre Majesté, qui, dans sa bonté, et par son ordonnance du 11 juillet 1814, a accordé amnistie pour tous les délits forestiers commis à cette époque, pour le besoin des troupes alliées.

Le suppliant ose espérer que Sa Majesté, vu la misère des habitans d'Essoye, qui est à son comble, qui n'ont fait aucunes récoltes, et dont le pays n'offre aucun genre d'industrie, voudra bien ordonner que la coupe arriérée de leurs affouages de 1814, dont les droits et charges ont été acquittés, leur sera délivrée sur le champ, pour servir aux réparations de leur église et presbytère, qui sont des plus urgentes, et au soulagement des malheureux.

Ils continueront à combler de bénédictions Votre Majesté, et de prier Dieu pour la conservation de vos jours.

30 avril 1818.   BACQUIAS [1].

II. — L'INVASION DE 1815. — Nous n'avons pas à raconter comment, par suite de la tentative désespérée qu'il fit pour remonter sur le trône, Napoléon se trouva de nouveau aux prises avec la coalition européenne. Vaincue à Waterloo, la France fut une seconde fois envahie ; ses troupes durent se retirer au sud de la Loire, tandis qu'un million d'étrangers vivaient grassement sur le reste de son territoire.

Voici l'état des réquisitions fournies par les habitants d'Essoyes aux troupes des puissances alliées.

_____

1. Archives communales.

11 juillet 1815 [1]. — Une vache, estimée 60 francs ; 2 muids de vin, à 45 francs le muid.

12 juillet. — 30 moutons, 1,074 livres de pain, 33 boisseaux 1/2 d'avoine et 10 pièces de vin [2].

15 juillet. — 8 muids de vin.

16 juillet. — 1 muid d'eau-de-vie, estimé 280 fr.; 2 muids de vin ; 25 boisseaux d'avoine ; 420 livres de pain.

17 juillet. — 6 muids de vin; 2 veaux, estimés 50 fr. les deux.

19 juillet. — 1 bœuf, estimé 55 fr.; 3 vaches, estimées 146 fr. les trois. On donna, en outre, 3 fr. pour conduire ces vaches à Troyes.

23 juillet. — 16 boisseaux d'avoine ; 4 muids de vin.

25 juillet. — 8 muids de vin.

27 juillet. — Une vache, estimée 84 fr.; 2 muids de vin ; 30 livres de sel ; 4 mille 1/2 de foin.

28 juillet. — 8 mille de foin ; une vache ; 2 muids de vin.

31 juillet. — 2 mille de foin.

2 août. — 2 mille de foin et 40 bottes ; 2 muids de vin ; une vache, estimée 66 fr. et 159 livres 1/2 de pain.

Le maire demande en outre à la commune de Fontette de fournir 25 boisseaux d'avoine, ou 100 gerbes, pour les troupes stationnées à Essoyes.

3 août. — 5 fr. de charbon ; environ 5 mille de foin et 9 boisseaux d'avoine.

5 août. — 3 muids de vin.

8 août. — 1 mille de foin et 4 muids de vin.

10 août. — 3 bœufs, estimés 415 fr.; 4 boisseaux d'avoine ; 4 livres 1/4 de graisse et 10 livres de pain.

15 août. — 6 muids de vin ; 2,000 de foin et 50 bottes de paille.

L'autorité supérieure avait décidé que, dans chaque chef-lieu de canton, une commission composée d'au moins cinq membres, pris parmi les maires, adjoints et principaux habitants, serait chargée de faire, entre les communes, la répartition des réquisitions, et d'en surveiller la levée et le versement.

[1]. Date précise de l'entrée des troupes alliées dans l'arrondissement de Bar-sur-Seine.

[2]. Le préfet avait demandé : 100 boisseaux d'avoine, 3,000 livres de pain, 10 pièces de vin et 3 bêtes à cornes ou 30 moutons.

Le 14 août, le sous-préfet nomma, pour composer la commission du canton d'Essoyes :

Bacquias, maire, président ; Josselin, juge de paix ; Perny, maire de Landreville ; Delarquelay, adjoint de Chesley ; Hauriot, propriétaire à Bertignolles, et l'abbé Olivier, desservant de Magnant.

La part d'Essoyes, dans les diverses réquisitions qui frappèrent le canton à partir du 17 août, fut ainsi fixée par cette commission :

17 *août*. — 4 muids de vin ; une vache ou un bœuf, et 300 bottes de foin.

19 *août*. — 18 mille de foin et un muid de vin, pour Vendeuvre.

22 *août*. — 89 aunes de toile.

26 *août*. — Pour l'escadron stationné à Essoyes, pour cinq jours, à partir du 27 : 3 mille de foin, 40 boisseaux d'avoine, 2 muids de vin et une vache. Cet escadron, dont nous constatons la présence à Essoyes dès le 19 août, devait être le 2ᵉ escadron des gardes du corps bavarois. Du 19 au 26, les habitants durent lui fournir 856 rations de foin et 1,032 rations d'avoine.

27 *août*. — 3 muids de vin.

28 *août*. — Pour l'escadron, qui, d'Essoyes, est passé à Landreville, pour quatre jours, à partir du 1ᵉʳ septembre : néant.

Pour la réquisition du sous-préfet, de 6.921 fr. : 700 fr. à répartir sur 25 habitants.

6 *septembre*. — Le commandant du 1ᵉʳ régiment de cuirassiers bavarois, commandant la place de Bar-sur-Aube, écrit au sous-préfet de Bar-sur-Seine :

« Je vous invite à faire fournir, par le canton d'Essoyes, et à faire conduire, *chaque jour*, au magasin de la place de Bar-sur-Aube, par les communes de Thieffrain, Montmartin, Magnant, Buxières, Eguilly, Vitry, Bertignolles, Chervey, Chacenay, Noé, Essoyes, Viviers, Loches, Cunfin, Fontette, Saint-Usage et Verpillières : 1° 18 boisseaux de froment ; 2° 6 boisseaux de seigle ; 3° 240 boisseaux d'avoine ; 4° 400 bottes de foin ; 5° 200 bottes de paille ; 6° 3 muids de vin ; 7° 500 livres de viande sur pied, plus

3 voitures à deux colliers, qui y resteront en permanence, pendant deux jours, pour le service du parc.

« Les denrées devront être de bonne qualité. [1] »

8 *septembre*. — Un muid de vin, 250 livres de viande sur pied et 150 bottes de foin.

11 *septembre*. — 3 muids de vin pour Bar-sur-Aube, une voiture à Bar-sur-Seine pour le 14.

Le colonel du 1er régiment de cuirassiers, commandant la place de Bar-sur-Aube, invite le sous-préfet de Bar-sur-Seine à mettre en réquisition douze tailleurs d'habits, dans les communes du canton d'Essoyes désignées pour concourir à la subsistance des troupes.

« Vous leur donnerez ordre de se trouver à Bar-sur-Aube, le 13 de ce mois, à 8 heures du matin, dans l'atelier des tailleurs du régiment en garnison dans cette ville. Vous les préviendrez qu'ils doivent rester ici quelques jours, et *qu'ils seront logés et nourris pendant leur séjour*.

« Comme il est très important que ce nombre de tailleurs se trouve ici, comme je le demande, je vous invite *à faire venir avec eux le maire de la commune d'Essoyes, qui en répondra* [2]. »

Jean et Nicolas Bogé, tailleurs d'habits à Essoyes, furent des douze réquisitionnaires. Ils travaillèrent pendant onze jours à l'atelier du régiment et la commune dut payer 22 francs pour leur salaire.

Les habitants, épuisés, commençaient à résister ; bientôt il fallut recourir à la force.

Dès le 12 septembre, le colonel invitait le sous-préfet de Bar-sur-Seine à le faire.

« Les communes du canton d'Essoyes, disait-il, n'ayant versé qu'une partie des réquisitions qu'elles devaient fournir au magasin journalier de Bar-sur-Aube, je me trouve dans la nécessité de vous engager à user des moyens les plus rigoureux, pour parvenir à faire rentrer les réquisitions qu'elles doivent fournir, attendu que la garnison de cette ville est, pour ainsi dire, sur le point de manquer de subsistances.

Je vous invite à employer la gendarmerie de votre arrondisse-

---

1. Archives communales. — Archives de l'Aube, R 404 o.
2. Archives de l'Aube, R 404 o.

mant, pour accélérer la rentrée en magasin des fournitures auxquelles est taxé le canton d'Essoyes, *et vous recommande surtout
de ne pas ménager le maire de cette commune, qui, jusqu'à présent
a montré la plus mauvaise volonté et le moins de zèle à obéir aux
réquisitions qui lui sont faites.*

« Je vous engage, Monsieur le Sous-Préfet, à surveiller atten-
tivement MM. les Maires du canton d'Essoyes, et à les contraindre
par la force, puisque cela est nécessaire, à fournir ce que l'on
leur demande, pour la subsistance des troupes stationnées dans
l'arrondissement de Bar-sur-Aube.

« Je compte sur ces réquisitions pour demain matin, ou je
serai obligé d'envoyer des exécutions dans le canton. »

Les gendarmes de Mussy se trouvaient à Loches ; le sous-
préfet, M. de Noiron, les mit à la disposition du maire d'Essoyes,
président de la commission, « à l'effet d'envoyer des exécutions
militaires chez les récalcitrants. »

Les malheureux habitants, soumis à ces exécutions, devraient
non seulement nourrir les gendarmes et leurs chevaux, mais
encore leur payer une solde de 2 fr. par jour.

Il est à présumer que l'honorable maire d'Essoyes, dont l'éloge
n'est plus à faire, après le témoignage qui vient de lui être rendu
par le colonel bavarois, refusa de recourir à ces moyens de
rigueur, et épargna à la gendarmerie française la honteuse
corvée qu'on voulait lui imposer.

En effet, le 16 septembre, le colonel, revenant à la charge,
écrivait au sous-préfet :

« Malgré mes bonnes intentions pour vous et votre arrondissement, je suis forcé d'envoyer, demain matin, dans le canton
d'Essoyes, puisque ce canton refuse de verser les réquisitions
pour la subsistance du régiment bavarois, un capitaine, un lieutenant et 100 militaires en exécution, qui resteront dans les communes de ce canton, jusqu'à ce que tout ce qu'elles doivent
fournir soit versé en magasin.

« Vous voyez bien que, jusqu'à présent, j'ai fait tout mon
possible pour trouver des subsistances, sans employer les moyens
de rigueur, mais je n'ai pas envie de laisser manquer de vivres
mes soldats et les chevaux du régiment, par cause de la mauvaise
volonté de ce canton.

« J'ai l'honneur de vous prévenir que je suis forcé de vous envoyer ces exécutions.

« Le canton de Bar-sur-Aube a bien fait son devoir, je ne vois pas de raison pour que le canton d'Essoyes soit dispensé de fournir ce qui lui est demandé.

« Je vous envoie l'état des quantités de denrées restant à verser en magasin, pour le service journalier. Je vous préviens aussi qu'il sera donné, aux frais des communes, 6 fr. à chaque caporal, et 3 fr. à chaque soldat, par jour [1]. »

La commune d'Essoyes était en retard de 45 bottes de foin et d'un muid de vin, par jour, depuis le 9 septembre. Sur les 100 militaires en exécution dans le canton, on lui envoya un capitaine, un caporal, un trompette et 4 soldats.

Les frais de cette exécution montèrent *au minimum* à 52 fr., qui furent avancés par l'adjoint Charles Coutier.

14 septembre. — 300 bottes de foin et 2 muids de vin. Une voiture à Bar-sur-Seine pour le 18.

17 septembre. — Pour Bar-sur-Aube : 150 bottes de foin, un muid de vin et 250 livres de viande.

22 septembre. — 3 muids et une feuillette de vin, 200 bottes de foin et 22 boisseaux d'avoine.

27 septembre. — Un muid de vin et 50 bottes de foin pour Bar-sur-Aube.

A cette date, le maire de Landreville, Perny, écrit au maire d'Essoyes :

« Une lettre de M. le sous-préfet, que je reçois à l'instant, m'annonce que 1,000 hommes et 1,338 chevaux bivouaqueront près de Landreville, pour y prendre un rafraîchissement, et qu'il faut tenir prêt foin et avoine, pain et vin, surtout de l'avoine.

« Il me dit, en outre : « Je vous autorise, vu l'urgence, à engager les communes d'Essoyes et de Loches à venir à votre secours. Vous ne pouvez mettre assez de diligence dans cette opération, et je vous prie de me rendre compte des efforts que feront, en votre faveur, les communes que je vous adjoins. »

« Nos besoins sont surtout pressants en avoine et en foin.

« J'oubliais de vous dire que la troupe arrive à dix heures, ce matin. »

---

1. Archives communales. — Archives de l'Aube, R 404 o.

28 septembre. — Sur la demande du commandant de place, le sous-préfet de Bar-sur-Seine requiert le maire d'Essoyes de fournir, pour le 1er octobre, deux voitures attelées de deux chevaux chacune. Même réquisition pour le 5, le 10 et le 15.

29 septembre. — 100 fr. sont payés pour l'achat de l'avoine fournie aux troupes qui devaient « rafraîchir » à Landreville.

Le soir du 29, il restait encore à fournir 385 bottes de foin à Bar-sur-Aube.

30 septembre. — Du 30 septembre au 6 octobre, de nombreux bons sont délivrés au nom du 5e régiment de ligne, 2e division, 2e brigade des troupes bavaroises. Puis, c'est le 4e chevaux-légers, 3e division, dont nous constatons la présence à Essoyes jusqu'au 5 novembre.

En général, ces troupes se montrèrent disciplinées. Nous n'avons relevé contre elles qu'une seule plainte, celle du meunier Collin, qui évalua à 1,994 fr. les pertes qu'elles lui firent subir dans la nuit du 6 octobre.

2 octobre. — Répartition pour le camp de Chaumont. Essoyes : un muid de vin et une vache.

4 octobre. — Un muid de vin et 50 bottes de foin pour Bar-sur-Seine.

7 octobre. — *Magasin militaire d'Essoyes* : Etat des fournitures faites par la commune, pour la subsistance d'un escadron, cantonné à Essoyes, depuis le 7 octobre jusqu'au 2 novembre.

Récapitulation : 335 boisseaux d'avoine et 2,254 bottes de foin.

Répartition faite par les maires des communes pour la subsistance des troupes en cantonnement à Essoyes, pendant cinq jours, à commencer du 7 octobre :

Essoyes : 250 livres de pain, 1 muid de vin, une vache, 300 bottes de foin, 130 boisseaux d'avoine.

9 octobre. — Réquisition pour le major : 25 bouteilles de vin première qualité, 2 livres de beurre, un rable de lièvre, 12 douzaines d'œufs, une dinde.

Cet officier usa en trois semaines, du 8 octobre au 1er novembre, pour 69 fr. 50 de café, de sucre et d'épicerie fournis par le sieur Deblaise et payés par la commune.

Peut-être avait-il quelques pendules à remporter en Bavière, car nous le voyons commander deux caisses au menuisier Nodot et au serrurier Dupont, en laissant au maire le soin d'acquitter la note, soit 27 fr. 10.

Viande fournie du 9 octobre au 2 novembre : 3,209 livres.

15 *octobre*. — Le sous-préfet de Bar-sur-Seine, de Noiron, requiert le maire d'Essoyes de conduire, le jour même, à six heures du soir, à Loches, pour le détachement qui y est logé, 2 voitures, à deux colliers chacune, garnies de paille.

16 *octobre*. — Le sous-préfet requiert pour Bar-sur-Seine : 2 voitures pour le 20 octobre, 2 pour le 25, 2 pour le 30, 2 pour le 4 novembre, 2 pour le 9, 2 pour le 14 et 2 pour le 19.

17 *octobre*. — Etat de répartition des subsistances militaires, pour cinq jours, à commencer du 17 octobre :

Essoyes : 5 boisseaux de blé, 23 boisseaux d'avoine, 200 bottes de foin, 1 bœuf ou vache, 2 muids et une feuillette de vin, 4 volailles.

22 *octobre*. — Etat de répartition des subsistances militaires, pour cinq jours, à dater du 22 octobre :

Essoyes : 6 boisseaux de blé, 95 d'avoine, 200 bottes de foin, 1 bœuf, 2 muids de vin, 3 livres de beurre, 3 douzaines d'œufs, 4 volailles.

23 *octobre*. — Du 23 octobre au 1er novembre, le major des cuirassiers bavarois est nourri à Essoyes, par réquisition, sur les communes du canton. Part d'Essoyes : 12 volailles, 3 douzaines d'œufs, 3 livres de beurre.

Il fut, en outre, fourni par Bacquias : 2 lièvres, cotés 5 fr. 50 les deux, 141 bouteilles de vin de la Comète, à 0 fr. 75 la bouteille, et une bouteille de vinaigre. Total du mémoire, qui n'est pas daté, 103 fr. 15[1].

Nous ne voyons pas que Bacquias ait demandé à la commune le remboursement de cette somme. Son adjoint, Charles Coutier, se montra moins désintéressé.

Bien que le major n'habitât pas chez lui, c'était dans sa maison qu'était déposé le produit des diverses réquisitions frappées pour l'entretien de la table du vorace Teuton.

Peut-être ces réquisitions furent-elles de temps à autre insuffisantes, et M. Coutier dut-il, dans une certaine mesure, combler le déficit. Quoiqu'il en soit, l'adjoint d'Essoyes était de la race de

____
1. Archives communales.

ceux qui estiment que les grands malheurs publics ne sauraient empêcher les petites économies et les menus bénéfices, au moyen desquels un *bon bourgeois* doit entretenir, sinon augmenter sa fortune.

Au commencement de l'année 1818, il eut le triste courage de réclamer à la commune, plus pauvre que jamais, une somme de 127 fr., *numero Deus impare gaudet*, pour divers objets qu'il disait avoir achetés pour la table du major.

Le Conseil municipal rejeta cette réclamation « *attendu qu'il avait été fourni en nature, par les habitants, et sur les réquisitions frappées par la Commission, tout ce qui était nécessaire pour la table du major ; que le sieur Coutier n'y avait contribué que dans la proportion de ses facultés, et qu'il n'avait point été fait de rôle pour le paiement de cette dépense.* »

Ainsi, pauvres, ou ne jouissant que d'une modeste aisance, les vignerons d'Essoyes donnaient au futur châtelain de Verpillières, une éloquente leçon de désintéressement. Il ne voulut pas la comprendre, et, bien que dans l'impossibilité de produire un mémoire détaillé des objets qu'il prétendait avoir fournis, il en appela au préfet, qui, par arrêté du 25 septembre 1818, rejeta définitivement une réclamation que rien ne justifiait [1].

27 octobre. — État de répartition, pour cinq jours, à dater du 27 octobre :

Essoyes : 6 boisseaux de blé, 95 d'avoine, 200 bottes de foin, 1 bœuf, 2 muids de vin, 3 livres de beurre, 3 douzaines d'œufs, 4 volailles.

D'après un autre état des réquisitions entrées au magasin d'Essoyes, du 19 août jusqu'au 4 novembre, Essoyes aurait fourni, du 7 octobre au 1er novembre : 37 boisseaux de blé, 839 boisseaux d'avoine, 3,454 bottes de foin, 7 vaches 1/2, 11 muids 1/2 de vin, 12 livres de beurre et 20 volailles [2].

Les troupes alliées sortirent de l'arrondissement le 5 novembre. Elles y avaient donc séjourné quatre mois moins six jours.

1. Archives de l'Aube, 2 O 146.
2. Archives communales.

Appendice I

NOUVELLES ADDITIONS ET CORRECTIONS
à
ESSOYES, *histoire et statistique*

Page 49. — *Modifier ainsi la note* 1 :
D'après M. Charles Soccard les *chatieux* ou *chatex* étaient de petits revenus, tels que cens, droits sur rivières, marchés, etc., et même de petites propriétés, qu'on vendait avec la prévôté. C'est ainsi, paraît-il, qu'ils sont désignés dans la *Prisée de Villemor.*

Page 56, note 8. — D'après M. Jules Viard, Passavant-en-Vauge, n'est pas le Passavant du Doubs, mais celui de la Haute-Saône, arrondissement de Vesoul, canton de Jussey.

Page 71, ligne 20. — Au lieu de *Guignes,* lire *Guigues.*
Ligne 24. — Le seigneur de Chappes, possesseur du fief d'Essoyes en 1284, s'appelait Jean. C'était probablement un fils ou un petit-fils de Clérembault.

Page 73. — Après la notice consacrée au *Seigneur de Chappes,* ajouter :

JEAN BILLART DE GRANCEY
(vers 1360)

Jean Billart était fils d'Eudes de Grancey et d'Alix d'Arcis, dame de Cussy en Morvan[1], Ancy-le-Franc[2], Eclance[3], Pisy[4], etc., veuve en premières noces de Renaud de Choiseul.

1. Saône-et-Loire, arrondissement d'Autun, canton de Lucenay-l'Evêque.
2. Yonne, arrondissement de Tonnerre, chef-lieu de canton.
3. Aube, arrondissement de Bar-sur-Aube, canton de Soulaines.
4. Yonne, arrondissement d'Avallon, canton de Guillon.

Par contrat passé sous le sceau de la prévôté de Bar-sur-Aube, Jean Billart vendit la terre d'Essoyes à Sance de Nogent, qui suit.

SANCE DE NOGENT
(vers 1365)

Sance de Nogent, chevalier, seigneur d'Avircy[1], avait à peine acheté la terre d'Essoyes qu'il la céda, par échange, à Jeanne de Grancey, sœur de Jean Billart, alors décédé.

JEANNE DE GRANCEY
(vers 1370)

Jeanne de Grancey fut mise en possession de la seigneurie d'Essoyes avant le 11 avril 1372 (v. st.). En effet, à cette date, Jean de la Barre, garde du scel de la prévôté de Bar-sur-Aube, notifie que « noble dame madame Aalips de Arceis, dame de Cuissey et d'Ancy-le-Franc, et damoiselle Jehanne de Grancey, sa fille », ont reconnu par devant Colot Erart de Montesclaire et Jehan de Paris, clercs, tabellions jurés en la prévôté de Bar-sur-Aube, avoir reçu de la main même de Sance de Nogent, « les lettres de vendaige de la terre d'Essoye, à luy faicte jadiz par feu monseigneur Jehan Billart de Grancey, jadiz fils de la dicte dame et frère de la dicte damoiselle, la quelle terre, par certain accort et traitté fait entre eulx, est depuis dévolue en la main de la dicte damoiselle[2] ».

Jeanne requit sans doute la délivrance de ces lettres pour lui servir dans le procès qu'elle intenta à son cousin, Odoard de Grancey, qui s'était emparé, par force, de la terre d'Essoyes.

Dans le procès, elle résume ainsi ses droits seigneuriaux : la place publique, les foires, la halle, des droits de voirie (*voerre seu itinera*) des terres, des vignes, des prés, des hommes de corps, la justice haute, moyenne et basse, sur la partie de la ville lui appartenant, le droit d'instituer un prévôt ou un maire, des sergents ou autres officiers, de percevoir les profits du fief relevant de la dite terre, s'il vient à tomber sous sa main, soit par défaut d'hommage, soit autrement.

Se voyant injustement dépossédée de sa seigneurie, Jeanne sollicita et obtint de la Cour, ou du Roi, des lettres l'autorisant

---

1. Aube, arrondissement de Bar-sur-Seine, canton des Riceys.
2. Archives de l'Aube : 3 H 94 (ancien A I 94), original sur parchemin.

à citer Odoard sous la halle d'Essoyes, où elle établirait que, de temps immémorial, elle avait joui paisiblement, soit par elle-même, soit par ses prédécesseurs, de tous les droits seigneuriaux ci-dessus détaillés.

Odoard fit opposition à l'exploit du sergent et à l'exécution des lettres de la Cour. L'opposition fut déférée au Parlement, mais, en attendant la sentence, la main du roi fut mise sur le domaine en litige.

Le principal argument invoqué par Odoard devant le Parlement pourrait se résumer ainsi : Jean Billart avait vendu son fief à Sance de Nogent, sans l'autorisation de la dame de Larrey [1], sa suzeraine, dont Odoard était l'héritier. Or, ce fief était un fief de danger, et, selon la coutume du pays, le fief de danger tombait en commise ou confiscation, c'est-à-dire faisait retour au seigneur feudal, s'il était aliéné sans sa permission.

Ainsi le voulait, en effet, la coutume de Bourgogne [2].

A cela Jeanne répliquait qu'elle avait fait foi et hommage du dit fief en en prenant possession. Sis en Champagne et non en Bourgogne, il ne pouvait être soumis à la coutume de cette dernière province, et tomber en commise pour le cas allégué par Odoard. Du reste, la dame de Larrey ne s'en était pas emparée. Ne l'ayant pas possédé de son vivant, elle n'avait pu le transmettre à ses héritiers, etc., etc.

Par arrêt du 17 février 1374 (v. st.), la Cour donna raison à Jeanne de Grancey, et condamna Odoard à tous les dépens [3].

Page 74. — Après la notice consacrée à Girard de Bourbon, ajouter :

JEAN LA CHOUE

(1402)

Marié à « damoiselle Augnelz (Agnès), fille d'Estienne Milot-

---

1. Côte-d'Or, arrondissement de Chatillon-sur-Seine, canton de Laignes. — Très probablement Jeanne d'Arcis, cousine germaine d'Alix et épouse de Guillaume de Grancey, frère d'Eudes, car d'après le tableau généalogique dressé par M. Ernest Petit, les deux cousines avaient épousé les deux frères.

2. Cf. Ragneau et de Laurière : *Glossaire du droit françois,* verbo *Fief de danger.*

3. Archives nationales, X 1a 24, fol 230. — Voir l'arrêt aux *Pièces justificatives* F 1.

le-Bourgoignat de Saint-Obsaige [1] (Saint-Usage), Jean La Choue, écuyer, acquit la seigneurie d'Essoyes de Jean d'Aigremont.

Dans un dénombrement de la terre de Loches, donné le 15 octobre 1402 par Jean, sire de Châteauvillain, son suzerain, les droits et possessions de Jean La Choue à Essoyes sont ainsi détaillés :

« Une maison, le four qui est en icelle, le meix et appartenances d'icelle maison, séant en la ville d'Essoie, laquelle fut à feu Vignot, tenant à Nicolas de Landreville, couturier, d'une part, et à Jean Bellefille, d'autre, laquelle maison, four et pourpris peuvent valoir 40 sols.

« *Item*, tient à Essoie un homme appelé Hubert Valuquel, tout lige, qui est de la condition des autres hommes et femmes du dit Essoie, et qui doit, chaque année, au dit Jehan La Choue, tant qu'il vivra, un boisseau froment et un boisseau avoine.

« *Item*, en la même ville d'Essoie, plusieurs hommes et femmes, qui sont partables en plusieurs portions entre le roi et les religieux, abbé et couvent de Molesme, et le dit Jehan La Choue,... lesquels sont abonnés..., et la part du dit Jehan peut valoir, par an, 12 moitons avoine, et en argent 25 sols, payables, chaque année, le jour de la Toussaint.

« *Item*, au finage d'Essoie, environ 26 journaux de terre arable, tant en labour qu'en friche et désert, en plusieurs lieux et plusieurs pièces. C'est à scavoir : lieu dit *Au Corsaint*, 4 journaux en une pièce, qui sont en labour, tenant à Jehan le Voilleton, d'une part, et à Nicolas Laissonnet, d'autre.

« *Item* 6 journaux, lieu dit *Sous-le-Cray*, dont 3 sont en labour et 3 en friche, tenant à Nicolas Pignon et à Jehan Rampilon.

« *Item*, au lieu dit *En Places*, un journal en labour, tenant à Humbert N.

« *Item*, en la *Fosse-Bertin*, 1/2 journal en labour, tenant au Pitancier de Molesmes et à la rivière.

« *Item* à la *Voie-Mugnière*, 1/2 journal.

« *Item*, en la *Voie-de-Loches*, 1 journal tenant aux hoirs Nicolas de Loches et aux hoirs Rampilon.

1. Le mariage de Jean La Choue dut avoir lieu avant l'an 1395, car à cette date on trouve, dans les *Grands Jours de Troyes*, un accord conclu entre Jean La Choue et Bertrand de Saint-Usage (Archives nationales X[ra] 9184).

« *Item*, 1/2 journal au même lieu, etc., etc., desquels 26 journaux, 17 sont en labour, et valent, chaque année, un moiton chaque journal, par moitié froment et orge; les autres, en désert, sont de nulle valeur.

« *Item*, au *Vau-de-Mortax*, le 1/4 d'un journal de terre en pré.

« *Item*, 1/2 fauchée de pré *En Places*, tenant aux Landes des Religieux de Molesmes.

« *Item*, au même lieu, encore une fauchée tenant aux Religieux de Saint-Jehan de Jérusalem.

« *Item*, 1/2 fauchée, dessous le *Mont*. Tous ces prés valant environ 10 sols.

« *Item*, 15 œuvrées de vignes, tant en désert qu'en labour.

« *Item*, il lui est dû, chaque année, en la ville d'Essoie, en plusieurs parties, environ 45 sols de cense, qui se paient au jour de la Saint Remy, sur plusieurs maisons et héritages au dit Essoie et au finage.

« Il tient en fief de nous, en cette ville, plusieurs hommes et femmes abonnés, chacun pour certaine portion, et se paient chaque année, au terme de Toussaint, et valent par an environ 20 sols.

« *Item*, il lui est encore dû, en cette ville, environ 27 moitons avoine, 10 gelines et 3 sols 4 deniers, qui se paient chaque année aux vingt jours de Noël, par plusieurs personnes, dont plusieurs héritages lui sont pour ce obligés, et lesquelles censives sont quelques-unes partables avec les Religieux de Molesme et les hoirs feu.... Quessier, et croissent et amoindrissent.

« Il lui est encore pareillement dû, en la dite ville, 2 sols de censives sur plusieurs héritages, qui se paient à la Saint Jehan-Baptiste.

« *Item*, on est tenu de lui payer, chaque année, les droits et censives aux dits termes, et ceux qui y manquent lui doivent 5 sols d'amende.

« *Item*, les dites censives portent lods et ventes, toutes fois qu'on vend les héritages sur lesquels elles sont assignées, et l'on doit 3 sols 4 deniers pour livre, qui se lèvent sur l'acheteur.

« *Item*, la moitié en la rivière, qui s'appelle la Garenne, ainsi qu'elle se comporte (et l'autre à Henri de Vienne, écuyer), laquelle moitié peut valoir environ 10 sols.

« *Item*, 50 sols de garde de la porte (*sic*)[1] de Viviers, qu'on lui doit chaque année à la Saint-Martin d'hiver, sur tout ce qu'il tient au dit Essoye.

« *Item*, 4 gelines, que l'on doit au dit Jehan Lachoue, en la dite ville, le jour de Caresme prenant, à cause de censives, et sont dus sur plusieurs cultis, assis en la dite ville.

« *Item*, le rouage des denrées qui se charient en sa justice d'Essoie, c'est à scavoir du char 4 deniers, et de la charette 2 deniers, et peut valoir environ 5 sols.

« *Item*, tient de nous en fief, en la ville de Verpillières, la portion de environ huit manaisges, qui sont partables entre le Roi, le dit Jehan La Chouc et les autres seigneurs de Verpillières, en telle manière que un homme lige doit, chaque année, à tous les seigneurs, au terme de la Saint-Remy, douze deniers, et celui qui n'est lige doit, par portion, selon ce qu'il tient sous chaque seigneur, au-dessous des diz douze deniers, et sont les dites appelées *abonnements*, et la part du dit Jehan peut valoir, chaque année, environ 6 sols.

« *Item*, sur les choses dessus dites, en tant comme il y prend part et portion, il a la mainmorte, toutesfois que le cas y échet, de ses subjets, qui peut valoir, par an, environ 10 sols.

« *Item*, il a la justice haute, moyenne et basse, sur toutes les choses déclarées en la dite ville et finaige, qui, compris la prévosté, qui lui appartient, peut valoir, par an, environ 60 sols[2]. »

Si nous additionnons les principaux revenus du fief d'Essoyes évalués dans ce dénombrement, nous obtenons comme total, en argent : 10 livres 10 sols 4 deniers ; en froment : 8 moitons 1/2 et 1 boisseau ; en avoine : 39 moitons et 1 boisseau ; en orge : 8 moitons 1/2, et en volailles : 14 poules.

Nous n'avons aucun renseignement généalogique à donner sur Jean La Choue.

Ce nom peu commun, et peu enviable, se trouve cependant dans les *Dossiers bleus* de la Bibliothèque nationale, mais il est porté

1. Il faut certainement lire : *du prieur* de Viviers.
2. Archives nationales : Aveux de Champagne.

par un écuyer, qui, en 1444, était seigneur de Pont-au-Provost en Bretagne. Était-ce le même personnage que le seigneur d'Essoyes ? était-ce son fils ? Peut-être ni l'un ni l'autre.

Quoi qu'il en soit, nous dirons que Jean La Choue de Pont-au-Provost portait *d'argent à trois chouettes de sable, becquetées, membrées et allumées de gueules* [1].

Jean La Choue tenait également, en arrière-fief, à Essoyes, du seigneur de Châteauvillain, le fief que tenait de lui messire Henri de Vienne qui suit, fief qui, plus tard, devait porter le nom de *Fonjon*. La seigneurie ancienne avait donc été démembrée antérieurement aux premières années du xvᵉ siècle.

Girard de la Rochelle

De Jean La Choue, le fief d'Essoyes passa, nous ne savons par quelle voie, à Girard de la Rochelle, écuyer.

Dès l'an 1409, nous le voyons soutenir, aux *Grands-Jours* de Troyes, un procès contre Catherine de Grancey, dame de Loches « pour raison de quatre livrées de terre, dont la dite dame maintenait que la terre d'Essoie, tenue par le dit écuyer, était chargée et hypothéquée envers elle. »

L'affaire fut remise au 8 octobre, et les parties renvoyées devant le bailli de Troyes, procédant « en assises et dehors [2]. »

Peut-être Girard de la Rochelle était-il un descendant, légitime ou non, du seigneur de Chappes, mentionné ci-dessus comme seigneur d'Essoyes. Ce qui semble nous autoriser à faire cette conjecture, c'est qu'il y a, encore aujourd'hui, entre Chappes et Fouchères, une contrée qui porte le nom de *La Rochelle*.

Page 75. — Après la dernière ligne, ajouter .

Le fief d'Henri de Vienne était un fief servant, relevant, comme nous l'avons dit, d'un autre fief servant, également sis à Essoyes, et tenu par Jean La Choue.

Dans le dénombrement donné, en 1402, par Jean de Châteauvillain, les possessions et les droits seigneuriaux d'Henri de Vienne, à Essoyes, sont ainsi détaillés :

« Un bois appelé *la Forest*, contenant environ 80 arpens,

1. Bibliothèque nationale : *Dossiers bleus* 187, n° 4865.
2. Archives nationales : X ᴵᵃ, 9487, fol. 144 v°.

séant au finage du dit Essoie, tenant aux habitans de cette ville, et au chemin royal d'autre part.

Item, une maison, pourpris, cultis et appartenances, assis au dit Essoie, du côté de l'église, tenant à Jehan le Mugnier, d'une part, et au chemin commun, d'autre.

Item, un pressoir et la maison, qui n'est pas banal, tenant à Jehan Mugot, et au chemin commun.

Item, une fauchée de pré, en la *Mèse*, tenant à la rivière, d'une part, et aux *Landes* des habitants, d'autre.

Item, au même lieu, 2 fauchées de pré appelées le pré St *Remy*, dont le dit Henri de Vienne prend de cinq mathos les trois, et le curé les deux.

Item, au *Val Roulot*, l'œuvre à 10 hommes de vigne, en façon, tenant à Perrinot Chassoingnot, d'une part, et au chemin commun, d'autre, qui est assensie au dit Perrinot et à Philippe Martine, son fillastre, 10 sols, payables chaque année à la St Remy.

Item, une pièce de vigne au *Val à Marrain*, contenant environ 10 hommes, tenant à Nicolas Ropitel, assensie au dit Nicolas, 10 sols, payables le jour de la St Remy.

Item, 15 hommes, lieu dit au *Muron*, en désert.

Item, une autre pièce de vigne, lieu dit *Le Pan*, contenant environ 15 hommes, en désert.

Item, un four à cuire pain et la maison, tenant à Liénart Perrinel, d'une part, et au chemin commun, d'autre, ledit four banal et peut valoir, par an, …10 sols.

Item, en cette ville d'Essoie, plusieurs hommes et femmes, pour certaine portion, et se payent chaque année au terme de Toussaint, et valent 15 sols.

Item, en la même ville, plusieurs hommes et femmes partables en plusieurs portions entre le roi, l'abbé et couvent de Molesme, et le dit Henri, écuyer, qui prend sur les uns la moitié, sur d'autres le tiers, le quart, et le huitième, lesquels sont abonnés et doivent au dit Henri, chaque année, 12 moitons froment et 12 moitons avoine, et 25 sols en argent, payables au jour de la Toussaint.

Item, la moitié de la rivière qui s'appelle la *Garenne*, partable avec le dit Jehan la Choue, écuyer, et pouvant valoir 10 sols par an.

Item, le rouage des denrées, qui sont chargées en la justice du dit Henri, c'est à scavoir : du char, 4 deniers, et de la charette 2 deniers, et peut valoir par an 5 sols.

Item, le péage d'Essoie, qui peut valoir par an environ 6 livres.

Item, le péage de Grancey-sur-Ourse, qui peut valoir environ 10 sols ; le péage de Fontette qui peut valoir, par an, environ 20 sols ; le péage de Loches et Landreville, qui peut valoir, par an, 30 sols.

Item, le péage de Vitry-le-Croisé, qui peut valoir 6 livres.

Item, 50 sols de garde que la porte [1] de Viviers doit chaque année au dit Henri, au terme de S. Martin d'hiver, sur tout ce qu'il tient au dit Essoie.

Item, le dit Henri a, sur tout ce qui est dit ci-dessus, haute, moyenne et basse justice, qui, compris la prévôté d'Essoie, qui lui appartient, peut valoir, par an, 60 sols [2]. »

Total des revenus évalués : en argent, 24 livres 15 sols ; en nature, 12 moitons froment et 12 moitons avoine.

Page 76. — Ligne 11, ajouter :
M. Charles Soccard, après la lecture de ce paragraphe, a vaillamment entrepris de déchiffrer le *duplicata* du testament de Jeanne de Gouhenans, et il a réussi pour toutes les parties dont l'écriture est encore quelque peu visible.

D'après la copie qu'il a bien voulu nous communiquer, le testament fut écrit le 27 avril 1431, dans la chapelle du château de Gouhenans, de la main de la testatrice, en présence de huit prêtres, appelés *ad hoc*, et scellé du sceau de Nicolas de Molains, « clerc, tabellion général de Monseigneur le duc, en son comté de Bourgogne, » demeurant à Montjustin.

Bien qu'il ne soit pas fait mention dans ce testament de la seigneurie d'Essoyes, donnée à Jean de Vienne dès l'an 1417, nous croyons devoir en relater les principales clauses.

Jeanne demande à être inhumée dans la chapelle fondée en l'église de Gouhenans par ses prédécesseurs.

Pour les services qui auront lieu le jour de son « obit et tres-passement » et les deux ou trois jours suivants, on convoquera quarante prêtres.

1. Lire *le prieur*.
2. Archives nationales : Aveux de Champagne.

Le luminaire « pour les diz trois exèques » sera de 20 livres de cire.

A son enterrement, qui devra avoir lieu « en l'année de son obit et trespassement » seront convoqués trois cents prêtres et trois abbés, « lesquelz trois abbez, les diz jours, chanteront et célébreront trois messes haultes : c'est assavoir la première du St Esprit, la seconde de Nostre-Dame et la tierce de Requiem. »

A chacun de ces trois abbés on donnera « deux saluz d'or ; et, s'il y a aucuns autres abbez, oultre et par dessus ledit nombre de trois, à chascun de ceulx qui seront par dessus le dit nombre, deux florins d'or ; et s'il y a aucuns prieurs, à chascun ung florin d'or, et aux autres prebtres, à chascun trois gros viez [1], pour une fois, après leur reffection. »

Le luminaire de l'enterrement consistera en 13 torches de cire, pesant 3 livres chacune. On vêtira de drap 13 « pauvres personnes », qui les tiendront « allumées à l'entour de la sépulture, durant ce que l'on fera le service divin, le dit jour. »

Jeanne lègue ensuite :

Au curé de Gouhenans, pour ses funérailles, 6 écus d'or.

A la chapelle fondée au château de Gouhenans, « en l'onneur et révérence de madame saincte Katherine, en augmentation de rentes et revenus, et pour la dotation d'icelle », une pièce de pré située au finage d'Aynans [2].

Aux chapelains des deux chapelles fondées par ses prédécesseurs, l'une dans l'église de Gouhenans, en l'honneur de Notre-Dame ; l'autre au château, en l'honneur de Ste Catherine, toutes les vignes qu'elle a héritées de Jean Cabus de Gouhenans, prêtre, à la charge de prier pour elle, pour ses prédécesseurs et pour le dit Jean Cabus.

A trois prêtres, chacun dix francs, pour une messe quotidienne pendant un an, dans la chapelle où elle sera inhumée.

A la confrérie de Notre-Dame et des douze Apôtres, qui se réunit le premier mardi de chaque mois, et dont elle fait partie, 12 francs pour acheter des rentes.

A l'église paroissiale de Gouhenans, deux marcs d'argent pour faire un calice « afin que les prebtres d'icelle église soient plus

---

1. Le gros viez valait 20 deniers tournois.
2. Les Aynans : Haute-Saône, arrondissement et canton de Lure.

enclins de prier Dieu » pour son âme et pour celles de ses prédécesseurs.

A son « bien amé sire et mary, Henri de Sainct-Aubin, » la somme de 1000 écus d'or, qu'elle lui a assurée par son traité de mariage. Et elle ajoute : « Item pareillement, par cestui mon présent testament, je conferme, louhe, emologue et approuve..... le traictié de mariaige fait de noble homme Estienne Naveret de Faverney, escuier, et de feue damoiselle Jehannete de Placy, norrye de feu messire Jehan de Placy, jadis trésorier de Rouhan, ensemble aussi et avec certaines lectres de donation par moy faicte à icelle feue damoiselle Jehanete, et tout le contenu ès dis traictié et lectres de donation, je vuil estre tenu, gardé et observé par mon héritier cy-après nommé. »

A Catherine de Saint-Aubin, religieuse de Remiremont, 10 florins d'or, à charge de prier pour elle et pour ses prédécesseurs.

A Messire Besançon d'Aynans, prêtre, 10 francs, en reconnaissance des services qu'il lui a rendus et pour obtenir le secours de ses prières.

A Jean Joffroy et à Félice, femme Guyot Pusey, ses domestiques, 4 florins, en plus de leurs gages.

Pareillement à Peurnotte la Bouquarde, 3 florins.

A sa « bien amée » fille, Henriette de Vienne « dame de Roigemont et d'Usiez », en plus de la dot qu'elle lui a faite, 10 livres de rente annuelle et perpétuelle, reversible sur les héritiers de la dite Henriette.

Pareillement à sa « bien amée » fille, Jeanne de Vienne, dame de Pesme, 10 livres de rente.

A Jeanne de Vienne, fille de feu son « bien amé fils », messire Jean de Vienne, jadis chevalier, « sœur germaine de son bien amé Girart de Vienne », 2 marcs d'argent.

Jeanne de Gouhenans institue ensuite son légataire universel Girart de Vienne, son petit fils; elle le charge de payer ses dettes, « d'appaiser ses clams » et de supporter les charges de son testament.

Dans le cas où Girart mourrait sans enfants, la testatrice veut que ses filles, Henriette et Jeanne, soient « ses héritières universelles, seules, et pour le tout. »

Henriette aura de préférence, « et par avantage, le chastel et forteresse de Gouhenans » avec les terres et prés en dépendant. Le reste des biens sera partagé par moitié.

Si ses héritiers ne veulent pas accepter les conditions ci-dessus relatées, elle institue son légataire universel le duc de Bourgogne.

Enfin, elle désigne, comme exécuteurs de son testament, Henri de Saint-Aubin, sieur de Conflandel, son mari, Jean de Thoraise, sieur de Torpes, Regnault de Cheneveulle de Vesoul, écuyer, messire Jean Vurey d'Aynans, prêtre, et elle lègue à chacun trois marcs d'argent.

Page 83. — Au lieu de : Jean de la Rochette *alias* Roichelle et Rochelle, mettre simplement en titre : *Jean de la Rochelle* ; conserver partout cette forme et remplacer ainsi les trois premières lignes de la notice consacrée à ce seigneur :

Jean de la Rochelle était probablement le petit-fils de Girard de la Rochelle, dont nous avons parlé plus haut, et le fils de Thibaut, qui avait épousé une fille d'Erard de Verpillières et de Mahaut de Ville-sur-Arce.

Page 89. — A la notice sur *Pierre de Velu*, ajouter :

Pierre de Véelu et son frère Jean figurent, sans indication de domicile, ni de qualité, dans le rôle des nobles du bailliage de Troyes, appelés au service du roi en 1463.

M. Louis Le Clert, qui a publié ce rôle dans la *Revue de Champagne et de Brie* (octobre 1893), y ajoute la note suivante :

« Jehan et Pierre de Véelu étaient fils de Jehan de Véelu, vicomte de Chamusy, seigneur de Gélannes, (Aube) époux de Marguerite de Courcelles.

« Pierre fut receveur du duc de Bourgogne pour ses terres de Champagne. En 1500 il était âgé de 55 ans et habitait le château de Foujon [1].

« Son frère, Jean de Véelu, entra dans les ordres, et, en 1487, il était doyen du chapitre de Saint-Etienne de Troyes ».

Page 90. — Terminer ainsi le chapitre :

Nous ne saurions préciser l'époque à laquelle le fief de Fonjon fut détaché de la seigneurie ancienne, mais, grâce à nos récentes

---

1. Archives de l'Aube, E 17, 42e carton.

découvertes, nous pouvons dire que, de l'an 1400 à l'an 1512, il fut successivement possédé par Henri de Vienne, Jean III de Vienne, Girard de Vienne, Jean I de Longvy, Jean II de Longvy, Guillaume d'Anglure, Pierre de Véelu et Michel de Puiseu.

Les possesseurs du fief dominant furent, durant la même période, Jean La Choue, Girard de la Rochelle, Gauthier de Ruppes, Jean de la Rochelle et Jean de Lestrac.

Page 97, ligne 9. — Au lieu de *différents* lire *différends*.

Page 98. — Après la ligne 8, ajouter :
En 1535, le 10 mars, Guillon de Lestrac fit hommage à Bernarde de Salazard, dame de Chacenay, pour le fief de la Motte de Mallet, et les héritages, cens et rentes qui en dépendaient. Il avait acquis ce fief de Jacques de Rochetaillée, seigneur de la Ville-au-Bois, par contrat d'échange passé devant Nicole Millot, prêtre, et Jean Humblot, notaires en la prévôté de Vendeuvre, le 15 octobre 1534.

L'acte de foi et hommage, rédigé en présence de Claude Thibaut, prêtre, demeurant à Essoyes, et de trois autres notaires, fut renouvelé le 29 mai 1536[1].

Page 99. — Après la ligne 6, ajouter :
En 1551, Guillon d'Estrac fut élu commissaire par les nobles du bailliage de Chaumont, pour assister, avec l'avocat et procureur du roi, à la montre des sujets au ban et à l'arrière-ban du dit bailliage.

Pages 111-116. — A la notice sur *Pierre de Sommièvre* ajouter :
Le 22 avril 1634, Pierre de Sommièvre était au service du roi en son armée d'Allemagne.

Marie de la Plume donna, pour lui, à Sa Majesté, aveu et dénombrement du temporel de l'église d'Essoyes, c'est-à-dire de

---

1. Une copie de ces actes se trouve dans le cabinet de M. Charles Soccard. Elle ne concorde pas complètement avec l'histoire chronologique de la baronnie de Chacenay écrite par M. l'abbé Lalore. D'après cet auteur, Guillon d'Estrac n'aurait pas acheté le fief de la Motte de Mallet, mais seulement plusieurs biens en dépendant. Le fief proprement dit n'aurait été vendu que le 29 avril 1536, par Jacques de Rochetaillée, à Bonaventure Régnier, seigneur de Bussières. (Cf. *Les Sires et les Barons de Chacenay*, p. 322 note 3.)

la part de seigneurie acquise par René de Sommièvre sur les Religieux de Molême.

L'acte fut rédigé à Chaumont, dans la maison de François de Sommièvre, seigneur de Bussy-au-Bois.

Le total des revenus évalués monte à 257 livres 15 sols, se décomposant ainsi :

Justice, pour un quart : 35 livres ;

Tabellionnage, pour la moitié : un écu sol ;

Greffe et clergie, pour un quart : 5 livres 8 sols ;

Geolage, pour la moitié : 2 sols 6 deniers ;

Hommages et corvages : 20 sols ;

Gruerie ou Grands Jours de réformation des eaux et forêts, pour un quart : 6 sols 6 deniers ;

Moulins à eau : 40 livres, un porc gras ou un écu, quatre plats de poisson ou 20 sols, en tout 44 livres 10 sols ;

Rentes et censives : 3 livres 7 sols 8 deniers ; un chapon estimé 2 sols 6 deniers ; une poule prisée 20 deniers ; un materat prisé 5 deniers ; 2 boisseaux et demi de froment estimés 12 sols 6 deniers ; un boisseau et tiers de picotin d'orge prisé 3 sols 6 deniers ; 11 boisseaux et demi-tiers de picotin d'avoine estimés 19 sols, et 1 denier de pain, en tout : 6 livres 17 sols 4 deniers ;

Rouage : 15 sols ;

Tierces des Courbennes, de douze gerbes l'une, 24 boisseaux de grain, par quart froment, messeil, orge et avoine : 5 livres 9 sols 4 deniers ;

La Noue aux Moines (3 arpents 75 cordes) : 20 livres ;

Un demi-arpent 12 cordes 1/2 en Sécheron : 15 sols ;

Clos aux Moines (3 arpents 12 cordes et demi) : 8 livres ;

Bouverot (18 journaux) : 10 setiers, par moitié froment et avoine, pouvant valoir, en argent, le froment 12 livres et l'avoine 4 livres ;

Une méchante maison, en la Rue Basse, tenant à la Grange aux dîmes, qui paie de rente 15 deniers, et 1 denier de censive [1].

Page 121, ligne 14. — Au lieu d'*Aplaincourt*, lire *Ablaincourt* (Somme, arrondissement de Péronne, canton de Chaulnes).

Page 123, ligne 3. — Au lieu de *différents*, lire *différends*.

1. Archives nationales, P 1788 fol. 57.

Page 128. — Après la ligne 28, ajouter en note :

En 1776, c'est-à-dire lorsque le roi fut devenu seul seigneur d'Essoyes, un sieur Legrand, bourgeois de Paris, supplia le Contrôleur général de lui accorder à cens ces terres vaines et vagues, évaluées à cent arpents seulement, à charge de les faire cultiver.

De son côté, le seigneur de Verpillières, M. de Neuilly, en demanda la concession, s'offrant de payer au domaine tel cens qu'il plairait à Sa Majesté.

Nous doutons que ces demandes aient été favorablement accueillies ; en tout cas, si la concession exista, elle ne fut que partielle.

En effet, 50 journaux avaient été défrichés et semés en avoine par différents laboureurs d'Essoyes pendant l'hiver de 1775. L'intendant de Champagne, M. Rouillé d'Orfeuil, prit énergiquement la défense de ces travailleurs. Il estima qu'on devait leur laisser des terres qu'ils s'étaient crus autorisés à cultiver par la déclaration du roi du 13 août 1766. Du reste, ajoutait-il, il était de toute justice qu'on prit en considération les dépenses qu'ils avaient faites [1].

Cet avis prévalut ; nouvelle preuve de la tyrannie de nos rois.

Page 161, ligne 16. — Au lieu de *1701*, lire *1781*.

Ligne 27. — Au lieu de ville de *Stafort*, lire ville d'*Astaffort* (Lot-et-Garonne, arrondissement d'Agen, chef-lieu de canton).

Ajouter à la note 3 : Voir les lettres de provision de la charge de gouverneur d'Essoyes aux *Pièces justificatives* G[1].

Pages 163. — Ajouter à la note 1 :

Pierre-Jacques-Joseph de Zeddes et son frère, Louis-François, avaient émigré.

L'état des matelas, couvertures et draps se trouvant dans les maisons des émigrés, daté du 31 octobre 1792, porte :

« *Beurey* : Sieurs Dezeddes : 6 bons matelas, 4 mauvais ; 4 bonnes couvertures, 2 mauvaises ; 12 bons draps, 12 mauvais.

« Il ne paraît pas possible de disposer de ces objets, ayant des intérêts à discuter avec la mère des sieurs Dezeddes. »

____

1. Archives nationales, Q **1**, 58.

La vente du mobilier des deux émigrés eut lieu à Beurey, en présence de Nicolas Milet, administrateur du Directoire du district de Bar-sur-Seine.

Elle dura trois jours et demi et produisit 1019 livres 19 sols 10 deniers.

Les frais de vente montèrent à 124 livres 12 sols 6 deniers. (Archives de l'Aube).

Pages 164-166. — A la notice sur *Aubri d'Essoyes*, ajouter :

La mère d'Aubri s'appelait *Damerons* ; elle était probablement fille d'Elisabeth de Magnant, de là les droits d'Aubri sur ce village.

Le vrai nom de sa femme était *Lancenne*, et son surnom *Sarracène*.

Une de ses sœurs s'appelait Marguerite.

Outre les pâturages des deux *Bice*, probablement Bissey-la-Pierre[1] et Bissey-la-Côte[2], Aubri donna à l'Abbaye de Clairvaux son pré de la *Noe de Bulleu*, aujourd'hui le val *Billeu*, finage d'Essoyes. Sa femme, son frère, sa sœur et sa mère approuvèrent cette donation.

Il donna également, à la même abbaye, un autre pré en Pomereux (?) *ad Pomerellum*, à la condition toutefois qu'il en percevrait un cens de trois deniers, à la fête de S. Jean. Approuvée par sa femme, par Hugues, son fils, par Régnier, Jobert et Guiard, cette donation fut garantie par Pierre de Fontette, chevalier, qui s'engagea à la défendre, dans le cas où elle viendrait à être attaquée[3].

Le pré du val Billeu, *in valle de Busleu*, qui probablement était resté indivis entre Aubri et Jobert, son frère, donna lieu à une contestation, à un procès, entre ce dernier et les moines de Clairvaux établis à Fontarce.

Jobert finit par renoncer à ses prétentions, et sa renonciation a trouvé place dans le *Cartulaire de Clairvaux* au même titre qu'une libéralité faite à l'abbaye.

---

1. Côte-d'Or, arrondissement de Châtillon-sur-Seine, canton de Laignes.
2.   —   —   — canton de Montigny-sur-Aube.
3. Bibliothèque nationale : *Cartulaire de Clairvaux*, Fonds latin 10947, fol. 109, 112 et 114 v°. — Voir les Chartes aux *Pièces justificatives* H[1].

Comme les donations d'Aubri, cette renonciation n'est pas
datée, mais elle fut confirmée en 1179 [1].

Page 166, ligne 19. — Au lieu de *Alerme* de Bierri, lire *Alerin*
de Bierri, et ajouter en note :

Alerin de Bierri, chevalier, seigneur de Gurgy [2], avait pour
femme Adeline. Il mourut en 1230, après avoir fondé son anniversaire à l'abbaye de Moutier-Saint-Jean [3].

Page 170. — Avant la notice sur *Étienne d'Essoyes*, insérer
la suivante :

JEAN D'ESSOYES

Jean d'Essoyes était, dans les premières années du xve siècle,
secrétaire de la reine de France (la trop fameuse Ysabeau de
Bavière), trésorier de l'église de Sens, et chanoine prébendé de
la cathédrale de Rouen et de l'église St Merry, de Paris.

Malade, il manda, le 28 mai 1403, Jean Perrin, diacre du
diocèse de Reims, notaire apostolique et impérial, pour rédiger
son testament en présence de Guillaume de Landreville, de
Simon du Bois, laïcs, et de Jean du Val, clerc.

L'acte fut écrit en latin, dans la maison du testateur, rue de
la Coquerée, près de la rue des Juifs, à Paris.

Il a, paraît-il, été publié, en 1881, et ne saurait, par conséquent, trouver place dans nos *Pièces justificatives*, mais nous en
relaterons fidèlement toutes les clauses.

D'abord, et avant tout, Jean d'Essoyes recommande humblement et dévotement son âme, au moment où elle quittera son
corps, à N. S. J. C., à la sainte Vierge, à S. Michel Archange et
à tous les saints, déclarant qu'il veut mourir dans la foi catholique et reposer en terre sainte.

Ses exécuteurs testamentaires prendront sur son mobilier pour
payer ses dettes, affirmées par serment ou établies autrement, et
pour réparer les torts qu'il aurait pu faire, si toutefois il en a
fait.

S'il meurt à Paris, il demande à être enterré dans l'église

1. Bibliothèque nationale : *Cartulaire de Clairvaux*, Fonds latin n° 10947, fol.
112 v°. — Voir *Pièces justificatives* I [1].
2. Yonne, arrondissement d'Auxerre, canton de Seignelay.
3. Cf. Ernest Petit : *Histoire des Ducs de Bourgogne*, t. v, p. 375.

Saint-Antoine-le-Petit, près de la piscine, sous une tombe de deux pieds de hauteur, pouvant coûter de 40 à 50 livres tournois, à prendre sur son mobilier.

Il lègue à cette église 600 francs, pour fonder une messe basse quotidienne et l'antienne à la Ste Vierge *Salve Regina*, qui sera chantée chaque jour, dans le chœur, après les Vêpres.

S'il vient à mourir dans une église dont il serait chanoine, il y sera inhumé, dans le chœur, s'il est possible, ou dans la nef, devant l'image de la sainte Vierge, si l'église est dédiée à la mère de Dieu, et devant l'image de Notre-Seigneur, si l'église est dédiée à un autre saint ou à une autre sainte.

Si la mort le prend à Bar-sur-Seine, où il a sa maison, il veut être enterré dans le cimetière de la Maison-Dieu, desservie par les Religieux de la Sainte-Trinité. Le pieux établissement recevra alors, aux fins indiquées, les 600 francs dont il est fait mention ci-dessus.

Il lui lègue en outre, que son corps y reçoive ou non la sépulture, le jardin qu'il possède à Bar-sur-Seine, attenant aux murailles de la dite Maison-Dieu, et appelé le *Courtilz aux Gouliers.* Il avait autrefois vendu ce jardin à Robert-le-Cygne, panetier de la Reine, mais il le lui racheta ensuite avec d'autres biens.

Enfin, il met le comble à ses libéralités envers les malades, en léguant, au même hôpital, 6 journaux de lande, sur 14 qu'il possède au finage de Bar-sur-Seine, et qu'il a acquis de Jean de Railly et de sa femme.

Ne voulant rien laisser à l'imprévu, Jean d'Essoyes règle ainsi ses funérailles :

Elles auront lieu dans le mois qui suivra son décès ; il y aura, comme luminaire, 13 torches de 8 livres chacune et quatre cierges de cire, pesant chacun 6 livres. Les 13 torches seront tenues par 13 pauvres, auxquels on donnera une tunique ou une robe et un capuchon de *bruneto*, ou de bure noire, une paire de souliers et deux sols parisis.

On chantera trois messes avec diacre et sous-diacre, l'une du Saint-Esprit, la seconde de la Sainte-Vierge et la troisième de *Requiem.* L'honoraire des prêtres, pour ces trois messes, sera de 10 sols parisis, celui des diacres de 8 sols, et celui des sous-diacres de 6.

Une somme de 50 livres tournois devra être consacrée à faire célébrer des messes basses pour le repos de son âme.

Jean d'Essoyes fait ensuite les legs suivants :

Aux pauvres, 50 livres tournois, à distribuer le jour de ses obsèques.

A l'église paroissiale de Bar-sur-Seine, pour fonder son anniversaire, 10 sols tournois de rente annuelle et perpétuelle, à prendre sur sa maison du dit Bar et sur le jardin y attenant.

A la Fabrique de la même église, 10 francs, une fois donnés.

A l'église paroissiale de Merrey, pour fonder son anniversaire, avec vigiles et messe chantée, 8 sols tournois de rente, à prélever sur la terre qu'il possède proche du dit Merrey.

A la Fabrique de la même église, 60 sols tournois.

A la Fabrique de l'église appelée *Sercis* [1], hors de l'enceinte de Bar-sur-Seine, 40 sols tournois.

A l'abbaye de Mores, pour fonder son anniversaire, avec vigiles et grand'messe, 10 sols tournois de rente annuelle et perpétuelle, à prendre sur sa maison et son jardin de Bar-sur-Seine.

A Denisette, fille de Jean de Ver [2] et de Jeanne du Quesnoy, 100 francs, à prendre sur tous ses biens, meubles et immeubles, et une longue houppelande fourrée de gris, prise parmi les meilleures qu'il possédera au jour de son décès.

Il ratifie en outre certaines lettres du Châtelet de Paris, relatives à la donation qu'il a faite autrefois à la dite Denisette, de la maison dans laquelle il habite. Il veut qu'elle possède de même, sa vie durant, deux autres maisons, avec leurs jardins, contiguës à la précédente et sises, comme elle, dans la rue de la Coquerée, qui aboutit sur la rue des Juifs.

Après sa mort et celle de Denisette, ces trois maisons deviendront la propriété de l'église Saint-Antoine-le-Petit, à charge de prier pour lui, pour Philippe de Savoisy [3], chevalier, autrefois son maître, et pour ses bienfaiteurs.

---

1. Sur cette église, voir Lucien Coutant : *Histoire de Bar-sur-Seine,* p. 331 et suiv. Dans une pièce de 1158 relative au prieuré de la Trinité de Bar-sur-Seine, cette église est appelée *ecclesia de Ciresio.* Moins d'un siècle après, elle est mentionnée sous le nom de *Seres* dans une lettre de Jean, official de Troyes, datée de 1249.

2. Problement Vert, hameau de la commune d'Auxon, canton d'Ervy (Aube).

3. Philippe de Savoisy, chevalier, seigneur de Seignelay, était *souverain maître d'hôtel* de la reine. Maintenu dans cette charge par une ordonnance du mois de février 1388, il la garda jusqu'au 25 juillet 1398, date de sa mort. Comme secrétaire de la dite reine, Jean d'Essoyes se trouvait sous ses ordres, voilà pourquoi il l'appelle son maître. — Cf. P. Anselme, t. VIII, p. 551.

A Jacques Guillaume, prêtre du diocèse de Langres, il lègue une houppelande d'étoffe verte, fourrée de gros vair, et un manteau noir simple, ou 20 francs une fois donnés, au choix du légataire.

A Mathieu Jouvelin, son clerc, en plus de ce qui lui est dû pour ses gages, 50 francs.

A Gui d'Herbert, son serviteur, avec la même · clause, 30 francs.

A Jean Roland, chanoine de Paris, son exécuteur testamentaire, 60 francs d'or, une mule, ou un de ses chevaux, un manteau long d'écarlate, *de scalleta rubea*, ou un autre manteau d'étoffe de Bruxelles, fourré de gris neuf.

A Robert-le-Cygne, écuyer, panetier de la reine, 60 francs et une houppelande fourrée de ventres de martres.

A Guillaume de Pâlis [1], son cousin, 40 francs.

A la femme du dit Guillaume, sa cousine, une houppelande rouge fourrée de gris.

A Simon de Beurey [2] (de Burrey), son neveu, 50 francs.

A la femme dudit Simon, une houppelande, couleur gris blanc, fourrée de gris.

A Jean de Beurey, son neveu, chanoine de Saint-Etienne de Troyes, une longue houppelande d'étoffe appelée *racami*, fourrée de gris.

A Jean de Beurey, son petit neveu, ce que ses exécuteurs testamentaires voudront bien lui donner.

A sa servante, 2 francs, en plus de ses gages.

A Jean Grossard, portier de Philippe de Savoisy, 10 francs.

A Gillequin, cuisinier du dit seigneur, 2 francs.

A Jeanne, servante du dit seigneur, 2 francs.

A Jean Mandar, 8 francs.

A Guillaume-le-Long, son clerc, gardien de sa maison de Sens, une longue houppelande, fourrée de sandal ou de tartare.

A Marguerite, sa servante, demeurant dans sa maison de Sens, une longue houppelande violette, fourrée de gris, qui, comme la précédente, se trouve dans la dite maison.

Ses autres biens, meubles et immeubles, seront employés à la

---

1. Aube, arrondissement de Nogent-sur-Seine, canton de Marcilly-le-Hayer.
2. Aube, arrondissement de Bar-sur-Seine, canton d'Essoyes.

fondation de sa chapelle, et ses exécuteurs testamentaires disposeront, à leur gré, de ce qui pourra rester.

Ces exécuteurs seront Jean Rolland, chanoine de Paris, Gilles de Langres, trésorier de Viviers (de Vivario) en Brie, Robert-le-Cygne, écuyer, panetier de la reine, Guillaume de Paris, clerc des offices *clericum officiorum* de la dite reine, et Mathieu Jouvelin, clerc du testateur [1].

Ce testament, comme tous ceux de l'époque, du reste, est admirable, et les chrétiens plus ou moins jadaïsants du xixe siècle ne le liront pas sans profit.

Le malade pense à son âme, au jugement, à l'éternité. C'est là sa première préoccupation. Mais, sachant que le moyen le plus efficace de fléchir la justice de Dieu, c'est de coopérer à son œuvre, c'est-à-dire au bonheur de ses créatures, en ce monde comme dans l'autre, il affecte à des œuvres pies une bonne partie de sa fortune.

Les églises où l'on enseigne au peuple que Dieu réparera, dans une autre vie les injustices terrestres, les malades, les pauvres, victimes de ces injustices, voilà ses principaux héritiers.

Si l'on s'était toujours inspiré de ces nobles sentiments, si la fraternité démocratique n'était venue remplacer, dans les cœurs, la fraternité chrétienne, il me semble que la question sociale serait aujourd'hui moins menaçante.

En tout cas, il est bon de montrer au peuple, chaque fois que l'occasion s'en présente, ce qu'ont fait pour lui les chrétiens du moyen âge, et il convient également de rappeler à certains sectaires, administrateurs des hospices ou des bureaux de bienfaisance, quelle est l'origine des biens qu'ils gèrent avec un désintéressement qui n'est pas toujours évident, et une partialité qui souvent l'est trop.

Page 173. ligne 9. — Au lieu de *voulait* lire *voulsît*.

Page 187. — Remplacer ainsi la note 3 :
Jean-Louis, seigneur de Ville-sur-Arce, mort en 1776. Le fils aîné de Jean-Louis Le Lieur et de Marguerite-Julie Chapron, portait également les prénoms de Jean-Louis. Il émigra, et, en raison

1. Bibliothèque nationale : Collection Moreau, n° 1161, fol. 340.

de cette émigration, sa mère quitta Ville-sur-Arce pour Bar-sur-Seine où elle dut passer les dernières années de sa vie.

Page 191, ligne 2. — Au lieu de : avec le *comte*, lire : avec le *comté*.

Ligne 16. — Ajouter en alinéa :

En dehors de la prévôté, il y avait à Essoyes siège royal du bailliage de Chaumont, c'est-à-dire que, de temps à autre, le bailli venait y tenir ses assises.

Vers 1380, les Religieux revendiquèrent non seulement le partage des profits résultant des assises, mais encore le droit de siéger et de juger avec le bailli.

Déboutés de leurs prétentions, par une sentence du bailliage, ils en appelèrent au Parlement qui, à la fin de juin ou au commencement de juillet 1386, renvoya les parties aux Jours de Troyes, et, dans le cas où ils ne se tiendraient pas, aux Jours de Champagne du Parlement à venir.

L'historique du conflit et les débats peuvent se résumer ainsi d'après les registres de la Cour :

Les Religieux disent qu'ils étaient « pièça » seigneurs d'Essoyes, qu'ils y avaient toute justice et ressort, prévôt et bailli, et qu'on appelait du prévôt au bailli.

Ayant fait association avec le comte de Champagne, il leur promit de ne jamais rien entreprendre contre eux, de n'établir ni prévôt, ni bailli, sans leur congé et licence, et de ne rien acquérir à Essoyes qu'ils n'y eussent le tiers. Depuis l'établissement du prévôt, les profits et les émoluments de la prévôté, des cens, des bois et des rentes furent toujours communs entre le roi et eux, ainsi que les profits des assises.

Quand le bailli de Chaumont tenait à Essoyes les dites assises, un des Religieux siégeait à côté de lui et l'assistait. Les actes étaient signés du scel aux causes du bailliage et du scel des Religieux. Mais naguère, le bailli ayant envoyé tenir ses assises à Essoyes Thibaut de Vignory, son lieutenant, qui est nouveau, celui-ci ne voulut pas que le Religieux délégué par l'abbaye siégeat avec lui, donnant pour raison qu'au roi, seul, appartenait la juridiction, ce dont le Religieux appela.

Conclusion : Mal jugé, mal refusé et bien appelé.

Le procureur du roi répond : Il y a à Essoyes siège royal du bailliage de Chaumont. A ce siège ressortissent les seigneurs d'Aigremont, de Grancey et messire Gérard de Bourbon, sur lesquels les Religieux n'ont aucun droit.

Il est vrai qu'une association fut faite entre les religieux et le comte de Champagne, association à laquelle ce dernier ne gagna rien, mais on n'a jamais scellé que du scel royal aux causes du bailliage de Chaumont. Si les profits sont partagés, les Religieux reçoivent leur part et portion de la main des sergents du roi, car jamais les seigneurs ci-dessus nommés ne consentiraient à « ressortir devant les Religieux », et le roi lui même ne pourrait les y obliger.

Thibaut de Vignory n'est pas, comme on le prétend, un nouveau lieutenant ; il exerce depuis longtemps, et connaît les usages des bailliages.

Le jour qu'il voulut entrer en siège à Essoyes, deux Religieux de Molême, frère Pierre de Rumilly et frère Jean de Montbard, vinrent à lui, et frère Pierre lui dit : « Veez cy un Religieux pour scoir avec vous. » Le lieutenant, alléguant le droit du roi, répondit que si frère Jean voulait siéger par honneur, il y consentait, mais qu'il ne saurait l'admettre comme juge, car toutes les terres des Religieux ressortissant à Essoyes, en cas de procès, ils seraient juges dans leur propre cause.

Le moine s'assit près du lieutenant, mais l'honneur ne lui suffisait pas, et au lever du siège, il en appela de la décision prise par Thibaut de Vignory.

Le procureur du roi dit en outre que, les Religieux ne pouvant siéger en matière criminelle, leur demande n'était pas recevable. Du reste, sur quoi appuient-ils leurs revendications ? Sur un traité de pariage qu'ils ne peuvent pas montrer.

Le droit du roi est notoire au pays. Thibaut de Vignory, ayant déjà, autrefois, tenu les assises à Essoyes, connaissait parfaitement la coutume et il n'aurait pas refusé le Religieux, si cette coutume lui avait été favorable.

Enfin, le Religieux ayant dit qu'il n'appellerait pas, avait, par là même, renoncé au droit d'appel.

Conclusion : Les moines ne peuvent être reçus comme appelants.

Sentence : Appointé est que les parties sont contraires, si feront leurs frais par préfixion aux *Jours de Troyes*, s'ils se tiennent, *alioquin* aux *Jours de Champagne* du Parlement à venir [1].

Page 195, ligne 7. — Ajouter à la liste des notaires :
1535. Claude Thibaut, prêtre, probablement fils d'Hélye Thibault.

Ligne 9. — Ajouter en note :
Didier Doussot et Dechannes exerçaient encore en 1590. (Acte de vente de plusieurs pièces de terre du Petit-Mallet sous le sceau de Timothée Doussot, garde du scel de la châtellenie de Chacenay. Parchemin qui nous a été communiqué par M. l'abbé Lorey, ancien curé de Noé-les-Mallets.)

Page 215. — Après la dernière ligne, ajouter :
En exécution de l'article 8 de la loi du 10 frimaire an II, relative aux domaines nationaux engagés ou aliénés, François Vincent, détenteur du moulin Collinet et du moulin de la Roche, fut dépossédé le 14 floréal an III (3 mai 1795).

Vincent considéra sans doute comme purement platonique la prise de possession faite par la nation. Non seulement il continua à jouir paisiblement des moulins, mais il les sous-amodia.

La Municipalité de canton, qui veillait au grain, et sans doute aussi aux meules, s'émut de cette hardiesse. Le 19 floréal an IV (8 mai 1796), estimant qu'il était « instant que la dépossession fût suivie d'effet, et que les moulins fussent amodiés au profit de la République », elle arrêta que l'amodiation aurait lieu le 20 prairial suivant.

Vincent fit opposition à cet arrêté, et affirma nettement son droit de propriété sur les moulins [2].

Le différend ne fut tranché définitivement qu'en l'an IX, et en vertu de la loi du 14 ventôse an VII. La redevance en grain fut abolie et remplacée par une somme de 4,432 francs, une fois payée, somme qui équivalait au quart de la valeur estimative des moulins [3].

1. Archives nationales, X ¹ª, 1473, fol. 140.
2. Archives de l'Aube, L d 19/18.
3. Archives de l'Aube, 2 Q 31.

Page 217. — Après le dernier paragraphe relatif au moulin de la Papeterie, ajouter :

Il avait été estimé plus du double (1500 livres), dans le procès-verbal des sieurs Bollé et Dupont, du 16 novembre 1790.

Et cependant, ce moulin était à peu près abandonné depuis 1782. Dans la visite qu'il en fit en 1794, l'architecte du département, Milony, le jugea non seulement inutile, mais encore nuisible aux propriétés voisines, aussi bien en amont qu'en aval, et il en demanda la démolition.

S'appuyant sur cette déclaration, le Directoire du district de Bar-sur-Seine statua, le 17 thermidor an II (4 août 1794), qu'il serait nommé deux experts, pour estimer « la valeur que le moulin pouvait présenter, à la charge de la démolition »; et pour évaluer les réparations grosses et menues, auxquelles François Vincent s'était obligé par son bail du 15 mai 1779, et qu'il n'avait pas faites [1].

La menace demeura sans effet. Le moulin est encore aujourd'hui debout, et il est devenu la propriété du commandant Hériot.

La Halle. — Ce n'est pas seulement dès l'an 1503, comme nous l'avons dit, mais dès l'an 1372 que nous constatons l'existence de la halle d'Essoyes. Elle est formellement mentionnée dans les droits et possessions de Jeanne de Grancey. Dès cette époque elle servait non seulement aux foires, mais encore aux plaids, et c'est sous la halle que la dite Jeanne fit citer son cousin, Odoard, pour établir le fait de sa possession de la seigneurie.

Page 220. — Même rectification, relativement à l'ancienneté des foires.

Page 256. — Après la 14ᵉ ligne, ajouter :

Le droit de péage, attaché à l'arrière-fief de Fonjon, n'était pas limité au bourg d'Essoyes, mais s'étendait aux pays circonvoisins.

En 1402, on estimait, qu'année moyenne, il pouvait rapporter 15 livres à Henri de Vienne, savoir : 6 livres pour le péage

1. Archives de l'Aube, 2 Q 31.

d'Essoyes proprement dit ; 10 sols pour celui de Grancey-sur-Ource ; 20 sols pour celui de Fontette ; 30 sols pour celui de Loches et de Landreville, et 6 livres pour celui de Vitry-le-Croisé [1].

Page 266. — Après la 4e ligne, ajouter :
Année 1360. Amodiateur : Jean Mathé de Chaumont. Produit : 64 livres tournois.

Année 1361. Amodiateur : Jean Martin de Courtenot. Produit : 52 livres.

Par suite de ces deux adjudications, qui avaient échappé à à nos recherches, le total des aides connues, prélevées dans la prévôté d'Essoyes pour la rançon du roi Jean, doit être majoré de 115 livres, ce qui le porte à 456 livres 16 sols.

Ligne 6. — Après les mots *Nicolas Amiotte,* ajouter en note ;
Amiotte était un surnom ; l'adjudicataire s'appelait, de son vrai nom, *Pétel*. On lit en effet, dans le compte de Jean de la Pérouse pour l'année 1362 : « De Nicolas Pétel, dit Amiotte, d'Essoye, fermier de la dicte imposicion (13e des vins) ès villes de Muxey, Plainnes, Saint-Langis, etc. (Arch. nat., K K 10, fol. 100.)

Ligne 9. — Au lieu de : *année 1361,* lire : *année 1364-1365* (du 1er octobre au 1er octobre).

Page 267. — Aux différentes espèces de monnaie versées par les fermiers des aides pour la rançon du roi Jean, ajouter :
Le gros viez, valant 20 deniers tournois, et le denier d'argent en valant 15.

Page 290. — Avant *Joseph Munier,* mettre :
J.-B. Mongin. — Lors de la levée dite de *première réquisition,* Mongin fut nommé, à 21 ans 1/2, capitaine dans le bataillon fourni par le district de Bar-sur-Seine. La compagnie Mongin fit partie du 1er bataillon de la 68e demi-brigade de l'armée de Sambre-et-Meuse, et eut sa part de gloire dans la campagne de 1794. Mongin fut tué dans cette campagne [2].

---

1. Dénombrement de Jean de Châteauvillain : Archives nationales : Aveux de Champagne.

2. A la même époque, un autre enfant d'Essoyes, portant également les noms de J.-B. Mongin, servit la Patrie comme simple soldat. Il fut blessé à l'affaire du 13 vendémiaire, d'un coup de feu qui lui emporta une partie du tibia. (Archives de l'Aube, L R 4 a.)

Page 330, ligne 32. — Au lieu de *Sébastien* Favier, lire *Sébastienne*.

Page 332, ligne 7. — Au lieu de *Edmond* Thévenin, lire *Edmonde*.

Ligne 21. — Au lieu de Antoinette *Petit*, lire *Pétel*.

Page 333, ligne 1. — Au lieu de *Théveny*, lire *Thévenin*.

Page 347. — Ajouter à la liste des chapelains :
1680.   Pierre *Parisot*.

Page 349. — Après la dernière ligne, ajouter en note :
Depuis que ces pages ont été écrites, le domaine de Servigny est devenu la propriété de la ville de Troyes, *à l'exception, toutefois, de la petite chapelle et du terrain sur lequel elle est construite.*

En raison des charges qui le grèvent, le Conseil municipal de Troyes, fort bien inspiré dans la circonstance, a laissé le pieux oratoire à M. Barrachin, sans que le prix convenu pour la totalité du domaine, fût diminué d'un centime.

L'ancien châtelain de Servigny, espérons-le, n'attendra pas que le conseil de Fabrique de l'église d'Essoyes le mette en demeure d'exécuter les clauses si formelles de la donation de Zeddes-Bondoire, et il prélèvera gracieusement, sur le joli denier (400,000 francs) qu'il vient de toucher de la ville de Troyes, la modique somme nécessaire à la restauration de la chapelle Saint-Bernard.

Page 414, ligne 32. — Au lieu de *l'an VI,* lire *l'an IV.*

Page 420. — Retrancher de la liste des maires *Antoine Goyard* qui fut président de l'administration cantonale. Il n'y eut pas de maire à Essoyes de 1795 à 1799, puisqu'il n'y avait plus de municipalité communale, mais une municipalité de canton.

Page 421, lignes 22, 24 et 27. — Au lieu de *Edme-Napoléon,* lire *Louis-Gabriel-Napoléon.*

Ligne 30. — Supprimer la dernière phrase de la notice consacrée à M. Barrachin, et la remplacer ainsi :
L'écharpe municipale, qui, en temps ordinaire, est un ornement, une distinction fort enviée, pèse très lourd sur les reins lorsque la Patrie est envahie. Elle rappelle alors à celui qui la porte qu'il ne s'appartient plus, qu'il appartient au pays et qu'à

chaque iustant du jour et de la nuit il doit être prêt à défendre les intérêts communaux contre les exigences des envahisseurs, ou à protéger ses administrés contre leurs brutalités.

Cette noble mission ne sourit pas à M. Barrachin ; il lui était d'ailleurs plus difficile qu'à tout autre de la remplir, étant donnée la distance qui sépare du chef-lieu, le château de Servigny.

Il démissionna donc le 9 septembre 1870. L'adjoint l'ayant probablement suivi dans sa retraite, la charge d'administrer la commune, durant ces jours d'angoisse, incomba au premier conseiller municipal, M. Simon, qui s'acquitta de ses fonctions avec une intelligence et un dévouement au-dessus de tout éloge.

1871. — *Simon* Louis-Gabriel-Napoléon. Ayant été à la peine, il semblait juste que M. Simon fût à l'honneur. Lorsque, la paix étant rétablie, le Conseil eut à nommer un maire, il fut élu par huit voix.

C'était la majorité, mais il eût fallu l'unanimité pour reconnaître dignement les services qu'il avait rendus à la commune pendant l'année terrible.

A ce vote, M. Simon répondit, comme il convenait à sa dignité, en donnant sur-le-champ sa démission.

L'élection du maire fut renvoyée au **28 mai**. Les suffrages se portèrent alors sur M. Barrachin, qui accepta. Il y avait eu plus de huit mois d'interrègne.

Page 474 ligne 3 et page 482 ligne 15. — Après le titre : *les sergents messiers et viniers* ajouter : *Le commissaire de police.*

Page 483. — Après la ligne 18, ajouter :

Dans les derniers jours de l'année 1785, les officiers de la prévôté royale demandèrent que le sieur Miedan fût autorisé à exercer les fonctions de commissaire de police à Essoyes.

Avant de statuer, le garde des sceaux Miromenil consulta le procureur général, qui lui-même prit l'avis du procureur du roi à Chaumont.

« Je vous prie de me marquer, lui écrit-il le 10 avril, quelle est la qualité du sieur Miedan, s'il y a eu des commissaires de police créés en titre pour cette juridiction, et quels peuvent être les motifs de demander une semblable commission, parce que vous scavez qu'il est de règle et d'usage que, lorsqu'il n'y a point de commissaires de police créés en titre pour un siège, ou que les offices de commissaire de police, qui ont pu y être créés, ne sont point remplis, c'est aux officiers des sièges à faire exercer les fonctions de commissaire de police par les huissiers de leur siège ».

Le 10 mai, le procureur du roi répondait :

« Monseigneur,

« J'ai reçu votre lettre du 10 avril dernier relativement à la commission que demande le sieur Miedan, demourant à Essoyes, pour exercer en cet endroit les fonctions de commissaire de police.

« J'en ai écrit au sieur Darras, prévôt royal d'Essoyes, qui me mande par sa lettre du 20 du même mois d'avril, que ce n'est point le sieur Miedan qui sollicite cette commission, mais que les officiers de la prévôté ont écrit à M. le Garde des sceaux, le 29 décembre dernier, et se sont plaint qu'ils ne pouvaient faire exécuter les règlements de police, par le défaut d'un officier ayant caractère pour constater régulièrement les contraventions, et qu'ils le suppliaient de vouloir bien les autoriser à recevoir le sieur Jacques Miedan, pour exercer, par commission, les fonctions de commissaire de police ; que ce n'est conséquemment point une commission qu'ils demandent, mais l'agrément du ministre, pour recevoir le sieur Miedan à l'effet de dresser des procès-verbaux de contravention, sur tous les faits contraires au bon ordre et à la tranquillité publique.

« Et il ajoute que le sieur Miedan est un bourgeois fort honnête et très rangé, *sans être bien instruit,* mais qu'il peut-être en état, avec les instructions qu'il recevra du procureur du roi de la prévôté, de faire ce que les huissiers, presque toujours absents, ne peuvent faire exactement, et qu'au surplus, il ne présume pas qu'il y ait eu des commissaires créés en titre pour sa juridiction.

« Il paraît résulter de cette lettre que les officiers de la prévôté royale d'Essoye ont bien moins consulté la capacité du sujet qu'ils proposaient, que le goût décidé qu'ils paraissent avoir d'obliger le nommé Miedan, et de lui donner un état, et il *peut-être dangereux qu'un subordonné tienne tout de ses supérieurs ;*

il l'est au moins que ce subordonné ne puisse rien faire que sous la dictée de ses supérieurs. Ce n'est plus lui qui constate les contraventions ; c'est un être passif, que les juges font mouvoir à leur gré, et ils prononceraient sur leurs propres procès-verbaux.

« Il est bien plus naturel de confier ces fonctions à des huissiers, qui peuvent et sçavent verbaliser.

« C'est l'usage qui paraît généralement adopté, et les officiers de la prévôté royale peuvent d'autant moins s'en écarter, que l'absence continue de leurs huissiers ne paraît qu'un prétexte, n'étant pas possible qu'ils soient tous occupés au dehors du lieu de la juridiction.

« J'ai déjà laissé entrevoir à ces officiers ce qu'ils devaient faire, par une lettre du 14 avril, et l'aveu qu'ils font que le sujet qu'ils proposent n'est pas très instruit, peut servir de motif pour le leur prouver d'une manière plus absolue.

« Je suis avec un profond respect, etc.

MOUGEOTTE DE VIGNES [1] ».

Le procureur général partagea la manière de voir, d'ailleurs très sage et très libérale, de son subordonné, et le garde des sceaux refusa la commission, de sorte que les huissiers continuèrent à être chargés de la police.

Page 530. — Après la 22ᵉ ligne ajouter :

De la dicte imposicion (12 deniers pour livre sur toutes denrées) ès villes d'Essoye, Werpillières, Servigney et Poligney, en tant comme les dits lieux s'estandent ou diocèse de Laingres, et où l'en accoustumé à lever imposicions royaulx, par un an commençant le XIXᵉ jour de mars CCCLXI, affermée par Jehan Martin de Courtenon, entre aissiette et crehues à LII livres t., en gros viez, pièce XX deniers t., X sols, et en deniers d'argent de XV d. t. pièce, LI livres X sols pour ce par tout LII livres, t. (fol. 60 rᵒ).

Page 534. — Après les extraits du Registre K K 10 des Archives nationales, ajouter :

De l'imposicion de 12 deniers pour livre, ès villes d'Essoye, Werpillières, Servigney et Poligney, par un an commençant le

---

1. Bibliothèque nationale : *Collection Joly de Fleury*, nᵒ 1027, fol. 172-178.

xix° jour de mars ccclx, affermée par Jehan Mathé de Chaumont
à lxiiii livres t. receues par le dit Jehan de la Perrouse en
lvii frans d'or, pièce xx sols, en iiii escus de Philippe, pièce
xviii sols iiii d. t., et en gros viez, xx d. t., pièce, lxvi sols
viii d. t., par tout lxiii livres t. (Bibliothèque nationale :
Français 11572).

Page 548. — Ajouter aux *Pièces justificatives* :

F¹

Arrêt du Parlement du 17 Février 1375, rétablissant Jeanne
de Grancey dans la possession de ses droits seigneuriaux
a Essoyes.

Cum Johanna de Granceio, domicella, dudùm conquesta fuisset in
casu novitatis et saisine, super eo quod licet certa pars et portio ville
de Essoya, videlicet forum et mundine, hale, voerre (?) seu itinera, certe
terre, vinee, prata, homines de corpore, ac certa alia jura, possessiones
et dominia, necnon alta, media, et bassa justicia partis seu portionis ville
predicte ad ipsam conquerentem pertinuissent et pertinerent, certis et
justis causis ac titulis loco et tempore, si opus esset, lacius declarandis,
esset etiam dicta conquerens et hactenus fuisset in fide et homagio ac
possessione et saisina ville ac portionis sue predicte, necnon in possessione et saisina capiendi, habendi et levandi, per se, vel familiares ac
servitores suos, fructus, redditus et emolumenta ipsius terre et perti-
nenciarum ejusdem, usibus ac commodis suis applicandi, habendique et
instituendi prepositum, vel majorem et servientes, ac ceteros officiarios,
pro dicta terra sua et justicia exercenda et regenda ponendi, insuper ad
manum suam justiciandi et exercendi et levandi feuda ex dicta terra et
portione sua moventia, si et quotiens, de jure aut consuetudine patrie,
casus exigerat vel exigebat, ac fructus et emolumenta dictorum feudorum percipiendi, habendi, et levandi, et ad usus suos applicandi ac
convertendi, per se, vel officiarios ac servitores suos, si et quotiens
propter deffectum hominii, aut alias, ad dictam manum suam conti-
gerat aut contingebat ipsa feuda devenire et apponi; licet insuper dicta
conquerens dictis suis possessionibus et saisinis usa fuisset sola, et in
solidum, pacifice et quiete, tam per se quam suos predecessores, a
quibus causam habuerat, a tali et tanto tempore de cujus contrario
homini memoria non extabat, aut saltem que sufficiebat ad bonas
possessionem et saisinam acquirendam et retinendam, absque eo quòd
dilectus et fidelis noster Odoardus de Granceio, miles, in predictis
aliquod jus habuisset vel haberet temporibus retroactis, nichilominus
dictus dominus de Granceio vi et violentia, ausu proprio ac sua ductus
voluntate, dictas terram et partem de Essoya, cum suis juribus et
pertinentiis universis, de facto occupaverat, fructusque et emolumenta
dicte terre ac certorum feudorum, seu feudi, ab eadem conquerente ad
causam terre seu portionis suarum de Essoya predictarum moventium
seu moventis, usibus suis applicaverat, ac de die in diem applicare non
cessabat, in ipsius conquerentis prejudicium non modicum et gravamen,

ac eandem impediendo et perturbando in dictis suis possessione et saisina indebite et de novo, ut dicebat. Et ob hoc, certas a nobis, seu curiâ
nostrâ litteras super hoc obtinuerat, quarum virtute, fuerat dictus de
Granceio super locis contenciosis per certum servientem nostrum ad
certam diem adjornatus, ad quam quidem diem comparentibus in halâ
ville de Essoya predicte partibus ante dictis, seu ipsarum procuratoribus,
litterisque ac querimoniâ predictis, de consensu partium earumdem,
per dictam conquerentem ad factum ibidem reductis, quia procurator
dicti de Granceio expleto predicto et ne dicte littere executioni deman-
darentur se opposuerat, propter hoc fuerat dictus de Granceio ad
nostram Parlamenti curiam adjornatus super oppositione et ulterius
processurus, ut esset rationis, prout hec et alia per dictas querimonie
litteras et relationem dicti servientis executoris earumdem dicebantur
plenius apparere.

Constitutis propter hec in dictâ curiâ nostrâ partibus antedictis, pre-
fata domicella hec et alia lacius proponenda petebat in dictis suis
possessione et saisina manuteneri et conservari, impedimentumque in
premissis per dictum de Granceio indebite ac de novo, ut predicitur,
appositum amoveri, manum etiam nostram in dictis rebus contenciosis
appositam levari, ad ipsius domicelle utilitatem, omnes alias conclu-
siones ad casum novitatis pertinentes faciendo, petendo insuper resta-
bilimentum primitus et ante omnia fieri juxta privilegium et naturam
casûs novitatis, et, in casu quo causa presens dilationem haberet,
recredentiam eidem domicelle et non dicto de Granceio fieri, ac
eumdem de Granceio in ipsius domicelle expensis condempnari, plu-
ribus aliis racionibus per eandem super hoc allegatis.

Pro parte vero dicti de Granceio propositum extitit, ex adverso, quod
dicta domicella fidem vel homagium dicti feudi non habuerat nec
habebat, et sic de ipso feudo se saisitam dicere non poterat ; defunctus
etiam Johannes Billart, dum viveret, dictum feudum absque licentia
dangerii domine du (sic) *Larre*, a qua dictus de Granceio causam
habuerat et habebat, et que erat domina dicti feudi, vendere non
potuerat, quod tamen fecerat, prout confessa fuerat domicella predicta,
sicque non valuerat, quinimo per consuetudinem patrie illud forefecerat
ac dicte domine fuerat acquisitum. Ex quibus apparebat dictam
domicellam ad proposita per eam non esse admittendam, ut dicebat
dictus de Granceio, super quo, jure primitus habito, proponebat idem
de Granceio possessionem et saisinam omnino contrarias possessioni
et saisine per dictam domicellam allegatas et propositas ; petebat etiam
recredentiam, in casu dilationis, sibi, et non dicte domicelle, fieri,
necnon et ipsam domicellam in ejusdem de Granceio expensis condempnari, plures alias rationes super hoc allegando.

Prefatâ domicellâ, replicando, proponente et dicente quòd ipsa
habuerat et habebat fidem et homagium dicti feudi, in Campania et non
in Burgundia situati, quod non erat feudum dangerii, nec potuerat nec
poterat, propter casum per dictum de Granceio propositum, cadere in
commissum, seu etiam forefieri ; dicta etiam domina du *Larre* feudum
predictum propter hoc nunquam in manu sua posuerat ; quinimo ipsa
domicella de dicto feudo per excambium per eam cum Sansone de
Nogento, milite, factum semper remanserat saisita, et si domina du

Larre predicta aliquam cessionem vel transportum dicto de Granceio
fecerat, saisinam tamen, quam, ut predicitur, non habuerat de premissis,
nec habebat, in ipsum de Granceio transferre non potuerat nec poterat,
nec fuerat super dictâ forefacturâ, si qua fuerat, aliqua declaratio facta ;
preterea ipsa domicella non fuerat summata per dictum de Granceio de
intrando in fide et homagio dicti feudi, licet ex habundanti ad hoc se
obtulisset ; manus insuper in dicto feudo, per dictum de Granceio, de
facto apposita, ipsam domicellam de eodem feudo, ut dictum est, saisitam non potuerat dessaisire. Ex quibus apparebat ipsam ad proposita
per eam esse admittendam, et non dictum de Granceio, ut dicebat, et
ad hoc ac ad alia concludebat prout supra.

Dicto de Granceio duplicando, proponente et dicente quòd ipsa
domicella nunquam ipsum summaverat de intrando in fide et homagio
feudi predicti, quod erat in manu dicti Sansonis, proùt per litteras
tituli ipsius domicelle poterat apparere, nec fidem et homagium
predictos veraciter habuerat vel habebat, ut est dictum, sicque manum
suam in dicto feudo justè apposuerat, et erat ad proposita sua admittendus, ut dicebat, et ad hoc ac ad alia concludebat prout supra.

Tandem, auditis partibus ante dictis, in omnibus que circa dicere et
proponere voluerint, visis insuper litteris circa hoc attendendis, et que
curiam nostram predictam in hac parte movere poterant et debebant.

Per arrestum ejusdem curie dictum fuit quòd dictus de Granceio non
erat nec est ad proposita per eum admittendus, et ipsum non admisit, nec
admittit dicta curia ; quoque domicella predicta in dictis suis possessione
et saisina manutenebitur et conservabitur, impedimentumque in eisdem
per dictum de Granceio appositum amovebitur, ac illud amovit dicta
curia et amovet ; manus insuper nostra in dictis rebus contenciosis,
propter parcium ipsarum debatum, ut predicitur, apposita, levabitur et
illam levavit eadem curia atque levat, ad utilitatem domicelle predicte ;
dictumque de Granceio in ipsius domicelle expensis condempnavit et
condempnat curia predicta, earumdem expensarum taxatione ipsi curie
reservatâ.

Pronuntiatum XVII^a die februarii LXXIIII.

PHILLIBERT.

(Archives nationales, X ¹ ª, 24 fol. 230.)

G ¹

PROVISION DE L'OFFICE DE GOUVERNEUR D'ESSOYES ACCORDÉE
A NICOLAS-GERMAIN DE BONDOIRE

Louis, par la grâce de Dieu, roy de France et de Navarre, à tous
ceux etc...

Nous avons, par notre déclaration du 4 mai 1766, ordonné, qu'à
l'avenir, il ne sera par nous pourvu qu'à vie, aux offices des gouverneurs et de nos lieutenans, créés dans les villes closes de notre royaume
par notre édit du mois de novembre 1733, et qui restent à lever en nos
revenus casuels.

Nous avons ordonné en outre, par arrêt de notre Conseil du 1er juin
de la dite année 1766, qu'il ne pourra être pourvu aux dits offices de
gouverneurs et de nos lieutenans, dans les villes closes de notre

royaume, que des sujets capables, soit officiers de nos troupes. actuellement à notre service, ou qui en seront retirés, soit nobles d'extraction, ou autres jouissans de la noblesse, qui les pourront tenir et exercer, sans incompatibilité avec tous autres offices, en payant par eux, en nos revenus casuels, la finance des dits offices, suivant les rôles arrêtés en notre Conseil. Conformément au dit édit, à notre dite déclaration et au dit arrêt de notre Conseil, notre cher et bien amé le sieur Nicolas Germain de Bondoire, officier au régiment d'Orléans, cavalerie, ayant payé en nos revenus casuels la finance à laquelle l'office de gouverneur de la ville d'Essois, généralité de Châlons, a été taxé, ainsi qu'il paraît par la quittance de finance du dit office ci-attachée sous le contre scel de notre Chancellerie, Nous avons eu agréable de le pourvoir du dit office, persuadé qu'il remplira avec vigilance toutes les fonctions qui en dépendent, et qu'il nous donnera, en toutes occasions, des preuves de zèle, fidélité et affection à notre service.

À ces causes, nous avons au dit sieur de Bondoire donné et octroyé, donnons et octroyons par ces présentes, signées de notre main, l'office de gouverneur de la ville d'Essois, créé et établi par notre édit du mois de novembre 1733, et auquel il n'a point encore été pourvu, pour le dit office avoir, tenir et exercer, en jouir et user par le dit sieur de Bondoire, sans incompatibilité avec tous autres offices, aux gages, appointemens, logement ou ustensile, dont sera fait fonds annuellement dans l'état de l'ordinaire de nos guerres, suivant l'art. 6 du dit arrêt de notre Conseil du 1er juin de la dite année 1766, avec pouvoir de commander aux habitans tout ce qui sera jugé nécessaire pour le bien de notre service, sûreté et conservation de la dite ville en notre obéissance, faire vivre les dits habitans en bonne union et concorde les uns avec les autres, commander aux gens de guerre, qui sont, ou seront ci-après, établis en garnison dans la dite ville, les contenir en bon ordre et police, suivant nos règlements et ordonnances militaires, le tout lors et ainsi qu'il nous plaira de l'ordonner, et sous l'autorité du gouverneur et notre lieutenant général en notre province de Champagne, et, en son absence, de nos commandants et lieutenans généraux et particuliers de notre dite province.

Voulons, en outre, que le dit sieur de Bondoire jouisse des honneurs, autorité, rang, séances, prérogatives, exemptions, privilèges, gages, droits, fruits, profits, revenus et émolumens, dont jouissent ou doivent jouir les titulaires de pareils offices, de la même manière et ainsi qu'il est prescrit par les édits de premières créations, sans que, pour raison de l'acquisition du dit office, le dit sieur de Bondoire puisse être augmenté à la capitation, le tout conformément aux édits des mois d'août 1696, décembre 1708, novembre 1733, aux déclarations des 11 juin 1709, 4 mai 1766, à l'arrêt de notre Conseil du 1er juin suivant, et autres arrêts, déclarations et ordonnances y énoncées.

Si donnons en mandement à notre très cher et féal chevalier, chancelier et garde des sceaux de France, le sieur de Meaupeou, que, lui étant apparu des bonnes vie, mœurs, religion catholique apostolique et romaine du dit sieur de Bondoire, et de lui pris et reçu le serment accoutumé, il le mette et institue, ou le fasse mettre et instituer, de par nous, en possession et jouissance du dit office, l'en fasse jouir et user pleinement et paisiblement, sa vie durant, ensemble des honneurs, fonctions, rang, séances, exemptions, privilèges, prérogatives, gages, droits, fruits, profits, revenus et émolumens sus-dits et y appartenans, et le fasse obéir et entendre de tous ceux, et ainsi qu'il appartiendra, ès choses concernant le dit office.

Mandons aux Trésoriers de l'ordinaire de nos guerres, et à tous autres comptables qu'il appartiendra, que les gages et droits appartenans au dit office ils ayent à faire payer et délivrer comptant au dit sieur de Bondoire, par chacun an, aux termes et en la manière accoutumée, à compter du jour de l'expédition de sa quittance de finance, et rapportant les présentes, ou copie d'icelles collationnée, pour une fois seulement, avec quittance du dit sieur de Bondoire sur ce suffisante, nous voulons les dits gages et droits, appartenans au dit office, être passés et alloués en la dépense des comptes de ceux qui en auront fait le payement, par nos amés et féaux conseillers, les gens de de nos comptes à Paris, auxquels mandons ainsi le faire sans difficulté.

Car tel est notre plaisir ; en témoin de quoi nous avons fait mettre notre scel à ces dites présentes.

Donné à Marly le 7e jour du mois de may l'an de grâce 1769, et de notre règne le 54e.

LOUIS.

En Marge : Registrées en la Chambre des Comptes, ouy le procureur général du roy, pour jouir, par le pourvu du dit office, des gages et droits y attribués, le 15 septembre 1769.

MARSOLAN.

Archives de l'Aube, série E, supplément (acquisitions). Original sur parchemin.

H [1]

DONATIONS D'AUBRI D'ESSOYES A L'ABBAYE DE CLAIRVAUX.

Ego Godefridus episcopus Lingonensis notum facio omnibus..... quòd idem quod tenent fratres Clarevallenses in prato de *Builleu*, de domino Alberico, laudavit hoc mater ejus domina Damerons, et frater ipsius Jobertus.

(Bibliothèque nationale : *Cartulaire de Clairvaux*, Fonds latin nº 10947, fol. 109 vº.)

Albericus de Essoia dedit Deo et domui Clarevallis totum pratum suum *de la Noe de Bulleu*. Laudavit hoc donum uxor ejus Lancenna, cognomento Sarracena ; hoc ipsum etiam laudavit Jobertus, frater ejus, et soror ejus Margareta, et mater ejus Damerons.

(*Ibidem*, fol. 114 vº.)

Albericus, miles de Essoia, dedit sancte Marie Clarevallis pratum ad Pomerellum, ita ut tres denarios censuales indè accipiat in festo sancti Johannis. Laudavit hoc uxor ejus, sarracena, et Hugo filius ejus, Renerius, Jobertus, et Guiardus. Hoc donum accepit in manu Petrus, miles de Fonteto, ut si forté de eodem dono nasceretur calumpnia, responderet de eo et portaret garantiam, si prefatus Albericus portare non posset garantiam.

(*Ibidem*, fol. 112 vº.)

I [1]

Concession de Jobert, frère d'Aubri d'Essoyes, aux moines
de Clairvaux établis a Fontarce.

Jobertus, frater Alberici de Essoia, miles, concessit Deo et fratribus
Clarevallis, qui morantur in grangia de Fontarcia, sine ulla retentione
querelam quandam, quam habebat erga eos, de quodam prato quod est
in valle de *Busleu*.

(Bibliothèque nationale : *Cartulaire de Clairvaux*, Fonds latin n° 10947, fol. 112 v°.)

Page 561. — Ajouter les noms suivants à la *Liste des
Souscripteurs* :

Bar-sur-Seine (La Bibliothèque de la ville de).

Bouvret (Louis), ancien employé aux hypothèques, Bar-s-Seine.

Chantier (Camille), docteur en médecine à Bar-sur-Seine.

Charles (Adrien), officier d'administration du Service de
l'Intendance à Châlons-sur-Marne.

Chaumonnot (l'abbé), archiprêtre d'Arcis-sur-Aube.

Chauvargues (Auguste), ancien négociant à Troyes.

Chauvet (l'abbé Paul), curé d'Unienville.

Chauvin, fils, ébéniste à Paris.

Clergé (Mme veuve), à Villeneuve-l'Archevêque.

Collot (l'abbé), curé de Vaudes.

Cordier-Chamerois, propriétaire à Essoyes.

Cordier-Morel, propriétaire à Verpillières.

Cornat, (R. P.), aumônier des Sœurs de la Providence de Sens.

Decesse (Mlle Juliette), à Essoyes.

Delhomme (l'abbé), curé d'Arrembécourt.

Durand-Bertrand (Jules), propriétaire à Essoyes.

Dupont (Louis), chirurgien-dentiste à Troyes.

Eliot (l'abbé), archiprêtre de Bar-sur-Seine.

Favier (Louis), propriétaire à Essoyes.

Foisel (l'abbé Athanase), curé de Saint-Nizier à Troyes.

Gérard (Arthur), chef de bataillon d'infanterie de marine, à
Paris.

Giraud (Madame), à Essoyes.

Grandtrait (l'abbé Rustique), à Boissy-le-Châtel.

Jacquard, docteur en médecine à Bar-sur-Seine.

Jacque (Victor), négociant à Paris.

Jactat (Mlle Elise), à Landreville.

Jolly-Guyot (Désiré), propriétaire à Ville-sur-Arce.

Jurvilliers (Victor), propriétaire à Fontette.

Lajeunesse-Fontaine (Arsène), propriétaire à Loches.

Le Lieur de Ville-sur-Arce (le Vicomte), à Paris.

Maillet (Armand), propriétaire à Saint-Usage.

Maroche (Auguste), propriétaire à Essoyes.

Massin (Henri), comptable, à Ville-sur-Arce.

Masson (l'abbé Ariste), curé de Pont-Sainte-Marie.

Morel (Edmond), à Troyes.

Morlot (François), propriétaire à Plombières-lès-Dijon.

Morey (l'abbé), curé-doyen de Ricey-Bas.

Noé-les-Mallets (la commune de).

Petiot, propriétaire à Landreville.

Petit (Louis), à Ville-sur-Arce.

Petit (Prosper), organiste à Ville-sur-Arce.

Pierreyre (Auguste), à Essoyes.

Pillost (l'abbé Emile), curé de Bérulles.

Pingat (René), à Essoyes.

Prèau-Favier (Luc), propriétaire à Loches.

Prugniel-Boudard, propriétaire à Essoyes.

Pharisien (Charles), propriétaire à Essoyes.

Quantin (Georges), employé de Banque à Troyes.

Rougevin-Baville (Henry), lieutenant au 1er cuirassiers, à Versailles.

Royer (Octave), avoué à Bar-sur-Seine.

Tassin-Marquant, propriétaire à Ville-sur-Arce.

Thévenin-Jurvilliers (Paul), propriétaire à Noé-les-Mallets.

Trousse-Tixier (Auguste), propriétaire à Ville-sur-Arce.

Vincent-Mignot, fabricant de bonneterie à Troyes.

Van den Plas (Albert), à Bruxelles.

Appendice II

Table alphabétique des noms de lieux et des noms de personnes cités dans *Essoyes, histoire et statistique*, et dans l'*Appendice I* du présent volume.

Nota. — Les renvois à l'Appendice I sont précédés de la lettre A.

Les noms de lieux que nous n'avons pas réussi à identifier sont distingués par des italiques.

Abbietum, 169, 520.
Ablaincourt (Somme), 121, A 242.
Accorre Rénier, 48.
Adam Jean, 265, 266, 530, 545.
Adam d'Essoyes, 167, 557.
Adam de Servigny, 134, 135, 514.
Adeline, femme d'Adam de Servigny, 134 ; — femme d'Alerin de Bierry, A 245 ;— femme de Boucard, 12 ; — femme de Payen, 13.
Adeline d'Essoyes, 17, 46, 164.
Agey (Côte-d'Or), 107.
Agier, procureur au Parlement, 254, 401, 444, 445, 447.
Agnès de Trainel, 63.
Agnès, femme d'Anseau de Crémone, 386 ;— femme de Jean-la-Choue, A 231.
Aigremont (Haute-Marne), Guillenc d',— évêque de Langres, 314 ;— Jean d'— A 232 ; Seigneur d'— 73, A 251.
Aillainville (Haute-Marne), seigneur d' — 136.
Aillancourt, peut-être Ailloncourt (Haute-Saône), Catherine d' — 101.
Aisey-le-Duc (Côte-d'Or), château d' — 100 ; seigneurie d' — 81.
Aix-en-Othe (Aube), curé d' — 340.
Alantia, sœur de Milon comte de Bar-sur-Seine, 15.
Albanais, Cavaliers, 493, 494.
Albert de Paray, 14.
Alençon (Orne), duc d' — 108.
Alerin de Bierry, 166, 517, A 245.
Aliudis, voir Alvide.
Alix, fille d'Erard II de Chacenay, 68, 71 ;— femme de Thierry, 233.
Alix d'Arcis, A 229, 230, 231 note 1.
Allemands (Invasion des — en 1614), 494.
Alvide, femme de Pierre de Briel, 13.

Alyps, dame de *Monolio*, 137.

Amance (Aube), Guillemin d' — 82.

Amauri, doyen du chapitre de Langres, 312.

Amboise (Indre-et-Loire), Charles d' — 93 ; lettres datées d' — 141.

Ambroise de Clovis, Benoît d' — prieur de Viviers, 120.

Amiens (Somme), trésorier de France à, 121 note 7.

Amiot, vicaire de Landreville, 315.

Amiot-Arnault, échevin de Dijon, 175.

Amiot Nicolas, collecteur des tailles, 269; menuisier et meunier, 213.

Amiotte, Nicolas Pétel, dit — fermier des aides, 266, 531 à 534, A 254.

Amoncourt (Haute-Saône). Hugues d' — 143.

Ampilly-le-Sec (Côte-d'Or). Baron d' — 107; seigneur d' — 106, 120. Louise d' — marquise de Sommièvre, 356.

Amyot Didier, gourmet, 423 ; — Jacques, notaire, 195 note 6 ; — Nicolas, meunier, 210 ; — Pierre, médecin, 477.

Ancerville (Meuse), 187.

Ancy-le-Franc (Yonne), arpenteur d' — 452; dame d' — A 229-230 ; église d' — 310 note.

Andelot (Haute-Marne). Prévôté d'— 56, 86 ; — Régiment d'— 183; Charlotte-Marie de Coligny d' — 116 ; Joachim-François de Coligny d' — 116.

André de Buxeuil, 45.

Anglais, Invasion des — 489, 490.

Angleterre, Marguerite d'— veuve de Charles-le-Téméraire, 81.

Anglure (Marne), armes de la maison d' — 155 ; Claude d' — 86 ; Etienne d'— 85 ; François d'— 86 , Gaspard d'— 115 ; Guillaume d'— 85, 86, 87, 94, A 241 ; Jacques d'— 86 ; Jean d'— 86 ; Jeanne d'— 85, 86, 87 ; Josias d'— 109 ; Marguerite d'— 86 ; Waleran d'— 106.

Anjou, duc d' — 108.

Anlezy (Nièvre), seigneur d'— 556.

Anne de Chauvirey, 144, 145.

Anne de Saint-Belin (Saint-Blin), 106, 111.

Anseau de Crémone, 386.

Anseau II de Traînel, 63.

Anselme (le R. P.), 136, 143, 145, 146, 148.

Anséric II de Chacenay, 17, 63.

Antigny de Vienne, maison d' — 74.

Antoine de Lantages, 216.

Antoinette de Balham, 107.

Arbois de Jubainville, Henri d', 9, 313, 350, 351, 393, 491.

Arbot (Haute-Marne), 265, 530.

Arbrissel, Robert d'— 69.

Arc-en-Barrois (Haute-Marne). Chapelles fondées, 338 ; Commanderie, 378; Récollets, 326, 329, 341, 342, 365.

Archambaud de Bourbon, 25, 503.

Archiac, cavaliers, 286.

Arcis-sur-Aube (Aube), Alix d'—A 229, 230, 231 note 1 ; curé d'— 341 ; seigneur d'— 68 ; Jeanne d'— 83, 137, A 231 note 1.

Ardoises, Edmonde des — 96.

Arennes, seigneur d' — 126 note 2.
Aresles Jacques, maieur de Bar-sur-Seine, 168.
Argenteuil, Charles Le Bascle d'— 43.
Arminot Joseph-Henri, 187 ; — Nicolas, 187, 188, 474.
Armynot, voir Arminot.
Arnaud Jeanne-Elisabeth, baronne de Chacenay, 426, 427, 428, 560.
Arnautl-Amiot, échevin de Dijon, 175.
Arnoult Pierre, tonnelier, 345.
Arrelles (Aube), 134, 514.
Artons, seigneur des, 194.
Arvisenet, archidiacre de Langres, 323.
Arzillemont, compagnie d' — au régiment de Conty, 151.
Asnay - Bonnot de Lantage, famille — 99.
Astaffort (Lot-et-Garonne), co-seigneur d' — 161, A 243.
Aubigné, comte d' — 152.
Aubri d'Essoyes, 64, 164, 165, 166, 516, A 244, 245.
Aubri de Saint-Ouen, 432, 490, 543.
Aubriot Louis, procureur du roi, seigneur de Fau, 194.
Aubry Jean, 77, 510. — Aubry, père de Girard, 26, 505.
Audinot Jean, curé d'Essoyes, 336.
Audroin, Perrinet, de Brienne, 170, 520.
Auger, Isabeau d'— 101.
Augsbourg [Ligue d'], 271.
Aumale, duc d' — 101.
Autreville (Meuse), seigneur d'— 112.
Autricourt (Côte-d'Or), 289 ; baron d'— 115 ; seigneur d'— 109 note 4.
Auxois, bailli d'— 106.
Auxonne (Côte-d'Or), 521, 522.
Avalleur (Aube). Gauthier d'— 16, 134.
Avallon (Yonne). Doyen d'— 84.
Avenay, seigneur d', 144.
Avirey (Aube), 134, 514 ; Seigneur d'—A 230 ; Jean d'—notaire, 195.
Aygneaul Philippe, capitaine de la ville de Dijon, 180, 181.
Aynans (Les Aynans, Haute-Saône), A 238 ; Besançon d'— A 239.

Bablon Nicolas, arpenteur, 381.
Bachelier Pierre, meunier, 214.
Bacquias Claude, notaire royal, notable, procureur de la commune,
    adjoint, maire, etc., 196, 205, 254, 359, 394, 400, 402, 403, 404,
    411, 412, 415, 421, 444, 448 ; — Claude-Sébastien-Hippolyte,
    notaire, 40, 196 ; — Edme-Joseph, notaire, 196.
Baculard Charles, cellérier et procureur de l'abbaye de Molème, 210.
Bagneux (Maine-et-Loire), 290.
Baigneaulx (de), 514.
Bains (Somme) seigneur de — 108, 109.
Balançon, dame de — 508.
Balham (Ardennes), Antoinette de — 107.
Balnot et Vaudron (Aube), curé de — 410.
Bangy, Marie-Germaine de — 162 ; Marie-Madeleine de — 162 ; Ma-
    rie-Thérèse-Henriette-Eugénie de — 162, 348.

Bar, Joseph du — A 286.

Barbazon Bernardin, récollet, 342.

Barberey (Aube), Maurice de — 131.

Barbes [famille], 99 note 6.

Barbier Claude, notable, 393, 404 ; tonnelier et gourmet, 424.

Barbier Edmonde, femme Jean Bertrand, 329, 333.

Bar-le-Duc (Meuse), 187 ; comte de — 63.

Baroillot Jean, 143, 517.

Barrachin Léopold, propriétaire du domaine de Servigny, 163, 349, A 255 ; maire d'Essoyes, 421, A 255, 256.

Barre Jean de la — garde du scel de la prévôté de Bar-s-Aube, A 230.

Barré, propriétaire de la maison d'école en l'an XI, 460 ; — Claude, 282 ; — Jean-Baptiste, membre du bureau de bienfaisance, 474 ;— Louis, boucher, 279.

Barrère Jean, 169, 520.

Bar-sur-Aube (Aube), bureau intermédiaire, 409, 411, 419, 483, 486, 501 ; bureau des aides, 276 ; capucins, 326 note 1 ; chemin d'Essoyes à — 544 ; château, 127, 131 ; combat de — 490 ; curé-doyen, 340 ; élection, 176, 274, 275, 297, 410 ; foires, 256 ; hôpital, 379 à 382 ; maladrerie, 379 ; notaires, 101, 153 ; prévôté, 51, 56, A 230 ; subdélégués, 157, 422, 436, 437, 440, 449, 453, 476, 478, 496 à 501 ; voie romaine allant d'Essoyes à — 9 ; mentions diverses, 46, 103, 203, 268, 269, 279, 281, 425.

Bar-sur-Seine (Aube), affranchissement de — 225 note 1 ; bailliage et baillis, 141, 144, 146, 258 ; ban et arrière-ban, 144 ; bois communaux, 431, 543 ; châtellenie, 98, 139, 140, 433 note 2, 543 ; comté et comtes, 14, 15, 62, 63, 64, 65, 70, 93, 98, 140, 166, 168, 191, 195 note 2, 224, 225, 312, 477, 494, 508 ; curés, 165, 168 ; dîmes de Saint-Pierre, 165, 166 ; district, A 243, 254 ; doyenné, 334, 339 ; églises, A 247 ; élection et élu, 199 ; émeute, 146, 518, 519 ; gardes du scel, 98, 139, 141, 142, 433 note 2 ; guerres, 491 à 494 ; maieur, 168 ; maison-Dieu, 133, 514, A 246 ; notaires, 98, 137 note 1, 139, 140, 433 note 2 ; péage, 258, 260 ; pillards, 147; prévôté, 98, 137 note 1, 140, 190 note 2, 433 note 2 ; procureur du roi, 431 ; mentions diverses, 41, 162, 187, 209, 224 note, 246, 279, 338, 341, 358, 359, 442, 443, 453, 454, 456, 458, 477, 478, 479, 480, 517, 532, A 250.—Gobert de—12, 14, 62, 246, 309, 310.

Barthélemy de Soyers, croisé, 135.

Barthélemy Jean, syndic, 416 ; — Louis, soldat provincial, 283, 284.

Bauchy, Florentin de — récollet, 341.

Baudouin de la Ferté-sur-Aube, 166, 517.

Baume (Jura), Guillaume de la — 80 ; — Guy de la — 80.

Bauyn, 152.

Béarn, Régiment de — 185, 515.

Béatrice de Traigne, 73.

Beaubreuil, Blaise de, 148, 149.

Beaucourt (Somme), 121.

Beaufremont, Antoine de —81 ; Jeanne de — 79, 80, 81 ; Philiberte de — 81.

Beaune (Côte-d'Or), 174, 557.

Beaupré, Le Pelletier de — intendant de Champagne, 201, 297.

Beauvais (Oise), Montre de 1417 à — 75.

Beauvais Etienne, carrier, 429.

Becquet Jean, curé d'Essoyes, 337.

Beffroymont, voir Beaufremont.

Begat Nicolas, garde du scel de la prévôté royale, 559.

Bel, Jean le — de Vitry, fermier des aides, 265, 534.

Belan (Côte-d'Or), péage, 256 ; seigneur, 137 note 3.

Belerey Philippe, syndic, 416.

Belin-Signelay, Octave de — commandeur de l'ordre de Saint-Lazare, 378, 379.

Belle-Epine, seigneur, 183, 185 — Marguerite de Pottier de — 186.

Bellefille Jean, A 232.

Bellefleur (Aube), ferme de — voir Villefèvre.

Bellevue (Seine-et-Oise), château de — 289.

Berbis Pierre, conseiller de la ville de Dijon, 174.

Berger Marguerite, 494.

Bergerat Hugues, sergent, 196, 326, 333.

Bergères (Aube), seigneur de — 103.

Berle, Gabrielle de — 186, 558, 559 ; Nicolas-François de — 558.

Bernard (Saint), 312 note 1, 347.

Berserolles (de), notaire à Molême, 355.

Berterand-Hauteville, procureur de la baronne de Chacenay, 427.

Berthaut Martinien, récollet, 342.

Berthelier Denise-Claudette, dame de Verpillières, 131, 132.

Bertignolles (Aube), 135, 279, 326 note 1, 415 note 2.

Bertin, conseiller d'Etat, 154, 157, 158, 159.

Bertrand Anne, 325. — Edme, boucher, 279 ; époux de Marie Gabiot, 328 ; greffier en la prévôté ancienne, 321 ; notable, 393, 394, 404 ; valet d'artillerie, 287. — Edme-Didier, gourmet, 424 ; notable, 393, 394 ; syndic, 418 ; tonnelier et fermier des biens de la Fabrique, 321. — Euphrasie, marraine d'une cloche, 361. — Ferry, milicien, 284. — Françoise, 333. — Jacques-Alexandre, donateur et parrain d'une cloche, 361. — Jean, boucher, 279, 327, 329, 332 ; laboureur, 450 ; syndic, 416, 431, 460. — Jeanne, 325, 331, 332. — Joachim, 327, 333. — Joseph, boucher, 195 note 7 ; aubergiste, adjoint à l'agent communal, 415, 443 ; notable, 411 ; fermier des dîmes, 249 ; syndic, 417. — Marie, femme Truchelut, 467. — Nicolas, fermier des dîmes, 247.

Besançon (Doubs), diocèse de — 264, 529.

Besançon d'Aynans, prêtre, A 239.

Bessé (Haute-Marne), seigneurie de — à Latrecey, 99.

Betaut, dame, 115.

Bethoncourt (Doubs), seigneurie de — 85.

Beurey (Aube), 162, 163, A 243, 244. — Jean de —A 248. — Simon de — A 248.

Bice, voir Bissey-la-Pierre et Bissey-la-Côte.

Bidault Claude, laboureur, 325. — Jean, syndic, 332, 389, 416. — Joachim, fermier des dîmes, 247 ; syndic, 416.— Louise, fondation, 333. — Marguerite, fondation, 331.

Bidaut, voir Bidault.

Bierry (Yonne), 166, 517. — Alerin de — 166, 517, A 245.

Billart de Grancey, Jean, A 229, 230, 231, 260.

Billery Huguenin, de La Ferté-sur-Aube, 532.

Billery Jean, de La Ferté-sur-Aube, fermier des aides, 265, 533, 534.

Billy, Colin de — 264, 533.

Binan, seigneur de — 82 ; Pierre de — 16.

Bingeon, vicaire de Verpillières, 343.

Binguetin, baron de — 106.

Biot Antoine, notable, 394.

Bisot, de Verpillières, 50.

Bissey-la-Côte (Côte-d'Or), 166, 343, 516, A 244.

Bissey-la-Pierre (Côte-d'Or), 166, 468, 516, A 244.

Bissy, seigneur de — 150.

Blanchard Claude, adjoint à l'agent de Verpillières, 415 ; amodiateur de la pêche, 426.

Blanche, femme d'Henri III, 47.

Blanche, fille de saint Louis, 46.

Blanchisseur Pierre, prêtre et tabellion à Essoyes, 76, 195, 509, 510.

Blanzac, comte de — 150.

Bligny (Aube), 67, 71, 101, 256, 529. Guillaume de — 265, 525.

Blottefière Alexandre de — 121, 122, 123 ; François de — 121 ; Marguerite de — 126, 216 ; Nicolas de — 121, 122, 123, 347, 468 ; Armoiries, 557 ; Famille, 121 ; Sieurs de — 35, 124, 125, 126, 193, 202, 216.

Blumerey (Haute-Marne), curé de — 343, 347.

Boget Nicolas, fondation, 331 ; sergent messier, 482.

Bogé Eléosyppe, instituteur, 468.

Boichot Jean du — 527 ; Mongin du — 527.

Boigel Huguenin, 527.

Bois, Nicolas du — receveur des prévôtés d'Essoyes et de Bar-sur-Aube, 51 ; Simon du — A 245.

Boischaille (la), 256.

Boisseau Aignan, collecteur, 269. — Antoine, sergent, 198 ; collecteur, 269 ; syndic, 416 ; messier, 482. — Claude, femme Prélat, 327.

Boissiot Claudine, fondation, 333.

Bois-Villiers, seigneur de — 117.

Bollé, A 253.

Bollée J.-B., fondeur de cloches, 357, 358, 442, 445.

Bombardiers, Régiment des — 287.

Bonchemin (Côte-d'Or), 187.

Bondoire, Auger-Jacques-Louis de — 153, 161, 162, 163, 187, 348, 428 ; Baptiste de — 149, 183, 184, 268, 515 ; Castriot, Castereau, ou Charles de — 184, 185 ; Charles-Auger de — 348 ; Charles-J.-B. de — 151 ; Charles-Marie de — 162, 187 ; Edme-Bernard-Louis de — 151, 152, 153, 154, 426 ; François de — 183 ; Joachim de — 149, 150, 151, 184, 185, 514, 515, 516 ; Louise de — 184, 347 ; Louise-Henriette de — 162 ; Marguerite-Charlotte de — 184, 185, 558 ; Marie-Anne de — 151 ; Marie-Catherine de — 153 ; Marie-Françoise de — 162, 163 ; Marie-Nicole de — voir Marie-

Anne; Nicolas-Claude de — 184, 185 ; Nicolas-Germain de — 153 à 161, 388. Armoiries, 557. Famille, 183, **A** 261, 262, 263.
Bonne Richard, échevin de Dijon, 174.
Bonnecourt (Haute-Marne), seigneur de — 86.
Bonnel, notaire à Bar-sur-Aube, 101.
Bonnemein Henri de — 139 *note*.
Bonnot Claude, 105. — Nicolas, 527.
Bonvallet, 244, 313.
Bonvalot Nicolas, 77, 510.
Bordes Paul-Théophile, docteur en médecine, 477.
Boucard, 12.
Boucher, Jean du — écuyer, 199.
Bouchet, Elisabeth du — 102 ; Jean-Jacques du — 102.
Bouchotte Claude, sergent, 196.
Boucot Louis, procureur de René de Sommièvre, 31.
Boudard Anne, fondation, 328, 332. — Etienne, dit la Forêt, fermier de la Pitancerie, 43. — Jean, fermier des droits de foire, 560. — J.-B.-Edme, 290.—Joseph-Germain, sous-lieutenant, 290.—Remi, procureur, syndic, fermier de la pêche et des biens de la Fabrique, etc., 198, 320, 321, 361, 416, 426, 436.
Bouilly (Aube), Mission de — 367, 369.
Boulages (Aube), seigneurs de — 107, 108, 114, 513.
Boulay (Vosges), seigneur de — 116 note 3.
Boullard Michel, 323.
Boulleurs, Marie du — 104.
Boullongne (de), intendant des finances, 160.
Boulogne (Mgr de), évêque de Troyes, 370.
Boulogne, seigneur de — 108.
Bourberain (Côte-d'Or), 149.
Bourbon, Archambaud de — 25, 503 ; Evrard de — 73 ; Girard de — 73, A 251 ; Marguerite de — 44, 46.
Bourbonne, Guyon, notaire à Bar-sur-Seine, 433.
Bourg-en-Bresse (Ain), Chambre des Comptes de — 182.
Bourgeois Aubert, de Poligny, 528.
Bourgeois Jean, échevin de Dijon, 172, 173.
Bourgin Nicolas, 243, 254 ; syndic, 300, 417 ; notable, 394, 408 ; officier municipal, 411, 412.
Bourgin, chanoine honoraire, missionnaire, 366.
Bourgogne, Coutume de — A 231. Ducs de — 175, 209, 490, 491, 508 ; A 237, 239, 240.
Bournay (de), abbé de Molême, 96.
Bousquet, sieur du — 117 note, 121.
Bouvier Nicole, fondation, 334.
Bouvier Nicolas, curé de Mussy, 339.
Bouvot Marie, 107 note 3.
Bovon, de Chacenay, 209.
Boyer Nicolas, mendiant, 494.
Bragcart Jean, de Poligny, 528.
Bragelogne (Aube), bailli de — 122.
Bragny, sieur de — lieutenant du seigneur de Loches, 147.

Brandonvilliers (Marne), seigneur de — 101.

Bréjard Anne, femme Cinget, fondation, 329, 332, 333, 334.

Bréjard Jean-Nicolas, vicaire de Verpillières, 342.

Bréjard Marguerite, femme Socquard, 288.

Bressey-sur-Tille (Côte-d'Or), seigneurs de — 178, 179, 180, 182.

Bretagne, duc de — 490.

Bretenières (Côte-d'Or), Morin de — échevin de Dijon, 175.

Brétigny [Traité de], 263.

Breton Jeanne, femme Pruniel, 327.

Breul, seigneurie de — 136, 137.

Breuil, seigneurs de — 186, 325.

Breuvannes (Haute-Marne), 357.

Bridon Nicolas, maître d'école, 467.

Briel (Aube), 134 ; seigneurie de — 142 ; Pierre de — 13.

Brienne-le-Château (Aube), comte de — 62, 310 ; Ecole militaire de —
188 ; Erard de — 15, 62, 310, 312 ; Perrinet Androin de — 170, 520.

Brienne-la-Vieille (Aube), 211, 340.

Brijon Nicolas, fermier du four banal de Verpillières, 112.

Brijon Petitjean, de Loches, 140 note.

Brion (Côte-d'Or), baron de — 324 note 1 ; bataille de — 490.

Briot Simon, sous-cellérier de Molème, 43, 317.

Brocard Jacques, fermier du droit de pêche, 426.

Broches, péage du pont de — 256.

Brochetaille, péage de — 258.

Brotel, greffier, 482 ; syndic, 416.—Charles, notable, 394, 412 ; syndic,
418. — Claude, 436 ; marchand, 195 note 7 ; fermier des dimes,
249 ; fondation, 328, 332. — Edme, marchand, 195 note 7 ; fermier
de la Fabrique, 321 ; chirurgien, 400, 477. — Edme-Didier, 464.
Etienne, 378. — Jean, notaire, 185, 195, 345, 378 ; syndic, 389.
— Jeanne, fondation, 324, 332. — Marie, femme Regnard, 195
note 7. — Renée, femme Bertrand, 195 note 7.

Brouer Remi, maître-tixier, 307 note 1.

Broyes (Marne), Emeline de — 17, 65 ; Hugues de — 17, 65.

Brucamp (Somme), seigneur de — 122.

Bruey Antoine, maître d'école, 463, 464, 465, 467, 468. — Joseph,
docteur en médecine, 477. — Joseph-Vorles, maître d'école, 465,
468.

Brunel, seigneur de — 100.

Brunet de Neuilly, Augé-Achille-Charles, 131, note 2.

Brunet de Neuilly, François-Alexandre, 58, 60, 131, A 243.

Bruslart Isabelle, femme de Charles de Sommièvre, 116.

Bruslart Nicolas, seigneur de Boulay, 116 note 3.

Brussel, 225.

Bruxelles, Drap de — A 248. Esme de — 53.

Bryc Ignace, religieux de Molème, 315.

Bryot, voir Briot.

Buide de Plaisance, fermier des aides, 265, 534.

Burcard, clerc, 15.

Bure, lieu dit de Verpillières, 73.

Bussière, seigneur de — 96 note 3.

Bussières (Haute-Saône), seigneur de — 82, A 241.
Bussy-au-Bois (Marne), seigneur de — 106, 108, A 242.
Bussy-en-Perthois, voir Bussy-au-Bois.
But de Couvron, Pierre du — écuyer, 324 note 1.
Buxeuil (Aube), 214, 254 ; André de — 45 ; Thomas, damoiseau de —
  135.
Buxières (Aube), 326 note 1, 494 ; seigneur de — 167.

Cabai Pierre, 232, 233.
Cabus Jean de Gouhenans, A 238.
Cachet Charles, vicaire de Verpillières, 343.
Caen (Calvados), intendant de la généralité de, 39, 126, 127, 356.
Caillery, Jacques, notable, 412. — Jean, syndic, 417.
Calabre, duc de — 85.
Calais (Pas-de-Calais), 264.
Calonne (de), 215, 277.
Calvinistes, 492.
Capi, régiment de — 185, 515.
Capitan Anne, femme Favier, 325 note 1.
Cappy Denise-Jeanne-Thérèse, 132.
Carabeux A., régisseur général des postes, 479.
Carbillet Edme-Vorles, maître d'école, 467.
Carré, arpenteur, 451.
Carteron, médecin, 438, 476.
Castel-Saint-Nazart, Marguerite-Julie de — 111, 112.
Catherine Jean, conseiller au Parlement de Bourgogne, 107 note 3.
Catherine Marie, fille du précédent, 107.
Catherine d'Aillancourt, 101.
Catherine de Grancey, dame de Loches, 137, 138, 139, A 235.
Catherine de Méry, femme de Jacques de Sommièvre, 106.
Catherine de Saint-Aubin, A 239.
Cauzon Germaine, femme de Jacques Gobert, 288.
Cazillac, Louis de — vicomte de Cessac, 108.
Celin Jean, meunier, 210.
Celles-sur-Ource (Aube), 9, 30, 43, 254, 342, 492, 494. — Jean de —
  233.
Cerisiers (Yonne), Madeleine de — 117 note 3.
Cessac (Gironde), madame de — 493 ; vicomte de — 108.
Chaats, fief de — à Buccy-en-Othe (Aube), 186, 188.
Chablis (Yonne), 151.
Chabouillet Simon, sculpteur, 353.
Chacenay (Aube), barons, 83, 85 ; chevaliers, 246 ; combats, 490,
  491 ; dame, 137, A 241 ; églises, 71, 256, 279, 325 note 1 ; mesure,
  559 ; seigneurie, 135, A 252 ; mentions diverses, 288, 415 note 2.
  Alix de — 208. Anséric II de — 17, 63. Erard I de — 70. Erard
  II de — 17 note 6, 18, 65 à 70, 208, 209, 232, 503, 504. Erard
  III de — 71, 232. Hugues ou Huet de — 71, 208, 232, 256. Pé-
  tronille-Elisabeth de — 63. Thibaut de — 26, 505.
Chadu François, maître d'école, 459, 466. — Jacques, prévôt, 198.
Chailly, Etienne de — pitancier de Molème, 41.

Challez Nicolas, garde du scel de la prévôté de Bar-sur-Seine, 141.
Chalon Grégoire, meunier, 213.
Châlons-sur-Marne (Marne), évêques de—212, 348 ; mentions diverses, 274, 275, 284.
Chambon Jean, seigneur de Herce, 144.
Chamillard, surnom de Nicolas Pétel. 395.
Chamillard, secrétaire d'Etat, 516, 536.
Chamon Jean-Claude, 162 note 2.
Champagne Claude, officier vétéran, 151,
Champagne, Jours de — A 250, 252 ; province de — A 231 ; régiment de — 155, 158, 288.
Champaubert (Marne), 186.
Champcourt (Marne), Pierre de — 25, 504.
Champenois, vicaire d'Essoyes. 342, 367 note 2.
Champenois, Eudes II le — 17, 65 ; Jean le — 167, 193, 386.
Champignolles (Aube), voie romaine, 9.
Champigny, commune d'Autricourt (Côte-d'Or), 64.
Champlitte (Haute-Saône), Eudes II le Champenois de — 17, 65 ; Jean de — 174.
Chamusy, vicomte de — A 240.
Chandelier Jean, receveur des aides, 402.
Changy, Georgette de — 109.
Chantepinot, Marguerite de — 182.
Chaource (Aube), 190 note 2, 296, 297.
Chapelle d'Oze, commune de Lantages (Aube), 43.
Chaperon Edme, meunier. 213.
Chapperon Jean, fermier des défauts et amendes, 52.
Chappes (Aube), 147 ; seigneur de — 71, 72, A 229, 235.
Chappron Charlotte-Marguerite-Julie, veuve Le Lieur, 187, A 249.
Charault J.-B., vicaire de Verpillières, 343.
Charbonnier Pierre, soldat provincial, 284.
Chardenet Abraham-Louis de — 215.
Charlemagne, Capitulaires de — 375.
Charles-le-Mauvais, 170.
Charles-le-Téméraire, 81, 490.
Charles-Quint, 51.
Charles V, 191.
Charles VI, 431, 432, 485, 542, 543, 547.
Charles VII, 280, 286, 490.
Charles VIII, 81, 176, 191.
Charles IX, 29, 55, 316, 336, 426, 428, 432, 485, 491.
Charny, comtesse de — 81 ; seigneurie de — 75, 509.
Chaseuil (Côte-d'Or), seigneur de — 148.
Chassey (Côte-d'Or), 146 ; seigneur de — 99.
Chassoignot-Perrinot, A 236.
Chastellet-les-Pagny (Le Chatelet, Côte-d'Or), seigneurie de — 80.
Chastelluz, seigneur de — 81.
Château-Chinon (Nièvre), seigneur de — 137 note 3.
Château-Dauphin, attaque de — 151.
Château-Thierry (Aisne), 274.

Châteauvillain (Haute-Marne), baron de — 79, 93, 96, 98, 217, 226 ;
    dame de — 66 ; fief, 227, 525 ; maladrerie, 379 ; seigneur et sei-
    gneurie, 61, 65, 84, A 232, 235 ; siège de — 493.— Itier-le-Bègue
    de — 17, 44, 45, 46, 98, 164, 555 ; Jean de — A 235.

Chateliers, Girard des — 62.

Chatenay, Léonard de — seigneur de Ville-sur-Arce, 109 note 4.

Chatillon-sur-Seine (Côte-d'Or), capucins, 96, 117 ; chancellerie, 96 ;
    doyenné, 314 ; notaire apostolique, 345 ; occupation de — par la
    Ligue, 146 ; passage de Philippe-le-Hardi, duc de Bourgogne,
    491 note ; sépulcre, 96 note ; tour de — 99 note 6 ; Ursulines, 115;
    mentions diverses, 9 note 3, 183, 362. — Godefroi de — 15.

Chaudron Pierre, curé de Fontette, 121, 346, 347. — Rolette, 188.

Chauffour-les-Bailly (Aube), 342 ; seigneur et seigneurie, 136, 137,
    142, 143.

Chaulmonnot Marie, 324 note 1.

Chaume (la) (Côte-d'Or), curé de — 345.

Chaumont (Haute-Marne), assemblées, 106, 112 ; baillis et bailliage,
    72, 86, 93, 94, 96, 145, 169, 178, 177, 191, 192, 230, 254, 325
    note, 344, 404, 519, 520, 523, 524, 544, 547, 560, A 241, 250,
    251 ; coutume, 131 ; grenier à sel, 325 note ; lieutenant général, 98 ;
    maîtrise 200, 535, 536 ; prévôté, 56 ; mentions diverses, 46, 123,
    325 note, 326, 338, 438, 497, A 242. — Jean Mathé de — fermier
    des aides, 266, 529, A 254, 259. Guillaume de — 86.

Chaussins (Jura), seigneurie de — 81.

Chauvelin, 200, 260, 277, 500.

Chauvirey (Haute-Saône), Anne de — 144, 145 ; Jacques de — 144.

Chavanes, sieur des — 51.

Chavigny, François de — 121.

Chenaul Odot, notaire à Dijon, 510, 511.

Cheneveulle, Regnault de — A 240.

Chenu Jean, capitaine, 93.

Chervey (Aube), 135, 279, 326, 415, 467.

Chessimon, François de — 151.

Cheurlin, vicaire d'Essoyes, 342.

Chevalier Suzanne, 149.

Chifflet de Surmont Charles, 501.

Choiseul (Haute-Marne), seigneurie de—86 ; comte de —149.— Jeanne
    de — femme d'Etienne d'Anglure, 85 ; Regnaut de — 73, A 239.

Choue, Jean La — seigneur d'Essoyes, A 231 à 236, 241.

Christofle-le-Moutardier, 50.

Christophe, curé d'Essoyes, 336.

Christophe d'Essoyes, 13, 26, 27, 310, 505, 506 ; abbé de Moléme,
    167, 168, 193, 386.

Christophe, dit Garnier, 40, 507.

Christophe, fils de Jean de Celles, 223.

Chrusolle, Régiment de — 154.

Cinget, 337 ; fermier des dîmes, 447. — Claude, bourgeois, fermier de
    l'abbaye de Moléme, greffier, huissier, procureur du roi en la
    gruerie, notaire, syndic perpétuel, notable, syndic électif, 36, 38,
    193, 195, 205, 249, 252, 328, 331, 389, 390, 393, 400, 416, 417.

— Claude-Nicolas, greffier criminel en la prévôté royale, notaire, 195, 196. — Edme, fils de Claude, 195 note 8. — Edme-Didier, agent national, 414 ; agent de la commune, 443 ; conseiller, 408 ; receveur municipal, 442, 443.— Jacques, 378. — Joseph, procureur au Parlement, 195 note 8. — Marie-Anne, femme Scribe, 195 note 8. — Nicolas, 288,436 ; fermier des dimes, 249 ; prévôt, 198 ; praticien, 332 ; fondation, 332, 333, 334. — Pierre, huissier en la Cour des aides, 195 note 8.

Civille Alphonse de — 116.

Citeaux, abbé de — 63.

Clair Simon, notable, 394, 404, 405.

Clairvaux (Aube), abbaye, 64, 166, 516, A 244, 263 ; cellériers, 66.

Claude de Méligny, 143.

Claude de Mello, 556.

Clément Joseph, vicaire de Verpillières, 342.

Cléophas, fils d'Hildegarde, 13, 14.

Clérembault, seigneur de Chappes, A 229.

Clerget François, notaire, 99.

Clermont, M. de — 177.

Clermont-Prince, régiment de — 161.

Clessey, sieur de — 91.

Cligney Humbert ou Hubert, curé d'Essoyes, 331, 336, 337, 347.

Clinier, voir *Cligney*.

Cloyes, seigneur de — 137 note 3.

Codard Jean, 527.

Cogit René, propriétaire du domaine de Servigny, 163, 348, 359.

Coiffy-le-Château (Haute-Marne), prévôté, 56 ; seigneurie, 46.

Colardeau, chanoine du Val des Écoliers, 329.

Colbert, 57, 113.

Colbert Pierre, écuyer, gouverneur des pages, 295.

Colette, femme de Ginod Regnault, 527.

Colette, femme de Guillaume Nobilitas, 177.

Coligny d'Andelot (de) Charlotte-Marie, 116; Joachim-François, 116.

Colin de Billy, messager, 264, 533, 534.

Colin de Poligny, 77, 510.

Colin, fils d'Anseau de Crémone, 386.

Colin-le-Pêcheur, 50.

Collan (Yonne), curé de, 336.

Collard Nicolas, marchand et meunier, 216.

Colle Jean, sergent, 196.

Collin Jean, sergent, 196 ; cordonnier, 248.

Collinet de Marson, meunier, 31, 209.

Collot François, notaire, 43, 183, 195, 213.

Colonelle, compagnie, au régiment de Conty, 151.

Colonne (Jura), seigneurie de — 81.

Colot Erart de Montesclaire, notaire à Bar-sur-Aube, A 230,

Comas de Morimont, écuyer, 82 note 8.

Combes, Charlotte-Renée des — 183.

Commissey (Yonne), 188.

Conantes, dame de — 86.

Condé, prince de — 492 ; régiment de — 131.
Conflandel, voir *Conflandey*.
Conflandey (Haute-Saône), seigneur de — 76, 77, A 240.
Constantinople, prise de — 65.
Conty, prince de — 109, 153, 154, 198 ; régiment de — 106, 107, 151, 152.
Conversot-Guyon, notaire à Bar-sur-Seine, 98.
Copperel Guillaume, 169, 519, 520 ; Oudart le —, écuyer, 169, 519.
Coqueley Edmée, fondation, 324, 333. Henri, avocat au Parlement. 324 note 1. Marie, fondation, 331. Nicolas, marchand, 324 note 1. Nicole, 324 note 1. Supplice, 324 note 1.
Corbeton, Robert de — seigneur de Loches, 557.
Cordes, Catherine de — femme de Pierre de Ramerupt, 101, 102.
Cordier Nicolas, syndic, 416.
Cormont Nicolas, syndic, 416.
Cornuel, intendant des finances, 199.
Cortet (Mgr), évêque de Troyes, 361.
Cothias Noël, collecteur, 269.
Coublanc (Haute-Marne), seigneur de — 86.
Coudrin (R. P.), missionnaire, 366 à 370.
Courban (Côte-d'Or), 187, 193 note 2 ; terre de, 66, 67, 68.
Courcelles (Aube), 504 ; seigneur de — 107, 108, 114 ; Marguerite de — A 240.
Courcemain (Marne), seigneur de — 107, 108, 114, 513.
Courcoudray, dame et seigneur de — 508.
Cournauté Gillette, 50. Jean, 50.
Courperel (Le), prévôt, 193, 267, 530, 531. Voir *Copperel*.
Coursan (Aube), prévôté de — 190 note 2.
Courtenot (Aube), Jean-Martin de —, fermier des aides, 265, 531, 532, A 254, 258.
Courteron (Aube), 124, 254, 283, 340, 393 note 1, 492, 493, 512.
Courtillier Léger, papetier, 216.
Coutant Lucien, 62, 63, 64, 132, 225, 492, 494.
Coutier Charles, maire d'Essoyes, 372, 421, 470, 471, 472.
Couvron, Pierre du But de   · 324.
Crayère (La) (Meurthe-et-Moselle), 433.
Crehange, Charlotte-Anne-Marie de — 116 ; Pierre-Ernest, comte de, 116.
Crémone, Anseau de — 386.
Créquy, M. de — seigneur des Riceys, 492.
Crespy (Aube), seigneur de — 216, 558.
Cretoy, bailly de — 50.
Crimée, campagne de — 290.
Crony, régiment de — 288.
Crussol, régiment de — 286.
Cuiseaux (Saône-et-Loire), Ponce de — 65.
Cuite-Fève, hospitaliers de — 433 note.
Culevaignot Pierre, 77, 510.
Cunfin (Aube). 148, 187, 288, 415.
Cusance, Jean de — 141.

Cussy-en-Morvan (Saône-et-Loire), dame de — 137, A 229, 230.
Daguesseau, 200, 277.
Dallier Edmond, 105.
Damance-Guillemin (probablement d'*Amance*), écuyer, 82 note 8.
Damas (de), Jacques, 556 ; Jean, 91, 556 ; Jeanne, 90, 91, 93, 95, 98, 238, 387.
Damerons, mère d'Aubri d'Essoyes, A 244, 263.
Damiette, siège de — 65.
Dampierre (Aube), baron de — 106 note 6, 108 ; Mahaut de — 68 note 3.
Dampierre-en-Montagne (Côte-d'Or), seigneur de — 143, 145.
Dancevoir (Haute-Marne), 9 note 3.
Dancey, charme de — 142.
Dannemoine (Yonne), 190 note 2.
Darcey (Côte-d'Or), seigneur de — 141.
Darmoise Pierre, horloger, 363.
Darras, Edme-François, intendant de M. de Fontette, 469 note ; Edme-Louis, contrôleur des impositions à Paris, 469 note ; Edme-Simon, 282 ; Jeanne-Elisabeth, 356, 357, 469, 475 ; Joseph, curé de Manois, 469 note ; Joseph-Simon, secrétaire du commandant de l'Ile de France, 454, 469 note ; Louis, intendant du seigneur d'Essoyes, prévôt royal, 120, 121, 122, 131, 157 à 160, 194, 198, 216, 217, 356, 357, 400, 402, 468, 469 note, 497, 498 ; Marie-Marguerite, 469, 475 ; Simon, 415 ; Toussaint, prévôt royal, 161, 194, 205, 217, 254, 282, 394, 395, 409, 410, 434, 454, 455, 456, 468, 469, 470, 471, 473, 478, A 257.
Daumesnil de Lignières, Edmée ou Aimée-Marguerite, 126, 356, 357.
Dauphin, régiment — 186, 287, 289.
Daverhoule, Guillemette, baronne de Binguetin, 106.
Daves Jacques, 101.
Decesse Jean, fermier de la maladrerie, 382.
Decesse Remi, fermier de la Fabrique, 321.
Decesse-Berthelot, adjoint d'Essoyes, 473.
Dechannes, notaire à Essoyes, 195, A 252.
Defert Edme, 269 ; François, couvreur, 377 ; Joseph, notable, 393, 394 ; Nicolas, collecteur, 270.
Defert-Gaillard, 207.
Degesnes Jeanne-Eléonore, 163, 348, 359.
Dégomain J.-B. Victor, curé d'Essoyes, 340.
Degron Adam, 325 note 1 ; Anne, fondation, 331 ; Edme, messier, 482 ; Jacques, syndic, 416 ; Jeanne, 320 ; Nicole, curé, 31, 33, 336.
Degrond, propriétaire du domaine de Servigny, 163.
Deheurles, capitaine, 493.
Delafosse Adrien, fermier des aides, 275.
Delagasme, Claude, médecin, 333, 477 ; Jacques, curé de Noé, 477, 558.
Delamotte, 9, 72.
Delaumosne, cordelier, chapelain de Verpillières, 347.
Delaunay Joseph, agent de Cunfin, 415.
Demarson, Jean, notaire, 43, 108, 109, 111, 148, 195, 423. Pierre, 558.
Demoisellles, fief des — à Lignon (Marne), 108.
Deneuilly Marguerite, 289.

Denisette, fille de Jean de Ver, A 247.
Denizet, Marie-Françoise, femme de Zeddes, 162.
Depatte Edme, fondation, 322, 332, 333.
Depontailler Pierre, maire d'Essoyes, 421, 473.
Desbarres, 146.
Deschamps Cornélie, femme de Jean de Lenoncourt, 141, 142, 143.
Deschiens François, de Viviers, écuyer, 183 ; Louis, sieur de la
    Maison-Rouge, 183 ; Louise, femme de Pottier, 183, 185, 186 ;
    René, sieur de Mortault, 183, 185, 558.
Desez Jeanne, noble, 182.
Desroy Nicolas, curé d'Essoyes, 336.
Diane de la Porte, 109.
Didier de Ludres, seigneur de Richardmenil, 136.
Didier Nicolas-Honoré, curé d'Essoyes, 339.
Didière, 527.
Dieu-le-fit de Paytes, 512, 527.
Dijon (Côte-d'Or), abbés de St Bénigne et de St Etienne, 17 ; ban et
    arrière-ban du bailliage, 178 ; capitaine du Château, 145 ; capitaines
    de la ville, 179 à 181 ; gouverneur, 136 ; jurée des marcs, 167, 557 ;
    lettres aux maieur et échevins, 517, 518, 521, 522 ; notaire aposto-
    lique, 170 ; rapt de Guiote Gelenier et ses suites, 171 à 175 ; régi-
    ment de — 187 ; mentions diverses, 143, 146, 188.
Dimidia, Meronin de — 169.
Dinteville (Haute-Marne), Guillaume de — 209 ; Marquise de — 357 ;
    Monsieur de — 106.
Doillot, notaire à Paris, 58.
Dôle (Jura), parlement de — 508, 509 ; siège de — 107.
Dominique (Saint), 372.
Domfront (Oise), seigneur de — 121 note 7.
Dommange, seigneur de — 141.
Donjeux (Haute-Marne), seigneurie de — 86.
Doré Jacques, de Mussy, 325 note.
Dormans (Marne), seigneurie de — 81.
Douart, seigneur de — 143.
Doudreville Claude, lieutenant-colonel, 325.
Douge Nicolas, curé, 117. 248, 317, 319, 320, 321, 323, 324, 337.
Douge Claude, de Gyé, 439.
Doussot Didier, notaire, 115, A 252 ; Henri, gourmet, 423 ; Nicolas,
    agent de Noé, 415 ; Timothée, garde du scel de la Châtellenie de
    Chacenay, A 252.
Doyer Jean du — fermier des prisons, 52.
Draincy, Poincet de — 169, 520.
Dreux, abbé de Molème, 40, 315, 507.
Dreux (Eure-et-Loir) Isabeau ou Elisabeth de — 17, 65.
Dreux de Mello, 137 note 3.
Drouot Etienne, horloger à Châtillon-sur-Seine, 362.
Dubois Jeanne, femme Deschiens, 183.
Duchesne Charles, fondation, 330, 331 ; Edme, syndic, 389, 416 ;
    Marguerite, fondation, 329, 334 ; Nicolas, agent de la commune,
    443 ; Pierre, boucher, 279 ; fondation, 328 à 331, 333, 334 ; notable,

404 ; conseiller municipal, 408 ; officier municipal, 411 ; syndic, 416, 417, 460.

Duclos, notaire à Paris, 58.

Dudey Edme, syndic, 417 ; Gabriel, syndic, 416 ; Remi, milicien, 283.

Dudon, serf, 13.

Dudon, gendre de Gauthier d'Avalleur, 17.

Dudon, de Vendeuvre, 16.

Dufour Adrien, maréchal, collecteur, 268 ;

Dufresne Nicolas, bailli de Bragelogne, prévôt royal, 122, 192, 194.

Dupatet Madeleine, femme Armynot, 187.

Duplessie, Claude, 73. — Claudine, 73. —Guillaume, 73.—Jean, 73.

Dupont Amand, serrurier, 361, 362.— Claude, arpenteur, 396 ; charpentier, 366 ; expert, 440 ; maçon, 364 ; notable, 393, 404 ; officier municipal, 411, 412 ; syndic, 357, 417. — Edme, charpentier et meunier, 213 ; maréchal, 248, 423. — Joseph, meunier, 214, 215. Louis, collecteur et messier, 269, 482. — Remi, soldat provincial, 302. — Simon, conducteur de l'horloge, 361, 362.

Durant André, cellérier de Molême, 315.

Durnay (commune de Vendeuvre, Aube), Gérard de — 65 ;—Jacques de — 66, 166, 517.

Durnes, dame de — 508, 509 ; seigneur de — 76.

Duval, avocat à Gyé, 410.

Duval François, chapelain du château de Verpillières, 347.

Ebrardin, 26, 505.

Eclance (Aube), dame d'— A 229.

Ecorcheurs (les), aux Riceys et dans les environs, 490.

Ederard, abbé de Molême, 314.

Edmée de Ville-sur-Arce, 63.

Edmond, comte de Lancastre, 47.

Eguilly (Aube), 279, 326 note 1.

Elisabeth, de Châteauvillain ; de Dreux ; de Magnant. Voir ces noms.

Elissande, comtesse de Bar-sur-Seine, 65, 224, 508.

Elissant, femme de Jean de Neuville, 40.

Elnys Girard, 42.

Emeline de Broyes, 17, 65 à 71, 208, 232.

Engilbert, fils de Gauthier de Brienne, 312.

Epagne (Aube), Erlebaud d'— 13.

Epernay (Marne), 274.

Erard de Brienne, 15, 62, 310, 312.

Erard Ier de Chacenay, 70.

Erard II de Chacenay, 17, 18, 65 à 71, 209, 232, 503.

Erard de Verpillières, A 240.

Erlebaud d'Epagne, 13.

Ermensende-Elisabeth, fille de Guy comte de Bar-sur-Seine, 63.

Ervy (Aube), 190 note 2, 340.

Eschalot (Côte d'Or), 15 note 5.

Escures, sieur des — 183, 184.

Esme de Bruxelles, 53.

Esmelot-la-Châtrée, de Verpillières, 50.

Esnon (Yonne), de Bangy d' — 162.
Espagne, Guerre de la succession d' — 271, 272.
Espailly (Côte-d'Or), Templiers d' — 66.
Essoyes, Les d' — 11 ; Armoiries des d' — 558 ; Adam d' — 167, 557 ; Adeline d' — 17, 46, 164 ; Aubri d' — 64, 164, 165, 166, 516, A 244, 245, 263 ; Christophe d' — 13, 310 ; Christophe d' — abbé de Molême, 26, 27, 167, 168, 386, 505, 506 ; Etienne d' — 177, 178 ; Etienne d' — notaire apostolique et impérial à Dijon, 170 à 173, 175 ; Guillaume d' — dit *Nobilitas* 176, 177, 178 ; Hugues d' — fils d'Aubri, 165, 166, 516, A 244, 263 ; Humbert d' — 175 ; Jean d' — secrétaire d'Isabeau de Bavière, trésorier de l'église de Sens, etc., A 245 à 249 ; Jean d' — capitaine de la ville de Dijon, 179 à 182, 521, 522 ; Jean d' — fils de Raoul, 168. Jobert d' — frère d'Aubri 165, 166, 516, A 244, 263, 264 ; Josbelet d' — 167 ; Mathilde d' — fille de Pierre, 17, 18, 44, 45, 167 ; Nicolas d' — 178 ; Nicole d' — 182 ; Odon d' — homme de l'abbaye de Molême, 17 ; Perrenote d' — 175 ; Pierre d' — 44, 45, 167 à 170, 182, 519 à 521 ; Raoul d' — 168 ; Régnier d' — 165, 166, 516 ; Richard d' — 171, 172, 175 ; Thibaut d' — 178, 179.
Estagny, Charlotte d' — 325 ; Guy d' — 186, 324 ; Marie d' — 186, 324, 332.
Estissac (Aube), duc d' — 154.
Estrac (d'). Voir *Lestrat*.
Etienne, avocat à Mussy, 410. — religieux de Molême, 504. — Henri-Alexis, de Mussy, 162. — Pierre-Rodolphe, de Mussy, 162.
Etienne d'Essoyes. Voir *Essoyes*.
Etiennette, femme Gulebin le Picard, 527.
Etourvy (Aube), curé d' — 336.
Eudes II le Champenois, 17, 65.
Eudes de Grancey, A 229.
Eugène III, pape, 314.
Eustochie, comtesse de Brienne, 62.
Evrard, fils de Pierre de Briel, 13.
Evrard de Bourbon, 73.

Falaise (Calvados), 183.
Fau, seigneur de — 194.
Faux-Fresnay (Marne), seigneur de — 107, 108.
Faverney (Haute-Saône), Étienne Naveret de — A 239.
Favier Anne, femme de Charles de Nogent, 148, 288. — Antoine, chapelain de Saint-Nicolas, 344. — Antoine-Hyacinthe, greffier au grenier à sel de Chaumont, 325 note. — Charles, seigneur de Domfront, 121. — Charles, messier, 482. — Claude, chapelain de Saint-Nicolas, 344, 345 ; fermier des dîmes, 248 ; prévôt, 198 ; fondation, 330. — Claude-Michel, garde setier au grenier à sel de La Ferté Milon, 325 note. — Claudine, fondation, 326, 331. — Edme, notaire 195 ; marchand, 325 note, 326. — François, chirurgien à Soulaines, 325 note ; notaire à Soulaines, 325 note. — Henri, curé de Vauchonvilliers, 325 note. — Jean, prévôt, 94, 193 ; substitut du procureur du roi, 194 ; chapelain de Saint-

Nicolas, 344. — Jean-Baptiste, notable, 404. — Jeanne, femme Vaulcher, 43 ; fondation, 333. — Laurent, conseiller du roi, juge à Chaumont, 325 note. — Marie, femme Degron, 325 note. — Mathieu, fermier de la Pitancerie, 43 ; garde du scel de la prévôté, 325 note. — Natesse, fondation, 331. — Nicolas, notaire, 195, 317, 325. — Nicolas-François-Hilarion, chapelain de Saint-Nicolas, 345. — Nicolas-Pierre, assesseur au bailliage de Chaumont, 325 note. — Nicole, sergent, 198. — Sébastienne, 123, 325, 326, 330, A 255.

Fay, Jacquemin du — 532. Lobaulx de — 82 note 8.

Fayl-Billot (Haute-Marne), seigneur de — 82.

Félice, femme Guyot-Pusey, A 239.

Felison, femme Jean de Maule, 527.

Ferevauve Henri, 45.

Ferry Pacifique, récollet, 342.

Ferté-Milon [La] (Aisne), 325 note.

Ferté-sur-Aube [La] (Haute-Marne), 46, 544 ; arrondissement de — 410 note ; Chatellenie, 134 ; foire, 221 ; hommage de — 164 ; maison-Dieu, 266, 533 ; maladrerie, 379. — Baudoin de — 166. Hugues de — 15. Jean Billery de — fermier des aides, 265, 532, 534. Jeanne de — 96, 100.

Fèvre Jean, dit Taupin, 183.

Fichon Quentin, maître d'école, 466.

Fiesme, Régiment de — 288.

Flament, commissaire de la Chambre de réformation des hôpitaux, 376, 538.

Fleurette, François de — abbé commendataire de Viviers, 216.

Fleury Marie, fondation 333.

Fligny (Ardennes) sieur de — 216.

Florimond, le bâtard de — 82 note 8.

Foissy, François-Roger de — doyen de Tonnerre, 377.

Folebrau Jacques, curé d'Essoyes, 41, 194, 336.

Fonjon fief de — à Essoyes, 11, 61, 70, 79, 87, 89, 93, 177, 182, 190, 196, 201, 211, 212, 226, 236, 240, 241, 244.

Fonjon et Foujon, hameau de Saint-Hilaire (Aube), seigneurie, 89 ; château A 240.

Fontaine J.-B. curé d'Essoyes, 340.

Fontainebleau (Seine-et-Marne), 59.

Fontaine-Française (Côte-d'Or), seigneur de — 78, 79, 82.

Fontarce (commune de Vitry-le-Croisé, Aube), Grange de — 166, 516, A 244, 264.

Fontette (Aube) baron, seigneur et seigneurie 59, 126, 148, 183 ; curé, 121, 343, 346, 347, 367 ; église, 326 note ; justice de — 197, 204, 522 ; péage, 256, 258, 259, A 237, 254 ; voie romaine, 9. Mentions diverses, 8, 254, 261, 404, 415 note 2, 501, 544. — Pierre de — A 244, 263.

Forestier, Auger, de Loches, 140 note 1. Huguenin, 140, note 1. Jean, 140, note 1. Mathieu, 140, note 1. Phelisot, 140 note 1.

Fort, Léonard, 494. Nicolas, 494.

Fortier-Labbé, Eugène-Pierre, instituteur, 468.

Fortier-Lajeunesse, Claude, paulier 251. Jean, expert, 441, 442. Louis, paulier, 251.

Fou (Marne), voir *Faux-Fresnay*.

Foucault Jean, 245.

Fouchères (Aube), 9, 191, 340, A 235.

Fouet, Antoine, 494. Claude, syndic, 416. Jacques, fermier de la maladrerie, 377, 537. Marguerite, 494. Remi, sergent 196 ; fermier de la maladrerie, 377. Simon, syndic, 416. Veuve — 376.

Fourcault, Guillemin, 527. — Jean, 527.

Fourgaux, procureur au Parlement, 441.

Fournier Jean, meunier, 213.

Fourquet, 26, 505.

Fouvent (Haute-Saône), seigneur de — 75.

Fraignot Jean, receveur général de Bourgogne 82, 511.

François, duc d'Alençon, 108.

François Ier, 50, 51, 96, 98, 141, 179, 521, 556, 560.

François II, 55, 559.

François, Marie-Antoinette, femme Moulins, 187.

François de Rupt, 179, 180.

Frasans Etienne de — 179, 180. Jean de — 182.

Fresnoy, voir *Faux-Fresnay*.

Frestel, Samuel de — 150.

Fribourg-en-Brisgau, 153, 289.

Froussard, 440. Philippe, fermier de la Pitancerie, 43.

Fussey (Côte-d'Or), seigneur de — 109. Jacques de — 109. Vivant de — 109.

Gaaigne, 26, 505.

Gabiot, Edme-Didier, procureur du roi et gruyer, 194, 199, 200, 328, 361, 437, 460, 496, 497. Jacques, chirurgien, 328, 477. Marie, 328. Marie-Anne, 328. Mongin, procureur du roi, 194. Nicolas, tanneur, 328. Simon, sergent, 196.

Gaillard Didier, meunier, 210.

Galas de Salazard, 86.

Galette-Grillot, juge de paix, 361. Marie, marraine d'une cloche, 361.

Gallée Catherine, femme Gobert, 153, 289.

Galthier de Ruth, 83.

Gand, fief de — à Latrecey (Haute-Marne), 99, 100.

Garbot, 560.

Garcy J.-B., 423, 424. — Joseph, 417.

Garel, architecte, 354.

Garin, de Loches, 26, 505. Nicolas, 342; dit Poudre, 26, 505.

Garnerat, époux de Jeanne Desez, 182. Jean, notaire et garde du scel de la prévôté, 42, 194, 383, 511, 512.

Garnier, 233. Archidiacre de Langres, 312. Charles, notable, 393, 404 ; syndic, 418. Claude, 320 ; conseiller, 415 ; maire, 421 ; notable, 411 ; fermier de la pêche, 426 ; receveur municipal, 443. Jacob, 258. Jeanne, 357, 467. Remi, laboureur, 396. Surnom de Christophe, 507.

Garnier de Mandans, écuyer, 82, note 8.

Garnoir, Claude, femme Coquelcy, 324, note 1. Renault, 324 note 1.

Gasme, Huguette de la — 195, note 7, voir *Delagasme*.

Gastel-Moisien, seigneur de — 51.

Gaucher, fils de Milon, comte de Bar-sur-Seine, 65.

Gaucher Françoise, 338.

Gaulard François, fondeur, 357.

Gaule, prêtre, 484.

Gaulthero, Jean le — 77, 510.

Gaunes, Antoinette de — 107, 109 à 111, 336, 558. Olivier de — 107.

Gauthier, comte de Brienne et de Bar-sur-Seine, 62, 310, 312, 313, 314.

Gauthier Antoine, maître d'école à Verpillières, 117.

Gauthier, d'Avalleur ; de Gouhenans ; de Loches ; de Ruppes. Voir ces noms.

Gautrin Nicolas, fondation, 334.

Gay Adam, 512, 527.

Gayot de la Bussière, Laurent, 285.

Gehier, subdélégué de Bar-sur-Aube, 158, 391, 392, 393, 398, 405, 478.

Gelannes (Aube), seigneur de — A 240.

Gelenier Antoine, 171 à 175. Guiote, 171 à 175. Guy, 171 à 175.

Gelyot, Denys et Jean, bourgeois de Dijon, 171, 172.

Gemeaux (Côte-d'Or), Gui et Henriette de — 557.

Gendarmes écossais, 286.

Genevois, René le — capitaine, 96.

Gentelot, Antoine, dit Riceton, 363 ; conseiller, 413. Claudette, 329. Claudine, 327, 333. Didier, syndic, 416. Edme, 282 ; meunier, 249. Jacques-Victor, 361, 475 ; maire, 421. Jean, 92. Joseph, fermier des dîmes, 249. Nicolas, pâtre, 483. Pierre, fermier des défauts et amendes, 197.

Gentien, receveur de la terre de Champagne, 48.

Genty Pierre, curé d'Essoyes, 337.

Geoffroy Nicolas, vicaire de Verpillières, 342, 356.

Geoffroy de Saint-Belin, 100.

George Jean, 527, 528.

Georges de Saint-Belin, 177.

Gérald, abbé de Molème, 314.

Gérard Dalnitin, 105. Edme-Alexis, capitaine, 290. Hugues, sieur de Messières, 149. Marie-Françoise, 149, 151. Pierre Nicolas, curé d'Essoyes, 341.

Gérard de Durnay, 65.

Germaine J.-B., vicaire de Verpillières et curé d'Essoyes, 338, 342, 346, 347.

Gertrude, femme de Godefroi, 15.

Gesne, Jeanne-Eléonore de — 163, 348, 359, voir *Degesne*.

Gevrolles (Côte-d'Or), seigneur de — 93.

Gevry-sur-Doubs (Doubs), seigneur de — 82, 509, 510.

Gibey, Jean, et frères, fermiers des dîmes, 249, 254, 447.

Gié (de) 525.

Gilbert de Montmorin, évêque de Langres, 357.

Gillebert, fils de Landri, 232.

Gillequin, cuisinier de Philippe de Savoisy, A 248.

Gilles Jacotte, 84.

Gilles de Langres, trésorier de l'église de Viviers, A 249.

Gillot Moingin, 510.

Gillot Pétrey, syndic, 416.

Ginel Jean, 77, 510.

Ginot Regnault, 527.

Ginot de Paytes, 527.

Girard, vicaire d'Essoyes, 342.

Girard de Bourbon; de Vienne; de la Rochelle; de Ville-sur-Terre; des Chateliers. Voir ces noms.

Girard Elnys, 42.

Girard, fils d'Aubri, 26, 505.

Girardin Joseph, 198, 330. Nicolas, 412.

Girardot, François Michel, curé d'Essoyes, 317, 318, 338, 339, 357, 367, 411, 412, 415, 536.

Giry, récollet, 365.

Gissey, Jean de — pitancier de Molême, 42.

Gissey-sur-Ouche (Côte-d'Or), 182.

Givry (Ardennes), seigneurs de — 77 à 81, 94. Anne de — cardinal, abbé de Molême, 102.

Gloire-Dieu [La] (Aube), 124.

Gobert, Augé Jacques, commandant, 153, 289, 495, 496. Claude, capitaine, 186, 288. Claude-Jacques, lieutenant, 288. Louise-Germaine, 153, 161, 426, 427, 428. Marie-Anne-Françoise, 186, 187.

Gobert de Bar, 12, 14, 62, 246, 309, 310.

Godefert, Marcel, 105. — Nicolas, 140.

Godefroi, évêque de Langres, 312 note 1, A 263.

Godefroi de Châtillon, 15.

Godin, Nicolas, meunier, 210, 213 ; fermier des dîmes, 248. Simon, 436 ; fondation, 328, 332.

Godon Laurent, 527.

Gomain Hugues, chapelain de St-Nicolas, 344.

Gornier de Verneuil [Le] 57.

Gossement Bernard, 324 note 1.

Goubaut Perrinet, fermier des aides, 266, 532.

Gougenot Etienne, 105. Marcel, 105.

Gouhenans (Hte-Saône), curé, château, confrérie, chapelles fondées et église de — A 237, 238, 240. Famille de — 83. Gauthier de — 83. Jeanne de — 74, 75, 76, 508 et suiv., A 237 à 241.

Gousseville, seigneur de — 116.

Goyard Antoine, président de la municipalité de canton, 420, A 255.

Grancey-le-Châtel (Côte-d'Or), 191.

Grancey-sur-Ource (Côte-d'Or), bois communaux, 431, 543 ; curé et vicaire, 336, 343 ; fief, 102 ; péage, A 237, 254 ; prieur, 23 ; seigneurs et seigneurie, 38, 96, 98, 109, 131 note 2, A 251 ; voie romaine, 9 ; mentions diverses, 16, 24, 73, 92, 123, 142, 265, 358, 530, 544, 557. — Catherine de — 137, 138, 139, A 235. Eudes de

— A 229, 231 note. Guillaume de — A 231, note 1. Jean Billart de — A 229, 230, 231, 260. Jeanne de — A 230, 231, 253, 259, 260, 261. Mahaut de — 83. Odoard de — A 230, 231, 253, 259, 260, 261. Richard de — 26.

Granches Humbert des — 40.

Grand (Vosges), prévôté de — 56.

Grandjean, prévôt royal, 193.

Grand-Perrin, conducteur des Ponts et Chaussées, 454.

Grange, Anne de la — 107. Thibault de la — 432, 543.

Granson, Henriette de — 76, 77, 78.

Gratedon, seigneur de — 144.

Gravelle Etienne, 43.

Gravier de Vergennes, 523.

Grillot Antoine, 283. Jean, syndic, 416. Joseph, lieutenant, 289, 290, 360.

Griselles (Côte-d'Or), curé de — 342.

Grossard (Jean), A 248.

Guenet, huissier à Loches, 402. Henri-Eloi, curé de Senlis, 374, 536. Jean-Philippe, greffier à Loches, 196.

Guenin Claude, curé d'Essoyes, 339, 367.

Guéry Antoine-François, commis de la régie, 402.

Guerrier Jean, 204 ; boucher, 278. Joachim, 278. Joseph, 282.

Gueurville, Jeanne de — 101.

Guignecourt, sieur de — 185, 558.

Gui, seigneur d'Arcis, 68. Voir *Guy*.

Gui, de Gemeaux, 557. d'Herbert, A 248. d'Ormes, 45. Voir *Guy*.

Guiard, A 244, 263.

Guichard, 537.

Guignard Jacquot, messsager, 264, 533.

Guigues V, comte de Forez, 68.

Guigues VI, — 68, 71, A 229.

Guillaume, abbé de Molême, 314, 315 ; évêque de Langres, 516 ; grand maître des Templiers, 65 ; fils de Gui, comte de Bar-sur-Seine, 63.

Guillaume Edme, garde du scel de la prévôté, 194. Jacques, prêtre, A 248. Pierre, fondation, 330.

Guillaume d'Anglure, de Bligny, de Chaumont, d'Essoyes, de Grancey, de Joinville, de Landreville, de la Baume, de Pâlis, de Paris, de Vendenesse. Voir ces noms.

Guillaume-le-long, clerc, A 248.

Guillaume III, vicomte de Melun, 71.

Guillemard Eglantine, 365, 489.

Guillemin Damance (ou d'Amance), 82 note 8.

Guillemin François, syndic, 416. Marguerite, 325. Michaut, 42. Nicolas, fondation, 329, 330 ; gourmet, 424 ; notable, 412.

Guillon Jean, notaire à Essoyes, 41, 195.

Guillon d'Estrac, voir *Lestrat*.

Guinegatte, bataille de — 91.

Guiot, vicaire de Verpillières, 342.

Guise, duc de — 143, 180, 181.

Gulebin le Picard, 527.
Gurgy (Yonne), seigneur de — A 245.
Guy. abbé de Molême, 16.
Guy, seigneur de Verpillières, 21.
Guy, 1er, comte de Bar-sur-Seine, 63, 311, 312, 313.
Guy, fils de Guy 1er, 63 ; fils de Pierre de Briel, 13.
Guy II de Genève, évêque de Langres, 314, 315.
Guy de la Baume, de Noé, de Sennecey. Voir ces noms.
Guy l'âne, de Jusanvigny, 25, 26, 27, 28, 45, 386, 505.
Guyenne, régiment de — 149, 150, 515.
Guyonvelle (Haute-Marne), sire de — 86.
Guyonvelle, ligueur, 493.
Guyon-Bourbonne, notaire à Bar-sur-Seine, 433.
Guyon-Conversot, notaire à Bar-sur-Seine, 98.
Guyot-Bonnot, dit de Lantages, 93.
Guyot Didier, messager, 264, 533.
Guyot-Pise, 88.
Guyot de Vaussemain. 386.
Gyé-sur-Seine, arrondissement ou district, 410 ; foire, 221 ; seigneu-
    rie, 73 ; mentions diverses, 9, 124, 210, 254, 286, 359, 410, 439,
    492, 493, 494, 512.

Handresson, Edmonde de — 103.
Haraucourt, Catherine d' — 85. François d' — 106.
Harcourt, régiment d' — 286, 559.
Hardy Jean, garde du scel de la prévôté royale, 194. Sébastien, 194.
Haulier Louis, fermier des aides. 274, 275.
Haussonville, Oudette d' — 136.
Hauteville Berterand, intendant de Mme Poucher, 427.
Hautieux, Etienne des — capitaine, 286.
Haut-le-Bois (commune de Ville-sur-Arce, Aube), 188.
Hayes, Charles-Joseph, conseiller du roi, 495.
Haynault, maîtrise de — 200.
Hélissande, voir *Elissande*.
Hemin, 205. François-Joseph, 359. Nicolas-François, greffier, maire,
    conseiller et maître d'école, 394, 400, 413, 415, 418, 420, 464,
    465, 467.
Henri II, 101.
Henri III, 492.
Henri III-le-Gros, comte de Champagne, 46, 48.
Henri IV, 108, 146, 513.
Henri, de Saint-Aubin; de Vienne. Voir ces noms.
Henriette, supérieure des religieuses des Sacrés-Cœurs, 367, 368.
Henriette de Vienne. Voir Vienne.
Henry Estienne, tabellion, 52.
Herbert, curé doyen de Bar-sur-Seine, 168.
Herbert-le-Gros, fils de Milon, 63.
Herbert, Gui d' — A 248.
Herce, seigneur de — 144.
Hériot, Anne, 329. Auguste, 361 note. Charles, notable, 393, 394 ;

postillon, 479, 480. Chrétien, procureur fiscal, 216. Claude, laboureur, notable, 396, 412. Edme, cavalier, fermier des dîmes, 248. Etienne, 105. Henri, milicien, 283. Jean, 510. Marie-Louise, 374. Nicole, 331. Olympe, commandant, 207, 361, 421, 475, 476. Remi, 105. Thobir ou Thobie, sergent à verge, 196, 307 note 1.
Hériot-Bertrand, Nicolas, 220.
Hériot-Dudez, Jean-Charles, 480.
Hersant Joseph, maître d'école, 467, 468.
Hersende, fille de Gauthier d'Avalleur, 17.
Hesdin (Pas-de-Calais), château de — 80.
Heuriot Jean, 77.
Hex (Côte-d'Or), 15 note 5.
Hildegarde, femme de Gobert de Bar, 13, 14.
Hochstedt, bataille de — 150.
Honduin, de Servigny, 134, 135, 514.
Honorius III, pape, 64.
Houssaye. Le Tellier de la — 275.
Hue de Miromesnil, 523.
Huey, Françoise de — 558. Henri de — 186, 558.
Huguenin Boigel, 527.
Hugues, clerc, 17, 18.
Hugues d'Amoncourt ; de Broyes ; de Chacenay ; d'Essoyes ; de La Ferté ; de Montréal ; de Piney ; du Puiset. Voir ces noms.
Hugues, doyen de Vendeuvre, 134.
Hugues, duc de Bourgogne, 18.
Hugues, fils d'Aubri d'Essoyes, 64, 516.
Hugues, fils d'Hildegarde, 14.
Hugues-Renaud, évêque de Langres, 62.
Hugues-le-Vannier, 527.
Humbert N., A 232.
Humbert, d'Essoyes ; des Granges ; de Rougemont. Voir ces noms.
Humblot Jean, notaire à Vendeuvre, A 241.
Humbonville, seigneur d' — 187.
Humières, régiment d' — 558.
Huot Jean, 170, 520.
Husson, procureur au Parlement, 444, 447.

Illes, voir Isle-Aumont.
Illins, seigneur d' — 80 note 1.
Innocent III, pape, 314.
Isaac de Moisy, 117.
Isabeau, d'Auger, 17, 65, 66 ; de Marchefoin, 136.
Isambart, abbé de Molême, 19, 25, 28, 48.
Isle-Aumont (Aube), prévôté, 190 note 2.
Isle-sur-Marne (Marne), seigneur d' — 101, 106, 108, 114, 513.
Issoudun (Indre), 274.
Is-sur-Tille (Côte-d'Or), seigneurs et seigneurie, 136, 142, 143, 145, 146, 557.
Itier-le-Bègue, de Châteauvillain, 17, 44, 45, 46, 164, 555.

Jacob, fils de Colin-le-Pêcheur, 50.

Jacob, Joseph, charron et meunier, 210 ; Marie, fondation, 330 ; Simon, notable, 393, 394.

Jacquart Nicolas, fermier des aides, 266, 530 ; maître d'école, 467.

Jacqueline de Verrières, 106.

Jacquemin du Fay, 532.

Jacques, abbé de Molême, 42.

Jacques, de Chauvirey, 144 ; de Durnay, 67 ; de Fussey, 109 ; de Mont-Saint-Père, 535.

Jacques, dit Aresles, maieur de Bar-sur-Seine, 168.

Jacquinot de Mallet, 139.

Jaquinot Richardot, notaire à Bar-sur-Seine, 139.

Jaquote, fille de Jean de Neuville, 40 ; femme Personnet, 527.

Jaquotin, 528.

Jardins, fief des — à Lignon (Marne), 108.

Jarsain, Claude, 92 ; Louis, 441, 442.

Jarsaint, Pierre de — notaire à Bar-sur-Seine, 137 note 2.

Jarseins, Edouard, élu en l'élection de Bar-sur-Seine, 199.

Jarseins, Guillemin de — 139 note 1. Perrinot de — 140 note 1. Petitjean de — 140 note 1.

Javelle Nicolas, notaire à Bar-sur-Seine, 98.

Jean, official de Troyes, A 247. note 3.

Jean, seigneur de Chappes, A 229. Seigneur de Châteauvillain, A 232.

Jean, d'Aigremont ; d'Avirey-le-Bois ; de Beurey ; d'Essoyes ; de la Barre ; de la Perreuse ; de la Ranchelle ; de la Rochelle ; de la Rochette ; de Longvy ; de Méligny ; de Méry ; de Montbard ; de Paris ; de Placy ; de Neuville ; de Pressy ; de Quincy ; de Railly ; de Rampoillon ; de Roncenay ; de Rougemont ; de Rupt ; de Rye ; de Saint-Ouen ; de Saulx ; de Thoraise ; de Velu ; de Ver ; de Vienne ; du Val. Voir ces noms.

Jean-Baptiste, (Sœur), institutrice, 473.

Jean-le-Bel, de Vitry, fermier des aides, 265, 534.

Jean-le-Bon, roi de France. Lettres de rémission, 169, 170, 520, 521. Rançon de — 263 et suiv., 529 et suiv. ; A 254.

Jean-le-Champenois, prévôt, 167, 193, 386.

Jean-le-Doux, 139 note 2.

Jean-le-Noir, notaire à Essoyes, 195.

Jean-le-Mugnier, A 236.

Jean-le-Voilleton, A 232.

Jean-La-Choue, A 231 à 236, 241.

Jean-sans-Peur, duc de Bourgogne, 170.

Jeanne, femme d'Etienne Nobilitas, 177, 178 ; femme de Le Clerc, fondation, 333. Servante de Philippe de Savoisy, A 248.

Jeanne, d'Anglure ; d'Arcis ; de Gouhenans ; de Grancey ; de Mello ; de Navarre ; de Neufchâtel ; de Trie ; de Vienne ; du Quesnoy. — Voir ces noms.

Jeannet, dit le Vicomte, 27, 506.

Jeannette, femme de Dieu-le-fit de Paytes, 527 ; femme de Guillemin Fourcault, 527 ; femme de Guillemin Laillier, 527 ; femme de Hugue Régnier, 527 ; femme de Huguenin Boigel, 527 ; femme de

Hugues-le-Vannier, 527 ; femme de Robin de Paytes, 527 ;
femme de Jean George, 527 ; femme de Jean Naslin, 527 ; femme
de Jeannin Normant, 527 ; femme de Nicolas Bonnot, 527 ; fille
d'Erard II, de Chacenay, 71.

Jeannette de Placy, A 239.

Jeanroy Benoît, Récollet, 342.

Jeantelot Pierre-René, meunier, 210, 211.

Jeoffroy Simon, adjoint à l'agent de Noé, 415.

Jérémie, seigneur de Verpillières, 21.

Joannes Louis, soldat provincial, 302.

Jobard Vincent, Récollet, 342.

Jobelet Nicolas, de Loches, 439.

Jobelin, vicaire de Verpillières, 342.

Jobert II, de Châtillon, 15.

Jobert d'Essoyes, 165, 166, 516.

Jobert de Verpillières, 21 note 1, 336.

Joblot Nicolas, fermier des aides, 277.

Jocelin, archidiacre de Langres, 312.

Joffrin Jacques, pâtre, 485.

Joffroy Jean, A 239.

Joffroy de Varannes, curé d'Essoyes, 336, 531.

Joigny (Yonne), Renaud de — 65.

Joinville (Haute-Marne), Guillaume II de — évêque de Langres, 166.

Jolly Blaise, 501 ; Claude, 251.

Jonchère, sieur de la — 151.

Jorand Nicolas, chapelain de Saint-Nicolas, 345.

Josbelet, d'Essoyes, 167.

Josselin, 252, 253, 444, 447. Claude, 43. Humbert, fondation, 331.
Ferry, 270. Jean, fondation, 324, 331. Jean-Baptiste, procureur
du roi, syndic, etc., 198, 205, 249, 416, 436, 437, 439, 440. Jeanne,
290. Joseph, tixerand, 417. Joseph, procureur du roi et notaire,
127, 131, 196, 198, 218. Joseph, avocat, syndic, maire, etc., 243,
254, 359, 393, 394, 400, 402, 408 à 412, 415 à 421, 444, 453 à
456, 474, 483, 486. Joseph, receveur des droits de contrôle, 286 ;
receveur des aides, 321 ; greffier de la prévôté royale, 365. Marie,
467. Marie-Constance, 421. Nicolas, marchand, 331, 414, 418,
420. Philippe Joseph, avocat, maire, etc., 400, 408, 412, 413,
414, 420, 421, 474, 539 et suiv. Pierre, 43, 333, 416. Vincent,
fondation, 331.

Jossinet Nicolas, instituteur, 468.

Jouard Remi, fermier du four banal de Verpillières, 112.

Jourdain, 233.

Jouvelin Mathieu, clerc, A 248, 249.

Joyenville (probablement Joinville, Haute-Marne), 548.

Joyeuse (Ardèche), Michel de — 113.

Juilly-en-Auxois (Côte-d'Or), seigneur de — 106.

Jusanvigny (Aube), Guy-l'Anc de — 25 à 28, 45, 386, 505.

Juvigny, seigneur de — 150.

Laas, voir *Lais.*

L'Abbé, 525.
La Berte Pierre, 560.
Labouquey Antoine, bourgeois de Dijon, 172.
La Bussière, Laurent Gayot de — 285.
La Charme, Thierry de — 136.
Laçois, archidiaconé du — 314 ; limites du — 9, note 3.
Lacroix François, cuisinier, 329.
Ladre (saint), 375.
Lagache Marie-Anne-Rosalie, institutrice, 464, 468.
Lagame Claude, curé de Noé. Voir Delagame.
Lagesse François-Emile, curé d'Essoyes, 341, 475.
Laillier Guillemin, 527.
Lais (Loiret), seigneur de — 86.
Laissonnet Nicolas, A 232.
Lajeunesse, expert, de Loches, 439.
Laligant Philibert, 460.
Lalore (l'abbé), 65, 66, 68, 85, 86, 318, A 241.
Lambert, trésorier de Langres, 312.
Lambert Jean-Louis, maire, 188, 421. — Pierre Noël, 188.
Lambert, de Mallet, 27, 505.
Lancastre, comte de — 47.
Lancelle Jeanne, fondation, 332.
Lancenne, femme d'Aubri d'Essoyes, A 244, 263.
Lancry, Charles de — 109. Isaac de — 108, 109, 121. Madeleine
  de — 121.
Landes, régiment des — 288.
Landrecies (Nord) gouverneur de — 126.
Landreville (Aube), curé et vicaire, 312 note 1, 315, 356 ; église, 312
  note 1 ; guerres, 492, 494 ; mission, 371 ; péage, 256, 258, 259,
  A 237, 254 ; mentions diverses, 66, 67, 151, 199, 254, 415,
  note 2, 480. — Guillaume de — A 245. Nicolas de — A 232.
Landri, 232.
Langlois Simon, notaire à Troyes, 378, 537.
Langres (Haute-Marne), Aide levée dans le diocèse pour la rançon
  du roi Jean, 263 à 267, 529 à 535 ; archidiacre, 312, 353, 534 ;
  bailli, 143 ; chancelier de l'église, 144 note 5 ; décimes, 335,
  336 ; doyen du chapitre, 312 ; église Saint-Pierre, 338, 342 ;
  évêques, 46, 62, 63, 166, 310, 312 note 1, 313 à 316, 357, 516 ;
  lieutenant-général au bailliage, 457 ; notaire apostolique, 345 ;
  official, 25, 27, 337 ; mentions diverses, 84, 176, 264, 309, 334,
  363, 377, 453, 517, 523, 524, A 248. — Gilles de — trésorier de
  Viviers-en-Brie, A 249.
Langry Pierre-Antoine, médecin, maire, 421, 477.
Lanier Claudine, fondation, 331.
Lanjolet Humbelin, échevin de Dijon, 174.
Lantages (Aube), 15, 93, 342. Antoine de — 216. Asnay Bonnot de
  — 99.
Lanty (Haute-Marne), 9 note 3 ; seigneur et baron de — 116.
Laon (Aisne), 274.
Laperrière (Côte-d'Or), seigneurie de — 81.

Laquenoc (en Flandre), fort de — 186.

Larivey François, fermier du pressoir seigneurial, 218.

Larrey (Côte-d'Or), dame de — 137 note 3, A 231, 260, 261.

Larrivée Aignan, charpentier et meunier, 213. Edme-Didier, notaire, 184, 196, 393, 394, 404. François de — maître charpentier, 43. Jean, notaire. 195, 337. Joseph-Vincent, notaire, 196.

La Soye Guillemette, 178.

La Tour, sieur de — 186.

La Tremoïlle, régiment de — 288.

Latrecey (Haute-Marne), fiefs et seigneurie, 99, 144.

Launoy, Jeanne de — 106.

Laurent, marchand à Troyes, 356.

Laurey Gabriel, maître d'école, 458.

Lauryau, économe de Molème, 35, 111.

Lausserrois Edmonde, 102.

Lautrec, régiment de — 559.

Lavenier Franque, receveur de la terre de Champagne, 49.

Lavoisy Marie-Anne, femme Josselin, 416.

Lazare (saint), 375.

Le Bascle d'Argenteuil, Charles, pitancier de Molème, 43.

Lebaut, 26, 505.

Le Boiteux, Alexandre, conseiller au parlement de Dôle, 508.

Le Bourgeois, Nicolas, 183.— Pierre, 183.

Leclerc, fondation Jeanne, femme — 333.

Lécuriot Jacques, menuisier, 417.

Lécuyé, expert à Bar-sur-Aube, 203.

Ledouble, vicaire de Verpillières, 343.

Lefebvre, vicaire de Verpillières, 343, 365.

Lefèvre Antoine, conseiller à la Cour des aides, 150.

Lefèvre Nicolas, de Loches, 139 note 1.

Le Grand, donation de M — au musée de Troyes, 8.

Legrand, 525. — Bourgeois de Paris, A 243.

Legry Claude-Louis, agent municipal, 415. Jean-Baptiste, secrétaire de la municipalité de canton et maître d'école, 415, 464.

Le Lieur, Albert, 186. Alexandre-Armand, 188. Claudette-Julie, 187. Elisabeth-Monique, 187. Hélène, 186. Jean-Baptiste, 286. Jean-Louis, A 249. Louis, 188. Louis-Nicolas, 186 à 188, 395. Marie-Anne-Françoise et Marie-Anne-Louise, 187, 188.

Le Maire, Jean, 123 ; notable, 393, 404.

Le Merle, Jean, fondation, 333.

Lemoine, avocat. 439. Edme, procureur fiscal, 120 ; prévôt, 198, 469 ; fermier de l'abbaye de Molème, 39, 43, 210, 248 ; notaire, 151, 195, 196, 216, 380, 469 ; ancien praticien, 460 ; commis buraliste, 277 ; syndic, 389, 416. Jeanne, 469.

Lemoyne Edme, 317.

Lenoir Edme, vicaire de Verpillières, 342.

Lenoncourt (de) Agnès, 136, 137. Anne, 145, 148. Charlotte, 145, 148. Claude, 145, 146, 518. Edme ou Edmond, 144, 145, 146, 148. Edmonde, 141, 142, 145. Jean, 89, 90, 141 à 144, 259. Olivier, 141 à 144, 517. Philibert ou Philippe 1er, 91, 136, 511,

512. Philippe II, 136, 137, 139, 140, 141, 142. Philippe III, 144, 145. Pierre, 141 à 144. Renée, 145, 148.

Lenoncourt, régiment de — 285.

Léonard Paul, récollet, 412.

Lepage Remi, meunier, 210.

Lepelletier de Beaupré, intendant de Champagne, 201, 297.

Lépine Jean, cellérier de Molème, 35

Léry (Côte-d'Or), Jean de — 171, 172.

Lestouf, famille de — 99, note 6.

Lestoux (de) Claude, dit de Pradine, 99.

Lestrac ou Lestrat (de), armoiries, 556 ; famille, 99 note 6. Anne, 93, 99, 100, 104, 105, 106, 212, 239, 513. Bernarde, 99. Charles, 103, 104. Claudine, 99, 101. Françoise, 99, 100, 102. Gabrielle, 103. Guillon, 51, 52, 53, 93, 95 à 101, 104, 212, 218, 219, 220, 258, 259, A 241. Jean 1er 87, 88, 90 à 93, 136, 217, 219, 226, 235, 240, 256, 261, 262, A 241. Jean II, 102, 103. Jean III, 104. Joachim, 102. Josias, 102, 103. Léonore, 99. Marie, 101. Philippe, 101, 102, 103, 199, 494. Pierre, 99, 101, 102, 105, 110.

Le Tellier, François-Michel, marquis de Louvois, 377, 537.

Le Tellier de la Houssaye, 275.

Le Valseur ou Vasseur, Didier, chapelain de Saint-Nicolas, 345.

Leverdais Céleste, institutrice, 472.

Lévesque Simon, notaire à Troyes, 378, 537.

Liénart Perrinel, 77, 510, A 236.

Lifos Pierre, maieur d'Essoyes, 167, 193, 385, 386.

Ligneville (de) Jean, 115.

Lignières (Aube), 340. Anne-Marguerite Daumesnil de — 126. Vicomte de — 135.

Lignon (Marne), comte de — 103, 106, 108, 113, 114, 116, 197, 199. Comtesse de — 117. Fief des Jardins à — 108. — Terre de — 106 note 6. Vicomte de — 101, 104, 513.

Ligny, seigneur de — 103, 104, 320.

Ligny-le-Châtel (Yonne), 310, note 1.

Lillebonne, concile de — 246.

Lingendes (de) Charles, 117. — Jean-Augutin, 117 à 120, 122, 192, 193, 202, 250, 259, 260, 356, 557. — Marie-Suzanne, 117, 121. Armoiries, 557.

Lionnet Joseph, 475.

Lobaulx de Fay, 82.

Loches (Aube), affranchissement, 137, 138, 139 ; chemin d'Essoyes à — 453 à 456 ; curés, 312 note 1, 356, 365, 367 ; église, 312, note 1 ; guerres de religion, 492 ; péage, 256 258, A 237, 254 ; seigneurs et seigneurie, 91, 135 à 143, 145 à 147, 511 à 513, 518, 557, A 232, 235 ; mentions diverses, 18, 66, 67, 124, 196, 209, 212, 254, 369, 371, 415 note 2, 428, 439, 468. Garin de — 26, 505. Gautier de — 168, 169, 519. Martinet de — 168, 519. Michel de — 139. Nicolas de — A 232. Pierre de — 139.

Loge-Imécourt, régiment de la — 288.

Loménie et Loménye (de), 163, 559.

Loncle Guillaume, curé d'Essoyes, 339, 340, 341, 471, 472.

Longchamp (Aube), seigneur de — 558.

Longepierre (Saône-et-Loire), seigneur de — 79, note 8.

Longeville (de) Marguerite, dame de Ville-sur-Arce, 286, note 2.

Longpré (Aube). 101, 185, 186, 288, 324, 468, 495.

Longvy (de) Etienne. 80. Girard, 79, 81. Henriette, 80. Jean 1er, 77 à 81, 509, A 241. Jean II, 81 à 84, 94, 256, A 241. Jean III, 94. Jeanne, 80. Mathey, 79. Philippe, 79 à 82.— Armoiries, 555.

Lorez, fermier des dimes, 251.

Lorraine, Claude de — duc de Guise, 180, 181.

Louesme (Côte-d'Or), 74.

Louis (saint), 133, 135.

Louis XI. 81, 85, 86, 490, 491.

Louis XII, 96, 556.

Louis XIV, 152, 271, 281, 284, 317, 354, 377, 379, 389, 390, 514, 515, 516, 534, 535, 536.

Louis XV, 58, 59, 132, 275, 276, 284, 380, 494, A 261, 262, 263.

Louis XVI, 60, 197, 522, 523.

Louis-le-Hutin, 191, 231.

Louvois, marquis de — 281, 377, 537.

Lovel Pierre, 233.

Lubert et Libert, Marie-Joseph. femme Pharisien, 289.

Lucey (Côte d'Or), curé de — 342.

Lucine (Côte-d'Or), 15, note 5.

Lucotte, femme de Jean Michau, 41.

Lucqueron Jean, notaire à Bar-sur-Seine, 140.

Lucron Edme, soldat provincial, 283.

Ludres (Meurthe-et-Moselle), Didier de — 136.

Lugnier, notaire à Bar-sur-Aube, 101.

Luisiez, seigneur de — 75.

Luton Remi, syndic, 416.

Luxembourg, siège de — 557.

Luzy (Haute-Marne), 46.

Lyon (Rhône), province ecclésiastique de — 314.

Maclot, grand-maître des eaux et forêts de Champagne, 535.

Mâcon (Saône-et-Loire). Evêque, 80. Gouverneur de — 91.

Madona, Bataille de la — 153.

Madrid, Traité de — 51.

Magdeleine de Ragny, M. de la — 147.

Magnant (Aube), 165, 327. Elisabeth de — A 244.

Magrée, Guillemin, 528.

Mahaut de Dampierre ; d'Essoyes ; de Grancey ; de Ville-sur-Arce. Voir ces noms.

Maignien J.-B., vicaire de Verpillières, 342.

Maillard. compagnie du régiment de Lenoncourt, 330.

Maillet, Marie, fondation, 328, 330. Petitjean, 140. Simon, de Saint-Usage, 415.

Maison Rouge (La — Seine-et-Marne), Seigneur de — 183,

Maladière, coutelier, 426.

Malains (Côte-d'Or), Philippote de — 143, 144.

Malcorné, surnom de Jean Petit, 528.

Malgras Charles, greffier de la gruerie, juge gruyer, procureur, sergent, 196, 198, 201, 205, 318, 328, 393, 398, 404, 408, 496, 497, 499. Jacques, conseiller municipal, greffier, maitre d'école, notable et syndic, 196, 412, 415, 417, 457, 467, 497, 499.

Mallet (commune de Noé. Aube), 325 note 1. Curé, 13. Fief de la Motte à — A 241; seigneur, 126. — Petit-Mallet, A 252. Jacquinot de — 139. Lambert de — 27, 505.

Malmaison (La), Seigneur de — 150.

Manassès, évêque de Langres, 63, 64.

Mandans, Garnier de — écuyer, 82 note 8.

Mandar Jean, A 248.

Mangé Claude, gourmet, 424, 425. Nicolas, gourmet, 423, 424.

Manois (Haute-Marne), curé de — 469 note.

Mantia, sœur de Milon, comte de Bar-sur-Seine, 15.

Marchais et *Marchets*, sieur des — 200 note 2, 288.

Marchant Nicolin, 528.

Marche-en-Bresse (La), seigneurs et seigneurie, 142, 143, 145, 146. Ollivier de — 136, 176. Philippote de — 136, 141, 142.

Marchefoin (de) Isabeau, 136.

Marcilly (Haute-Marne), Montre, 74.

Marcilly (Nièvre), seigneur de — 556.

Marcilly-sur-Seine (Marne), seigneurie, 68.

Marguerite, femme de Jean de Neuville, 41; fille de Robert, duc de Bourgogne, 73; servante de Jean d'Essoyes, A 248; sœur d'Aubri d'Essoyes, A 244, 263; veuve de Pierre La Berte, 560.

Marguerite d'Angleterre, 81.

Marguerite de Courcelles, A 240.

Marie Stuart, reine d'Ecosse, 55, 56.

Marignan, bataille de — 96.

Mariot Jean, maire de Dijon, 175.

Mariotte (de) Catherine, 148, 149. Claude, 148.

Marly (Seine-et-Oise), lettres datées de — 277, A 263.

Marolles-les-Bailly (Aube), seigneurs et seigneurie, 17, 136, 137, 141, 142.

Marsangy (Yonne), seigneurie, 30, 34.

Marsolan, A 263.

Marson (de) Collinet, meunier, 209. Jean, 212. Nicolas, 212. Petitjean, 528.

Martigny (de), famille, 99. Jean, 100.

Martin Edme, menuisier, 197.

Martin, Jean, de Courtenot, fermier des aides, 265, 531, 532, A 254, 258.

Martin Philippe, 77. Simon, notaire à Dijon, 170.

Martine Philippe, 510, A 236.

Martinet Claude, 51. Hugues, 51.

Martinet, de Loches, 168, 519.

Martinot Joseph, soldat provincial, 283.

Massin Didier, chirurgien, 476. Nicolas, chirurgien et syndic, 416, 476.

Massingy (Côte-d'Or), seigneurie, 106.

Masson, subdélégué de Bar-sur-Aube, 436, 437, 440, 496 à 500.
Masson Hugues, maître d'école, 460, 461, 467.
Mathé Jean, de Chaumont, fermier des aides, 266, 529, A 254, 259.
Mathieu, 233. Cousin de Godefroi de Châtillon, 15.
Mathieu Louis, notaire, 196.
Mathieu de Saint-Loup, 187.
Mathilde, fille d'Erard de Chacenay, 68, 71.
Mathilde, d'Essoyes; de Noyers. Voir ces noms.
Maubert, doyen de Vendeuvre, 165, 167.
Maule (de), Jean, 527.
Maumont (de), Marie, 146.
Maure, aîné, représentant du peuple, 162.
Mayne, M. du — 147.
Meaupou (de), chancelier, garde des sceaux, 220, A 262.
Meaux (Seine-et-Marne), bailliage, 48, 190, 191.
Méchin Edme, notaire à Bar-sur-Aube, 153.
Méligny (Meuse), Claude de — 143. Jean de — 143.
Mello (de), Claude, 556. Dreux, 137. Jeanne, 556.
Melun (Seine-et-Marne), siège de — 79. Vicomte de 71, 122.
Menessaire (Côte-d'Or), baron de — 109.
Merger J.-B., curé d'Essoyes, 341, 361.
Mergey. Anne de — 103. Gabriel de — 103.
Méridien-de-Saint-Clair, Jean de — curé d'Essoyes, 337.
Meronin *de Dimidia*, 169, 520.
Merrey (Aube), affranchissement, 224, 225, 508; curé, 18; dîmes, 165;
　　église, A 247,
Méry-sur-Seine (Aube), prévôté, 190 note 2. Catherine de — 106.
　　Jean de — 106.
Mesgrigny-Villebertin (Aube), comte de — 410.
Messières, sieur de — 149.
Metz (Lorraine), couvent de Sainte-Glossine, 145; maîtrise, 200.
　　N. de — 525. Régiment de — 289.
Meun, monastère Saint-Avit de — 62.
Meunier Hippolyte, curé d'Essoyes, 341. Thomas, 452.
Meurville (Aube), 68.
Meuse (Haute-Marne), vicaire de — 343.
Mézières (Ardennes), fortifications de — 268.
Michau Jean, fermier de la Pitancerie, 41, 42.
Michaul Jean, 42.
Michaut, fondeur, 357. Guillemin, 42. Jean, receveur de la seigneurie
　　ancienne, 78; garde du scel de la prévôté royale, 76, 194, 509, 510.
Michel Nicolas, syndic, 393, 394, 418.
Michel, de Loches, 139; de Puiseu, 89, 90, 94.
Michellot Berthelier, d'Arbo, 265, 530.
Michelot Jean, cordonnier, 219, 317, 345.
Michou, Casimir-Laurent, docteur en médecine, député, 447.
Miedan Jacques, notable, 395, A 256, 257.
Miel, Régiment de — 186.
Milan. Recouvrement du duché de — 141, 142,
Milet Nicolas, A 244.

Milleton Jean, curé d'Essoyes, 338, 345, 347, 365.
Milley Henri, de Loches. 140.
Millot, Nicole, prêtre, notaire à Vendeuvre, A 241. Aubert, charpentier et meunier, 215.
Milon, curé de Bar-sur-Seine, 165.
Milon, fils de Gauthier d'Avalleur, 17.
Milon I, comte de Bar-sur-Seine, 14, 17, 62, 63, 166, 310, 312, 555.
Milon II, 14, 15, 17, 63, 555.
Milon III, 45, 63, 64, 65, 70, 508, 514, 560.
Milon IV, 224, 225, 226, 560.
Milony, architecte, A 253.
Milot-le-Bourgoingnat, Etienne, de Saint-Usage, A 231, 232.
Mirabeau, marquis de — 163.
Mirabel, baron de — 116.
Mirebel (Jura), baron de — 82 ; seigneurie, 80 note. Simon de — chambrier de Molême, 92.
Miromesnil, Hue de — garde des sceaux, 523, A 256.
Moingin Gillot, 77, 510.
Moisy, Isaac de — 117.
Moissey, Pierre de — 509.
Molains, Nicolas de — tabellion général du duc de Bourgogne, A 237.
Molins, sieur du — 457, 535.
Moncoffe Jacques, vicaire de Verpillières, 343.
Monflaire (probablement Mouflers, Somme), seigneur de — 122.
Mongin, vicaire d'Essoyes, 342. Barthélemy, marchand, 197. Brocard, de Loches, 140. Claude, syndic, 156, 417, 424 ; sergent royal, 219, 388, 400. François, meunier, 217. Henri, prévôt royal, 192, 193. Jean-Baptiste, capitaine, A 254 ; pâtre, 302 ; soldat, A 254 note 2. Pierre, de Loches, 140. Simon, maître-couvreur, 355.
Mongin-Gabiot, procureur du roi, 194, 328, 331, 332.
Mongin-Viriot, prévôt, 94, 198.
Mongin du Boichot, 527.
Monsieur, duc d'Orléans, 103 ; frère du roi, 60, 126.
Montagne, Bailli de la — 84, 141.
Montaigu, surnom d'Etienne des Hautieux, 286.
Montangon (Aube) Marie-Marguerite de — 559.
Montarby (de), famille, 99.
Montargis (Loiret), Félix-Dominique de — gendarme écossais, 286.
Montausin, seigneur de — 84.
Montbard (Côte-d'Or), 148, 557. Jean de — religieux de Molême, A 251.
Montbéliard (Doubs), 74.
Mont-Carmel, Ordre de N.-D. du — 377, 379, 537.
Montdidier (Somme), prévôté, 109.
Montereau (Seine-et-Marne), 170, 274. Siège de — 79.
Montesclaire, Colot Erart de — notaire à Bar-sur-Aube, A 230.
Montfort, Jean de — duc de Bretagne, 490.
Monthléry (Seine-et-Oise), bataille de — 91.
Montiéramey (Aube), 493. Abbaye et abbés, 26, 64, 134, 165, 166, 312 note 1, 505.

Montier-en-Der (Haute-Marne), 490, 546.

Montier-la-Celle, Abbaye de — à Troyes, 12 note 2.

Montigny, 467. Joseph Tauvet de — 148.

Montigny-le-Roi (Haute-Marne), 46, 56.

Montigny-sur-Aube (Côte-d'Or), 416.

Montigny-sur-Vingeanne (Côte-d'Or), seigneur de — 100.

Montjustin (Haute-Saône), 75.

Montmirey (Jura), seigneurie, 81.

Montmorency (de), François, 35.

Montmorin (de), Gilbert, évêque de Langres, 357.

Montmoyen (Côte-d'Or), seigneurs, 84, 96 note 3.

Montperroux (probablement Montperreux, Doubs), seigneur, 73.

Montréal (de), Hugues II, évêque de Langres, 18, 68.

Montrevel (Jura), comte de — 80.

Montrond, seigneur de — 79 note 7.

Mont-Saint-Père, Jacques de — 535.

Moreaul Jean, de Loches, 139 note 1.

Moreaul Jean, lieutenant du maieur de Dijon, 173.

Morel Remi, garde à Essoyes, 330.

Mores (Aube), abbaye, 17, 64, 165, 167, 168, 209, 256, 258, 259, 336, 494, A 247.

Morimont. Comas de — 82 note. Le Bâtard de — 82 note.

Morin Martin, prévôt royal, 193.

Morin de Bretenière, échevin de Dijon, 175.

Morisot Etienne, marchand, 424.

Morize Louis, maréchal des logis, 287.

Morlancourt (Somme), seigneurs de — 121, 122.

Mornay (Côte-d'Or), seigneur de — 100.

Morotte Guillaume, procureur du roi, 431.

Mortault [probablement Morteau] (H^te-Marne), sieur de—183, 185, 558.

Motet Albert, 232.

Motte (La), baron de —, 109 ; château, 96 ; forteresse, 169, 170, 520. Claude-Edme de — 287, 379. Claude-Pascal de — 287. Jean de — 287. Marie de — 149.

Motte (La), fief de Mallet (Aube). Voir *Mallet*.

Moufle, notaire au Chatelet de Paris, 537.

Mougeotte de Vignes, procureur du roi à Chaumont, A 258.

Moulins, Gabriel-François-Nicolas, 187. Nicolas, 187.

Moulins, R. de — 520. Joseph-Mathias des — directeur des droits réservés à Bar-sur-Aube, 279.

Moutier-Saint-Jean, abbaye, A 245.

Mugnier, Jean le — A 236.

Mugot Jean, A 236.

Munier, de Verpillières, 448.

Munier Joseph, capitaine, 290.

Mussy-la-Fosse (Côte-d'Or), seigneurie, 99.

Mussy-sur-Seine (Aube), curé, 339 ; grenier à sel, 194, 324 note 1, 325 note 2, 404 ; guerres, 491 à 494 ; maire, 162 ; notaire-apostolique, 338 ; mentions diverses, 123, 129, 135, 283, 286, 287, 410, 460, 478, 544, A 254.

Naslin Jean, 527.

Naudet ou Naudey, Claude, 483. — Edme, 146. Edme-Didier, menuisier, fermier des dîmes et de la halle, 219, 249, 439. Joseph, meunier, 210, 213.

Naudot, ou Nodot, Antoine, fermier de la maladrerie, gourmet, notable, syndic, 380, 393 à 396, 398, 400, 412, 418, 423, 441. Pierre, tailleur, 417.

Navarre Jean, syndic, 416.

Navarre, Jeanne de — 28, 47, 48, 49, 190, 506. Roi de — 492. Reine de — 521.

Naveret Etienne, de Faverney, 239.

Nemours, M. de — 147.

Neublans (Jura), seigneurs, 77. 78, 82, 509, 510,

Neufbrisach (Alsace), 149.

Neufchâteau (Vosges), couvent de Sainte-Claire, 184.

Neufchâtel, Jeanne de — 79. Thibaut de — 82.

Neuilly (de), Alexandre-François Brunet, 58, 60, 131, A 243. Augé-Achille-Charles Brunet, 131.

Neuilly-sur-Suise (Haute-Marne), seigneurs, 100, 106, 108, 114.

Neuville-sur-Seine (Aube), 254, 492, 493. Jean de — 40, 41. Thomas-Nicolas de — 193.

Nicey (Côte-d'Or), 152.

Nicolas Pierre, fermier des aides, 275.

Nicolas, d'Essoyes, 178 ; de Landreville, A 232 ; de Loches, A 232 ; de Molains, A 237 ; de Saint-Blin, 113.

Nicole, d'Essoyes, 182 ; de Saint-Blin, 100.

Nobilitas, Etienne, 177, 178. Guillaume, 176 à 178. Jean, 179 à 182. Nicolas, 178.

Nochérius, 13.

Nodot. Voir *Naudot*.

Noé (de), Marc-Antoine, évêque de Troyes. 334.

Noé-les-Mallets (Aube), 42, 126, 254, 325, 326, 415, 477, 558. Dominique de — 27, 506. Guy de — 27, 506.

Nogent (de), Charles, 148, 288. Gabriel, 187. Remi-Blaise, 148. Sance, A 230, 260, 261. Sébastienne, 288. Sieur de — 147, 148.

Nogent-le-Roi (Haute-Marne), 46, 56.

Nogent-sur-Seine (Aube), 190.

Noir, Jean le — notaire à Essoyes, 195.

Noire, seigneur de — 82.

Noizotte J.-B., vicaire et curé de Verpillières, 343, 367.

Normandie, le général de — 521, 522.

Normant, Jehannin, 527.

Notre-Dame, messe de — aux enterrements, A 237, 246.

Nouvelle [La] (Aude ?), sieur de — 538.

Noyers (Yonne), Mathilde de — 14, 15, 63.

Nully (Haute-Marne), seigneur de — 112.

Odet de Vaux, procureur d'Henriette de Vienne, 505.

Odette, fille d'Emeline de Broyes, 67.

Odin, notaire à Troyes, 163.

Odoard de Grancey, A 230, 231, 253, 259 à 261.
Odon, d'Essoyes, homme de l'abbaye de Molème, 17.
Odon-le-Bègue, 45.
Odot-le-Bédiet, procureur du duc de Bourgogne, 174.
Ogny (d') Rigoley, intendant des postes, 478, 479.
Ollivier, Edme, tapissier, 324. Henri, notaire à Bar-sur-Seine, 139.
Ollivier de la Marche 136, 176.
Orceau de Fontette, François-Jean, 39, 58 à 60, 126 à 131, 154, 157,
     210, 216, 218, 220, 221, 235, 245, 346, 356, 357, 444, 447, 469,
     539, 541, 555, 557, 560.
Orléans, duc d' — 103, 148, 521. Régiment d' — 154.
Ormes (Aube), 30, 34. Gui d' — 45.
Ormesson (d'), subdélégué de Bar-sur-Aube, 299, 300 ; intendant de
     Champagne, 495.
Ormoy, probablement Ormoy-sur-Aube (Haute-Marne), seigneur, 148.
Orry, 200, 242, 277.
Oudin, Joachim, fermier des dîmes, 248. Simon, fermier des dîmes et
     messier, 248, 482. Toussaint, gourmet, 424, 442. Zacharie, insti-
     tuteur, 468.
Oze, La Chapelle d' — commune de Lantages (Aube), 15, 43, 165.

Padot Jacot, 77, 510.
Paget Edme, 332. Marguerite, 33. Nicolas, de Loches, 139, 140.
Pagny (Côte-d'Or), baron de — 79, 80, 82. Chapelle fondée au châ-
     teau, 80. Lettres datées de — 521, 522. Seigneurs, 74, 78 note 3,
     80.
Pajot Jean, 512.
Palerne, 26, 505.
Palestel Henri, 232.
Pâlis (Aube), Guillaume de — A 248.
Palluau (de) Charles, 103. Marie, 103.
Paray, (Paragium), Albert de — 14.
Paris. Arsenal, 537. Châtelet, 537, A 247. Eglises Saint-Antoine-
     le-Petit et Saint-Merry, A 245, 247. Rues de la Coquerée et des
     Juifs, A 245, 247. Mentions diverses, 299, 402, 478, 538, 543,
     547, 560. — Guillaume de — clerc, A 249. Jean de — notaire à
     Bar-sur-Aube, A 230.
Pâris, Jacques-Nicolas, conseiller, 415 ; huissier, 196, 404, 418 ; officier
     municipal, 412, 413. Nicolas, huissier, 201, 388, 497, 499 ; maître
     d'école, 467.
Parise Pierre, de Loches, 139.
Parisot Pierre, chapelain du château de Verpillières, 117, A 255.
Parois (Meuse), château, 136, 137.
Pascal II, pape, 312.
Passavant-en-Vauge (Haute-Saône), 56, A 229.
Patrice Jean, vicaire de Verpillières, 343, 347.
Payen, homme de l'abbaye de Molème, 232.
Payen, fils d'Erlebaud d'Epagne, 13.
Paytes, Dieu-le-Fit de — 512, 527. Ginod de — 527. Robin de —
     527.

Peitel. Voir Pétel.

Pelletier Etienne, secrétaire des Invalides, 288.

Pencey L., 525.

Périgueux, curé d'Essoyes du diocèse de — 337.

Pernet Maurice, vicaire de Verpillières, 342.

Perrenote d'Essoyes, 175.

Perrette, femme de Jean Fourcault, 527.

Perreuse et Perrouse [La] (Haute-Saône), Jean de — receveur des aides, 529, 531, 532, A 254, 259.

Perrin Jean, notaire apostolique, A 245.

Perrin Nycoels, notaire à Essoyes, 40.

Perrin-le-Porcher, 40, 507.

Perrinel Liénart, 77, 510, A 236

Perrinet Audroin, de Brienne, 170, 520.

Perrinot-Chassoingnot, A 236,

Perronne Didier, maître d'école, 458, 459, 461, 467.

Perrot, fils de Viart-le-Creux, 40, 507.

Perrot-le-Roy, fermier des aides, 266, 533, 534.

Personnet, Etienne, milicien, 283. Jacquot, 527. Jean, 105.

Pertuot Claude, de Verpillières, 293.

Pesmes (Haute-Saône), dame et seigneur de — 76, 77, 508, 509, A 239.

Pétel, Antoine, fermier de la halle, gourmet, syndic, 219, 416, 423, 437. Antoinette, fondation, 328, 331, 332, A 255. Charles, sacristain de Senlis, 374, 536, 537. Didier, 559. Edme, commis aux aides, sieur des Marchais, 200, 288. Jacques, boulanger, 197 ; juge gruyer, 200. Jean, greffier, 52 ; fermier de la halle, 219 ; notaire, 195 ; prévôt royal, 94, 193. Jean-Baptiste, syndic, 417. Jeanne, 43. Joseph, conseiller, notable, officier municipal, syndic, 254, 393, 404, 411, 412, 413, 415, 417. Judic, 43. Louis, fermier des défauts et amendes, 197. Nicolas, dit Amiotte, fermier des aides, 266, 531 à 534, A 254. Nicolas, bourgeois, syndic, 327, 333, 416 ; cordonnier, notable, 395. Nicolas, dit Chamillard, notable, 395. Philippe-Albert, clerc, 200. Pierre, gourmet, messier, 423, 482. Renault, 77, 510.

Petiet, notaire apostolique à Châtillon-sur-Seine, 345.

Petit, vicaire d'Essoyes, 342 ; conducteur des Ponts-et-Chaussées, 454. Ernest, historien, 12, 17, 66, 68, 69, 70, 383, 384, 491. Jean, 331. Jean, dit Malcorné, 528.

Petitjean, Antoinette, 36, 416. Jean, 325, 331. Jean-Pierre, meunier, notable, 394.

Petit-Ogé, architecte, 218.

Pétré et Pétrey, Edme, 105, 270. François, collecteur, 268. Marie, 326. Remi, sergent royal, 196 ; tixier en toile, 268. Simon, fondation, 332.

Pétronille, fille de Milon, comte de Bar-sur-Seine, 63.

Peuillot Pierre, receveur des aides, 531, 532.

Peurnote-la-Bouquarde, A 239.

Peussat Jeanne, fondation, 333.

Pharisien, J.-B., capitaine, 289. François, 440.

Phelipeaux Louis, duc de la Vrillière, 59.

Phelypeaux, 536. Jean, intendant de la généralité de Paris, 150.

Phillibert, A 261.

Philippe, contrôleur général, 380 ; seigneur de Plancy, 67.

Philippe de Savoisy, A 247, 248. De Trie, 137.

Philippe Ier, roi de France, 312.

Philippe IV le-Bel, 28, 48, 49, 73, 190, 231, 506.

Philippe VI, 28, 48, 169, 507.

Philippe-le-Bon, duc de Bourgogne, 79, 351, 491.

Philippe-le-Hardi, roi de France, 47 ; duc de Bourgogne 491.

Philippote de la Marche, 136, 141, 142. De Malains, 143, 144.

Picardie, régiment de — 151.

Picot, Jean de — baron de Dampierre, 108.

Piépape (Haute-Marne), seigneur de — 143.

Pierre, curé de Mallet, 13.

Pierre, de Binan, de Briel, de Chamcourt, d'Essoyes, de Loches, de la Rochette, de Ramcrupt, de Rumilly, de Velu, de Vines. Voir ces noms.

Pierrefeire, 26, 505.

Pierson Dominique, récollet, 342.

Pierre-le-Prévôt, 233.

Pignon Nicolas, A 232.

Pignot, Nicolas, 42. Pierre, 77, 510.

Pillavoine Armand, adjudicataire général des fermes, 274, 275.

Pillois Claude, vicaire de Verpillières, 342.

Pillot Eulalie-Euphrasie, femme Gentelot, 361, 475.

Piney (Aube), 467. Hugues de — 16.

Pingat Nicolas, conseiller municipal, 415.

Pise, Guyot, 88.

Pisy (Yonne), A 229.

Pitangis, baron de — 116.

Pitorat Jean, 99.

Placy, probablement Placey (Doubs), Jean de — A 239. Jeannette de — A 239.

Plaincourt, seigneurs de — 121.

Plaines (Aube), 123, 124, 283, A 254.

Plaisance, Buide de — fermier des aides, 265, 534.

Plancy (Aube), seigneur de — 67.

Planson, demoiselle, 120. Nicolas, vicaire et chapelain de Verpillières, 342, 347.

Pleutret Nicolas, de Verpillières, 345.

Plume, (de la) Charles, 111. Nicole-Marie, 111, 114, 183, A 241.

Pluvot, probablement Pluvault (Côte-d'Or), Jean de — capitaine de la ville de Dijon, 180, 181.

Poillot-Perrenot, garde des prisons de Dijon, 174, 175.

Poincet, de Draincy, 169, 520.

Poincignon, Nicolas, vicaire de Verpillières, 342.

Poinsenot (Haute-Marne), seigneur de — 100.

Poinson-les-Grancey (Haute-Marne), curé, 337 ; seigneur, 100.

Poinsot Jacques, conseiller, manouvrier, notable, officier municipal, 394, 404, 411, 412, 443. Jeanne, fondation, 333. Marie, fondation, 330. Pierre, sergent royal, 196 ; syndic, 416. Remi, 105.

Point, pitancier de l'abbaye de Molème, 40, 507.
Poirier Armand, curé d'Essoyes, 330, 337.
Poitou, régiment de — 185.
Poligny (Aube), don du domaine de — à l'abbaye de Molème, 17. Association du comte de Champagne aux biens de l'abbaye à — 19, 20, 24, 25, 503, 504 ; greffe et amendes, 38, 39 ; mainmorte, 227, 229, 230, 523 et suiv.; aide pour la rançon du roi Jean, 529 et suiv.; taille, 47, 49, 50, 52. Mentions diverses, 30, 34, 36, 54, 190, 234, 264, 280, A 258. Colin de — 77, 510.
Polisot (Aube), 492.
Polisy (Aube), 492 à 494. Tescelin de — 15.
Pommare et *Pommeras*, sieur de — intendant de Champagne, 535.
Pompierre, bâtard de — 82 note 8.
Ponce de Cuiseaux, 65.
Poncher, Claude-François, 427. Madame — 426 à 428, 560.
Pont, François de — vicaire de Verpillières, 336.
Pont-au-Provost (Bretagne), seigneur de — A 235.
Pont-de-Cé, gouverneur du — 111.
Pont-Sainte-Marie (Aube), 341.
Pont-Sainte-Maxence (Oise), 373, 536.
Pont-sur-Seine (Aube), châtellenie, 89 ; prévôté, 190 note 2.
Pontaillier, Jean de — de Loches, 140 note ; notaire à Bar-sur-Seine, 137.
Porte, Diane de la — 109.
Postel Jean, seigneur d'Ormoy, 148.
Potage Pierre, notaire, à Troyes, 40.
Potémont Sébastien, chirurgien, 292.
Poterlet Jean, architecte, 205.
Pothières (Côte-d'Or), abbaye, 9.
Pottier et Pothières de Belle-Epine, Jacques de — 183, 185. Marguerite de — 186, 558.
Poudre, surnom de Garin, 26, 505.
Pougy (Aube), curé de — 339.
Poupète, 528.
Poussan, sieur de — 186.
Poussey, comtesse de — 115.
Poyeul-la-Grange (Côte-d'Or), 15 note 5.
Pradine (de), surnom de Claude de Lestoux, 99.
Praslin (Aube), marquis de — 110. Commandant des troupes royales à Bar-sur-Seine, 493, 494.
Prat Ambroise, prieur de Viviers, 216.
Précy-Notre-Dame (Aube), seigneur, 145.
Prélat, Antoine, 327. Edme, 325.
Pressy, Jean de — trésorier des guerres, 74.
Prévost Louis, 270.
Prigniel, voir Prugniel.
Profilet, Nicolas-François, vicaire de Verpillières, 343.
Prompt, entrepreneur, à Vendeuvre, 205.
Protte Auguste, instituteur, 466. François-Nicolas, meunier, 213, 214.
Provence, régiment de — 289.

Provin Guillaume, garde du scel de la prévôté royale, 194.
Provins (Seine-et-Marne), abbaye St-Ayoul, 12 note 2 ; bailliage, 48,
    190, 191.
Prugniel, Etienne, conseiller, notable, 408, 411. Françoise, 323. Jean,
    327.
Prunet, curé de Loches, 365.
Puiset, Hugues du — 63, 64.
Puiseu, Michel de — 89, 90, 94, A 241.
Pusey, Guyot, A 239.
Puzignan, seigneur de — 89.

Quentin, Françoise-Agnès, 126 note 2.
Quesnoy, Jeanne du — A 247.
Quessier, 233.
Quincy, Jean de — seigneur de Gevrolles, 93.
Quinot, syndic de Verpillières, 121.
Quinot, Louise, fondation, 331. Nicolas, 203, 249.

Rabel, Chrétien, 332. Edme, 332. Edmée, 324 note 1. Jean, fermier
    des dimes, 248 ; fondation, 324, 332. Jean-Baptiste, 537. Pierre,
    greffier, 196. Pierre, fondation, 326. Remi, notaire, 195. Sébas-
    tienne, fondation, 324, 330.
Racoillet, syndic, 416. Claude, collecteur, 269. Edme, collecteur, 268,
    269 ; maire, 421. Jean, dit l'Archer, 42. Nicolas, huissier, 196 ;
    sergent royal, 320.
Radonvilliers (Aube), 16.
Ragny, M. de la Magdeleine de — 147.
Railly, Jean de — A 246.
Rainard, abbé de Citeaux, 63.
Ralnard, évêque de Langres, 310, 312, 313.
Ralet, Antoine, avocat au Parlement, 194 note 7. Claude, procureur
    du roi, 185, 194, 320. Louise, 194 note 7 ; fondation, 332. Marie,
    femme Aubriot, 194 note 7 ; femme Pétel, 200. Nicolas, fondation,
    331. Paul, secrétaire en chef à la Cour des aides, 194 note 7.
Ramaille Guillaume, bourgeois de Dijon, 171, 172.
Ramerupt (Aube), curé, 340. Marie de — 101 à 103. Pierre de — 101.
Ramin Guillaume, notaire à Riccy, 156.
Rampilon Jean, A 232.
Rampillon Gillot, 545.
Rampoillon, Jean de — commis à la perception de l'aide pour la ran-
    çon du roi Jean, 265, 529.
Ranchelle, Jean de la — 256.
Rangecourt (Haute-Marne), 343.
Raon (Vosges), seigneur de — 79, 80 note.
Raoul d'Essoyes, 168.
Raoul, curé de Loches et de Landreville, 312 note 1.
Ravinet, Mgr, évêque de Troyes, 340, 341, 354.
Ray Guillaume, capitaine, 82.
Recey-sur-Ource (Côte-d'Or), 9 note 3.
Régley, curé de Balnot et Vaudron, 410.

Regnard, Jean, curé d'Essoyes, 337, 338. Joseph, 195 note 7. Pierre, 357. Thibaut, charpentier, 376. Timothée, fermier de l'abbaye de Molème, 247.

Regnault de Cheneveulle, A 240.

Regnaut et Renaud de Choiseul, 73, A 229.

Regneau Jean, garde du scel de la prévôté de Bar-sur-Seine, 139.

Régnier, Bonaventure, seigneur de Bussières, A 241.

Régnier, Hugue, 527.

Régnier (de), Edme, 96, 100. Edmonde, 96, 100.

Reims (Marne), diacre-notaire, du diocèse de — A 245; trésorier de l'église de — 144, 145; vidame, 141, 142.

Reitres, Corps de — sur les marches de la Bourgogne et de la Champagne, 492.

Remilly (de), bailli de Chaumont, 404.

Remiremont (Vosges), A 239.

Renard, Louis, soldat provincial, 284, 302. Nicolas, paulier, 251. Pierre, sonneur, 481.

Renaud, homme d'Erard de Chacenay, 233.

Renaud, de Joigny, 65; de Servigny, 134, 135.

Renaudin l'Ane, 44, 45.

Renault de Tric, 137.

Renaut-le-Marchand, 265, 529.

René-le-Gènevois, capitaine, 96.

Rénier Accorre, receveur de Champagne, 48.

Rénier d'Essoyes, fils d'Aubri, 165, 166, 516, A 263.

Repeneux, seigneur de — 73.

Réthel (Ardennes), 274.

Rhodes, Croisés de — 512.

Ribault, Edme, de Chacenay, 288. Nicolas, 288.

Riceys (Aube), Guerres, 490 à 494. Mentions diverses, 158, 300, 339, Robert de — 246.

Ricey-Bas (Aube), 338.

Ricey-Haut (Aube), 149, 152, 156, 192, 194, 338, 461, 467, 468.

Ricey-Haute-Rive (Aube), 215.

Richard, Joseph, adjoint à l'agent de Cunfin, 415,

Richard, Pierre, milicien, 284.

Richard, d'Essoyes, 171, 172, 175; de Grancey, 16.

Richardin, Jeanne, 467. Marguerite, fondation, 332. Nicolas, fermier de la Maladrerie, 377, 537. Pierre, notable, 395.

Richardmenil (Meurthe-et-Moselle), seigneur de — 136.

Richardot Jacquinot, notaire à Bar-sur-Seine, 139.

Richebourg (Haute-Marne), Cyprienne de — 104, 183.

Richecourt, seigneur de — 85.

Richelieu, régiment de — 288.

Ridan, Claude, syndic, 416, 556. Bertin, 512. Michel, chapelain, vicaire de Verpillières et curé d'Essoyes, 112, 295, 337, 342, 557.

Riel-Dessus ou Riel-les-Eaux (Côte-d'Or), 102, 288.

Riembault, Vorlette, 416.

Riges, Io. de — 42.

Rigny-le-Ferron (Aube), 144.

Rigoley d'Ogny, intendant des postes, 478, 479.

Robert (Saint), abbé de Molème, 12, 311, 313, 314.

Robert, Jean, fermier de la Maladrerie, 376. Jean-François-Gaspard, horloger à Vendeuvre, 362.

Robert, duc de Bourgogne, 72.

Robert I, de Bourgogne, évêque de Langres, 310, 313, 314.

Robert III, de Torote, évêque de Langres, 256.

Robert, de Ricey, 246 ; de Vaulmartin, curé d'Essoyes, 336.

Robert-le-Cygne, panetier de la reine de France, A 246, 248, 249.

Robin, maître de la Maison-Dieu de La Ferté, 266, 533.

Robin, Ambroise, curé d'Essoyes, 340, 475, 537. Jean, docteur en médecine, 182. Nicolas, fondation, 325, 331. Pierre-Alexandre-Joseph, médecin, maire d'Essoyes, 421, 477. Pierre-Jean-Baptiste, 374.

Robin de Paytes, 527.

Rochechouart (Haute-Vienne), Louise de — 357.

Rochefort, Simon de — 65.

Rochefoucault (de la) Charles, abbé commandataire de Molème, 247.

Rochelle, Fief de la — à Essoyes, 11, 61, 70, 129, 190, 196, 201, 555. Girard de la — A 235, 240, 241. Jean de la — 42, 79, 83, 84, 85, 182, 256, A 240, 241. Pierre de la — 42, 84, 182. Thibaut de la — A 240. Thomas de la — 84.

Rocheprise, dame de — 107.

Rochert-Lebrunien, grenetier, 49.

Rochetaillée (Haute-Marne), Jacques de — A 241.

Rochette. *Voir* Rochelle.

Roche-Vanneau (Côte-d'Or), 467.

Rocquevert de Montalègre, Joseph-Halem de — 161, 427. — Madame de — 427, 428, 494.

Rocroi (Ardennes), Fortifications de — 268.

Roger, Denis-François, notaire apostolique à Langres, 345. Etienne, syndic, 416. Michel, prévôt, 198. Nicolas, huissier, 196.

Roger de Foissy, curé doyen de Tonnerre, 377.

Roichelle. *Voir* Rochelle.

Roland, seigneur de — 74.

Rolland, abbé de Montiéramey, 134, 165.

Rolland, Jean, chanoine de Paris, A 248, 249.

Rollin frères, facteur d'orgues, 374.

Romicayum, 169, 170, 520.

Romprey, seigneur de — 96 note 3. Famille Régnier de — 99 note 6.

Roncenay (Aube), Jean de — 182.

Ropitel Nicolas, A 236.

Roscelin, homme de l'abbaye de Molème, 233.

Rosnay (Aube), comte de — 46.

Rossignol, Claude, prévôt royal, 192, 193. Claude, capitaine, 288 ; fondation, 326, 334. Edmée, 198. Jacques, prévôt royal, 183, 193 ; notaire apostolique, 344. Pierre-Jean, lieutenant de cavalerie, 288 ; fondation, 326, 332. Prudence, 149, 183, 184. Sébastienne, 288.

Rothilde, femme de Richard des Chateliers, 62.

Rouen (Seine-Inférieure), chanoine de — A 245.

Rougemont, dame de — A 239. Humbert de — 75. Jean de — 82, 83. Marie de — 83.

Rougère, Pierre, huissier, 400.

Rouget, horloger à Langres, 363.

Rouhan, Trésorier de l'église de — A 239.

Rouillé d'Orfeuil, Intendant de Champagne, 393, 453, 536, A 243.

Rouillé du Coudray, directeur des finances, 535.

Rouillot, Claude, syndic, 416.

Roussel, (l'abbé), 318, 336, 347, 365.

Rouvre, Charles, fermier de la Fabrique, 321. Henri, marguillier, 357 ; conseiller, 408 ; notable 393, 404, 411 ; syndic, 417.

Roynevet Jean, procureur de Jeanne de Vienne, 509.

Rozière Edme, manouvrier, 327.

Rumilly-les-Vaudes (Aube). Bois, 198. Prévôté, 46, 47, 48, 190, 191 note 1. Pierre de — religieux de Molême, A 251.

Rupenheim (Allemagne), camp de — 149.

Ruppes (Vosges), Bâtard de — 82 note 8. Gauthier de — 82, 83, 511, A 241.

Rupt (Haute-Marne), 83.

Rupt-sur-Moselle (Vosges), Jean de — 83, 179, 180. François de — 179, 180.

Russy, comtesse de — 81.

Ruth, Galthier de — 83.

Rye (Jura), Jean de — 508, 509.

Saillenay, seigneur de — 74, 78.

Sailly, seigneur de — 77.

Saint-Aignan de Cramesnil (Calvados), dame de — 126.

Saint-Antoine-le-Petit, église — à Paris, A 246, 247.

Saint-Aubin (Jura), Catherine de — A 239. Henri de — 76, 77, A 239, 240.

Saint-Avit, monastère de — de Meun (peut-être Meung-sur-Loire, Loiret), 62.

Saint-Ayoul, abbaye — de Provins, 12 note 2.

Saint-Bénigme, abbaye — de Dijon, 17.

Saint-Blin (Haute-Marne), Anne de — 106, 111. Geffroy de — 100. Georges de — 177. Nicolas de — 113. Nicole de — 100.

Saint-Bris de Lormes, seigneur de — 137.

Saint-Clair (de) Joseph, capitaine, 285.

Saint-Contest (de), intendant de Champagne, 300, 497.

Saint-Denis, compagnie de — au régiment de Conty, 152.

Saint-Dizier (Haute-Marne), carrières de — 9.

Saint-Esprit, messe du — aux enterrements, A 238, 246.

Saint-Etienne, chapitre — de Troyes, A 240.

Saint-Fleurant-lez-Saumur, (probablement Saint-Florent-le-Vieil, Maine-et-Loire) lettres datées de — 85.

Saint-Florentin (Yonne), prévôté, 190 note 2.

Saint-Georges (Doubs), seigneur de — 74.

Saint-Germain (Meurthe-en-Moselle), curé de — 141.

Saint-Germain-des-Prés, lettres datées de — 56.

Saint-Germain-en-Laye (Seine-et-Oise), commission royale datée
    de — 184, 559.
Saint-Hilaire (Aube), seigneurie de Pommereau à — 89. Prieuré
    de — 168.
Saint-Jean de Jérusalem, Religieux de — A 233.
Saint-Jean de Losne (Côte-d'Or), 107, 178.
Saint-Langis, près Mussy-sur-Seine (Aube), 135, A 254.
Saint-Lazare de Jérusalem, Religieux de — 377, 379, 380, 537.
Saint-Loup, Mathieu de — 87.
Saint-Mards-en-Othe (Aube), prévôté, 190 note 2.
Saint-Martin, compagnie de — au régiment de Conty, 152.
Saint-Médard (Gers), 161.
Saint-Merry, église — à Paris, A 245.
Saint-Ouen, Aubri de — 432, 490, 543. Jean de — 141, 142.
Saint-Remy, Remi de — 148. René de — 183.
Saint-Sauveur, N. de — 126.
Saint-Simon, régiment de — 285.
Saint-Usage (Aube), 254 ; agent et adjoint de — 415 ; église 326
    note 1, 353 ; voie romaine, 9. — Milot-le-Bourgoingnat de —
    A 232.
Sainte-Colombe (Côte-d'Or), seigneur de — 287.
Sainte-Croix, seigneur de — 74.
Sainte-Livière (Marne), seigneur de — 106 note 11.
Sainte-Rose, sieur de — 518.
Sainte-Trinité, Religieux de la — à Bar-sur-Seine, 246.
Sainte-Vertu (Yonne), prieuré, 12 note 2.
Salazard (de) Bernarde, A 241. Galas, 86.
Salle (de la) Nicolas, prieur de Molême, 345.
Salles, Jean de — 319.
Salmon Louis-Etienne, notaire à Essoyes, 196.
Sambre-et-Meuse, armée de — A 254.
Sance de Nogent, A 230, 231, 260, 261.
Sarracène, surnom de Lancenne, femme d'Aubri d'Essoyes, 164,
    A 244, 263.
Sarre André, de Dijon, 176.
Saulenart, seigneurie, 77, 78.
Saulon-la-Chapelle (Côte-d'Or), seigneurie, 179, 180.
Saulx-le-Duc (Côte-d'Or, Jean de — maieur de Dijon, 171, 172, 173,
    175. Jeanne de — 144.
Sauvageot, carrier, 430.
Sauzay, marquis du — 126, 216.
Savigny, Charlotte de — 115.
Savoie, régiment de — 150.
Savoisy (Côte-d'Or), Philippe de — A 247.
Saxe-Weimar, duc de — 494.
Schneider, Armand, maire d'Essoyes, 361, 421.
Scribe, Philippe-Denis, procureur au Châtelet de Paris, 195 note 8.
Séanz-en-Othe, aujourd'hui Bérulles (Aube), prévôté, 190 note 2.
Sébastopol (Crimée), 290.
Sébille Claude, curé d'Essoyes, 340.

Sedan (Ardennes), fortifications de — 268.

Séguinot Jean, secrétaire du duc de Bourgogne, 170.

Semilly (Haute-Marne), seigneurie, 86.

Senans, seigneur de — 77.

Senlis (Oise), 374, 536, 537.

Sennecey (Côte-d'Or), Guy de — 65.

Sens (Yonne), 29, A 245, 248.

Sept-Fontaines, baron de — 116.

Serouin, J.-B., curé d'Essoyes, 340, vicaire d'Essoyes, 342.

Serre (la) Charlotte de — 186, 325.

Serrigny (Côte-d'Or), seigneur de — 109.

Servigny, commune d'Essoyes (Aube), 16, 20, 27, 37, 43, 44, 70, 73,
    89, 91, 124, 133 à 137, 141 à 143, 145 à 149, 151 à 154, 161 à
    163, 187, 190, 229, 247, 249, 259, 264, 280, 311, 318, 347,
    426, 428, 429, 494, 511 à 513, 526, 529 et suiv., A 255, 258. —
    Adam de — 134, 135, 514. Honduin de — 134, 135, 514. Renaud
    de — 134, 135. Porte d'Essoyes, dite *porte de Servigny*, 296.

Simon, Edme, maître d'école, 467. Etienne, sergent royal 196.
    Françoise, 327. Louis-Gabriel-Napoléon, maire d'Essoyes, 421,
    A 256. Pierre, notaire à Chervey, 467. Pierre, conseiller, notable
    et maire d'Essoyes, 408, 412, 420, 443.

Simon Y, 520.

Simon, de Beurey, A 248 ; de Mirebel, 92 ; de Rochefort, 65 ; du
    Bois, A 245.

Simon, fils de Pierre de Briel, 13.

Simon, seigneur de Châteauvillain, 66, 67, 68.

Simonne, femme de Mongin du Boichot, 527.

Simonnot, Denis, sergent royal, 196. Jean, marchand, 325.

Simony Joseph, curé d'Essoyes, 327, 331, 337, 338.

Singet Jacques, curé de Loches, 356.

Socard Emile, 312, 313, 349.

Socquard, Clément, marchand, 288. Marie 187, 288.

Sommièvre (de) Armoiries, 556. Famille, 99 note 6. Angélique, 115,
    116, 117, 119 à 122, 202, 285. Anne, 115. Charles, 108, 115,
    116. Christine 115, 117. Edme, 107. François, 106, A 242.
    Guillaume 101, 106. Jacques, 57, 106 à 109, 111, 114, 336, 513,
    514. Jean-René, 106. Joachim, 106, 107, 111. Laurent, 120, 285.
    Léonore, 108, 109, 115. Marie, 108, 111, 121. Pierre, 108, 109,
    111 à 115, 183, 216, 248, 258, 433, 560, A 241. René, 30, 31,
    34, 35, 100, 101, 104 à 107, 111, 118, 122, 212, 213, 230, 239,
    240, 241, 513, A 242. Simon, 106, 107.

Sommièvre, Louise d'Ampilly, marquise de — 356 note.

Sommièvre-Lignon, 183.

Sonsoie (Somsois, Marne), seigneur de — 101.

Souise, régiment de — 186.

Soulaines (Aube), 325 note.

Soulier Simon, maître d'école, 362, 400, 451, 463, 467.

Sourdot Philibert, curé d'Essoyes, 336, 344.

Souvigny, seigneur de — 146.

Soyers, près Chervey (Aube), Barthélemy de — 135,

Stuart Marie, reine d'Ecosse, 55, 56, 107, 108.
Surmont (Doubs), Charles Chifflet de — 501.
Symard (Saône-et-Loire), seigneurie, 80.

Tabaise, sieur de la — 194.
Talbot-Grillot Nicolas, 359.
Talbot Simon, notable, 412.
Tallion Jean, 32.
Tapprest, Edme, fermier des dîmes, 247, 248. Jean, marchand, 325.
    Jeanne, 279. Pierre, marchand, 326.
Tardif François, de Troyes, 377, 537.
Tauvet Joseph, de Montigny, 149.
Tavannes, vicomte de — 147.
Tenicey, baron de — 146.
Tescelin, de Polisy, 15.
Testard Jacques, garde du scel de la prévôté de Bar-sur-Seine,
    98, 142.
Teyssonnière, probablement Tessonnière (Deux-Sèvres), Joseph-Marie
    de la — capitaine, 151.
Thérouanne (Pas-de-Calais), lettres datées de — 86.
Thévenin, Claude, prévôt et syndic, 198, 320, 333, 416. Claude, fils du
    précédent, sieur de Thionville, 198. Edmonde, 198, 332, A 255.
    Jean, 198, 326, 332. Marguerite, 185, 332.
Thévenin Chevallier, de Loches, 140 note.
Thibault, Adam, 512. Claude, prêtre, notaire à Essoyes, A 241, 252.
    Elie, notaire à Essoyes, 92, 93, 95, 195, 428, 511 à 513. Jacques,
    notaire à Bar-sur-Seine, 433. Nicolas, 77, 510. Nicolas, syndic, 416.
Thibaut Ier, comte de Bar-le-Duc, 63.
Thibaut III, comte de Champagne, 166.
Thibaut IV, comte de Champagne, 18, 19, 25, 44, 45, 48, 65, 134,
    135, 167, 234, 280, 503, 517.
Thibaut V, comte de Champagne, 46.
Thibaut, de Chacenay, d'Essoyes, de la Grange, de Neufchâtel, de
    Vignory. Voir ces noms.
Thibaut, fils de Gauthier, comte de Brienne, 312.
Thibaut, fils de Guy, comte de Bar-sur-Seine, 63.
Thieffrain (Aube), 163.
Thiellet, Arthur-Henri-Camille, docteur en médecine, 477.
Thielment Nicolas, 548.
Thierriat, Jean, procureur du roi, 194 ; Charlotte, 477.
Thierry, homme d'Erard de Chacenay, 233.
Thierry Humbert, procureur de la ville de Dijon, 172, 174.
Thil (Aube), 341.
Thionville, sieur de — 198.
Thomas, damoiseau de Buxeuil, 135 ; seigneur de Buxières, 167.
Thomas, Claude, fille de Jean, 182. Ignace, récollet, 342. Jean, sieur
    de Varenne, 182. Nicolas, notaire à Essoyes, 41, 195. Nicolas, de
    Neuville, prévôt royal, 49, 193.
Thomas de la Rochelle, 84.
Thoraise (Doubs), Jean de — A 240.

Tiart Jean, 50.
Tiby Joseph, de Verpillières, 501.
Tierville (de), général de l'ordre de Notre-Dame du Mont-Carmel et
　　de Saint-Lazare de Jérusalem, 538.
Til-Chatel (Côte-d'Or), 149.
Tilladet, régiment de — 557.
Tilly, marquis de — 126.
Tonnerre (Yonne), abbaye Saint-Michel de — 12, 310 ; comte de —
　　62. Mentions diverses, 162, 343, 377.
Torote, Robert III de — évêque de Langres, 256.
Torpes (Doubs), sieur de — A 240.
Torte-Espée, commune de Faux-Fresnay (Marne), seigneur de — 107,
　　108, 114, 513.
Toul, diocèse de — 264, 529.
Tour-du-Pin-Montauban Apollinaire de la — archevêque-évêque de
　　Troyes, Châlons et Auxerre, 348.
Tournai, major de la citadelle de — 151.
Tout-le-Monde Thomas, notaire à Essoyes, 92, 95, 195, 428, 511, 513.
Traigne, Béatrice de — 73.
Trainel (Aube), Agnès de — 63. Anseau de — 63.
Trancallier (de) Joachim, 149, 185, 186, 268, 324, 325.
Trémisot François, notaire apostolique à Mussy, 338.
Trémoïlle, Bonne de la — 79.
Treufets Jean-Baptiste, soldat provincial, 302.
Treveray (Meuse), 111, 112, 114.
Trèves (Allemagne), 152.
Triboulet Catherine, 101.
Tridon Bernard, vicaire de Verpillières, 342.
Trie, Jeanne de — 137. Philippe de — 137. Renault de — 137.
Trignot, Victoire de — 73.
Tripier Pierre, desservant d'Essoyes, 338.
Troyes (Aube), bailliage et baillis, 48, 170, 190, 191, 492, A 235,
　　240 ; chapitre Saint-Etienne, A 240 ; foires, 386 ; jours de — A 250,
　　252 ; notaires, 40, 378, 537 ; official, A 247 note 3. Réquisitions
　　militaires, 144. Rue de la Roirie, 538. Vignes plantées dans les
　　environs, 296, 297. Mentions diverses, 163, 169, 283, 309, 341,
　　348, 377, 493 note, 511, 520, A 255.
Truchelut Charles-Michel, maître d'école, 467.
Truffe, Jean la — de Poligny, 528.
Turenne, régiment de — 288.

Ugo, curé de Merrey, 18.
Usiez, dame d' — A 239.

Vaillant, fermier des dîmes, 251. Antoine, 282. Edme, sergent au
　　régiment de Provence, 289. Gabriel, fermier de la pêche, 426, 442.
　　Jean, milicien, sergent d'artillerie, 284, 289. Joseph, conseiller et
　　syndic, 408, 417. Roch Antoine, notable et syndic, 393, 394, 400,
　　402 à 405, 418. Zacharie-Antoine, procureur en la prévôté royale,
　　400.

Val, Jean du — A 245.

Val-de-Rongnon (le), probablement Val-d'Osne (Haute-Marne), 56.

Val-des-Écoliers, abbaye du — 329.

Valenciennes (Nord), 104.

Valepin Charles, prévôt royal, 192, 194, 291, 482.

Valery, sieur de — 36.

Valory Antoine, vicaire de Verpillières, 343.

Valotte (Côte-d'Or), 146.

Valpergue Charles, baron de Binguetin, 106.

Valton, vicaire d'Essoyes, 342.

Valuquel Hubert, homme lige, A 232.

Vanlay (Aube), 135.

Vanvey (Côte-d'Or), 328, 456.

Varannes, Joffroy de — curé d'Essoyes, 336, 531.

Varenne, sieur de — 182.

Vassal, compagnie de — au régiment de Conty, 151.

Vassy (Haute-Marne), prévôté de — 56.

Vauchassis (Aube), prévôté de — 190 note 2.

Vauchelles (Somme), 120, 121, 122, 202, 468.

Vauchonvilliers (Aube), 325.

Vaudey Claude, soldat provincial, 302.

Vaudrémont (Haute-Marne), seigneur de — 113.

Vaudron, près Balnot (Aube), 410.

Vaulcher Louis, fermier de la Pitancerie, 43.

Vaulmartin, Robert de — curé d'Essoyes, 336.

Vaultrot Pierre, curé d'Essoyes, 337.

Vaulx, Odet de — procureur d'Henriette de Vienne, 509.

Vaupelletain (Yonne), église de — 310 note 1.

Vaussemain, Guyot de — 386.

Vaux, seigneur de — 186, 558.

Vaux-des-Chaz, prieuré de Notre-Dame de — 84.

Vavray de la Péreuse Pierre, 162 note 2.

Velu, Jean de — A 240. Marguerite de — 89. Pierre de — 86, 87,
   89, 94, 177, 178, 182, 211, 236, 237, 240, 242, 256, 261, 365,
   376, 381, 382, 491, A 240, 241.

Vendenesse (Saône-et-Loire), Guillaume de — conseiller au parlement
   de Dôle, 508.

Vendeuvre, vicaire d'Essoyes, 342.

Vendeuvre-sur-Barse (Aube), doyen, 134, 165. Fief de Durnay, 166
   note 7. Notaires, A 241. Seigneur, 93. Plantation de vignes, 296,
   297. Mentions diverses, 101, 103, 205, 362, 491. — Dudon de
   — 16.

Venières ou *Vensières*, Jacques de — 135, 136, 512, 557.

Veniot Alexandre, meunier, 213,

Ver, probablement Vert, hameau d'Auxon (Aube), Jean de — A 247.

Verdy Léon, entrepreneur, 354.

Vergennes (de), Gravier, 523.

Vergy (Côte-d'Or), Jean de — 75. Jean, bâtard de — 85. Jeanne de
   — 85, 86, 87.

Vermenelle, compagnie de — au régiment de Conty, 152.

Verneuil, Le Gornier de — 57.

Vernier Etienne, vicaire de Verpillières, 343.

Vernone, J. de — 521.

Véronnes (Côte-d'Or), 149.

Verpel (Ardennes), baron de — 113.

Verpillières (Aube), 18 à 21, 24, 26, 30 à 33, 36, 38, 44, 50 à 55, 57,
    58, 91 à 93, 95 à 97, 99, 101 à 103, 105 à 112, 114 à 121, 123,
    125 à 127, 130, 131, 166, 183, 190, 196, 198, 209, 212, 227, 229,
    230, 234 à 236, 240, 247, 248, 252, 258, 260, 261, 264, 280,
    287, 293, 295, 311, 317 à 319, 326, 336 à 338, 342 à 347, 355,
    356, 364, 365, 367, 410, 415, 419, 425 à 428, 432 à 434, 442,
    444 à 446, 448, 469, 470, 487, 490, 493, 494, 501, 505, 511, 513,
    514, 517, 522 et suiv., 539 à 545, A 234, 240, 243, 258.

Verpy, François, meunier, 209, 213, 558. Pierre, 558.

Verrières (Aube), Jacqueline de — 106.

Verry Jeanne, femme de Zeddes, 162.

Verys, Sébastienne, femme Rossignol, 183.

Versailles (Seine-et-Oise), lettres datées de — 516.

Vesoul (Haute-Saône), A 240.

Vestkapel, bataille de — 71

Veuxhaules (Côte-d'Or), curé de — 336.

Viart Adam, 77, 510.

Viart-le-Creux, 40, 507.

Vienne (de), famille d'Antigny de — 74. Armoiries, 555. Antoine —
    évêque de Châlons, abbé de Molème, 34, 96, 212. François, garde
    du scel de la prévôté de Bar-sur-Seine, 433. Girard. 77, 78, 226,
    262, A 239, 241. Guillaume, 74. Henri, 74 à 76, 508 à 510, 544,
    A 234 à 237, 241, 253. Henriette, 75, 76, 508, 509, A 239. Jean,
    amiral, 83. — Jean, seigneur de Roland, 74. Jean III, seigneur
    d'Essoyes, 75 à 78, 508 et suiv., A 237, 239, 241. Jeanne, fille du
    précédent, 76, 77, 79 à 81, 83, 84, 508, 509, A 239.

Viesse, seigneur de Sainte-Colombe, 287.

Vieugé Pierre, chirurgien, 477.

Vignier, 168, 431.

Vignory (Haute-Marne), Thibaut de — A 250, 251.

Vigny (de) François, receveur des finances, 102.

Vilain, Jeanne, 334. Nicolas, 32, 33.

Vilers, Grange de — commune de Magnant (Aube), 165.

Villars (Haute-Marne), baron de — 115.

Ville-aux-Bois [La] (Aube), A 241.

Villefèvre (Aube), 101 à 103.

Villeloup (Aube), 30, 34.

Villemau, missionnaire, 366.

Villemaur (Aube), prévôté, 190 note 2.

Villeneuve, commune de Bar-sur-Seine (Aube), 165, 224, 225, 494,
    508.

Villeneuve [La] (Haute-Marne), seigneur de — 100.

Villeneuve-au-Chemin (Aube), prévôté, 190 note 2.

Ville-sur-Arce (Aube), Mahaut de — A 240. Seigneurs de — 93, 95,
    99, 109 note 4, 187 note 3, 188, 286 note 2, A 249, 250.

Ville-sur-Terre (Aube), curé, 340. Seigneur, 325. Girard de — 13.

Villiacourt, seigneurs de — 121.

Villiers-le-Vert, seigneur de — 122.

Villiers-les-Paux (Villers-les-Pots, Côte-d'Or), prévôté, 56.

Villiers-sous-Praslin (Aube), vicaire de — 337.

Vincent François, charpentier, notable, meunier, etc., 211, 215 à 217, 366, 395, 408, A 252, 253.

Vines (de) Pierre, gruyer de Champagne, 431.

Viriot Mongin, prévôt, 198.

Vital, homme de l'abbaye de Molême, 15.

Vitry-le-Croisé (Aube), église, 326 note 1. Péage, 256, 258, A 237, 254. Mentions diverses, 254, 279, 415 note 2. — Jean-le-Bel de — fermier des aides, 265, 534.

Vitry-le-François (Marne), bailli et capitaine de — 108, 114, 513.

Vivant de Fussey, baron de Serrigny, 109.

Vivien Amand, 360, 361.

Viviers (Aube), mainmorte, 229, 526. Prieurs, 59, 87, 120, 122, 129, 210, 211, 216, A 237. Mentions diverses, 183, 415 note 2.

Voigny (Aube), 153, 289.

Voillemier Henri, vicaire de Verpillières, 342.

Voilleton, Jean le — 232.

Voirier, Jean-François le — commandant, 286.

Vouarce (Marne), seigneur de — 103.

Vougrey (Aube), seigneur de — 186, 558.

Vouillequin. Voir Voulquin.

Voulquin, Claudette, fondation, 330, 331, 333, 334. Jean, fermier de la Maladrerie, 376 ; menuisier et notable, 393, 404. Jean-Baptiste, conseiller. 415 ; fermier de la Maladrerie, 380 ; greffier en la gruerie, 196, 398, 400, 401, 403, 405 ; notable, 204, 393, 412 ; officier municipal, 413 ; maire, 414, 420, 536 ; syndic, 285, 417. Joachim, fermier de la Maladrerie et prévôt royal, 193, 377. Nicolas-Noël, notable et officier municipal. 412, 413. Noël, fermier de la Maladrerie et receveur municipal, 380, 443. Pierre, valet d'artillerie, 287. Simon, notable. 394.

Vrillière, duc de la — 39, 58, 59, 60, 132, 154, 157, 159, 210, 214, 380.

Vurey Jean. prêtre, A 240.

Vurry, receveur des finances à Dijon, 84.

Waleran d'Anglure, 106.

Yonnel, seigneurs d' — 121.

Ysabeau, 523.

Ysabeau de Bavière, A 245.

Ys-en-Bassigny (Haute-Marne), seigneur d' — 84.

Zeddes (de), armoiries, 559. Joseph, 186, 558. Joseph-Jacques, 162. Louis, 162. Louis-François, A 243. Pierre-Jacques-Joseph, 162, 163, 348. A 243. Thérèse, 163. Régiment, 558.

Zurlabecq, régiment de — 325.

Appendice III

Les Origines d'Essoyes d'après les lieux-dits du Cadastre

PAR M. L'ABBÉ ALPHONSE GARNIER,

membre résidant de la Société académique de l'Aube,
curé-doyen de Lusigny [1].

Pour faire revivre le passé d'Essoyes, tous les documents écrits concernant le pays ont été recherchés, étudiés, analysés, parfois même reproduits textuellement : c'est la bonne manière d'écrire l'histoire. Mais avec les documents écrits, on arrive à peine au xie siècle, et le passé d'Essoyes remonte certainement beaucoup plus haut. Pour les siècles antérieurs, il a fallu se contenter des données que renferme l'histoire générale de la région, en y ajoutant les quelques renseignements fournis par les découvertes archéologiques au finage actuel d'Essoyes.

Afin de suppléer au silence des textes historiques, et pour combler les lacunes que nous laissent, encore trop nombreuses, les observations de l'archéologie locale, nous avons, sur la demande de M. l'abbé Pétel, étudié le plan cadastral d'Essoyes au point de vue des origines du pays et pour son histoire antérieure à l'an mille.

Cette étude de toponymie doit naturellement commencer par la reproduction des lieux-dits du cadastre en suivant l'ordre des sections.

Nous inscrirons seulement en petites capitales les dénominations étudiées qui accusent une origine gallo-romaine (i[er]-ve siècles), soit qu'elles remontent à l'époque du Haut-Empire (i[er]-iiie siècles), soit qu'elles appartiennent à l'époque suivante (ive-ve siècles). Nous présenterons en lettres grasses les lieux-dits qui portent l'empreinte de la domination franque (vi[e]-xe siècles) et peuvent se rapporter, soit à l'époque mérovingienne (vi[e]-viiie siècles), soit à l'époque carolingienne (ixe-xe siècles). Nous ajouterons les corrections indiquées, et nous mettrons entre parenthèses les leçons des anciens textes, avec leurs dates, ainsi que les variantes modernes.

1. Cette étude a été lue par M. l'abbé Garnier à la Société académique de l'Aube, dans la séance du 16 mars 1894.

LIEUX-DITS DU CADASTRE

Section A, de Mallet.

Basse-Maison ; bas de Basse-Maison ; — Bluts ; — Bourberat ; dessus de Bourberat ; — Chivaux ; — Commelle Truffin ; — le Croc (var. le Crot) à l'Aigle ; Côte de Mallet ; dessus de la Côte de Mallet ; — les Etivalles, *corr.* Etivals ; — Chemin de Morsivot ; — Fontaine Saint-Nicolas ; — le Gogot ; — Contrée de Morsivot, *corr.* Morsivaux ; le haut de Morsivaux ; — Val Louis (val Loys, xiv⁰ siècle) ; — Val Dessaux ; Chemin du Val Dessaux.

Section B, du Val Marin.

Les Cognaux, *corr.* Cognots ; — la Commelle La Mère ; — Côte de Mallet ; — Morottes ; — le Paon ; — le Pied Marché ; Chemin du Pied Marché ; — Rancière, *corr.* Rancières (Ranssières, xiv⁰ s⁰) ; — Reine-Fontaine (xiv⁰ s⁰) ; — Val Marin (Val à Marin, 1401) ; Chemin du Val Marin.

Section C, de Joclus.

Trousse-Caille-le-Haut ; — la Charme blanche ; — la Côte Crochot ; — les Crépadots ; — Jocluts, *corr.* Joclus (Joquclui, xiv⁰ s⁰; Joquelu, 1401) ; — les Montenottes ; — les Rotures ; le Bas de la grande tête des Rotures ; — la Terre à pot ; — Val Dreux ; chemin du Val Dreux ; — Val Jean Michel.

Section D, de Fenêtre

Côte Coutant ; chemin de la Côte Coutant ; — Côte Crochot ; — Echinfaults — Fenêtre ; Bas de Fenêtre ; Envers de Fenêtre ; — la Fosse (Fosse Berthin, xviii⁰ s⁰ ?) ; — Grély ; Bas de Grély ; Principe de Grély ; — Papillon ; — la Pelle ; — les Rotures ; Principe des Rotures ; — Principe de la Terre à pot ; — Val Bigard ; — Val Roulot (val Roolot, xiv⁰ s⁰) ; au-dessus du Val Roulot ; — le Val Voirin ; au-dessus du Val Voirin.

Section E, de la Pissoire.

La Pissoire (la Pissoure, 1401), bois communal ; — les Rièpes, Rieps ou Riéples, *corr.* les Rippes (Rippes des Almans, 1401 ; Ripes du Faissel, 1401), bois communal ; — Val Louage (le Val Louaige, 1401 ; la haye du Val Louage, 1401).

Section F, de la Méze,

L'Aubépine ; — Chemin de Charmes rondes ; — le Closet ; — Les Cloires ; — Le Pré Guenot ; — Les Chenevières du Poirier d'Enfer ; — les bois de la Forêt ; — Terre entre les deux Forêts ; — Foucherolles ; — la Méze ; chemin de la Méze ; chenevières de la Méze ; les terres de la Méze ; — l'Ource ; — chemin de la Papeterie ; — le

Village ; — le Pied Gremin ; — Pré Jean de Celle (var. Selle) ; — terre du Rupt Volry, *corr.* Vaulry (*in Vallearia*, xiie s^e) ; — Pré entre les deux Rupts (*in prato clusano*, xiie s^e) ;—Tournemotte ;—Val Coffard.

Section G, du Val de Ceu, *corr.* Seu.

Les Bois (var. les petits Bois) ; — les bois de Ceu, *corr.* Seu (var. Seul, 1401 ; Ceux ou Ceulx) ; — le gros Buisson ; — Charmes rondes (les Rondes, xviiie s^e) ; — Chemin de la Baignoire ; — Côte Groseille ; — la Fortelle, *corr.* Foretelle ; — les Mottes ; — l'Usageon ; — la Réserve ; — la Petite Forêt ; — la Forêt de Fonjou ; — Foucherolles : Val de Ceu, *corr.* Seu (var. Seul, 1401) ; — Les Aingrainnières, *corr.* Engraînières.

Section H, de la Fortelle, *corr.* Foretelle.

AVALON, *corr.* AVALLON (var. Avalon, 1482) ; — Haut de Champagne ; — Vignes de Charmes rondes ; — les Charmonts (le Weillart Charmont, 1401 ; Viellart-Charmont, 1482) ; bas de Charmont ; — Commelle Bouvier ; — Haut de la Cras ; — Haut de DION ; Bas de DION ; — la Fortelle, *corr.* Foretelle ; — Loge Bidot ; — les Martinets (Martinels, 1482) ; — les Ormes ; — l'Usageon, vignes.

Section I, de Servigny.

Vers le Bois ; — Chemin de la Côte Groseille ; — la FRISE ; — LOUCHY ; — Montenoise ; — le gros Noyer ; — le bas de SERVIGNY ; le haut de SERVIGNY (les Albins de Servigny, *in Albinis*, 1482 ; Croix de Servigny, 1482) ; — Val Danguet ; — Val SIVRIÉ (Val de Civry, 1401 ; Val Sivry, 1482),

Section K, de la Vallée.

Le Village ; — L'Amesée ; — la Croix Beaufort ; — Chemin de la Croix Bouillot ; — Chenevières de derrière le moulin de la Roche ; — Commelle Yon ; bas de la Commelle Yon ; — Courbennes (les Corbaines, xvie s^e) ; — derrière la Cure ; — la FRISE ; — le Pré Guenot ; — Journal aux bœufs ; — la Lande cassée, *corr.* casée ; — la Motte de l'horloge ; — le Moulin de la Roche ; — le Gros Noyer ; — la rivière d'OURCE ; — le Tremble ; — les Herbues ; — la VALISSE.

Section L, des Landes.

Contrée de la Côte DIGNE ; le Rupt DIGNE ; Cul du Rupt DIGNE ; — la Cressonnière ; — le Fournot ; — ILE DE LA VALISSE ; — Contrée de la Lande ; — le Champ de Molesme ; — Chemin de Montavassé ; — l'OURCE ; — le Patrimoine ; — la Place ; — Chemin de la Roche ; — le Tremble ; — le Violata, *corr.* l'Inviolata.

ÉTUDE D'ONOMASTIQUE

Dans la toponymie d'Essoyes, le plus ancien vocable est, sans aucun doute, celui que présente la rivière d'OURCE. Avec son orthographe traditionnelle, ce dernier nom paraît appartenir à l'idiôme des Gaulois, et nous y voyons, dans sa forme primitive, le féminin du mot VLKOS (en latin *Ulc-us*) gravé sur une monnaie d'or des Salasses, petit peuple de la Gaule cisalpine [1]. A l'époque romaine, *Ulc-a*, féminin d'*Ulc-us*, a produit l'adjectif dérivé *Ulc-ia, dont la variante graphique *Uls-ia* se lit encore en 1114, désignant la rivière d'Ource [2]. Notre mot français a d'ailleurs conservé le *c* primitif, en même temps que la marque du rotacisme [3], qui changea dans la prononciation des Francs, *Ulc-a* en Ourc-e.

Les autres lieux-dits du cadastre d'Essoyes renferment bien quelques autres vestiges de la langue celtique, qu'un linguiste aimerait à recueillir. Mais comme notre étude est faite simplement en vue d'éclairer les origines d'Essoyes, et qu'aucun de ces lieux-dits n'atteste l'établissement de l'homme sur son territoire avant la domination romaine, nous allons présenter le résultat de nos recherches sous deux titres qui résument les deux principales conclusions de cet essai d'onomastique.

I.

SERVIGNY

Les plus anciennes dénominations qui témoignent d'une propriété individuelle, ou du séjour d'un homme, au finage actuel d'Essoyes, se trouvent sur la gauche de la « rivière d'Ource », en la section cadastrale J « de Servigny ». Trois lieux-dits s'y remarquent, dont l'origine remonte certainement à la période romaine.

Le plus important, qui fut probablement aussi le premier en date, est SERVIGNY, que nous devons classer à l'époque du Haut-Empire, c'est-à-dire à l'un des trois premiers siècles de notre ère. Ce fut, à l'origine, un véritable *fundus* gallo-romain, qui nous est encore aujourd'hui signalé, non-seulement par le bas SERVIGNY et le haut SERVIGNY du cadastre, mais encore par le « bois de Servigny », qui figure sur la carte de l'Etat-major.

---

1. *Revue numism. franç.* 1861, p, 344. L'adjectif gaulois VLKOS nous paraît avoir le sens de « rapide », comme les adjectifs latins *alacer* et *velox*. Virgile avait dit de Mézence, ancien roi d'Etrurie. « Sic ruit in densos *alacer* Mezentius hostes. » Comparer le composé *Catu-volcus*, nom d'un chef gaulois du pays des Eburons (César, de Bell. Gall., V. 24, 26 ; VI, 31) qui signifie « *ad pugnandum alacer* (Glück, p. 56).» Et Lucain, parlant du Métaure, rivière d'Ombrie, le qualifiait « *veloxque* Metaurus.» C'est, à notre avis, le sens étymologique du nom de la rivière d'Ource.

2. *Dictionnaire topog. de l'Aube,* p. 116.

3. Nos grammairiens et nos linguistes ont appelé « rotacisme » le changement en *r* de la liquide *l* devant une consonne. Un exemple bien connu de rotacisme est *ulmus*, qui devint *orme*, dans la langue parlée. Nous aurons lieu de constater plusieurs fois ce phénomène en étudiant la topographie d'Essoyes.

Son principal bâtiment, sa *villa*, s'élevait au Bas-Servigny ; mais son territoire, son *ager*, s'étendait au moins depuis la « rivière d'Ource », au nord-est, jusqu'au « chemin de Gyé à Grancey », qui lui servit de fin du côté du midi.

Quelques explications feront mieux saisir, et la valeur de notre conclusion historique, et les observations d'onomastique sur lesquelles nous devons l'appuyer.

C'est Auguste, on le sait, qui organisa la Gaule après la conquête ; et, pour assurer le paiement de l'impôt gaulois, il y fit dresser le cadastre de l'Empire, sur lequel devaient figurer, comme base de l'impôt foncier, toutes les propriétés individuelles reconnues et consacrées par la loi romaine. L'inscription de ces propriétés, au fur et à mesure qu'elles étaient légalement constituées, se faisait au cadastre par les soins des agents du fisc ; et l'usage était alors d'enregistrer chaque domaine, ou *fundus*, sous le nom de son premier maître légal, dont on formait un dérivé géographique au moyen du suffixe gaulois -*acos*, en latin -*acus*, équivalent du suffixe latin -*anus*, et traduisant comme lui l'idée de dépendance et de propriété.

Le domaine d'un Julius, par exemple, était inscrit en pays celtique *Juli-acus* (*fundus*), aujourd'hui « Juilly » ; dans les contrées de droit latin, on eût écrit *Juli-anus* (*fundus*), aujourd'hui « Juillan ».

Ce mode de dérivation des noms géographiques, pour la Gaule devenue romaine, fut en quelque sorte la règle jusqu'à la réorganisation des provinces de l'Empire à la fin du IIIe siècle ; en sorte que l'on est autorisé à dater de l'un des trois premiers siècles de notre ère tout lieu habité dont le nom suppose un vocable dérivé de la sorte.

Etudions maintenant, au point de vue de l'onomastique, notre vocable de SERVIGNY. Sa première leçon certaine est, au génitif, *Servenneii* [1]. Mais *Servenneium*, en latin du XIIe siècle, suppose une leçon antérieure, dont on connaît deux formes : *Selvantacus* et *Silviniacus*.

La forme géographique *Selvaniacus* apparaît en 719 dans un diplôme accordé par Louis-le-Débonnaire à l'abbaye de Conques [2] ; elle y désigne une localité du Rouergue, qu'on pense être aujourd'hui Savignac, hameau de la commune d'Asprières [3] (Aveyron). Mais aussi, dès l'époque mérovingienne, *Selvaniacus* avait vu l'*a* de sa seconde syllabe adouci en *i*, par assimilation avec la syllabe suivante : ainsi, par **Selviniacus* s'explique le nom actuel de la commune de Selvigny (Nord).

Quant à la forme *Silviniacus*, elle est plus connue, et depuis plus longtemps. On lit gravé, au cas indirect, SILVINIACO. sur un triens mérovingien du monétaire Francobodus. On retrouve la même leçon, pour l'ancienne région celtique, dans quatre diplômes de nos rois aux IXe et

1. An. 1101. *Chartes de Molême,* dans *Mém. de la Soc. Acad. de l'Aube,* 1864, p. 240.
2. D. Bouquet, VI, 717 E.
3. Gustave Desjardins, *Cartul. de l'abb. de Conques,* p. 410.

x⁰ siècles [1]. Le second de ces diplômes, donné le 10 janvier 856 par Charles-le-Chauve, restitue à notre Montier-la-Celle une villa du Tonnerrois : *Villa Silviniacus in pago Tornodorensi* [2], que M. d'Arbois dit être aujourd'hui Sainte-Vertu (Yonne) [3], et que Boutiot et Socard ont identifiée avec notre Servigny [4].

Nous ne trancherons point ici cette question d'histoire [5]; mais au point de vue linguistique, *Silviniacus* peut très bien n'être qu'une variante d'un plus ancien * *Silvaniacus* ou *Selvaniacus*.

A l'époque romaine, le primitif *Silviniacus* aurait désigné le « domaine d'un Silvinus ou d'un Silvinius » ; l'un et l'autre nous sont connus par d'anciens textes. Le nom d'homme Silvinus se lit chez Columelle, agronome du Iᵉʳ siècle [6]. Le nom de famille Silvinius est gravé sur des monuments de Cologne [7], de la Bavière rhénane [8], et de Lyon [9].

Selvaniacus devrait de même se traduire par « domaine d'un *Selvanus ou *Selvanius »; et en restituant *Silvaniacus*, il faudrait dire « domaine d'un Silvanus ou d'un Silvanius ». Ce dernier gentilice nous est fourni par l'épigraphie à Rheinzabern, en Bavière rhénane [10], à Saint-Hippolyte-de-Caton [11] (Gard), et à Vienne [12] (Isère) ; il dérivait du surnom Silvanus, beaucoup plus répandu encore et dans tout le monde romain [13].

L'extension du *cognomen* Silvanus est due certainement au sens, à la fois naturel et divin, qui s'y était attaché depuis le siècle d'Auguste. Ce vocable, dans Virgile, personnifiait déjà le dieu même des forêts, le vieux Silvain : *Silvanumque senem* ; et cette conception mythologique s'était vite multipliée de manière à peupler les bois et les montagnes : Ovide nous chante les *Monticolæ Silvani*. et le poète Lucain les célèbre encore au Iᵉʳ siècle de notre ère : *Nemorumque potentes Silvani.*

---

1. D. Bouquet, VIII, 518 B ; 547 C ; IX, 454 B, 660 E et 661 A.
2. Archives de l'Aube, *Inventaire de Montier-la-Celle*, fᵒ 40 vᵒ ; Camuzat, *Promptuarium*, fᵒ 20 vᵒ ; D. Bouquet, VIII, 547 C ; d'Arbois, *Hist. des Comtes de Champ.*, I, 442.
3. D'Arbois, *Hist. des Comtes de Ch.*, I, p. 56 et 61.
4. *Dict. topogr. de l'Aube*, p. 156.
5. La question est tranchée, car les Religieux de Montier-la-Celle ont possédé Sainte-Vertu, dont S. Robert fut prieur, et n'ont jamais possédé notre Servigny. Entre les deux identifications, il n'y a donc pas à hésiter ; celle de M. d'Arbois est la bonne. (Note de M. l'abbé Pétel).
6. Columel., X, 1.
7. Brambach, *Inscript. rhen.*, nᵒ 406 : L. Silvinius Respectus.
8. *Ibid.*, nᵒ 1790 : Silvinius Justus et Silvinius Dubitatus.
9. Boissieu, *Inscrip. de Lyon*, p. 613 : Silvinius Balbinus.
10. Brambach, *Inscript. rhen.*, nᵒ 1814 : E. Silvanius Probus.
11. *Corp. Inscr. latin.*, t. XII, nᵒ 2887 : Silvanius Maternus.
12. Allmer, *Inscr. antiq. de Vienne*, t. III, p. 6 : Silvanius Fortunatus.
13. Parmi les nombreux exemples du *cognomen* Silvanus dans l'épigraphie de la Gaule, on peut citer. à Arles, l'épitaphe d'un E. Hostilius Silvanus (*Corp. inscr. latin.*, XII. 810) et à Narbonne la mention d'un C. Pellius Silvanus (*ibid.*, nᵒ 4408) et l'épitaphe de M. Abillius Silvanus (*ibid.*, nᵒ 4544). On trouve encore Silvanus, employé comme nom pérégrin, à Die (*ibid.*, 1596), Aoste (*ibid.*, 2394), Marguerittes, dans le Gard (*ibid.*, 3011 a), l'antique *Sextantio*, dans l'Hérault (*ibid.*, 4213), et moins loin de nous, à la Tourette. dans le Puy-de-Dôme (*Bull. des Antiquaires de France*, 1889. p. 242). et à Grand, dans les Vosges (*ibid.*, 1883, p. 97),

Ce culte religieux et naturaliste se propagea dans toutes les provinces de l'Empire, et notamment dans le midi de la Gaule [1]. On peut aussi voir au Musée de Grenoble un petit autel, découvert aux environs de cette ville, et qui porte sa dédicace répétée en trois lignes : SELLVA-NO SEL-LVANO. Cette leçon répétée, avec E pour I dans le radical, semble aussi présenter dans sa double LL une· tendance graphique au phénomène qui devait bientôt se produire et nous préparer le vocable français de Servigny, lequel désigne, avec notre hameau d'Essoyes, une commune et quatre écarts homonymes de la Manche, de Seine-et-Marne et de Saône-et-Loire [2]. Le nom de toutes ces localités s'explique très bien par un primitif *Selvaniacus*, qui devint par rotacisme *Servenneium* [3], en latin du xiie siècle, et par l'adoucissement du langage parlé, Servigny [4].

En résumé, la conclusion historique qui ressort de notre étude, est que, du i[er] au iiie siècle, un *fundus* gallo-romain fut constitué sur la rive gauche de l'Ource ; et le nom de Servigny, qu'il porte encore aujourd'hui, nous est témoin que son premier propriétaire, suivant qu'il était de race ou celtique ou romaine, s'appela de son nom Sellvanus ou Silvanus, ou bien y apporta l'un des deux gentilices Silvanius ou Silvinius.

Il suffit de jeter les yeux sur le cadastre, pour constater que Servigny réunissait à merveille toutes les conditions topographiques recherchées pour l'établissement des *fundi* gallo-romains. Son premier maître, si l'on veut, Sellvanus, avait parfaitement choisi le lieu de son domicile, comme le faisaient déjà les Gaulois au temps de César [5] ; il avait construit sa *villa* de manière à ce qu'elle fût défendue vers le nord par la rivière d'Ource, et abritée par des bois du côté du sud et de l'est.

Une partie seulement de ces bois a gardé le nom de « Servigny », les autres devaient s'appeler, à l'époque franque, d'un côté Foucherolles [6], de l'autre Foretelle « petite forêt ».

1. Le culte du dieu Silvanus est attesté dans le midi de la Gaule par la découverte de plusieurs autels, avec dédicaces votives : SILVANO EX VOTO à Aubignac dans les Basses-Albes (*Bull. des Antiq. de Fr.*, 1884, p. 153); SILVANO AVG., à Narbonne (*ibid.* 1886, p. 247); SILVANO DEO à Saint-Beat, dans la Haute-Garonne (*ibid.*, 1884, p. 291).

2. Au nom géographique de Servigny peut se rattacher celui de Servigney désignant deux communes du Doubs et de la Haute-Saône, et même celui de Servignat dénommant une commune et un hameau dans l'Ain.

3. M. Longnon a lui-même observé que le primitif *Silva = Selva* est devenu « Serve »; il cite encore, comme exemples de rotacisme dans les noms géographiques : *Silvacum* « Servais » dans l'Aisne ; *Silbona* « Serbonnes » dans l'Yonne ; *Culmisciacum* « Cormicy » dans la Marne, et même *Olina* « l'Orne », dont l'*i* était tombé de bonne heure. (*Géogr. de la Gaule au* vi[e] *siècle*, p. 603.)

4. Comparer l'adoucissement analogue des anciens noms géographiques *Campaniacus*, Champigny ; *Montaniacus*, Montigny ; *Lucaniacus*, Lusigny ; *Urbaniacus*, Orbigny, etc., etc.

5. César décrit en trois mots l'habitation d'Ambiorix, chef des Eburons : *Aedificio circumdato Silva* ; et il ajoute : *Ut sunt fere domicilia Gallorum.* (*De Bello Gallico*, VI, 30, 3).

6. Comparer le nom de la commune de Foucherolles (Loiret) et d'un écart homonyme (Seine-et-Oise) avec celui des trois communes de Fougerolles (Haute-Saône, Indre, Mayenne), et d'au moins treize hameaux de même nom (Haute-Saône, Vosges, Puy-de-Dôme, Haute-Vienne, Vienne, Loire, Indre-et-Loire, Maine-et-Loire, Sarthe, Mayenne).

On pourrait même suivre, encore aujourd'hui, par le chemin de Gyé à Servigny, et par le chemin de Gyé à Grancey, qui rejoint le chemin de Mussy à Essoyes, les voies par lesquelles on se rendait primitivement de Servigny aux domaines voisins de Gyé, de Grancey, de Mussy, dont les anciens noms latins, *Giiacum* [1], *Granciacum* [2], *Musciacum* ou *Mussiacum* [3] indiquent semblablement des *fundi* gallo-romains des trois premiers siècles.

A cette époque, la fin qui séparait deux *fundi* limitrophes, servait en même temps de voie de communication ; et, dans l'arrondissement de Bar-sur-Seine, cette voie à double fin s'appelle encore aujourd'hui « chemin finéral [4] ». On a même signalé un « chemin des Romains », comme limitant les territoires de Gyé-sur-Seine et d'Essoyes [5] : c'est très probablement notre « chemin de Gyé à Grancey »; vers l'extrémité sud du finage actuel d'Essoyes, il rejoint le « chemin de Mussy », et, près de leur jonction, notre cadastre indique les Mottes. Ce lieu-dit devrait son nom, paraît-il, « à deux *tumuli* qui existent encore [6]»; certains archéologues les regardent comme des sépultures préromaines. Pour fixer leur époque, il faudrait les avoir explorées ; en attendant, nous tiendrons ce lieu-dit pour antérieur à l'an mille.

Mais revenons à Servigny, près duquel nous avons à constater encore deux endroits habités, qui nous ont également conservé le nom de leurs premiers habitants. Les explications données au sujet de « Servigny » nous en ont facilité l'étude, et nous permettront de l'exposer plus rapidement.

Le Val Sivrié du cadastre, et les anciennes leçons « val de Civry (1401); val Sivry (1482) » témoignent que dans ce val avait habité jadis un gallo-romain du nom de Severus ou Severius; la forme initiale et latine de ce lieu-dit fut *Severiacus*.

Le nom géographique *Severiacus* désignait, au vie siècle, une *villa* située près de Tours [7]. Trois autres localités du même nom sont mentionnées à l'époque carolingienne dans le cartulaire de l'abbaye de Conques [8]. M. d'Arbois a étudié ce vocable et le rattache au gentilice romain Severius, dérivé lui-même du *cognomen* plus ancien Severus [9]. Nous n'ajouterons à ses nombreuses références pour la Gaule romaine

<hr>

1. *Giiacum*, dans une charte de 1213 pour le monastère de la Gloire-Dieu (*Dict. top. de l'Aube*, p. 75) suppose, à l'époque romaine, un *Gaiacus (fundus)*.

2. On lit : *de Granciaco* vers la fin du xie siècle dans le 1er cartulaire de Molème, fo 43 vo (*Mém. de la Soc. Acad. de l'Aube*, 1864, p. 232).

3. Le *Dictionnaire topographique de l'Aube*, (p. 109) rapporte de l'année 815 la forme *Musciacum*, qui devait être alors *Musciacus*, et au xiiie siècle les formes *Mussiacum*, *Mussyacum* et *Muxiacum*. On lit aussi : *de Muciaco* vers la fin du xie siècle, dans le 1er cartulaire de Molème, fo 59 vo (*Mém. de la Soc. Acad. de l'Aube*, 1864, p. 234).

4. *Dict. topog. de l'Aube*, p. 44.

5. *Ibid.*, p. 43.

6. *Ibid.*, p. 107.

7. Fortunat, *Vita S. Germani Paris.* apud Migne, *Patr. lat.*, t. LXXXVIII, col. 474.

8. Gust. Desjardins, *Cartul. de l'abb. de Conques*, p. 35, 135, 136, 185, 192, 505.

9. *Recherches sur les noms de lieux habités en France*, 1890, p. 316-319.

que les marques de potier trouvées à Auxon, près de la source de
Blaine : SEVERI, et à Troyes, sur l'emplacement du Musée Simart : OF
SEVER [1]. Et puis, nous en rapportant aux conclusions de l'érudit linguiste,
nous dirons que « Sivry », qui a donné son nom au « val Sivrié », sans
avoir constitué proprement un *fundus*, fut certainement habité à l'époque
romaine.

Quant au vocable de LOUCHY, qui désigne encore aujourd'hui la
fontaine la plus rapprochée du château de Servigny, M. d'Arbois l'a
aussi savamment expliqué par un primitif *Lupiacus* ou **Loppiacus* [2].
Ici donc encore nous pouvons conclure qu'un homme vécut vers le
ve siècle, et qu'il répondait au nom, d'ailleurs connu, de Lupus ou de
Loppius.

Si, maintenant, nous remontons vers le sud les hauteurs de Servigny,
nous remarquons au-delà du chemin de GYÉ à VERPILLIÈRES [3] et à
GRANCEY d'autres lieux-dits qui peuvent être encore antérieurs à la
période franque. Deux surtout nous ont un parfum d'archaïsme, et même
en constatant une propriété individuelle, ils nous redisent le sens religieux qui distinguait nos pères, avant que le christianisme eût éclairé
leurs idées naturalistes et corrigé leurs mœurs païennes.

C'est d'abord, attenant au finage de Courteron, la contrée dite
AVALLON, dont nous avons pu rectifier l'orthographe cadastrale. Ce
vocable nous a été conservé par deux hameaux, de l'Isère et de la Charente-Inférieure, et mieux encore par la ville d'Avallon, dans l'Yonne.
Pour cette dernière, nous avons la leçon primitive et certaine de son
nom, gravée au viie siècle sur des tiers de sol d'or, que trois monétaires
mérovingiens ont frappés dans cette localité : deux de ces officiers ont
signé leurs monnaies AVALLONE ; un autre, Biulfus, a écrit, toujours à
l'ablatif, ABALLONE, mettant B pour V.

Ce nom d'Avallon semble étranger à la langue latine ; on l'a rattaché
aux idiômes celtiques : en breton, *aval* veut dire « pomme » et *avalem*
« pommier [4] ». Etant données les mœurs de l'époque, nous tiendrions
Avallon pour un vocable destiné à protéger un champ d'arbres fruitiers,
en même temps qu'il consacrait la propriété de son maître. L'histoire et
l'archéologie nous disent avec quelle profusion les anciens semèrent
partout de ces protections sacrées ; sur les monts, dans les vaux, des
génies topiques personnifiaient, avec leurs noms divins, tous les dons
variés de la nature, traduisant ainsi l'idée de la divine Providence. Aussi
bien, sans vouloir condamner l'opinion nouvelle de M. d'Arbois, pour

1. *Notice* de 1864 *sur le Musée de Troyes,* p. 156, 157.
2. D'Arbois, *Recherches, etc.,* p. 263, 264. Pour le changement de *p* en *ch* dans
Lupiacus, Louchy, comparer le mot *rupes* « roche », et dans les noms de lieu : *Clip-
iacus* ou *Clippiacus,* Clichy ; *Attipiacus,* Attichy ; *Stirpiacus,* Etréchy ; *Gamapia,*
Gamaches : *Garnapia,* la Garnache, etc.
3. Le nom de VERPILLIÈRES, qui suppose le primitif latin *Vulpiliariæ,* nous est
un nouvel exemple du rotacisme que nous avons déjà constaté pour les noms de
l'Ource et de Servigny.
4. *Revue Celtique,* 1889, p. 148.

qui maintenant « *Aballo* est beaucoup plutôt la *villa* d'Avallus [1] », nous
retrouvons dans ce lieu-dit, avec le souvenir d'une ancienne « pomme-
raie [2] », l'idée plus relevée, sinon plus positive, d'un génie protecteur
et d'un droit sacré.

La même idée religieuse se dégage, plus transparente encore, d'un
autre vocable gardé par deux lieux-dits voisins, haut de DION et bas
de DION : ici, c'est une fontaine qui sort du pied d'un côteau. Nos
pères ont su, bien avant nous, apprécier le bienfait d'une eau pure et
limpide ; aurions-nous le droit de leur reprocher le vocable sacré qu'ils
attachèrent au côteau comme à la source ? Le nom de « Dion » se retrouve en un château de la Charente-Inférieure ; il est d'ailleurs l'équivalent du vocable plus connu, qui personnifia Dijon, déjà célèbre au
vi[e] siècle par son *castrum, cui Divione nomen est* [3].

Si nous ne craignions de dépasser les bornes de la conjecture, nous
chercherions encore un caractère sacré dans le nom de l'Usageon, et
dans le vocable de la forêt de Fongeon. En toute hypothèse, le premier de ces lieux-dits comporte la même explication étymologique que
le nom du village de Saint-Usage, à l'origine *Sanctus Eusebius* [4]. Usageon s'explique, en effet, par le latin **Eusebionem* [5].

Pour le vocable de Fongeon, nous connaissons une leçon ou variante
graphique du xiiie siècle « Foujon », qui désigne un ancien château de
Pont-sur-Seine, encore appelé Fougeon. Ce nom géographique suppose
un primitif latin **Fulvionem* [6], formé du gentilice bien connu Fulvius
dérivé lui-même du *cognomen* Fulvus.

A un tout autre point de vue, le lieu-dit haut-de-Champagne, situé
non loin, sur les hauteurs du « chemin de Gyé à Grancey », mérite

1. *Revue Celtique*, 1890, p. 381.
2. D'Arbois, *Recherches*, etc., 1890, p. 153.
3. Grégoire de Tours, *Hist. Franç.*, l. II, c. 32.
4. *Charte de l'abbaye de Clairvaux*, ann, 1121. — On sait que le nom d'homme
Eusebius est dérivé de l'adjectif grec εὐσεϐής « pieux, religieux. »
5. Pour comprendre que *Sanctus Eusebius* a fait Saint-Usage, et *'Eusebionem*
l'Usageon, il faut observer que le *b* ou son équivalent *v*, suivi d'un *i* dans le corps
des anciens mots, est ordinairement tombé dans la prononciation, l'*i* suivant se
consonnifiant alors en *g* doux ou en *j*. Ainsi *camb-iare* est devenu chan-ger ; *abbrev-
iare*, abré-ger ; *rab-ies*, ra-ge, ; *diluv-ium*, délu-ge ; *tib-ia*, ti-ge. De même dans les
noms géographiques, *Urb-ia*, l'Or-ge ; *Balb-iacus*, Bau-gy ; *Div-ionem*, Di-jon ou
Di-geon. Le même phénomène nous a donné *Euseb-ius*, Usa-ge ; *'Euseb-ionem*,
l'Usa-geon ; il va nous expliquer encore le vocable suivant *Fulv-ionem*, Foujon ou
Fou-geon, et avec rotacisme For-geon.
6. Nous pensons que dans un grand nombre de vocables géographiques de l'époque
néo-latine et de la période franque, la finale latine -o, -onis, ainsi que les variantes
-onus, -oni, et -onum, -oni, en français « -on » n'a été, chez nous, qu'une désinence
hypocoristique ou abrégée, tenant lieu d'un primitif gaulois en -O -dunum ou -O
-Magus. Aussi bien nous savons que Brand-on, Camb-on, Cours-on, s'expliquent par
les primitifs *Branno-dunum, Cambo-dunum. Curtio-dunum* ; de même Argenton,
Chassenon, Clion, Cranton, Mouzon, Noyon, Tournon, Usson, s'appelèrent jadis en
Gaule *Arganto-magus, Cassino-magus, Carento-magus, Moso-magus, Novio-magus*
ou *Novio-dunum, Turno-magus*, et *Icio-magus*. M. d'Arbois reconnaît lui-même une
origine religieuse à quelques-uns des noms en -*dunum* ou -*magus*, par exemple : à
Augusto-dunum, Autun, et *Augusto-magus*, Senlis, à *Cæsaro-dunum*, Tours, et
Cæsaro-magus, Beauvais. (*Recherches*, 1890, p. 154.)

d'être signalé à l'historien local qui voudrait résoudre la question du *Silviniacus* tonnerrois. Charles-le-Chauve rendit cette *villa*, le 10 janvier 856, à notre Montier-la-Celle, en réparation du vol qu'en avait fait naguère le comte de Troyes, Alédramne ; et, dans son diplôme, le roi affirme par deux fois que la *villa Silviniacus* est bien *de comitatu et dominio Trecassinœ urbis*, et encore plus loin *subdita potestati comitatus ejusdem urbis* [1].

Si donc cette *villa* du Tonnerrois était notre Servigny, le « haut-de-Champagne », inscrit sur la hauteur du vieux chemin finéral qui séparait Servigny des *villœ* de la haute Seine, Gyé et Mussy, fixerait, sur le terrain même, la limite du domaine comtal de Troyes en 856, et par conséquent aussi celle de la Champagne, dont Troyes était le chef-lieu depuis le vi[e] siècle, au témoignage de Grégoire de Tours : *Trecas, Campaniœ urbem* [2]. Et la question de finage ainsi résolue, l'historien de notre premier comté champenois n'aurait plus qu'à poursuivre sa ligne de démarcation entre la Champagne et la Bourgogne, au ixe siècle, dans la direction du « Marchat rouge » au territoire de « Cunfin. »

Pour nous, après avoir signalé la plupart des lieux-dits qui peuvent servir à l'histoire du domaine primitif de Servigny, nous allons maintenant étudier ceux qui peuvent éclairer les origines et les annales d'Essoyes jusqu'à la fin du xe siècle.

II

ESSOYES

Les textes du xie siècle nous apprennent que Servigny n'était plus alors qu'une dépendance d'Essoyes, au même titre que Verpillières. La paroisse, alors constituée, avait son église à Essoyes. Mais à quelle date environ le village d'Essoyes avait-il commencé ?

Son vocable géographique emprunté, disons-nous, au langage néolatin, ne permet pas de fixer l'origine d'Essoyes avant le ive ou même avant le ve siècle. Pour éclairer notre étude d'onomastique, il est bon de rappeler quel avait été le sort de nos contrées dans la seconde moitié du iiie siècle.

D'une part, les peuples du Nord avaient franchi le Rhin, forcé les lignes de défense de la Moselle et fait irruption dans toute la Gaule, surtout dans notre région du Nord-Est : ce fut un désastre pour nos *fundi* gallo-romains. D'autre part, l'organisation administrative de l'Empire y avait été troublée plus encore par l'anarchie militaire, sous les trente tyrans, et les revenus du fisc se trouvaient à peu près réduits à néant dans nos provinces ainsi bouleversées. Il fallait remédier à cette situation.

1. D'Arbois, *Hist. des Comtes de Champagne*, t. I, p. 442.
2. Grég. de Tours, *Hist. Franc.*, l. VIII, 13.

Rome, désormais impuissante à refouler ceux qu'elle appelait les barbares, ne trouva pas d'autre moyen que de les associer à la vie de ses provinciaux gallo-romains. Il fut donc permis à nos propriétaires fonciers de prendre ces hommes du Nord pour refaire leurs domaines, en reconstruire les bâtiments, en cultiver les terres. L'Etat lui-même prit l'initiative de ce mouvement, et là où le sol n'avait point encore été constitué en propriété privée, comme aussi là où le propriétaire ruiné ne pouvait plus satisfaire aux exigences du fisc, il établit les barbares pour exploiter le territoire, les champs, les prés, les bois.

Cette politique du génie romain fut appliquée à notre région par Constance Chlore, césar (292-305), et l'un de ses panégyristes nous fournit à ce sujet des données que nous devons recueillir à cause de leur intérêt tout local : « Voici donc maintenant, dit-il, que le Chamave et le Frison labourent pour moi [1] » ; et encore : « Grâce à tes victoires, invincible César, tout ce qui restait d'inhabité au territoire d'Amiens et de Beauvais, de Troyes et de Langres, reverdit par le travail du cultivateur barbare » [2].

Ce texte a son importance pour le finage actuel d'Essoyes, qui se trouvait alors aux confins du pays de Langres et de celui des Tricasses ; il nous donne la raison du lieu-dit la FRISE, à proximité de Servigny et du Val Sivrié. N'y pourrait-on pas voir encore, sinon l'origine, du moins l'explication du droit d'aubaine que Servigny perçut jadis sur des terres cultivées par des étrangers, *Albani*, et mentionnées encore au XIVe siècle, *in Albinis* « les Albins de Servigny ».

Le régime inauguré par Constance Chlore en Gaule continua d'y être suivi tout le IVe et aussi le Ve siècle ; il valut notamment à nos contrées du Nord-Est les établissements des *Læti* : ces Lètes, mentionnés dès le IVe siècle par Eumène et par Ammien Marcellin [3], étaient des serfs qui recevaient des terres à cultiver et qui, en retour, payaient un tribut à leurs maîtres. Le Code Théodosien, promulgué en 438, réglementa ces établissements [4], et les terres ainsi concédées y étaient appelées terres létiques : *læticæ terræ* [5].

De plus, on avait dû, sous Dioclétien, réorganiser le cadastre, et pour cette nouvelle rédaction, il va sans dire qu'on tint compte, non seulement des mutations de propriété, mais aussi des modifications du langage. D'ailleurs, les *fundi* du haut-empire n'étaient plus seuls à y

---

1. « Arat ergo nunc mihi Chamavus et *Frisius* ». Incerti *Panegyricus Constantio Cæsari*, IX).

2. « Per victorias tuas, Constanti Cæsar invicte, quicquid infrequens Ambiano, et Bellovaco, et *Tricassino solo Lingonicoque* restabat, barbaro cultore revirescit ». (*Ibid.*, XXI).

3. « Adolescentes lætos quosdam, cis Rhenum editam Barbarorum progeniem ». (Amm. Marcell., XX, 3).

4. *Cod. Théod.*, VII, 20, 10.

5. *Cod. Théod.*, XIII, 11, 9. — La *Notitia dignitatum*, dont la rédaction remonte au commencement du Ve siècle, mentionne un préfet des *Læti Acti* résidant à *Epusum*, l'ancien Yvois, aujourd'hui Carignan, dans les Ardennes. (*Edit.* Seeck, p. 216.)

figurer; on devait y mettre les établissements nouveaux, qui n'avaient plus le caractère du *fundus* primitif, et pouvaient se réduire à une maison de campagne, *villa, domus*, ou même à un simple groupe de chaumières, *casæ*. Pour l'inscription de ces propriétés individuelles ou collectives, le langage administratif des iv° et v° siècles n'avait plus à s'en tenir à l'ancienne règle de dérivation des premiers *fundi* gallo-romains en — *acus* ; on les inscrivit telles qu'on les désignait alors, du nom des nouveaux bénéficiaires, et par une forme adjective, plus latine et plus simple, au singulier féminin s'il s'agissait d'une villa, au pluriel féminin, s'il s'agissait d'un groupe de chaumières.

Ces explications données, il sera plus facile de suivre notre étude d'onomastique sur les origines d'Essoyes.

Le nom français d'Essoyes, qui se termine toujours par un *s* [1], était écrit « Assoies » dans une charte de 1223, émanant de l'évêque de Langres, et approuvant une donation d'un curé de Mussy, qui avait tout son bien à Essoyes, « *apud villam que dicitur* Assoies [2] », vraisemblablement son pays natal. On trouve « Essoyes », avec la même désinence plurielle, mais commençant par E, dans un registre de 1379 [3].

Ces variantes françaises, on le voit, supposent le pluriel dans le primitif latin : et ce latin primitif, nous avons pu le restituer d'après les règles de la linguistique ancienne.

Essoyes fut à l'origine, en latin vulgaire, *Associas*, sous-entendu *casas*. Nous pourrions au besoin, pour le sous-entendu *casas*, invoquer l'autorité de M. d'Arbois, qui explique le nom de Loches (Indre-et-Loire), écrit au vi° siècle *Luccas* et *Loccis* (var. *Lucas* et *Locas*) par un « primitif *Luccæ* et en latin vulgaire *Luccas*, sous-entendu *casas* [4]. »

Quant au primitif latin d'Essoyes, *Associas*, il est bien le féminin pluriel de l'adjectif néo-latin *associus*, — *a*, — *um*, dont la première citation se trouve chez un poète africain du v° siècle, Capella : voici le texte de son ouvrage *De Nuptiis Philologiæ et Mercurii :* « Nil normale putans, ni fuat associum [5]. » L'historien Cassiodore, au vi° siècle, employa le même adjectif dans le sens d'associé, « qui vit avec [6]. »

---

1. Cette assertion n'est pas exacte. On trouve très fréquemment la forme *Essoie* même au xiii° siècle (1230, 1295) et non seulement l'*s* finale n'est pas la règle, mais elle ne constitue qu'une très rare exception dans tous les documents antérieurs au xix° siècle. (Note de M. l'abbé Pétel.)

2. Archives de la Côte-d'Or, 2° *Cartulaire de Molême*, f° 27 r°. — *Mém. de la Soc, Acad. de l'Aube*, 1864, p. 314.

3. *Démembr. gén. des fiefs*, Reg. 10396. Coll. Delamarre, Bibl. Nat., t. iii, mss Vignier.

4. D'Arbois. *Recherches sur les noms de lieux habités*, 1890, p. 363. — L'origine de Loches (Indre-et-Loire) remonte certainement à la première moitié du v° siècle : Grégoire de Tours nous apprend que l'un de ses prédécesseurs, Eustochius (441 à 461 ou 464) établit une église au *vicus* de *Luccæ* (*Hist. Francor.*, l. x, c. 5). On pourrait donc, par analogie, attribuer au même siècle la fondation de nos deux villages d'Essoyes et de Loches, établis sur l'Ource, le premier en amont, le second en aval de notre *villa Selvaniacus*.

5. Capella, iv, p. 94.

6. Cassiodor, *Var.*, iii, 47 : « Salamandra, subtile ac parvum animal, lubricis lumbricis associum. »

Le latin vulgaire *Associas* a donc fait en français « Assoies », puis
« Essoyes ». Le changement du préfixe d'*As-socias* et As-soies en
Es-soyes n'a pas besoin d'être justifié par des exemples d'*a* s'affaiblissant en *e* : nous n'aurions que l'embarras du choix, et la finale même
du mot *Associ-as*=Assoi-es ou Essoy-es le prouve surabondamment.

Quant au principal élément du mot *Soci-as*= soi-es ou soy-es, nous
avons pour confirmer notre identification deux mots de notre vieux
langage, traduisant en français le latin *Soci-etatem* par « soi-estée » et
« soy-esté » : on trouve écrit « contract de soiestée » pour « contrat
de société. »

D'après cet exposé, dont l'évidence égale la simplicité, nous tenons
pour fautives toutes les leçons du moyen-âge, qui donnent au singulier
le nom latin d'Essoyes. Le primitif *Associæ*, néo-latin du ive au ve siècle,
a sans doute vu sa voyelle initiale *a* s'affaiblir en *e*, comme aussi son *c*
médial adouci en *g* ; mais pour respecter la genèse du mot, nos scribes
du moyen-âge auraient dû conserver la finale au pluriel et écrire
Assogie, Essogie, ou encore avec *x* = *ss*, *Exogie* ; toutes les autres leçons,
philologiquement, restent sujettes à correction.

Et maintenant, si l'on considère Essoyes, *Associas* (*casas*), au point
de vue de l'emplacement choisi par ses premiers habitants, on peut
observer que leur installation convenait parfaitement à des hommes qui
devaient non seulement cultiver les terres de Servigny, mais encore
essarter et mettre en exploitation les vallons et les coteaux, qui s'étendaient, encore incultes, sur la rive droite de l'Ource, dans la direction
du Nord.

Il est à noter que les lieux-dits de la rive droite se montrent tous dans
leur composition postérieurs au ve siècle. Sur la rive gauche, au
contraire, en plus des lieux-dits déjà étudiés, nous pourrions, dans la
vallée, signaler encore comme antérieur à celui d'Essoyes, LA VALISSE,
qui suppose un primitif latin *Valicia* [1] (*casa* ou *terra*). Le même
vocable se retrouve attaché à l'ILE DE LA VALISE. en latin *insula Valicia*,
jadis aménagée par l'homme, avec les eaux de l'Ource, pour protéger
sa demeure : ce genre de domicile quasi lacustre, en Gaule, est certainement postérieur au iiie siècle ; on peut le rapprocher de notre « île
Germanique », *insula Germanica* [2], près Troyes, où l'on devait plus
tard bâtir Montier-la-Celle, et « l'île Barbe ». *insula Barbara* [3], mentionnée dès le vie siècle comme étant un monastère rural au-dessus de Lyon.

Tous les lieux-dits qui nous restent à étudier sont postérieurs à la
conquête franque, affirmée dans la vallée de l'Ource par le petit
domaine de Landreville, en latin du vie viie siècle, *Landerici villa*. Le

---

1. Une stèle découverte en 1870 à Saint-Saturnin d'Apt, a fait connaître le nom
pérégrin Valicius, gravé au datif et en lettres grecques ΟΥΑΛΙΚΙΟ = Valicio.
(*Bull. de la Soc. des Antiq. de France*, 1879, p. 128).

2. Camuzat, *Promptuarium*, fol. 19.

3. Grégoire de Tours, *de Glor. confessor.*, c. 22.

nom mérovingien de Landericus, rendu fameux dès le vɪᵉ siècle, par Landry, le favori de Frédégonde et maire du palais en Neustrie, se lit encore au vɪɪᵉ siècle sur des tiers de sol d'or ouvrés dans deux ateliers différents et portant les légendes CLARIACO — LANDERICVS et DRAVERNO — LANDERICO.

Nous reconnaîtrons facilement l'idiôme et le génie religieux des hommes du nord dans la contrée de la Lande et dans le vocable du « Landion », donné à deux petits cours d'eau de la rive droite de l'Ource ; on pouvait même trouver un souvenir de leur organisation féodale dans la Lande cassée (pour casée).

Aux temps mérovingiens se rattache également la contrée de la côte DIGNE, ainsi que le lieu-dit, en vieux parler franc, le cul du rupt DIGNE, indiquant le fond du vallon défriché au bas de la « côte Digne ». Il est curieux de relever ici le vocable de DIGNE : sa forme latine avait désigné une ancienne colonie, COL. DINIA, dont nous connaissons un édile, Q. Julius Barbarus [1], et qui devint au vᵉ siècle la *civitas Diniensium* [2]. Rappelons que la cité de Digne, enlevée aux Romains par Alaric II, le roi des Visigoths, fut cédée par Vitigès, en 537, au roi d'Austrasie, et puis en 561 fut rattachée aux Etats du roi Gontran (561-593) [3].

En avant d'Essoyes, le rupt Vaulry, et la terre du rupt Vaulry, nous ont conservé le nom du premier franc qui exploita ce terrain, Walaricus ou Valericus. On lit WALARICVS sur une monnaie mérovingienne frappée à Langeron (Nièvre), LINGARONE ; les textes hagiographiques fournissent la variante adoucie *Valericus*, pour désigner un saint abbé de Picardie, mort en 622, qui a laissé son nom à Saint-Valéry-sur-Somme, aujourd'hui chef-lieu de canton dans la Somme ; un saint ermite du vɪɪᵉ siècle, aussi nommé Valericus, est honoré en Limousin sous le nom de saint Vaury [4].

Le terme de rupt qui nous a été gardé par le « rupt Digne » et par le « rupt Vaulry » se retrouve au cadastre d'Essoyes dans le pré entre les deux rupts ; ce mot de basse latinité, dans l'ancien royaume d'Austrasie, désignait un vallon défriché, dont on avait aménagé les eaux pour l'exploitation du sol ; il est à remarquer que notre géographie de la France actuelle n'offre ce terme que dans les départements de la Meuse, des Vosges, de la Haute-Saône et de la Haute-Marne : c'est un indice que le territoire d'Essoyes a réellement fait partie, vers le milieu du vɪᵉ siècle, des Etats de nos premiers rois Austrasiens, d'abord sous Théodebert (534-548) et puis sous Théodebald (548-555). A la mort de ce dernier, Essoyes passa avec le royaume d'Austrasie à Clotaire Iᵉʳ, le

---

1. Bull. de la Soc. des Antiq. de France, 1888. p. 104, 105.
2. *Notitia civitatum*, vᵉ sœc.
3. Longnon, *Géogr. de la Gaule au* vɪᵉ *siècle*, p. 459.
4. Comparer les noms des communes de Saint-Vaury (Creuse) et de Vaulry (Haute-Vienne).

vieux roi de Soissons ; et lors du partage de 561, il a fait partie, comme les cités et de Troyes et de Langres, du lot du roi Gontran (561-593).

D'autre part, le vocable de « Saint-Remy » sous lequel a toujours été placée l'église d'Essoyes, nous laisse à penser que l'organisation de la paroisse a dû coïncider avec les développements du village au vi^e siècle, sous les premiers successeurs de Clovis. On sait le culte que ces princes ont professé partout pour l'apôtre des Francs : l'histoire de nos églises en fait foi. On sait aussi qu'au vi^e siècle il était d'usage de construire en avant des églises une galerie couverte entourant un *atrium* ; et pour l'église d'Essoyes, cet *atrium* est encore mentionné vers la fin du xie siècle dans la charte qui notifie la première donation faite à l'abbaye de Molême *de Exogiensi ecclesia :* la notice mentionne parmi ces dons : *et ex* atrio *quantum monachis convenit* [1].

Signalons encore parmi les lieux-dits qui remontent à l'époque mérovingienne la contrée de Morsivaux, en latin *Maurici* ou *Mauritii vallis*, qui s'étendait jusqu'au haut de Morsivaux.

Dans la même direction, Mallet [2] avec toutes ses dépendances et les Etivals [3] doivent se rapprocher de l'époque carolingienne. A cette dernière époque appartient certainement la Mèze, en amont d'Essoyes, sur la rive gauche de l'Ource : c'est une métairie, contemporaine du manse carolingien, mais de moindre importance que lui, qu'on appelait (*mansus*) *medius*, d'où son nom français de « Mèze [4] ». Le site et les dépendances de cette propriété nous sont encore indiqués par le chemin de la Mèze, les chenevières de la Mèze et les terres de la Mèze ; à son domaine a dû se rattacher le Closet, ainsi que la petite forêt et probablement aussi les bois de la grande forêt.

On voit que sur la rive gauche de l'Ource, en raison de la nature du sol, il y avait toujours tendance à l'établissement de la grande propriété, tandis que sur la rive droite les concessions individuelles ont constamment favorisé le morcellement de la propriété. Plusieurs noms d'anciens concessionnaires nous sont conservés au cadastre, qui peuvent remonter à l'époque carolingienne, tels que le Val Louis, le Val Dreux, le Val Marin, le Val Bigard, le Val Coffard, etc.

A cette même époque appartiennent les Rotures, en latin *Rupturæ*, qui nous prouvent qu'alors se continuait le travail de défrichement commencé par les Mérovingiens par le « rupt Digne » et le « rupt Vaulry ».

---

1. Arch. de la Côte-d'Or, 1er *Cartul. de Molême,* fol. 30 v°. — *Mém. de la Soc. Acad. de l'Aube,* 1864, p. 226.

2. La plus ancienne orthographe du nom de Mallet ne comporte qu'un *l,* et supposerait le bas-latin *Maletum* « lieu planté de pommiers ».

3. Le monastère d'Etival, dans les Vosges, est dit *Stivagium* dans le traité de Mersen conclu en 870 entre Charles-le-Gros et Louis-le-Germanique ; un privilège de l'impératrice Richarde en faveur de ce monastère porte en 880 : *locum Stivagii.* Ce nom de lieu serait dérivé, d'après les uns de *Stiva* « partie postérieure de la charrue » ; Du Cange et d'autres le rattacheraient à *æstiva* et y verraient un lieu où le bétail allait pâturer en été.

4. Le *d* latin, devant i palatal, a souvent fléchi en *z*, ex. *Secondiacus,* Segonzac ; *Bodiacus,* Beuzec.

Parmi les autres lieux-dits que présente aujourd'hui le cadastre d'Essoyes, il en est certainement encore qui pourraient remonter à la période franque ; mais ceux que nous avons étudiés nous donnent une idée suffisante de la manière dont la vie humaine s'est développée sur le territoire actuel d'Essoyes, et nous pouvons dès maintenant formuler les conclusions, que notre essai d'onomastique fournit pour l'histoire primitive de ce pays.

CONCLUSION HISTORIQUE

A l'origine, un *fundus* gallo-romain fut constitué, du 1er au iiie siècle, à SERVIGNY, dont le territoire était limité par ceux de Gyé et de Mussy, dans la vallée de la Seine, et par celui de Grancey dans la vallée de l'Ource. Autour de la *villa Selvaniacus*, les dénominations attachées au sol sont surtout empruntées au langage gaulois ou à l'onomastique romaine. Le val SIVRIÉ, la fontaine de LOUCHY nous ont gardé, comme « Servigny », le nom de leurs premiers habitants : Avallon et la fontaine de Dion nous disent mieux les idées religieuses et naturalistes des anciens gaulois.

A partir du ive siècle, des éléments nouveaux, empruntés aux peuples du nord viennent s'ajouter à la population gallo-romaine, et nous retrouvons leurs traces, avec le souvenir de leurs travaux, dans les lieux-dits LA FRISE et LA VALISSE Enfin, vers le ve siècle, nous voyons se grouper, au bord de l'Ource, les premières maisons d'ESSOYES, *Associas casas*, dont les habitants vont désormais étendre, sur la rive droite de l'Ource, la culture et le domaine utile du sol : la conquête franque n'entravera point ce développement ; avec l'Église, au contraire, elle le favorisera.

Tout en respectant le droit foncier et le domaine éminent des anciens seigneurs de Servigny, la paroisse chrétienne sera bientôt constituée à Essoyes, ayant pour centre son *atrium* et son église ; et sous le patronage de Saint-Remy, l'apôtre des Francs, le travail et la vie sociale iront se développant sous les rois de nos premières races. D'un côté, les aménagements du rupt DIGNE seront continués par Morsivaux, Mallet et les Etivals dans la direction de Noé-les-Mallets ; de l'autre le rupt Vaulry verra ses défrichements se poursuivre par les Rotures sur le chemin de Fontette. Sous les Carolingiens surtout, la propriété se multipliera, donnant encore le nom de son premier maître à chaque val, et puis à chaque pli de terrain, « commelle » ou « petite combe » ; en même temps que, dans la vallée de l'Ource, entre Essoyes et Verpillières, le petit domaine de la Mèze continuera le système de la grande propriété que la civilisation gallo-romaine avait inaugurée à Servigny.

Grâce aux lieux-dits du cadastre actuel, nous avons pu suivre tous ces développements de l'activité humaine et de la vie sociale au territoire d'Essoyes, pendant la période gallo-romaine d'abord, et puis sous l'influence de la civilisation franque et chrétienne.

On sait que dès la fin du ixe siècle les invasions normandes furent une menace sérieuse et une cause de ruine pour tout l'empire de Charlemagne ; et le territoire d'Essoyes s'en est certainement ressenti ; mais le cadastre n'a conservé aucune trace de ces irruptions barbares, sauf peut-être le lieu-dit les Mottes.

D'ailleurs, après l'an mille, nos pères devaient réagir contre cet esprit de destruction, de barbarie ; sous la direction de l'Eglise, ils allaient réparer les ruines et refaire leurs annales. Depuis lors, l'historien d'Essoyes aura mieux que les lieux-dits d'un cadastre, pour faire revivre le passé de son pays : Notre-Dame de Molême et les autres établissements religieux de la Contrée lui ont gardé des textes écrits, des monuments précieux, avec lesquels il a pu préparer l'histoire de demain, en rédigeant celle d'hier, comme nous avons essayé nous-mêmes de reconstituer celle d'avant-hier.

Notre essai d'onomastique, en faisant la lumière sur les origines d'Essoyes, ne peut manquer d'éclairer aussi la suite de ses annales ; en reculant pour ses habitants d'aujourd'hui les souvenirs de leurs pères, en élargissant l'horizon de leur histoire, il pourra leur faire mieux comprendre la raison supérieure des faits qui les intéressent. *Apud villam que dicitur Assoies*, on ne saurait oublier que l'esprit d'association, qui peupla le pays et fonda la paroisse chrétienne, peut seul la faire vivre encore et prospérer toujours, *et societas nostra sit cum Patre et cum Filio ejus Jesu Christo* [1].

Apud Luciniacum, 16 martii 1894.

1. 1 Joan., c. 1. v. 3.

TABLE GÉNÉRALE DES MATIÈRES

Avant-propos.. P. 5-8

ESSOYES PENDANT LA RÉVOLUTION

Chapitre Ier.

I. Convocation des États-Généraux. Cahier des Vœux. Député de la Communauté à l'Assemblée des trois ordres. — II. Panique qui suivit la prise de la Bastille. Garde provisoire et milice bourgeoise. Dégâts dans les bois. — III. Contribution patriotique. — IV. Essoyes chef-lieu de canton. Adresse de la Municipalité à l'Assemblée nationale. Assemblée primaire pour la nomination des Électeurs. — V. Confédération des municipalités et des gardes nationales du département. Garde nationale d'Essoyes. — VI. Fête de la Fédération. — VII. Vente des biens ecclésiastiques. — VIII. Constitution civile du Clergé. Prestation du serment par le curé et par le vicaire d'Essoyes............................... P. 9-38

Chapitre II.

I. Grève des bouchers. — II. Assemblée primaire pour l'élection du juge de paix. L'incident Tâcheron. Irrégularités dans les opérations électorales. Annulation de l'élection. Nouvelles assemblées et nouvelles irrégularités. L'élection a lieu à Fontette. — III. La fuite du roi et son arrestation à Varennes. Les armes de M. Le Lieur. — IV. La Constitution de 1791 .... P. 39-58

Chapitre III.

I. Électeurs et élections de 1791. — II. Traitement de l'abbé Girardot. L'Assemblée Législative et le Clergé. Serment de l'abbé Gérard. Inventaire et remise au district de l'argenterie de l'église. — III. Progrès de l'esprit révolutionnaire. Suppression du pilori. M. de Bondoire soumis à la garde, puis désarmé. Électeurs de 1792. — IV. La Convention et le Clergé. Demande d'ornements au district. Substitution de la Municipalité à la Fabrique. Compte des anciens marguilliers. Destitution du procureur de la Commune. — V. Publication de la Constitution de l'an I. Désarroi municipal sous la Terreur. Erection d'un autel à la Patrie. — VI. Interdiction du culte. Apostasie de l'abbé Girardot. Vases sacrés, cloches, linge, presbytère................................. P. 59-75

Chapitre IV.

I. Commission pour recevoir les déclarations des étrangers. — II. Incinération des titres féodaux. Vaine résistance de M. de Bondoire. — III. Réglementation des salaires. — IV. Arrestation de la famille de Bondoire et de Joseph Josselin. — V. L'agent national Laligant. Arbres de la liberté et de la raison. Secours aux indigents. Dimanche et décadi. Interdiction de l'eau bénite. Descente de la croix du clocher. — VI. Accusations de la Société populaire contre la Municipalité. Mandats d'amener lancés contre le Maire et contre le Secrétaire de la Mairie. — VII. Reste du mobilier de l'église remis au district. Fête de l'Etre suprême. Persistance de la population à se réunir à l'église. Interdiction d'y faire aucune prière publique. — VIII. L'école de Mars...................... P. 76-94

CHAPITRE V.

I. Réaction thermidorienne. Le représentant Maure aîné. Mise en liberté
de la famille de Bondoire. Anniversaire de l'exécution de Louis XVI. —
II. Le représentant Albert. Mesures prises contre les Terroristes. Dissolution de la Société populaire. Nouvelle Municipalité. — III. Réveil chrétien. L'église fermée à clef. Résistance de la population. Liberté des
cultes. Démission de Laligant. L'église rendue au culte. Opposition du
pouvoir central. Nouveaux pas vers la liberté religieuse. — IV. Le presbytère et les cloches... P. 95-111

CHAPITRE VI.

La Disette.

Moyens auxquels on eut recours pour la combattre........... P. 112-132

CHAPITRE VII.

Réquisitions militaires.. P. 133-149

CHAPITRE VIII.

I. La Constitution de l'an III. Les élections de l'an IV à l'an VII. —
II. Municipalité de canton. Dépréciation des assignats. Emprunt forcé.
Arriéré de la contribution de l'an III. — III. Garde nationale et colonne
mobile. Brigade de gendarmerie et presbytère. Persistance du désordre.
— IV. Circulaire du ministre de la police. — V. Traité de paix avec la
Hongrie. Anniversaire de la mort du roi et autres fêtes civiques. P. 150-167

CHAPITRE IX.

I. Le Directoire et la liberté religieuse. — II. Irrévérences aux séances
de la Municipalité et aux offices religieux. — III. Visites domiciliaires.—
IV. La Municipalité de canton de l'an VII. Fête funéraire.— V. Nouvel essai
de réorganisation de la garde nationale. Fin du Directoire..... P. 168-179

CHAPITRE X.

I. Volontaires de 1791 et de 1792. — II. Levée de mars 1793. — III. Désarmement de M. de Bondoire. — IV. Appel de volontaires pour la guerre de
la Vendée. Levée du 13 août 1793. Levée en masse. — V. La légende des
Volontaires de la République et les désertions, de 1793 à 1799.. P. 180-211

CHAPITRE XI.

Essoyes pendant les Invasions de 1814 et de 1815.............. P. 212-227

APPENDICE I.

Nouvelles additions et corrections à *Essoyes, histoire et statistique*... P. 229-265

APPENDICE II.

Table alphabétique des noms de lieux et des noms de personnes citées
dans *Essoyes, histoire et statistique*, et dans l'Appendice I du présent
volume.. P. 267-316

APPENDICE III.

Les origines d'Essoyes d'après les lieux-dits du Cadastre.... P. 317-334

Troyes. — Imp. GUSTAVE FRÉMONT, rue Urbain IV, 85.

IMPRIMERIE
GUSTAVE FRÉMONT
THOYES

www.ingramcontent.com/pod-product-compliance
Lightning Source LLC
LaVergne TN
LVHW050311060726
842525LV00002B/503